该书荣获山东大学威海文化传播学院著作出版资助

编译
文库

哲
学

杨机红 著

《荀子》和琐罗亚斯德思想的比较研究：
中西元典精神诠释

A Comparative Study of *Xunzi* and Zoroaster's Thoughts

图书在版编目（CIP）数据

《荀子》和琐罗亚斯德思想的比较研究：中西元典精神诠释/杨机红著. —北京：中央编译出版社，2023.8（2025.9重印）

ISBN 978-7-5117-4496-8

Ⅰ.①荀… Ⅱ.①杨… Ⅲ.①荀况（前313-前238）—哲学思想-研究②琐罗亚斯德（Zoroaster 约前628-前551）—哲学思想-研究 Ⅳ.① B222.65② B983

中国国家版本馆 CIP 数据核字（2023）第161739号

《荀子》和琐罗亚斯德思想的比较研究：中西元典精神诠释

责任编辑：	苗永姝
责任印制：	李　颖
出版发行：	中央编译出版社
地　　址：	北京海淀区北四环西路69号（100080）
电　　话：	（010）55627391（总编室）　　（010）55627312（编辑室）
	（010）55627320（发行部）　　（010）55627377（新技术部）
经　　销：	全国新华书店
印　　刷：	三河市华东印刷有限公司
开　　本：	710毫米×1000毫米　1/16
字　　数：	377千字
印　　张：	21
版　　次：	2023年8月第1版
印　　次：	2025年9月第2次印刷
定　　价：	99.00元

新浪微博：@中央编译出版社　　　　微　信：中央编译出版社（ID: cctphome）
淘宝店铺：中央编译出版社直销店(http://shop108367160.taobao.com)（010）55626985

本社常年法律顾问：北京市吴栾赵阎律师事务所律师　闫军　梁勤
凡有印装质量问题，本社负责调换，电话：（010）55626985

目 录
CONTENTS

绪 论 ·· 1

上编 琐罗亚斯德概述

第一章 琐罗亚斯德：一个波斯帝国的传奇 ························· 13

第一节 关于琐罗亚斯德几个称谓的正名 ······························ 13
  一、琐罗亚斯德的不同称谓 ··· 13
  二、斯皮塔曼·琐罗亚斯德 ··· 18
  三、琐罗亚斯德称谓正名的意义 ···································· 19

第二节 斯皮塔曼·琐罗亚斯德的时代、生平与思想 ················ 20
  一、琐罗亚斯德相遇帝国时代 ······································· 20
  二、琐罗亚斯德的生平经历 ··· 29
  三、琐罗亚斯德的思想 ·· 35

第三节 琐罗亚斯德思想对古波斯经典著作的影响 ··················· 41
  一、古波斯经典著作《阿维斯塔》 ································· 41
  二、琐罗亚斯德思想对《阿维斯塔》的思想内容与表现艺术的影响 ····· 50
  三、古波斯经典《伽萨》卷对后世的影响 ························ 61

第二章 斯皮塔曼·琐罗亚斯德与古波斯的思想改革 ············ 65

第一节 关于几个概念的界定 ············ 67
  一、祆教 ············ 67
  二、琐罗亚斯德教 ············ 75
  三、琐罗亚斯德正教 ············ 77

第二节 斯皮塔曼·琐罗亚斯德对古波斯的思想改革 ············ 80
  一、思想改革的背景 ············ 80
  二、思想改革的内容 ············ 82
  三、思想改革的特点 ············ 85

第三节 斯皮塔曼·琐罗亚斯德对古波斯思想改革的影响 ············ 87
  一、改革的政治影响 ············ 87
  二、改革的社会影响 ············ 88
  三、改革的生活影响等 ············ 88

第三章 琐罗亚斯德思想与中国文化 ············ 90

第一节 琐罗亚斯德思想与中国文化的渊源 ············ 90
  一、自觉的文化传播理念 ············ 90
  二、广阔的传播区域 ············ 93
  三、琐罗亚斯德思想与中国文化的渊源 ············ 94

第二节 琐罗亚斯德思想与中国文化交流的媒介 ············ 101
  一、交流的路径 ············ 101
  二、交流的主体 ············ 105
  三、交流的物品 ············ 127

第三节 琐罗亚斯德思想与中国文化交流的影响 ············ 130
  一、形成了两国明确的异质文化交流理论 ············ 130
  二、推动了两国间异质文化交流的自觉化与理论化 ············ 130
  三、促进了春秋战国时期中国文化的历史性转型与发展 ············ 131

下编　《荀子》和琐罗亚斯德思想的比较研究

第四章　《荀子》与琐罗亚斯德的天人关系论……………………135

第一节　《荀子》的"天人之分"论………………………………135
一、"天人之分"论及其产生的渊源…………………………………135
二、《天论篇》"用天命"论的哲学内涵……………………………137
三、《荀子》"天人之分"论的影响…………………………………138

第二节　琐罗亚斯德的天人合一论…………………………………139
一、天人合一论及其产生的渊源……………………………………139
二、《伽萨》卷"择天神"说的哲学内涵……………………………141
三、琐罗亚斯德的天人合一论的影响………………………………143

第三节　《荀子》与琐罗亚斯德的天人关系论的意义……………143
一、形成了二者迥异的天人关系论…………………………………144
二、推动了中西方哲学等思想的发展………………………………145
三、影响了中国文化与琐罗亚斯德思想等异质文化的交流………149

第五章　《荀子》与琐罗亚斯德的善恶观……………………………151

第一节　《荀子》"性恶论"的善恶观………………………………151
一、先秦善恶思想的发展……………………………………………151
二、《荀子》"性恶论"的善恶观及其渊源…………………………192
三、《荀子》善恶观的影响…………………………………………207

第二节　琐罗亚斯德"选择善元"的善恶观………………………210
一、"选择善元"的善恶观及其渊源…………………………………210
二、"善恶二元"对立斗争的思想……………………………………213
三、琐罗亚斯德善恶观的影响………………………………………214

第三节　《荀子》与琐罗亚斯德善恶观的意义 ………………… 216
　　　一、形成了二者迥异的善恶观 ………………………………… 216
　　　二、影响了古代中西方的善恶价值思想的形成与发展 ……… 217
　　　三、明确了以尚善为宗旨的异质文化交流原则 ……………… 218

第六章　《荀子》与琐罗亚斯德的社会观　**220**

　　第一节　《荀子》"明分使群"的社会观 …………………………… 220
　　　一、"明分使群"的社会观及其渊源 …………………………… 220
　　　二、"法后王"的等级制度思想 ………………………………… 223
　　　三、《荀子》社会观的影响 ……………………………………… 226

　　第二节　琐罗亚斯德的"村社"共有的社会观 …………………… 229
　　　一、"村社"共有的社会观及其渊源 …………………………… 229
　　　二、宗法善元的"公正"思想 …………………………………… 231
　　　三、琐罗亚斯德社会观的影响 ………………………………… 233

　　第三节　《荀子》与琐罗亚斯德社会观的意义 …………………… 234
　　　一、形成了二者迥异的社会观 ………………………………… 234
　　　二、影响了中西方社会政治及哲学等的发展 ………………… 235
　　　三、确立了琐罗亚斯德思想在华有序传播的传统 …………… 236

第七章　《荀子》与琐罗亚斯德的人生观　**238**

　　第一节　《荀子》"用天命"的人生观 ……………………………… 238
　　　一、"用天命"的人生观及其渊源 ……………………………… 238
　　　二、关于"君子"理想人格的思想 ……………………………… 242
　　　三、《荀子》人生观的影响 ……………………………………… 245

　　第二节　琐罗亚斯德"择"天命的人生观 ………………………… 247
　　　一、"择"天命的人生观及其渊源 ……………………………… 247
　　　二、关于"灵魂"生命的思想 …………………………………… 249
　　　三、琐罗亚斯德人生观的影响 ………………………………… 251

第三节 《荀子》与琐罗亚斯德人生观的意义 ……………………… 253
　　一、形成了二者迥异的人生观 …………………………………… 253
　　二、促动了中西方人生哲学等思想的发展 ……………………… 255
　　三、影响了中西方文学的发展 …………………………………… 257

第八章　《荀子》与琐罗亚斯德的文化观 **260**

第一节 《荀子》主张"教化"的文化观 ………………………… 260
　　一、主张"教化"的文化观及其渊源 …………………………… 261
　　二、中国文化中心论 ……………………………………………… 267
　　三、《荀子》文化观的影响 ……………………………………… 270

第二节 琐罗亚斯德主张"斗争"的文化观 …………………… 272
　　一、主张"斗争"的文化观及其渊源 …………………………… 272
　　二、伊朗文化中心论 ……………………………………………… 275
　　三、琐罗亚斯德文化观的影响 …………………………………… 277

第三节 《荀子》与琐罗亚斯德文化观的影响 ………………… 278
　　一、形成了二者迥异的文化观 …………………………………… 278
　　二、构建了东西方迥异的文化体系 ……………………………… 280
　　三、推动了琐罗亚斯德教的华化发展 …………………………… 280

第九章　《荀子》与琐罗亚斯德思想的意义 **283**

第一节 形成了尊重"知识"与贤才的新理念 ………………… 283
　　一、《荀子》的"劝学"思想论 ………………………………… 284
　　二、琐罗亚斯德的"识别"思想论 ……………………………… 285
　　三、形成了二者尊重知识与敬重贤才的新理念 ………………… 287

第二节 成为异质文化在华有序交流理论研究的新的里程碑 … 287
　　一、异质文化在华有序交流理论的研究及其渊源 ……………… 288
　　二、"和"与"同"思想的演绎 ………………………………… 290
　　三、成为异质文化在华有序交流理论研究的新的里程碑 ……… 292

第三节　有利于人类对终极命运关怀的研究 …………………… 293
　　一、人类终极命运关怀的研究及渊源 ……………………… 293
　　二、"一带一路"倡议 ……………………………………… 296
　　三、人类终极命运关怀研究的影响 ………………………… 297

结　语 …………………………………………………………… 300

附　录 …………………………………………………………… 305

　附录一　先秦文献的"善""恶"词频统计列表 …………… 305
　附录二　《国语》的"善""恶"词频统计表 ………………… 314
　附录三　《战国策》的"善""恶"词频统计表 ……………… 316
　附录四　《左传》的"戎""狄""胡"词频统计表 …………… 318
　附录五　先秦史籍的"戎、狄、胡、匈奴"词频统计表 …… 321

后　记 …………………………………………………………… 323

绪　论

　　荀子是先秦集大成的唯物主义思想家，荀子思想影响了其后两千年中国古代思想的发展。谭嗣同说："二千年之学，荀学也"；其思想价值历久常新，梁涛先生在将《荀子》与《论语》《孟子》《礼记》并列的基础上，明确提出"新四书"说。目前，《荀子》思想研究已远播海外。学界通常认为，性恶论是《荀子》思想的重要基础之一。经考证，其渊源一则来自传统的善恶思想积淀，二则与古波斯著名思想家琐罗亚斯德（Zoroaster）的善恶二元论思想有关。

　　关于琐罗亚斯德，因其身份和形象多具传奇色彩，学界至今意见不一。古波斯经典《阿维斯塔》记载，他是一位宗教改革家；尼采的《查拉图斯特拉如是说》一书里，他则是学者和预言家；马克思、恩格斯高度赞扬了琐罗亚斯德和孔子在各自国度所做的原始公有制政治上的作为，认为琐罗亚斯德是一位政治家；德国著名思想家雅斯贝尔斯在《历史的起源与目标》中认为，琐罗亚斯德与孔子、老子和荀子等，都代表了"轴心时代"人类思想的卓越和进步，因此琐罗亚斯德则也应是一位思想家；元文琪先生则认为琐罗亚斯德是具有神话和历史双重身份的人物。综合古今学界的考证，琐罗亚斯德主要生活在"轴心时代"早期，所以他应该是一位历史上带有传奇色彩的思想家。

　　冯天瑜先生曾将《荀子》与"轴心时代"出现的经典著作称为"元典"，认为其中寄寓的元典精神在人类历史发展中散发着永久的魅力。学界通常认为，琐罗亚斯德的思想主要体现在"波斯古经"的传世元经典《伽萨》卷中，该卷客观地具有一定的元典精神。因此，当琐罗亚斯德的"善恶二元"等思想传入先秦中原时，客观地与荀子等思想家发生了具有元典精神意义的思想交流，从而对《荀子》的"性恶论"思想产生了重要影响。

　　琐罗亚斯德是"轴心时代"古波斯的著名思想家，首创了琐罗亚斯德教（Zoroastrianism）。该教前身为已知世界上最古老的成体系宗教之一，发端于印

1

伊雅利安人共同体时期的祆教，经斯皮塔曼·琐罗亚斯德对古波斯传统祆教及其他宗教的改革，形成了琐罗亚斯德正教；自阿契美尼德王朝被立为国教后，统称为"琐罗亚斯德教"。迄今作为宗教范畴的概念，狭义的琐罗亚斯德教专指琐罗亚斯德正教；广义的则至少涵盖祆教、琐罗亚斯德正教和后琐罗亚斯德正教三部分。该教的经典《阿维斯塔》中提到的琐罗亚斯德教，主要包含琐罗亚斯德正教与后琐罗亚斯德正教。目前，通常意义上的琐罗亚斯德教主要指广义概念；本书所涉及的对象，则侧重于狭义的琐罗亚斯德正教。在这三者中，祆教最先传入并影响了中国思想界。

《左传》"僖公十九年"曰：

> 夏，宋公使邾文公用鄫子于次睢之社，欲以属东夷。

杜预注："睢水受汴，东经陈留、梁、谯、沛，彭城县入泗。此水次有妖神，东夷皆社祠之。"初步确指"次睢之社"的性质，是异教类属。① 唐代段成式的《酉阳杂俎·物异》曰：

> 祆神本自波斯国乘神通来此，常见灵异，因立祆祠。

文中简要说明了在唐祆教的来源、特点及传播。南宋姚宽的《西溪丛语》曰：

> 据杜预《左传》注云："睢受汴，东经陈留、梁、谯、彭城入泗。此水次有祆神，东夷皆社祠之。"②

文中全面引用杜注，句中只更动三字。其中，改杜注的"妖神"作"祆神"，意为中国学界首次确认杜注的《左传》时代传入的异教是波斯的祆教。虽然此后的古学界时有"祆"字的正讹之争，但清代张之洞在《哀六朝》诗中提到"睢水祆祠日众盛，蜡丁文字烦邦交"，以"睢水祆祠"之"祆"字，正式确定祆教的入华时间，约在《左传》时代，是异教类属，从而终结了唐宋以后旷日持久的"祆"字正讹之争。

1895年，杨荣鋕的《火祆考原》，首次溯源汉典的祆教、火祆教为波斯的琐罗亚斯德教；1923年，陈垣先生的《火祆教入中国考》，首开中国现代意义上的中国文化与琐罗亚斯德教关系研究传统，迄今硕果累累。

---

① 参见［西晋］杜预：《春秋左传正义》，见［清］阮元：《十三经注疏》（下册），上海：上海古籍出版社1997年版，第1810页。
② ［宋］姚宽、陆游：《西溪丛语·家世旧闻》，北京：中华书局1993年版，第42页。

琐罗亚斯德教的代表是琐罗亚斯德正教,正教随祆教传入中国,琐罗亚斯德思想则随正教传入中原。对此,宋初赞宁的《大宋僧史略》卷下"大秦末尼"条与南宋姚宽的《西溪丛语》皆言:

> 火祆教法本起大波斯国,号"苏鲁支",有弟子名"玄真",习师之法,居波斯国大总长,如火山,后行化于中国。①

该记载说明宋人已认为琐罗亚斯德正教的弟子至迟曾于战国时来华传教。巫新华先生据考古发现证实,琐罗亚斯德正教于公元前5世纪左右,已传入帕米尔高原和天山全域;林梅村先生认为,湖北随县擂鼓墩曾侯乙墓出土的蜻蜓眼玻璃珠,是波斯帝国时的斯基泰商人于春秋末至战国初传入中原楚国,②当时的琐罗亚斯正教已被立为波斯国教,大约在这一时期随斯基泰商人传入中原。综合古今学界意见,琐罗亚斯德的思想应随正教,至迟于荀子时代传入中国。

考察此时的诸子著作,有颇多琐罗亚斯德思想话语的影响,如"善恶二元"对立与三善等思想。《墨子》《孟子》《庄子》《荀子》等著作中的善恶论与三善说等人性论话语,可能与琐罗亚斯德思想的传入有关。其中,《荀子》通过《性恶论》等篇,对"善恶"及"三善"思想予以系统阐述,从而形成了一套系统的善恶观思想理论。这对后来的中国人性论、伦理道德、哲学以及异质文化交流等思想产生了深远影响,并开其后学界关于琐罗亚斯德思想研究的先河。

海内外古今学界对琐罗亚斯德的研究由来已久。海外的古代研究较早始于希腊柏拉图的《理想国》时代,主要是将琐罗亚斯德的"善恶"宗教理论发展为崇尚"善美"的哲学思想。③ 18世纪中叶,法国学者亚布拉罕·昂克蒂尔·德佩龙(Duperron A A)首次将古波斯经典《赞德·阿维斯塔》(Zend-Avesta)译成现代西方语言,开启了现代意义上琐罗亚斯德研究的传统。④ 其后,在德国,以尼采的《查拉图斯特拉如是说》(1883—1885年)为代表,他将琐罗亚斯

---

① 参见张小贵:《祆教史考论与述评》,兰州:兰州大学出版社2013年版,第50页;[宋]姚宽、陆游:《西溪丛语·家世旧闻》,北京:中华书局1993年版,第42页。
② 参见巫新华:《新疆与中亚承兽青铜祭盘的琐罗亚斯德教文化意涵——从帕米尔高原吉尔赞喀勒墓群考古发现圣火坛中卵石数目谈起》,载《新疆艺术》(汉文),2017年第3期,第4—18页;林梅村:《丝绸之路考古十五讲》,北京:北京大学出版社2006年版,第65—66页。
③ 参见[希腊]柏拉图:《文艺对话集》,朱光潜译,北京:人民文学出版社1983年版,第61页。
④ 参见林悟殊:《20世纪中国琐罗亚斯德教研究述评》,见余太山主编:《欧亚学刊》(第2辑),北京:中华书局2000年版,第244页。

德视为预言家,并系统阐述了自己的人生哲学思想,影响至今。

海外现当代的琐罗亚斯德研究,主要侧重于史学、社会学与宗教学等方面,前者以鲍哀丝的《袄教史》为主要代表;英国玛丽·博伊斯（Boyce M）教授的多卷本《琐罗亚斯德教史》（1—3卷,1975—1991年）,被誉为业内研究的集大成著作;①此外,伊朗阿卜杜勒·侯赛因·扎林库伯教授的《波斯帝国史》、美国A.T.奥姆斯特德（Olmstead A）教授的《波斯帝国史》等著作,也从史学方面对其给予关注。后者以博伊斯教授的《伊朗琐罗亚斯德教村落》为代表,主要通过古今对比和对现代琐罗亚斯德教聚落的社会调查,全面研究该教的发展及其在现代的生活状况。

伊朗的古代研究主要侧重于琐罗亚斯德教经典的文本释读,形成了阿维斯塔语、帕拉维语和波斯语等版本;目前,伊朗学界已形成现代阿维斯塔学的学科性研究,主要以易卜欣·普尔·达乌德教授的《〈阿维斯塔〉校注》为代表。②

目前的海外研究在琐罗亚斯德研究领域已产生重要影响,其中的经典研究已由单一的宗教价值转向民族文化、学术及科学价值等方面的研究。

中国对琐罗亚斯德的研究,应始于先秦。《左传》记载了袄教传入后的影响情况,其后的先秦诸子著作,多涉及琐罗亚斯德的思想及内容。《墨子·天志篇》中展现了独特的天神意识,《节葬篇》则对异族涵盖琐罗亚斯德教的葬俗予以特别的关注。《论语》中只两见"性"字符,确言"夫子之言性与天道,不可得而闻也",（公冶长）意谓孔子没有向弟子讲述"性与天道"的问题;《孟子》则首倡"性善"论,并基于"性善"理论形成系统的人性论思想体系,较早涉及琐罗亚斯德关于神性与人性等性命相关问题的研究,开中国人性论问题研究传统的先河。《荀子》首倡性恶论,并在此基础上形成系统的"善恶"观思想体系,从而发展了孟书的人性论研究。明代传灯法师的《性善恶论》认为"性恶"说始于荀子,傅斯年先生认为皇甫湜的"性恶"思想源于袄教,③袄教于《荀子》前已传入中原。因此,《荀子》中的"性恶"论,应涉及对琐罗亚斯德"善恶二元"思想等的研究。

荀书涉及的琐罗亚斯德思想问题,主要体现在袄教与琐罗亚斯德正教两方

---

① 参见龚方震、晏可佳:《袄教史》,上海:上海社会科学院出版社1998年版,第54页;张小贵:《袄教史考论与述评》,兰州:兰州大学出版社2013年版,第153页。
② 参见［伊朗］贾利尔·杜斯特哈赫编选:《阿维斯塔——琐罗亚斯德教圣书》,元文琪译,北京:商务印书馆2005年版,第352页;［伊朗］杜斯特哈赫:《阿维斯塔——琐罗亚斯德教圣书》,元文琪译,北京:商务印书馆2005年版,第22页。
③ 参见傅斯年:《论李习之在儒家性论发展中之地位》,见傅斯年:《傅斯年全集》（第2卷）,长沙:湖南教育出版社2003年版,第664—666页。

面，其标志主要是《天论篇》的"人祅"与《非十二子》诸篇的"嵬琐"等内容。任继愈先生将传统注本《荀子·天论篇》的"祅"字改作"祆"字，音读作 xiān 而非 yāo，① 这不仅代表了对传统祆教研究中的"祆"字正讹之争的发展，也客观说明了中国的琐罗亚斯德研究，至迟始于荀子时代。荀书中"嵬琐"的"琐"字，尚见于《左传》的"琐泽"地名、《离骚》的"灵琐"神名等。经考证，"嵬琐"应指戴尖帽的斯基泰人信奉的琐罗亚斯德正教。②《荀子》对二者在华传播的态度不一，其中虽然不反对祆教风习，但其"祅辞不出"（《正名》）说，则象征对祆教经书的禁止；对"嵬琐"，则既反对"嵬说"（《正论》）又言"嵬琐逃之"，明确体现了禁止琐罗亚斯德正教在华传播的态度。

综合而言，以《荀子》为代表的先秦子书，首开中国琐罗亚斯德思想研究的传统，形成了始自秦朝、迄今不辍的研究历史。

秦朝的研究情况，主要见载于《史记·秦始皇本纪》的"三十三年下"所言：

禁不得祠。明星出西方。

岑仲勉先生考证"不得祠"为"火祆教"，则秦朝禁止祆教传播的原因，除了岑先生所言的新旧派别之争及该教异俗与中原文明的抵牾外，③ 不可忽视《荀子》禁"祅辞"等琐罗亚斯德思想的作用。

汉魏六朝时期，是琐罗亚斯德研究的发展时期。汉代张骞、班超出使西域，使中西方世界的交流转变为有序化的友好往来。因在华琐罗亚斯德教的被禁和亚历山大帝国等对该教的禁毁，林悟殊等先生认为，此时在华传播的主要是粟特商人信奉的粟特版祆教，④ 客观上推动了该时期琐罗亚斯德研究领域的发展。其中，表现在学术研究方面，东汉许慎的《说文解字》，首设"祆，胡神也。从示天声，火千切"字条，确指其为异教类属；杜预注"睢水祆祠"，首次对在华祆教的缘起、祭仪、属性及特点予以简要说明，开此后系统研究祆教的传统。但其"妖神"的释义，表明截至东晋时期，"祆"字的读音尚不明确。梁大同九年（543 年）出现的《玉篇》，有"祆，阿怜切，胡神也"（一说为唐人所附加）的释义。学界有的认为这是"祆"字的最早出处，而《说文解字》的则是新附字。若比照《说文解字》的"祅"字释义，前者重注音，后者重释义。根据上

---

① 参见任继愈主编：《中国哲学史》（第 2 册），北京：人民出版社 1999 年版，第 222 页。
② 参见杨机红：《荀子浅绎》，北京：中国文联出版社 2016 年版，第 37 页。
③ 参见岑仲勉：《两周文史论丛》（外一种），北京：中华书局 2004 年版，第 185 页、第 190 页。
④ 参见［东汉］许慎：《说文解字》，北京：中华书局 1963 年版，第 9 页。

古注释的多重释义和以字注音的特点,盖先有《说文解字》的释义部分,后添加的注音,北宋徐铉的《说文》新附字所附加的应是反切注音的部分。对此,清人黄廷鉴明确指出,"《说文》新附字:从'示',天声。方与音醯坚切合",认为《说文解字》新附加的只是"祆"字条的注音部分,而非整个"祆"字条。① 若该说成立,则杜注的"妖神",盖属于以"妖"字注音法释义"祆"字的 yāo 音读。由此可见,唐宋以后关于"祆"字的正讹之争,至迟出现于六朝时期。表现在政治方面,北周曾奉祆教为国教,北齐、北周及隋朝先后设立萨宝等官职,这是祆教在华的专属管理机关。② 此外,在艺术方面,汉墓的画像石多表现祆教生活题材,③ 如隋代虞弘墓室的壁画,明确反映了琐罗亚斯德教祭祀火神的场景,充分体现了六朝前后的学者通过艺术等领域对琐罗亚斯德的研究。

唐宋时期,琐罗亚斯德研究继续向"祆"字正音与琐罗亚斯德及其正教研究等方面发展。据陈世良先生统计,此时的反切正音至少有"阿怜切""他年切""馨烟切""火千切""呼烟反"等;"祆"字注音则主要有《一切经音义》所引《方言》的"本胡地多事于天,谓天为祆,因以作字",取"天"字的方言注音,④ 正定了杜注的"妖"字注音。概括唐宋对琐罗亚斯德及正教研究的显性标志,一是唐代《酉阳杂俎》的"祆神",源自波斯国的说明;二是北宋初年始见的"苏鲁支"译名。

"苏鲁支"是琐罗亚斯德的汉译名,宋初首次将"苏鲁支"与波斯国的祆教相联系,这标志着始自六朝的祆教研究至此与琐罗亚斯德以及该教研究的三者合流。适值琐罗亚斯德教被奉为波斯萨珊王朝的国教,且于两国邦交正常时传入中国,唐宋两朝皆设有"祆正"官职。根据苏鲁支弟子来华传教等说明,北宋时的"火祆教""祆教"等,当指后琐罗亚斯德正教;徐梵澄先生将《查拉图斯特拉如是说》译作《苏鲁支语录》(1934 年),说明当时"苏鲁支"的宋译名仍被袭用。

元明清时代,"祆"字的正讹之争中,有元代杨桓的《六书统》、明代顾大韶的《炳烛斋随笔》及清代黄廷鉴的《西溪丛语跋》等。顾大韶认为姚宽"不辨祆字与袄字之义",将"祆"误读为"袄"。黄廷鉴则分析姚书为"考据家多称

---

① 参见[宋]姚宽、陆游:《西溪丛语·家世旧闻》,北京:中华书局1993年版,第151页。
② 参见沈福伟:《中西文化交流史》,上海:上海人民出版社1985年版,第164页。
③ 参见王伟、张铁梅:《戮政自屠还是祆教幻术表演?——南阳汉墓画像石图像考析》,载《装饰》,2015年第4期,第86页。
④ 参见陈世良:《天山之"天"与祆教之"祆"——西北地区宗教文化的一个侧面》,载《敦煌研究》,1990年第4期,第54页。

之"的原因，认为当时两家（《津逮》本、商氏《稗海》）校雠未精、多因讹袭谬之处：如《牧护歌》条，"祆"为胡神，见《玉篇》；《官品令》有祆正，见《广韵》；《说文》新附从"示"，天声，方与音醯坚切合。而"祆"皆讹"袄"。① 文中以典籍中"祆"字的讹用实例，明确指出姚宽对杜注所作的"祆"字正讹。古代的"祆"字正讹之争，直至张之洞、杨荣鋕等方告终止。其中，杨荣鋕的《火祆考原》，首次以琐罗亚斯德的概念替代"苏鲁支"译名，开近现代琐罗亚斯德研究之先河。

近现代，正式系统化的琐罗亚斯德研究主要体现在对琐罗亚斯德教的研究，而该教的研究当首推陈垣先生，主要是由陈先生对该教的起源、发展、宗教思想、礼仪特点及传承等问题的详细阐述，开此后中国现代意义上的琐罗亚斯德教研究之先河。综观20世纪，关于琐罗亚斯德教的研究，相对系统地表现在龚方震和晏可佳先生的《祆教史》（1998年）一书；相关研究则主要有元文琪先生的《二元神论：古波斯宗教神话研究》（1997年）；综合性研究主要有林悟殊先生的《波斯拜火教与古代中国》（1995年），蔡鸿生先生的《唐代九姓胡与突厥文化》（1998年）等。林悟殊先生的《20世纪中国琐罗亚斯德教研究述评》（2000年）一文，通过对20世纪海内外琐罗亚斯德教研究状况的阐述，简要而精当地概括出20世纪海内研究的两个特点：一是引进海外研究成果，从宗教及史学角度研究该教的起源、传播、演变、教义及礼俗等；二是对流行于古中亚地区与中国内地的火祆教，研究其入华时间，在华各时期的组织管理、传播、演变及对华影响，确定琐罗亚斯德教的属性，客观涉及琐罗亚斯德思想等研究。

此外，20世纪该领域还出现了一系列重要的考古发现和研究。如1976年—1978年，新疆乌鲁木齐阿拉沟墓葬中先后出土的承兽铜方盘，考古学家确指是祆教祭祀用具等；关于20世纪"祆"字的正讹，主要有林梅村、王永平先生正定唐《崔玄籍墓志》，将其中的"袄"字正为"祆"字。②

进入新世纪，该领域发展为全面性研究。表现在文本注释方面，元先生首先将达乌德教授的《〈阿维斯塔〉校注》的选编本译成中文版（2005年），极大扩展了国内对琐罗亚斯德思想的研究视阈。在思想研究方面，元先生于译本后所作的《阿维斯塔》导读，涵盖了该经典版本的发展、帕拉维语文献、琐罗亚斯德的生平经历与"善恶二元""三善"及善神崇拜思想，该经典的神话体系及其哲学内涵等方面的思想，在《二元神论》一书的基础上，给予了系统的纵深

---

① 参见［宋］姚宽、陆游：《西溪丛语·家世旧闻》，北京：中华书局1993年版，第151页。
② 参见林梅村：《西域文明》，北京：东方出版社1996年版，第462页。

而细化的阐释；施安昌先生的《火坛与祭司鸟神》（2004年），主要通过墓葬与碑刻等文物记载，研究该教的教义、礼仪及其在中亚与中国的传播，客观涉及琐罗亚斯德的思想研究；张小贵先生的《祆教史考论与述评》（2013年），则从古波斯的政教关系、祆教的华化及研究方法等方面，通过文献法与考古法等的结合，系统研究了包括琐罗亚斯德教在内的祆教领域里关于信仰、习俗及伊朗学发展的诸多问题；李零先生的《波斯笔记》（2019年），则涉及琐罗亚斯德的宗教大一统等思想，论述精当。① 在艺术方面，姜伯勤先生的《中国祆教艺术史研究》（2004年），通过对中国祆教画像石的西胡风格及其华化等研究，系统而深刻地阐述了祆教艺术自西向东的发展及其与丝绸之路和新疆等地区艺术的互动，既开了新世纪该领域研究的先河，又扩展了琐罗亚斯德思想研究的视阈。

新世纪关于琐罗亚斯德的考古研究有了一系列重要进展。主要表现在2013年—2014年，新疆塔什库尔干县帕米尔高原吉尔赞喀勒墓群出土的承兽高圈足青铜祭盘等文物。巫新华先生通过《新疆与中亚承兽青铜祭盘的琐罗亚斯德教文化意蕴》一文，运用考古学、宗教学、史学及文化学等多元方法，指出出土的是琐罗亚斯德教祭祀诸善神的礼器，认为在公元前6至公元前1世纪，早期琐罗亚斯德教文化已覆盖东帕米尔高原和天山全域。这象征着当时对琐罗亚斯德的思想研究已向多元化的新视角发展。

此外，"祆"字的正讹，主要有孙长凤等先生对当代工具书或教科书中的"袄"字予以"祆"字的正定。②

综合新世纪国内关于琐罗亚斯德思想研究的丰硕成果，主要体现出思想的纵深化与内容的细化等特征。研究的进一步发展主要应集中在研究理念、内容及方法等方面。

首先，研究理念有待更新。纵观此前关于琐罗亚斯德思想的研究多侧重于宗教方面。元先生对琐罗亚斯德"善恶二元"的宗教——哲学体系，给予宇宙观视阈下的哲学蕴含方面的纵深研究；对其"人体内五种潜力"说，通过与亚里士多德、柏拉图等"理念论"的比较研究，给予了人的主体理性精神层面上的认可，从而体现了对琐罗亚斯德思想研究理念向哲学等思辨方面发展的特点。此外，还有更多有待探索的研究空间，亟须海内外学界自觉更新研究理念。对此，伊朗的贾利尔·杜斯特哈赫（Dosthakh J）教授明确指出，对琐罗亚斯德教

---

① 参见李零：《波斯笔记》（上册），北京：生活·读书·新知三联书店2019年版，第164页。
② 参见孙长凤：《莫把"袄教"当"祆教"——明末顾大韶的祆教考证》，载《中学历史教学》，2007年第11期，第4页。

的研究不应仅限于宗教价值方面,还应该向民族学、语言学及科学等学术价值研究的方面发展,客观涵盖多元化研究琐罗亚斯德思想的方面。新世纪琐罗亚斯德思想的研究理念,有待于自觉化更新。

其次,研究内容有待扩展。此前对琐罗亚斯德思想的研究多侧重于其教义、教派发展、传播历史及宗教影响等内容的单向性研究。但是,作为一种文化现象,琐罗亚斯德思想的传播及其与异质文化发生的关系,实则属于双向性多元化的交流,因此客观需要研究内容的新变。目前,姜伯勤等先生所做的艺术方面研究,主要基于中国袄教艺术的发展特点,侧重探讨袄教艺术与新疆地区艺术文化的互动,研究琐罗亚斯德的"扬善抑恶"与"三善"思想等的传播特征,体现出学科交叉、时空融通等研究特点,从而丰富了琐罗亚斯德思想研究的内容。新世纪琐罗亚斯德思想的研究内容,有待于新向度的扩展。

最后,研究方法有待多元化。此前对琐罗亚斯德思想的研究,多侧重于文本注释、史学及文献学等方法。李进新、张湘滨等先生先后根据20世纪新疆地区的考古发现,证明袄教至迟于公元前4世纪前后传入中国,从而将琐罗亚斯德思想的入华时间,由目前普遍关注的六朝及唐时期,提前至战国时代。可见,考古法等多元化的研究方法在琐罗亚斯德思想研究中具有重要作用。新世纪琐罗亚斯德思想的研究方法,还有待于向多元化的方向发展。

雅斯贝尔斯认为,《荀子》与琐罗亚斯德等思想家是"轴心时代"的代表;冯天瑜先生则明确提出元典精神的新研究理念。目前,学界业已关注元典思想,对人类发展的历久弥新价值。

本书基于元典思想研究的理路,在广泛汲取前修时贤丰厚的研究成果的基础上,拟将《荀子》与琐罗亚斯德的思想在天人关系、善恶观、社会观、人生观与文化观等方面进行诠释,揭示其客观意义。书中的谬语浅论,诚待时贤指正。

上编　琐罗亚斯德概述

琐罗亚斯德，被学界普遍认为是"轴心时代"古波斯的重要思想家。他不仅改革了古代波斯的传统思想，其思想还广泛传播到希腊等地，对亚里士多德等思想家产生了重要影响。在先秦时期，琐罗亚斯德的思想主要通过琐罗亚斯德教等渠道传入中国。

第一章

琐罗亚斯德：一个波斯帝国的传奇

公元前6世纪左右，波斯大帝几乎碾压了亚欧非三洲王庭的认知。要了解他是如何做到的，需要从波斯帝国的传奇人物琐罗亚斯德开始探究。

关于琐罗亚斯德，目前学界众说纷纭，通常认为他是波斯帝国时期兼具神话与历史双重身份的传奇思想家。琐罗亚斯德的传说，在希腊和波斯的史籍中有不同记载；其思想主要体现在古波斯经典《阿维斯塔》的《伽萨》卷。

第一节 关于琐罗亚斯德几个称谓的正名

对琐罗亚斯德究竟为何人、何时何地以何种方式从事活动与思想传播等问题，学界至今意见不一。存在诸多分歧的主要原因首先在于对斯皮塔曼·琐罗亚斯德身份界定的不统一，其中称谓的复杂性是主要问题。所以，研究琐罗亚斯德的思想，首先需要厘清琐罗亚斯德的身份，对其不同的称谓给予正名。

一、琐罗亚斯德的不同称谓

关于琐罗亚斯德的称谓，目前学界众说纷纭。考察其名称，古今中外的译名与源名皆不统一。源名，主要指最初的姓名，是后世释译其姓名的源出名；译名，主要指根据源名翻译出的各类语言的姓名，可以分为直译名和间译名。直译名，主要指由波斯语直接译出的琐罗亚斯德称谓；间译名，则指通过其他语言媒介间接译出的称谓。这应该是形成琐罗亚斯德不同称谓的主要原因，汉译界兼存两种译名。

目前学界公认，最早汉译琐罗亚斯德称谓的可考资料，是南宋姚宽的"苏鲁支"译名,清末杨荣鋕译作"祚阿乐土",陈垣先生最早将其译作"琐罗亚斯德";①近人翻译尼采的《查拉图斯特拉如是说》,有的译作《苏鲁支语录》,当沿袭的"姚"译名;鲁迅先生译作《察罗堵斯德罗绪言》,郭沫若先生则作《察拉斯屈拉图如是说》等。《帕拉维语词典》写作 Zarathushtra,阿维斯塔语译作"扎拉图什塔拉",帕拉维语称作"扎尔图什特"(Zartusht)等,而五四运动以前出现的汉译名多为直接的音译名。

Zoroastre,原为希腊译名,汉译作"琐罗亚斯德",是间接的汉语音译名,已为汉语界普遍采用。Zoroastre 的汉语义,译作"老骆驼",由此引申出多种译义:"像老骆驼那样的男子""黄色的骆驼""能照看骆驼的人"等。②

诸多译名当出于源名,琐罗亚斯德的确切姓名及源出情况,有待考证。

经考证,琐罗亚斯德的相关称谓主要出于《阿维斯塔》经,概有斯皮塔曼、琐罗亚斯德、斯皮塔曼·琐罗亚斯德以及琐罗亚斯德·斯皮塔曼等名称,可见其称谓的相对复杂。具体情况见表1.1的琐罗亚斯德称谓词频统计。(见表1.1)

表1.1 琐罗亚斯德称谓词频统计

卷目	首卷	2—3卷	4—6卷	示例
斯皮塔曼·琐罗亚斯德	2	30	15	1. 使斯皮塔曼·琐罗亚斯德感到欣慰的那个人是谁?(首卷,p53) 2. 斯皮塔曼·琐罗亚斯德的灵体。(2卷,p100) 3. (阿胡拉·马兹达)向斯皮塔曼·琐罗亚斯德重述了一遍(宗旨)。(6卷,p340)
琐罗亚斯德·斯皮塔曼	4	1	0	1. 惟一人选是琐罗亚斯德·斯皮塔曼。(首卷,p9) 2. 阿胡拉·马兹达对斯皮塔曼·琐罗亚斯德说:琐罗亚斯德·斯皮塔曼呀!(3卷,p106)

---

① 参见[英]玛丽·博伊斯:《伊朗琐罗亚斯德教村落》,张小贵、殷小平译,北京:中华书局2005年版,序言第6页。

② 参见[伊朗]贾利尔·杜斯特哈赫选编:《阿维斯塔——琐罗亚斯德教圣书》,元文琪译,北京:商务印书馆2005年版,第402页;《简明社会科学词典》编辑委员会:《简明社会科学词典》,上海:上海辞书出版社1984年版,第905页;任继愈:《宗教词典》,上海:上海辞书出版社1981年版,第920页。

续表

卷目	首卷	2—3卷	4—6卷	示例
琐罗亚斯德	8	79	26	1. 赐福于琐罗亚斯德。（首卷，p6） 2. 琐罗亚斯德（开始吟咏颂歌）。（2卷，p840） 3. 琐罗亚斯德因真诚而被选中。（6卷，p338）
斯皮塔曼[1]	2	9	0	1. 出身哈奇塔斯普和斯皮塔曼家族[2]的普鲁奇斯塔。（首卷，p77） 2. 阿胡拉·马兹达对斯皮塔曼·琐罗亚斯德说：斯皮塔曼呀！（3卷，p211）

【注】[1]Spitamān，杜斯特哈赫注作琐罗亚斯德的第九代远祖。诗中用复数形式，似指琐氏亲属（p53）。

[2]杜斯特哈赫注作"斯皮塔曼家族（琐罗亚斯德家族）"，认为二者可通用（p74）

【注】1. 表内初步统计的数字及页码，据〔伊朗〕贾利尔·杜斯特哈赫选编、元文琪翻译《阿维斯塔》（北京：商务印书馆，2005年11月第1版）

2. 琐罗亚斯图姆（《亚什特》），杜斯特哈赫注作："像琐罗亚斯德一样的"；琐罗亚斯德教最高首领的徽号，相当于罗马天主教会的教皇；波斯语中称作"马斯马冈"。（p200）

初步统计的数据显示出三个特点。（见表1.1）

第一，古经的琐罗亚斯德称谓不统一，普遍使用斯皮塔曼·琐罗亚斯德和琐罗亚斯德两个名字，集中体现于2—3卷。

其中，琐罗亚斯德出现的频数最高。

第二，斯皮塔曼·琐罗亚斯德和琐罗亚斯德·斯皮塔曼的称谓，可相互置换。

第三，斯皮塔曼的称谓，于2—3卷中多于琐罗亚斯德·斯皮塔曼。

根据对琐罗亚斯德称谓的统计特点分析和学界的解释，我们大约能知道琐罗亚斯德诸多源名所指。

1. 斯皮塔曼

原为斯皮塔曼·琐罗亚斯德九世祖的名字，后演变为斯皮塔曼·琐罗亚斯德亲属的称呼（复数形式时），至迟在斯皮塔曼·琐罗亚斯德时代发展为斯皮塔曼家族的族姓。中外学界多认为斯皮塔曼是姓氏，①而以有功先祖名字作姓氏，应是古今中外的通例。则《阿维斯塔》出现的斯皮塔曼，或指其远祖，或属于斯皮塔曼·琐罗亚斯德亲属的斯皮塔曼家族成员，抑或指斯皮塔曼·琐罗亚斯德个人。

该称谓主要出现于《亚斯纳》《亚什特》两卷，若按照有的学者关于《亚斯纳》大约后出《伽萨》"二三百年"的意见，②则"斯皮塔曼"多为追忆其家族成员的称呼，其中亦包含许多不可确指的成分。

2. 琐罗亚斯德·斯皮塔曼

据国外通常的命名习惯和学界意见，"斯皮塔曼"是姓，"琐罗亚斯德"是名。博伊斯教授指出，虽然"伊朗本世纪出现了固定的姓氏"，但在尚不普及的情况下，"按照惯例……人名后面紧跟姓氏"，③说明前名后姓是伊朗的传统的记名法，而前姓后名则是以后的规范。《伽萨》记录了最初皈依琐罗亚斯德教的梅迪尤马赫·斯皮塔曼，杜注他是"斯皮塔曼家族（琐罗亚斯德家族）成员之一，据传统说法，他是琐罗亚斯德的表兄弟"④。因此，"斯皮塔曼"是因祖名被用作家族姓氏。

"琐罗亚斯德·斯皮塔曼"的称谓，四见于《伽萨》，于《亚斯纳》的一见之后，便不复见于他卷。《伽萨》的集中使用，主要出于琐罗亚斯德对先祖的诚敬。随着该教影响的扩大，琐罗亚斯德的名字亦被用于姓氏（不排除其他因素）后，斯皮塔曼作为祖姓逐渐淡出史家视阈。

3. 琐罗亚斯德

琐罗亚斯德，始终是6卷《阿维斯塔》中使用频率最高的称谓。细究其使用语境，约有三类不同的指称。

第一，代表琐罗亚斯德本人，主要体现在《伽萨》。

---

① 参见［美］A.T.奥姆斯特德：《波斯帝国史》，李铁匠、顾国梅译，上海：上海三联书店2017年版，第117页；［英］玛丽·博伊斯：《伊朗琐罗亚斯德教村落》（前言），张小贵、殷小平译，北京：中华书局2005年版，第3—4页；［伊朗］贾利尔·杜斯特哈赫选编：《阿维斯塔——琐罗亚斯德教圣书》，元文琪译，北京：商务印书馆2005年版，第402页；施安昌：《火坛与祭司鸟神：中国古代祆教美术考古手记》，北京：紫禁城出版社2004年版，第13页。

② 参见［伊朗］贾利尔·杜斯特哈赫选编：《阿维斯塔——琐罗亚斯德教圣书》，元文琪译，北京：商务印书馆2005年版，第343页、第366页。

③ 参见［英］玛丽·博伊斯：《伊朗琐罗亚斯德教村落》（序言），张小贵、殷小平译，北京：中华书局2005年版，第3—4页。

④ ［伊朗］贾利尔·杜斯特哈赫选编：《阿维斯塔——琐罗亚斯德教圣书》，元文琪译，北京：商务印书馆2005年版，第74页。

第二，代表琐罗亚斯德的家族成员。以《亚斯纳》中提到的胡姆酒为例，《伽萨》的"琐罗亚斯德"坚决反对胡姆酒，而《亚斯纳》的"琐罗亚斯德"却予以至高的赞美。学界对如此大的反差现象作出解释，认为主要是琐罗亚斯德后的古波斯原始宗教习惯的复燃，但并未明确指出复燃者是谁，而复燃者往往是解开琐罗亚斯德本人生平之谜的关键。《巴赫拉姆·亚什特》曰："琐罗亚斯德呀！除了生身父亲和骨肉兄弟或宗教祭司，不要向任何人透露（奥秘）。"（14·16·46），这意味着该教严密的管理组织中应该有琐罗亚斯德的家族成员，并明确指出琐罗亚斯德是通过其家族创立的"正教"。《伽萨》已列举了其兄弟、妻子、儿女与女婿等家族成员皈依该教之事，因此他们客观上具有一定的影响力，能够左右该教的发展。因此，胡姆酒等旧俗的复燃现象，不可否认与琐罗亚斯德之后的琐罗亚斯德家族有关。尽管该诗的"琐罗亚斯德"可能指琐罗亚斯德本人，但也不排除琐罗亚斯德的家族成员。

考察《亚斯纳》第72章，大约涉及四世祖哈奇塔斯普家族、九世祖斯皮塔曼家族（1·46·15）及其父族普鲁沙斯布（2·9·13）三个家族，他们的名字因对家族发展的贡献而成为后世敬重的家族姓氏。其中，琐罗亚斯德成功创立了琐罗亚斯德正教，其功堪比先祖，家族依照惯例因名为姓，因此形成了后来的琐罗亚斯德家族。目前，学界已接受该记名法。① 因此，以琐罗亚斯德的名字作为家族姓氏，以彰显其对家族发展之功，应属沿袭惯例。综合而言，此处的"琐罗亚斯德"应该是无法确指的琐罗亚斯德家族的某一成员，源于因名为姓的记名法。

第三，宗教官职符号。《亚什特》曰："呵，领有辽阔原野的梅赫尔！呵，与家长、村长、城市长官、边塞守将和琐罗亚斯图姆关系密切的首领！"（10·29·115）其中的"琐罗亚斯图姆"，杜注"意为'像琐罗亚斯德一样的'。琐罗亚斯德教最高首领的徽号，相当于罗马天主教会的教皇"。② 因此，至迟于萨珊王朝时期，琐罗亚斯德的称谓已由族姓发展为具有政教合一性质的官职符号。③

---

① 参见［伊朗］贾利尔·杜斯特哈赫选编：《阿维斯塔——琐罗亚斯德教圣书》，元文琪译，北京：商务印书馆2005年版，第74页；[美] A.T.奥姆斯特德：《波斯帝国史》，李铁匠、顾国梅译，上海：上海三联书店2017年版，第102页。
② ［伊朗］贾利尔·杜斯特哈赫选编：《阿维斯塔——琐罗亚斯德教圣书》，元文琪译，北京：商务印书馆2005年版，第200页。
③ 参见［伊朗］阿卜杜勒·侯赛因·扎林库伯：《波斯帝国史》，张鸿年译，北京：昆仑出版社2013年版，第18页。

4. 斯皮塔曼·琐罗亚斯德

该称谓在古经中的词频仅次于"琐罗亚斯德",集中出现于《亚斯纳》之后(如表1·1)。其主要原因应与记名法有关。表面上看,"琐罗亚斯德·斯皮塔曼"与"斯皮塔曼·琐罗亚斯德"同属敬辞,实则各有侧重。

二、斯皮塔曼·琐罗亚斯德

根据《亚斯纳》(10·21)记载,在琐罗亚斯德家族中,只有斯皮塔曼·琐罗亚斯德获得了"斯皮塔曼·琐罗亚斯德的灵体"(亚斯纳·10·21)的称号。扎林库伯教授指出,"灵体"是一种信念,灵体信念又称为"法尔乌什"。它"表明上层人士优于其他人群,换句话说,就是赋予宗教人士和武士以某种优越地位。法尔乌什是指人死后永不消逝的灵魂,这种灵魂保护死者的生活环境和亲属"①。斯皮塔曼·琐罗亚斯德获得这一殊荣,证明他不仅是琐罗亚斯德家族的荣光,也荣耀了整个斯皮塔曼家族。按照记名法,"斯皮塔曼"是祖姓,"琐罗亚斯德"既是本名,也是斯皮塔曼·琐罗亚斯德的简称。

以姓氏论,前者重在尊先祖"斯皮塔曼",通常是斯皮塔曼·琐罗亚斯德本人的尊祖叙词;后者重在敬琐罗亚斯德本人,与其弟子、族人及其后世信众敬其教祖等相关。从统计数据来看(如表1·1所示),《伽萨》中的前者四见,后者仅两见,显然侧重前者。学界公认《伽萨》主要由琐罗亚斯德及其弟子等人完成;琐罗亚斯德本人出身于宗教家庭,②按雅利安社会通常子承父业的传统,则"斯皮塔曼"应是传承家族宗教的有功先祖;《伽萨》偏重尊敬"斯皮塔曼"的现象,既是家规族规使然,应该亦彰显了琐罗亚斯德尊祖的真诚。《亚斯纳》以后的篇章中,前者仅一见,后者则四十五见,其反差现象足以说明琐罗亚斯德本人思想影响之深远,其地位之尊贵已超其先祖斯皮塔曼。琐罗亚斯德·斯皮塔曼与斯皮塔曼·琐罗亚斯德的称谓置换,客观显示了琐罗亚斯德思想影响从萌芽、形成直至巅峰的发展轨迹。

"琐罗亚斯德"这一称谓在《阿维斯塔》中不断变化发展,其中《伽萨》多为斯皮塔曼·琐罗亚斯德的自称,主要代表其个人;《亚斯纳》中的多为姓氏,主要尊称其家族成员,象征琐罗亚斯德家族的荣耀;《亚什特》以后,则直

---

① [伊朗]阿卜杜勒·侯赛因·扎林库伯:《波斯帝国史》,张鸿年译,北京:昆仑出版社2013年版,第18页。

② 参见[伊朗]阿卜杜勒·侯赛因·扎林库伯:《波斯帝国史》,张鸿年译,北京:昆仑出版社2013年版,第16页。

接固化为一种称谓模式,大多象征琐罗亚斯德教无比尊崇的社会地位。从语言学角度说,"琐罗亚斯德"一名,在某种意义上已固化为象征伊朗民族发展史上曾经显赫一时的古波斯帝国宗教符号。因为纵观该家族的发展历史,只有斯皮塔曼·琐罗亚斯德被授予"斯皮塔曼·琐罗亚斯德的灵体"(亚斯纳·10·21)、"琐罗亚斯德的灵光"(胡尔达·阿维斯塔·1·25)等称号。① 其中,"灵体"的授予在前,约为阿契美尼德王朝时期;"灵光"则是在萨珊王朝时代。

扎林库伯教授明确指出:"有一种神佑的象征,叫做法尔,即灵光。灵光保佑国王(国王同时具有宗教权威),同时也保佑伊朗人不受异族侵害……是一个民族自豪感和高于其他民族的伊朗人优越感的体现。"由此可见,"灵体"主要指斯皮塔曼·琐罗亚斯德个人,代表琐罗亚斯德家族的荣耀;而"灵光"则象征整个伊朗抑或雅利安的民族荣誉。"琐罗亚斯德"一名,已由个体称谓发展为象征整个古波斯的民族符号。

综合以上论述,《阿维斯塔》的源名虽然依次有琐罗亚斯德、琐罗亚斯德·斯皮塔曼、斯皮塔曼·琐罗亚斯德和斯皮塔曼,但首先进行思想改革的是斯皮塔曼·琐罗亚斯德。目前学界普遍以斯皮塔曼·琐罗亚斯德确指其本人,通常简称"琐罗亚斯德"。本书主要用简名。

三、琐罗亚斯德称谓正名的意义

姓名虽然是代表每个人的特定符号,是区分个体差异的主要标志,是人类正常有序交往的凭证。然而,姓名的每个字符多以语言形式寄寓一定的内涵。因此,琐罗亚斯德的称谓在客观上具有一定寓意,学界通常认为其意为"骆驼",象征古波斯牧业时代的理想、民族生命力的顽强等,表现琐罗亚斯德思想的尚"善"精神,客观上体现了琐罗亚斯德称谓正名的重要意义。因为只有正定琐罗亚斯德复杂的称谓,才能确立和研究与之对应的琐罗亚斯德思想。

先秦儒家较早地系统阐明并强调正名的重要性。孔子说:

> 名不正,则言不顺;言不顺,则事不成;事不成,则礼乐不兴;礼乐不兴,则刑罚不中;刑罚不中,则民无所措手足。(《论语·子路》)

认为如果名称不正定,思想则不畅通;思想不畅通,做事则会失于指导而不成功;事情不成功,礼乐、刑罚尤其是百姓生活的一应社会事务等,则将一

---

① 参见〔伊朗〕阿卜杜勒·侯赛因·扎林库伯:《波斯帝国史》,张鸿年译,北京:昆仑出版社2013年版,第100页、第320页。

纸空言。孔子后的《荀子》，更以《正名篇》，专门讨论正定名称的重要。在琐罗亚斯德思想的研究方面，则主要通过正定"袄""琐"等名称的思想含义，对琐罗亚斯德思想予以科学的交流与评判。

综上所述，琐罗亚斯德不同名称的正定，对琐罗亚斯德的思想研究等，有着不可或缺的规范性意义。

第二节　斯皮塔曼·琐罗亚斯德的时代、生平与思想

琐罗亚斯德思想形成于一个特殊的历史时代，并在其漫长的人生发展经历中逐渐成熟。所以，对琐罗亚斯德思想的研究，客观上需要对其生活的时代与生平经历等进行研究。

一、琐罗亚斯德相遇帝国时代

由于年代久远、资料匮乏和琐罗亚斯德身份的双重性等因素的影响，学界对于琐罗亚斯德生活的具体时代至今尚未达成一致。概括而言，大致分为确定和不确定两类。其中，不确定又需分为时代与时段的不确定；时代的不确定大致有上、下限之分，其上限又分为史前与古代文明两期。诸多问题，尚待进一步厘清。

（一）不确定的时代

所谓不确定的时代，主要指琐罗亚斯德生活的历史时代尚不确定。表现在上、下限两方面。

1. 上限：（1）史前期。主要观点有：

［1］公元前6000年。古希腊史学家克桑托斯·吕底亚（Xanthos-Lydie，约公元前5世纪初）与哲学家亚里士多德说。说见元文琪、龚方震等先生及阿卜杜勒教授辑录。①

---

① 参见［伊朗］贾利尔·杜斯特哈赫选编：《阿维斯塔——琐罗亚斯德教圣书》，元文琪译，北京：商务印书馆2005年版，第402页；龚方震、晏可佳：《袄教史》，上海：上海社会科学院出版社1998年版，第54页；［伊朗］阿卜杜勒·侯赛因·扎林库伯：《波斯帝国史》，张鸿年译，北京：昆仑出版社2013年版，第40页。

[2] 公元前 5500 年左右。希腊人说，说见杜兰特、龚方震等先生辑录。①

（2）古代文明期。主要观点则有：

[1] 公元前 2000 年。巴比伦学者说，说见杜兰特等辑录。②

[2] 公元前 1500 年左右。现代伊朗人说，说见玛丽·博伊斯教授等辑录。③

[3] 公元前 1400-前 1200 年。汉宁教授说，说见龚方震等先生辑录。④

[4] 公元前 11 世纪。元文琪先生说。⑤

[5] 公元前 1000 年。希腊作家及鲍哀丝说，说见赫尔曼、龚方震、施安昌、张小贵、周谷城等先生辑录；扎林库伯持同。⑥

[6] 公元前 10 世纪。杜斯特哈赫说。⑦

[7] 公元前 600 年出生。说见斯温辑录的传说。⑧

[8] 公元前 570 年出生。西部伊朗祭司说，说见龚方震先生辑录且持同。⑨

[9] 公元前 6 世纪中期。奥姆斯特德说。⑩

---

① 参见［美］威尔·杜兰特：《世界文明史》（第 1 卷），台湾幼狮文化译，北京：华夏出版社 2009 年版，第 266 页；龚方震、晏可佳：《祆教史》，上海：上海社会科学院出版社 1998 年版，第 54 页。

② 参见［美］威尔·杜兰特：《世界文明史》（第 1 卷），台湾幼狮文化译，北京：华夏出版社 2009 年版，第 266 页。

③ 参见［英］玛丽·博伊斯：《伊朗琐罗亚斯德教村落》，张小贵、殷小平译，北京：中华书局 2005 年版，第 15 页。

④ 参见龚方震、晏可佳：《祆教史》，上海：上海社会科学院出版社 1998 年版，第 54 页。

⑤ 参见［伊朗］阿卜杜勒·侯赛因·扎林库伯：《波斯帝国史》，张鸿年译，北京：昆仑出版社 2013 年版，第 408 页。

⑥ 参见［德］J. 赫尔曼、［荷兰］许理和主编：《人类文明史》（第 3 卷），中文版编译委员会译，南京：译林出版社 2014 年版，第 109 页；龚方震、晏可佳：《祆教史》，上海：上海社会科学院出版社 1998 年版，第 53 页；施安昌：《火坛与祭司鸟神：中国古代祆教美术考古手记》，北京：紫禁城出版社 2004 年版，第 13 页；张小贵：《祆教史考论与述评》，兰州：兰州大学出版社 2013 年版，第 16 页；周谷城：《世界通史》（上册），石家庄：河北教育出版社 2000 年版，第 261 页；［伊朗］阿卜杜勒·侯赛因·扎林库伯：《波斯帝国史》，张鸿年译，北京：昆仑出版社 2013 年版，第 41 页。

⑦ 参见［伊朗］贾利尔·杜斯特哈赫选编：《阿维斯塔——琐罗亚斯德教圣书》，元文琪译，北京：商务印书馆 2005 年版，第 15 页。

⑧ 参见［美］J.E. 斯温：《世界文化史》（上卷），沈炼之译，上海：上海社会科学院出版社 2016 年版，第 87 页。

⑨ 参见龚方震、晏可佳：《祆教史》，上海：上海社会科学院出版社 1998 年版，第 53 页。

⑩ 参见［美］A.T. 奥姆斯特德：《波斯帝国史》，李铁匠、顾国梅译，上海：上海三联书店 2017 年版，第 117 页。

[10] 公元前6世纪。阿德勒说。①

2. 下限：公元前6世纪—公元前5世纪以前。主要观点有：

（1）公元前1000年前。说见元文琪先生辑录。②

（2）公元前551年卒。琐罗亚斯德教传统说，说见施安昌先生辑录。③

（3）公元前570年生。以77岁算，概卒于公元前493年。

（二）不确定的时段

不确定的时段，主要指琐罗亚斯德大致生活的历史时段，目前尚不确定。主要有：

（1）公元前1000年—公元前7世纪。赫尔曼说。④

（2）公元前1000—公元前600年。希腊作家说，说见施安昌先生辑录。⑤

（3）公元前10世纪—公元前6世纪。现代史学家说，说见杜兰特辑录且持同。⑥

（4）公元前800年—公元前200年，以公元前500年为中心。雅斯贝尔斯说。⑦

（三）确定的时间

确定的时间，主要指琐罗亚斯德确切的生卒时间。主要有：

（1）公元前660—公元前588年。伊朗传统说，说见扎林库伯教授辑录。⑧

（2）公元前660—公元前583年。帕拉维语的《扎特斯帕拉姆文选》及伊

---

① 参见［美］菲利普·J.阿德勒、兰德尔·L.波韦尔斯：《世界文明史》（上卷），林骧华、庄彩云等译，上海：上海社会科学院出版社2012年版，第63页。

② 参见元文琪：《二元神论——古波斯宗教神话研究》，北京：中国社会科学出版社1997年版，第94页。

③ 参见施安昌：《火坛与祭司鸟神：中国古代祆教美术考古手记》，北京：紫禁城出版社2004年版，第13页。

④ 参见［德］J.赫尔曼、［荷兰］许理和主编：《人类文明史》（第3卷），中文版编译委员会译，南京：译林出版社2014年版，第109页。

⑤ 参见施安昌：《火坛与祭司鸟神：中国古代祆教美术考古手记》，北京：紫禁城出版社2004年版，第13页。

⑥ 参见［美］威尔·杜兰特：《世界文明史》（第1卷），台湾幼狮文化译，北京：华夏出版社2009年版，第266页。

⑦ 参见［德］卡尔·雅斯贝尔斯：《历史的起源与目标》，魏楚雄、俞新天译，北京：华夏出版社1989年版，第7页。

⑧ 参见［伊朗］阿卜杜勒·侯赛因·扎林库伯：《波斯帝国史》，张鸿年译，北京：昆仑出版社2013年版，第40页。

（3）公元前628—公元前551年。琐罗亚斯德教传统说，说见宫崎正胜、施安昌先生辑录且持同。②

以上古今中外学界关于琐罗亚斯德生活时代的不同意见，客观上需要商榷。

（四）关于几个不同时期问题需要商榷的意见

1. 史前时期说

学界通常认为，首先记载琐罗亚斯德事迹的是《伽萨》。考察世界文字的最早使用时间，虽然用于商贸事务的书画符号可远溯至公元前5000年地中海的海上商贸联系，但真正属于传教士使用的思想图画系统，最早约为公元前3600年左右苏美尔与埃及人使用的文字。③ 此时的雅利安人还处于印欧共同体开始解体前的时期，④ 因此成熟的《波斯古经》不可能出现于此时。因此，琐罗亚斯德生活于史前时期的观点不成立，目前学界普遍持否定意见。

2. 公元前11世纪或公元前1000年左右时期说

统计情况显示，中外学界多关注该时段，前修时贤亦多引证。扎林库伯教授认为，"琐罗亚斯德时期的语言已与贾姆希德时在伊朗人中流行的语言有了某种距离"⑤，明确从语言学角度指出琐罗亚斯德时期独具的文化特点。学界普遍认为传世的《伽萨》有原初的文字版。因此，从伊朗文字的使用等文化学角度研究琐罗亚斯德的生活时代，应有可行性。

学界通常认为，埃及字母最早发明于公元前2500年至前1500年之间，古巴比伦至迟于公元前1750年前后掌握并发展了苏美尔文字。⑥ 但伊朗人的文字使

---

① 参见［伊朗］贾利尔·杜斯特哈赫选编：《阿维斯塔——琐罗亚斯德教圣书》，元文琪译，北京：商务印书馆2005年版，第405页；周谷城：《世界通史》（上册），石家庄：河北教育出版社2000年版，第261页。

② 参见［日］宫崎正胜：《人类文明史——8000年来六大人类文明转折》，顾晓琳译，海口：海南出版社2018年版，第38页；施安昌：《火坛与祭司鸟神：中国古代祆教美术考古手记》，北京：紫禁城出版社2004年版，第13页。

③ 参见［美］威尔·杜兰特：《世界文明史》（第1卷），台湾幼狮文化译，北京：华夏出版社2009年版，第77页、第93页。

④ 参见［伊朗］贾利尔·杜斯特哈赫选编：《阿维斯塔——琐罗亚斯德教圣书》，元文琪译，北京：商务印书馆2005年版，第94页。

⑤ ［伊朗］阿卜杜勒·侯赛因·扎林库伯：《波斯帝国史》，张鸿年译，北京：昆仑出版社2013年版，第33页。

⑥ 参见［美］威尔·杜兰特：《世界文明史》（第1卷），台湾幼狮文化译，北京：华夏出版社2009年版，第124页、第162页。

用则相对滞后。因为至迟于公元前1750年左右至前11世纪之间,印伊游牧民族开始分批逐步完成了向中亚南部和伊朗高原的迁徙。其中,伊朗雅利安人随印度雅利安人之后,约为公元前1200年向伊朗高原迁移。① 假设伊朗雅利安人最早于公元前1000年完成了对伊朗高原的迁移,根据周谷城先生引用的塞克斯氏意见,认为"雅利安人南下之时,还是原始的游牧民族,还在开始学习农耕,建立城市,还不知使用文字";杜兰特认为米底人、扎林库伯则认为米底人波斯人到达波斯的时间约为公元前1000年,② 则伊朗东西部的文字使用,皆在公元前1000年后。

扎林库伯教授列举凯扬王朝强盛期卡乌斯国王的大臣乌什纳尔智者、土兰国智者尤什特·法里扬等博学善辩故事,认为"这类故事表明在一个没有文字的社会中,在破解谜语般的问题时,特殊阶层人群的智慧和学问"③,意谓公元前1000年左右,伊朗还没有掌握文字。

综合而论,假设伊朗雅利安人最早使用文字的时间在公元前1000年末之后,但是在掌握文字的初期,即有如此思想深刻、文法韵律成熟优美的《伽萨》诗歌,似乎应该质疑。因此,琐罗亚斯德生活于公元前11世纪抑或前1000年的观点,有待商榷。

3. 公元前10世纪至公元前6世纪

从伊朗雅利安人使用文字的角度来看,该时段的意见有其成立的前提。但以《阿维斯塔》表现的思想内容来说,该意见有待商榷。

学界通常认为《伽萨》思想内容博大精深,主要通过伊朗雅利安人的社会发展历史,对伊朗民族面临的一系列围绕人的生命、人性的善恶、人的平等自由、人的道德及其自我完善等问题,给予宗教哲学意味的诠释。如此深邃的思想,据世界思想发展的历史过程推断,应该出现在由神学向人学中心的转型、"人类意识"首次觉醒,以及世界几个文明同时进入反思人类历史和"善恶"

---

① 参见[伊朗]贾利尔·杜斯特哈赫选编:《阿维斯塔——琐罗亚斯德教圣书》,元文琪译,北京:商务印书馆2005年版,第391页;[伊朗]阿卜杜勒·侯赛因·扎林库伯:《波斯帝国史》,张鸿年译,北京:昆仑出版社2013年版,第23页;龚方震、晏可佳:《祆教史》,上海:上海社会科学院出版社1998年版,第63页。

② 参见周谷城:《世界通史》(上册),石家庄:河北教育出版社2000年版,第258页;[美]威尔·杜兰特:《世界文明史》(第1卷),台湾幼狮文化译,北京:华夏出版社2009年版,第255页;[伊朗]阿卜杜勒·侯赛因·扎林库伯:《波斯帝国史》,张鸿年译,北京:昆仑出版社2013年版,第41页。

③ [伊朗]阿卜杜勒·侯赛因·扎林库伯:《波斯帝国史》,张鸿年译,北京:昆仑出版社2013年版,第33页。

取向等根本问题的理性时期。这个时期约为公元前800年至前200年之间的"轴心时代"。① 关于琐罗亚斯德生活于公元前10世纪至公元前6世纪的意见，其上限则有待商榷。

4. 公元前800年至公元前6世纪左右

由于琐罗亚斯德的人物形象首见于《伽萨》，《伽萨》通常为研究主人公生活时代的首要依据，则确定作为文学人物的生活时代，除了考证文本人物的活动环境与轨迹外，还需关注文本出现的时间、思想内容的深度、语言特征及其表现手法的成熟度等。

（1）琐罗亚斯德的主要活动环境与轨迹。学界公认《伽萨》出现的地名主要在伊朗东部，则琐罗亚斯德主要生活于公元前1000年以后；他自称传教深得凯·古什塔斯布国王之助，并联姻其朝臣，说明他主要生活于凯扬王朝的古什塔斯布执政时。

扎林库伯教授认为，此时的伊朗东部"已经不像卡乌斯和霍斯鲁时代存在一个众望所归的凯扬家族政权"，"古什塔斯帕和琐罗亚斯德之后不久，高原东部城市已落入征服者居鲁士的版图"，居鲁士和后人大流士都"多次进军东部"，② 琐罗亚斯德的生活时代则是凯扬家族政权走向衰落的时期，而继凯扬王朝后，居鲁士开启了阿契美尼德家族的执政时代。

我们假设凯扬家族自征服土著民族、震慑周边的突朗等部落国家并最终在伊朗东部建立政权，至其统治末期，至少需要大约一百年的时间（扎林库伯教授设定为300年③），则琐罗亚斯德生活时间的上限当为公元前800年前后。

居鲁士二世约于公元前550—前529年在位。④ 假设扎林库伯教授的"不久"时间为200年左右，那么古什塔斯帕至少应在公元前800年至公元前600到前700年之间。则琐罗亚斯德生活时间的上限，在公元前800年左右。

（2）《伽萨》文本出现的时间。学界通常认为，《伽萨》叙语显示其作者主

---

① 参见［德］卡尔·雅斯贝尔斯：《历史的起源与目标》，魏楚雄、俞新天译，北京：华夏出版社1989年版，第7页；［日］宫崎正胜：《人类文明史——8000年来六大人类文明转折》，顾晓琳译，海口：海南出版社2018年版，第37页；冯天瑜、任放、杨华主编：《中国文化史》，北京：高等教育出版社2005年版，第60页。
② 参见［伊朗］阿卜杜勒·侯赛因·扎林库伯：《波斯帝国史》，张鸿年译，北京：昆仑出版社2013年版，第29页、第30页。
③ 参见［伊朗］阿卜杜勒·侯赛因·扎林库伯：《波斯帝国史》，张鸿年译，北京：昆仑出版社2013年版，第54页。
④ 参见［伊朗］阿卜杜勒·侯赛因·扎林库伯：《波斯帝国史》，张鸿年译，北京：昆仑出版社2013年版，第557页。

要为琐罗亚斯德及其弟子,则出现的时间应为琐罗亚斯德的生活时期。

扎林库伯教授认为:"在凯扬世界,除了包含着神话成分的传说之外,还有其珍贵的宗教和史诗文字材料,其中有诗歌也有散文。"① 经考证,凯扬王朝初期没有文字,则该处"凯扬世界"的"史诗、散文"出现的时间,应在公元前9世纪—公元前7世纪之间,至少涵盖古什塔斯帕时期出现的《伽萨》。因此,《伽萨》文本出现时间的上限,至多不超过公元前9世纪。

(3)《伽萨》思想内容的深度。《伽萨》里的世界是神与人的杂糅,学界认为《伽萨》前的神"使人成为孤苦无助的玩物,除非用崇拜和献祭来取悦神。在公元前6世纪,波斯人和其他民族一样流行这种态度",琐罗亚斯德则明确提出"人类作为自由意志的拥有者",具有选择所崇拜之神的自由,② 意谓当时唯神独尊的传统已被打破,时代业已由以神为中心转向以人为中心的神人共处时期。

阿德勒认为,这一转型的时间是公元前6世纪,而雅斯贝尔斯认为是在公元前800年以后,则《伽萨》出现时间的上限,最早当不超过公元前800年。

(4)《伽萨》诗歌格式的发展。《伽萨》是诗歌体的颂歌,杜斯特哈赫认为它是一种"音节诗",且分解五篇的音节组成为:7+9,4+7,4+7,7+7,7+7+5,7+5。③ 该音节的组成数字显示,《伽萨》应为以7音节组成为主的杂言体音节诗,业已是一种高度成熟的诗歌样式。

按文学艺术发展的普遍规律,该类诗体的成熟非一蹴之功,需经历缓慢的文学发展过程。以中国《诗经》时代的四言体发展至屈原时代的七六言相间的杂言体诗歌为例,这一过程历经数百年;伊朗雅利安人的诗歌,即使在琐罗亚斯德出生前已有口头传唱的历史,但其精湛的表现艺术积淀之功,应非短期可为。《伽萨》的成书,应该在伊朗人初识文字的公元前8世纪至前9世纪以后。

(5)《伽萨》的诗歌表现艺术。《伽萨》诗的思想内容得益于丰富的艺术手法。考察其表现手法,除了独特的结构、流畅的叙事、真挚的抒情以及丰富的描写外,还大量使用想象、拟人、铺排、对比、对偶、夸张、比喻、复沓、设问、反问等多种修辞手法,从而体现出极其成熟的风格。如:

---

① [伊朗] 阿卜杜勒·侯赛因·扎林库伯:《波斯帝国史》,张鸿年译,北京:昆仑出版社2013年版,第33页。
② 参见 [美] 菲利普·J. 阿德勒、兰德尔·L. 波韦尔斯:《世界文明史》(上卷),林骧华、庄彩云等译,上海:上海社会科学院出版社2012年版,第63页。
③ 参见 [伊朗] 贾利尔·杜斯特哈赫选编:《阿维斯塔——琐罗亚斯德教圣书》,元文琪译,北京:商务印书馆2005年版,第2—3页。

（这种人）时而信奉善思、善言和善行，时而顺从恶思、恶言和恶行；今朝皈依正教，明日改宗邪教。(1·3·48·4)

诗中以"三善"对偶"三恶"等缜密句式，以及"今朝"与"明日"的鲜明对比等手法，酣畅淋漓地表达了琐罗亚斯德正教"扬善抑恶"的宗教思想主张；"终审日"审判等幻想的神人生活内容；"你"则是对马兹达神的拟人化称谓。饾饤数语，通过对偶、对比、想象及拟人等修辞手法，尽数囊括了天与地、神与人的关系，以及人自由选择道德旨归等广泛且深刻的思想内容。

杜斯特哈赫高度评价了《伽萨》的韵律节奏、遣词造句和写作方法等特点。如此成熟的诗歌艺术，在中国是历经六七百年的文学艺术积淀后，才出现于战国中期的。假设公元前1000年以前的伊朗文学是口头传唱时代，则于公元前1000年—公元前800年的200年左右时间里，伊朗文学可以由初步的学习文字而达到文学艺术的成熟，这一过程原本是极不容易的。《伽萨》出现时间的上限，应不超过公元前800年。

综合以上论述，并根据琐罗亚斯德的生活环境与轨迹和《伽萨》文本出现的时间及表现艺术等分析，参照"轴心时代"理论，我们将琐罗亚斯德生活时间的上限设定为公元前800年左右。

关于琐罗亚斯德生活时代的下限，还有待进一步讨论。

第一，以伊朗东部王朝的更迭序次论。《伽萨》指出琐罗亚斯德的传教深得凯·古什塔斯布国王之助。虽然古什塔斯布在神话中属于凯扬王朝，① 但时值凯扬王朝末期。伊朗史家认为：凯扬王朝之后被居鲁士征服；居鲁士征服伊朗东部时，部分已经开化和未开化的雅利安人甚至信仰琐罗亚斯德教。因此，琐罗亚斯德生活时间的下限，至迟不晚于公元前550年左右。

第二，以大流士的宗教信仰论。学界通常认为大流士一世信奉琐罗亚斯德教。这是因为大约在公元前513年，他在古波斯首都波斯波利斯的城墙上刻下巨石铭文，其中五个自然段中九见"阿胡拉·马兹达"神名，三见"靠阿胡拉·马兹达之佑"的叙词等。奥姆斯特德考证："在他的许多国王铭文中，没有别的神，只有阿胡拉·马兹达的名字被提到"；公元前550年，维什塔斯帕为其"长子取名为达拉亚瓦胡曼（Darava-Vohumanah），意为'善思的支持者'，即

---

① 参见［伊朗］阿卜杜勒·侯赛因·扎林库伯：《波斯帝国史》，张鸿年译，北京：昆仑出版社2013年版，第30页、第39页。

西部方言中的达拉瓦乌什（Darayavaush）和希腊人说的大流士（Darius）。"① 其中，"善思"是琐罗亚斯德的"三善"思想之一。"大流士一世，铭文只呼阿胡拉·马兹达之号，可见处于独尊的地位。"李零先生从大流士一世统一波斯帝国所依靠的思想支撑角度出发，认为"大流士一世以来的波斯国教其实是经他改革，而新立的宗教。宗教大一统与国家大一统匹配"②。

综合而论，大流士信奉的应为琐罗亚斯德教中的马兹达神。因琐罗亚斯德教于大流士时期已成为国教，则琐罗亚斯德生活时间的下限，至迟不晚于公元前513年左右。

第三，以学界确定的琐罗亚斯德卒年论。关于琐罗亚斯德的生卒年，伊朗传统说为公元前660—公元前588年，帕拉维语的《扎特斯帕拉姆文选》及伊斯兰化时期的学者阿布·里罕·必龙尼等说为公元前660—公元前583年，而该教的传统说为公元前628—公元前551年。各家界定的卒年时间皆在公元前6世纪。则琐罗亚斯德生活时间的下限，依学界意见约在公元前6世纪。

综合以上论述，在没有新的确凿证据出现之前，琐罗亚斯德的生活时间暂且以不确定的时段说为宜，约为公元前800年至公元前6世纪左右。

由于琐罗亚斯德的思想影响深远，古今学界皆给予高度评价。马克思、恩格斯引用法国的卡贝之言："我不来对你们谈及许多实行财产共有制的古代民族！也不来谈及希伯来人……莱卡古士和毕达哥拉斯……孔夫子和琐罗亚斯德，最后两人之中，前者在中国宣布了这个原则（共产主义原则——引者注），后者在波斯宣布了这个原则。"③ 明确从古代共有制原则研究的角度，指出琐罗亚斯德是与孔子、毕达哥拉斯等同时期的思想家；孔子与毕达哥拉斯皆生活于公元前6世纪左右；雅斯贝尔斯独列琐罗亚斯德为"轴心时代"的波斯思想家代表，其同列的释迦牟尼、孔子、老子、苏格拉底等亦皆生活于公元前6世纪前后。从人类思想发展史的角度论，公元前800年—公元前200年，应是人类思想由原始宗教崇拜向人文思想发展的整体转型时期，琐罗亚斯德应时而创教新说，则其生活时间暂定为公元前800年至公元前6世纪左右，古波斯正式开启帝国模式的时代，应不失公允。适值荀子等先秦诸子的活动时代。

---

① 参见［美］A. T. 奥姆斯特德：《波斯帝国史》，李铁匠、顾国梅译，上海：上海三联书店2017年版，第217页、第242页、第128页。
② 李零：《波斯笔记》（上册），北京：生活·读书·新知三联书店2019年版，第260页。
③ 中共中央马克思恩格斯列宁斯大林著作编译局编译：《马克思恩格斯全集》（第3卷），北京：人民出版社1965年版，第617页。

二、琐罗亚斯德的生平经历

斯皮塔曼·琐罗亚斯德的思想改革，大约始于其家族群体，而后琐罗亚斯德历经漫长的探索研究而完成。其家世和生活经历不可疏视。

（一）家世

《伽萨》记载了琐罗亚斯德的部分生活。例：

> 琐罗亚斯德·斯皮塔曼——"在冬天的隘口"，他的马匹因严寒而战栗。（4·51·12）

诗中对人物、地点、时间和季节等的具体描写，尤其是马的"战栗"等表现，皆细致入微，充分体现琐罗亚斯德思想改革初期困窘的境遇。如此感同身受的现实生活细节，非亲临其境不可体会，说明琐罗亚斯德至少经历过该现实生活的历练，是真实的现实生活中的人。

目前，琐罗亚斯德作为双重身份的历史人物，其研究资料主要包括《伽萨》《阿维斯塔》的后出部分和《本达希申》《丁·卡尔特》《扎德斯帕拉姆文集》《宗教轨仪》等帕拉维语文献，以及伊斯兰化时期史学家马斯乌迪的《黄金草原》等。① 根据资料显示，琐罗亚斯德的改革主要依靠其家庭、家族以及古什塔斯布朝廷等的支持，则其生平思想研究当始于对其家世的了解。

1. 家族

元先生认为琐罗亚斯德的始祖是传说中丕什达德王朝的著名国君曼努什切赫尔；② 《伽萨》则记载其四世祖哈奇塔斯普、九世祖斯皮塔曼及哈奇塔斯普家族、斯皮塔曼家族等，杜斯特哈赫认为他们都是琐罗亚斯德的亲属。③ 因此，琐罗亚斯德应属于古老的雅利安人家族。

学界通常认为，原始宗教时期的国王身兼祀神事务，而琐罗亚斯德的始祖曼努什切赫尔则身兼政治和宗教二职。这意味着其政治身份结束后，其祀神事务的宗教身份可使之继续从事宗教事务；其家族则形成了世袭宗教身份的传统。

---

① 参见［伊朗］贾利尔·杜斯特哈赫选编：《阿维斯塔——琐罗亚斯德教圣书》，元文琪译，北京：商务印书馆2005年版，第401页。
② 参见［伊朗］贾利尔·杜斯特哈赫选编：《阿维斯塔——琐罗亚斯德教圣书》，元文琪译，北京：商务印书馆2005年版，第401页、第402页。
③ 参见［伊朗］贾利尔·杜斯特哈赫选编：《阿维斯塔——琐罗亚斯德教圣书》，元文琪译，北京：商务印书馆2005年版，第53页。

因此，琐罗亚斯德应出身于雅利安人一个古老的宗教世家。

扎林库伯教授认为，其家族即斯皮塔曼属于宗教人士阶层；① 周谷城先生根据学界意见和祆教祭司"Magi"一词所含有的"奴隶"之意，认为担任祭司职务的人，是被征服而为奴隶的人，甚至从事祭司职业的"不是雅利安人，而是被雅利安人征服的'杜兰族'人"②。该论至少说明琐罗亚斯德时代前后，祭司阶层人员的相对复杂性。

琐罗亚斯德自称（《伽萨》）是不富有的祭司，这既说明其宗教身份应传自始祖，又证明他生活于家族业已沦落的时期，因为伊朗学界认为雅利安人的传统是子承父业，琐罗亚斯德本人出身于宗教人士家庭，③ 则其父普鲁沙斯布亦为祭司。此外，《伽萨》记载了其家族中最早皈依琐罗亚斯德正教的表兄弟梅迪尤马赫·斯皮塔曼，《亚斯纳》则部分地体现了其家族成员参与传播"正教"。

综合以上论述，琐罗亚斯德应出身于一个古老的世典祀神业的雅利安人家族，其以世袭祭司身份从事宗教改革，当首先源自其家族的影响。

2. 家庭

在琐罗亚斯德思想的发展过程中，家庭亦给予了重要影响。《伽萨》记载琐罗亚斯德的家庭成员主要有：其妻，杜注"弗拉舒什塔尔的女儿赫沃微"；表兄弟梅迪尤马赫·斯皮塔曼；其子（姓名不详）；岳父弗拉舒什塔尔；女儿普鲁奇斯塔，女婿贾马斯布；《亚斯纳》还记载其父普鲁沙斯布。他们对琐罗亚斯德的改革事业给予了重要帮助，而其妻、女婿及岳父皆与凯·古什塔斯布朝廷的重臣有关联。

综合而言，琐罗亚斯德的思想改革既有悠久而坚实的家族与家庭基础，又有凯扬王朝强大的政治背景；其改革涉及其家族宗教和伊朗雅利安人的传统宗教，从而使琐罗亚斯德正教客观上具有政教合一的性质以及家国同构等意义。波斯帝国的历史发展证明，后者对波斯帝国的建立有不可低估的思想指导作用。

古波斯人较早意识到琐罗亚斯德家族宗教对国家发展的重要意义。《亚斯纳》以后出现的琐罗亚斯德父亲、儿子支持其宗教改革的内容补叙，实则强化了琐罗亚斯德是现实生活中的人，以及琐罗亚斯德的家族宗教与古波斯国家命运具有一体性等思想。其中，家庭是琐罗亚斯德教与国家改革发展的思想基础，

---

① 参见［伊朗］阿卜杜勒·侯赛因·扎林库伯：《波斯帝国史》，张鸿年译，北京：昆仑出版社2013年版，第16页。
② 周谷城：《世界通史》（上册），石家庄：河北教育出版社2000年版，第263页。
③ 参见［伊朗］阿卜杜勒·侯赛因·扎林库伯：《波斯帝国史》，张鸿年译，北京：昆仑出版社2013年版，第42页。

是《伽萨》等诗卷复沓的基本主题。如：

> 为增强家庭、村社和国家的力量而奋斗不息的善思者。（伽萨·1·31·16）

> 呵，胡姆！呵，一家之长！呵，村社之长！呵，城市长官！呵，国家元首！

> 呵，虔诚的智者！（亚斯纳·9·27）

诗中显示，自《伽萨》关注的家庭—村社—国家形式，至《亚斯纳》以后的家庭—村社—城市—国家模式，琐罗亚斯德正教始终以家庭为基础，将国家作为最高准则，从而体现其家国同构、命运一体和追求"秩序"等思想。

对此，李零先生关于大流士一世以后古波斯帝国时期的宗教与国家诸多改革具有统一性特点的意见，客观涵盖了琐罗亚斯德及其家庭对发展古波斯帝国的重要意义的说明。

（二）生平经历

琐罗亚斯德终其一生致力于古波斯的思想改革，其具体生活经历至今仍存在关于活动的始发地与具体活动地域等问题的争议。

1. 始发地与活动地域之争

（1）活动的始发地

琐罗亚斯德改革的始发地，因其出生地的不确定，通常存在伊朗西部与东部说等意见。其中，西部说又有阿塞拜疆与雷伊二说；东部说则主要以巴尔赫为中心的伊朗东部及东北部附近说为代表，主要根据有三：一是古经记载，《伽萨》出现的地名皆在伊朗东部，且古经只字未提米底与波斯社会；二是语言标志，《伽萨》使用的琐罗亚斯德语言属于东部语言；三是古学界意见，萨珊王朝时期持西部说的巴列维语文献中，亦有琐罗亚斯德是东部人的意见。① 目前学界多倾向于伊朗的东部说，并予以新证。

扎林库伯教授认为，伊朗的一则神话称玛努切赫尔（Manushchithra）是东部国君；元先生说琐罗亚斯德的始祖是曼努什切赫尔（Manushchihr）。② Manushchithra 和 Manushchihr 两词，仅有两个字母之差；琐罗亚斯德的第四世祖为

---

① 参见［伊朗］阿卜杜勒·侯赛因·扎林库伯：《波斯帝国史》，张鸿年译，北京：昆仑出版社2013年版，第41—42页。

② 参见［伊朗］阿卜杜勒·侯赛因·扎林库伯：《波斯帝国史》，张鸿年译，北京：昆仑出版社2013年版，第27页。

哈奇塔斯普，写作 Hachtasp，元先生以帕拉维语书作哈埃恰塔斯普（Haečhatasp），中间仅两个字母之差，但同指一人；则玛努切赫尔与曼努什切尔亦同指一人。若该说成立，则琐罗亚斯德家族应祖居伊朗东部；其四世祖、九世祖皆为有功于家族发展之祖，亦应生活在祖居附近；琐罗亚斯德之父，承家族祀神业，常理亦当主要居于东部。

综合而言，关于琐罗亚斯德出生于伊朗东部说的证据相对充分而公允。其具体地点大致有锡斯坦、索格德（粟特）、费尔干纳或巴尔赫。① 其中，巴尔赫又名巴克特里亚，该城为祆教圣地，传说琐罗亚斯德葬于此。②

虽然诸多力证倾向于东部说，但在新的确凿证据出现前，西部说不应当被否定。因为《伽萨》有"琐罗亚斯德向穆冈（和正教徒）许诺的报酬（和奖赏）"句（伽萨·4·51·15），杜斯特哈赫释义"穆冈"作"琐罗亚斯德教的首领们被称为穆冈"；周谷城先生认为，"祆教中的祭司，名曰'默吉'（Magi），自成一个阶级"；李零先生则认为，"火祆教的祭司叫麻葛（单数 Magus，复数 Magi）"，"希罗多德说，麻葛是米底六部之一，此部专出麻葛。可见居鲁士二世灭米底以前，这种宗教就已存在"，"麻葛，汉译穆护"，③ 则麻葛即祭司应属于其首领阶层。概括学界意见，祆教的首领祭司叫 Magus，复数 Magi，其汉译名的"默吉""麻葛""穆护"应同指一事，只是汉语音译不同；琐罗亚斯德时期的"穆冈"，作为该教首领，当亦持祭司业，则"穆冈"应是单数 Magus 的汉译名。假设该说成立，则米底"穆护"若出现于米底占领西部之后，则琐罗亚斯德出生前的东部"穆冈"极有可能来自西部，琐罗亚斯德因此可能出生于西部，因为伊朗东西部实则于琐罗亚斯德时代即有交往。《伽萨》有"第七个国家"说，杜斯特哈赫注曰"以古人（伊朗）之见，世界被划分为七个国家或地区"，"伊朗是第七个"。④ 琐罗亚斯德要向"七个国家"传播其宗教，米底、波斯邻于西部，则琐罗亚斯德时代的正教即使没有被西部接受，但伊朗东西部的交往，有条件使西部祭司亦可任职东部。则琐罗亚斯德出生西部说，有一定的前提。

---

① 参见［伊朗］贾利尔·杜斯特哈赫选编：《阿维斯塔——琐罗亚斯德教圣书》，元文琪译，北京：商务印书馆2005年版，第412页。
② 参见李零：《波斯笔记》（上册），北京：生活·读书·新知三联书店2019年版，第159页。
③ 参见［伊朗］贾利尔·杜斯特哈赫选编：《阿维斯塔——琐罗亚斯德教圣书》，元文琪译，北京：商务印书馆2005年版，第408—412页。
④ 参见［伊朗］贾利尔·杜斯特哈赫选编：《阿维斯塔——琐罗亚斯德教圣书》，元文琪译，北京：商务印书馆2005年版，第73页；周谷城：《世界通史》（上册），石家庄：河北教育出版社2000年版，第259页。

扎林库伯教授认为伊朗东西部的早期交往，一为凯扬王朝凯哥巴德（卡维喀瓦德）国王之孙卡鸟斯国王曾在厄尔布尔山建了七座宫殿，"可能反映东部伊朗与米底和亚述的交往"；二是有则神话记载，东部国王玛努切赫尔与伊朗西部也有关系。① 该说应不全是臆测，因为伊朗东西部皆为雅利安人的南迁民族，族源相同决定其相互间客观发生联系。按常理，琐罗亚斯德始祖及其后世家族可以与西部形成联系。奥姆斯特德教授认为，琐罗亚斯德和斯皮塔曼家族居所位于伊朗西北部高山上。②

综合而论，在确凿证据不足的前提下，承认琐罗亚斯德出生地为伊朗东部说的同时，应不弃西部说的探讨。阿卜杜勒教授对此明确指出，考古者的镐头、古代文书遗存和时间与历史学家的审核时间以及历史学家的审定等，是可资的证明。

（2）活动地域

琐罗亚斯德出生地的东西部说，客观说明他生活在一定的活动地域中。《伽萨》曰：

我该到什么地方去？哪个国度是我的落脚之地？（2·46·1）
奥尔迪贝赫什特［借助］扩大生存空间的塞潘达尔马兹，给突朗的弗里扬家族（以关照）。（同上，12）
他就是古什塔斯布国王，在当政后期他大力扶持正教。（同上，14）

诗中展示了琐罗亚斯德的活动地域，主要涉及伊朗、突朗和凯扬王朝等多个国家（诗称"七个国家"）；此外，其活动区域包括原野、山川和水滨等地；政区则涉及"家庭、村社与国家"。琐罗亚斯德自言，"逐水草而居的游牧民（不从事农田耕作），无论怎么辛劳也享受不到（你的）佳音福祉"（伽萨·1·31·10），意谓其活动区域正向"游牧民"地区扩展。史家认为，当时伊朗周边的游牧民族主要是斯基泰人，他们信奉古老的雅利安人共同体时期的祆教。③

学界通常认为"第七个国家"指伊朗，则其传教地域客观上涵盖了伊朗的东西部。从《伽萨》的政区链时有缺少"城市"等情况看，其活动地域应以伊朗乡村的农牧民地区为主。此外，琐罗亚斯德所言的"军人武士和众首领对我

---

① 参见［伊朗］阿卜杜勒·侯赛因·扎林库伯：《波斯帝国史》，张鸿年译，北京：昆仑出版社2013年版，第28页、第26页。
② 参见［美］A. T. 奥姆斯特德：《波斯帝国史》，李铁匠、顾国梅译，上海：上海三联书店2017年版，第127页。
③ 参见［德］J. 赫尔曼、［荷］许理和主编：《人类文明史》（第3卷），中文版编译委员会译，南京：译林出版社2014年版，第170页。

尽量回避"问题，应与雅利安社会的宗教人士、武士及牧人三级组织形式相关。

扎林库伯教授认为，独立的雅利安族武士领导权以西部的米底和波斯为代表，他们与拥有强大武力的国家为邻，东部则是游牧和农耕社会，主要以宗教势力和战斗能力合一的凯扬王朝为主；① 希罗多德则说米底六部专出"麻葛"，即袄教首领祭司代表的宗教人士。

综合而言，虽然东部国家与乡村不乏"军人武士和众首领"驻扎，但琐罗亚斯德所说的"军人武士和众首领"中，应客观含有伊朗西部的米底和波斯。他们对琐罗亚斯德的回避，客观上含有琐罗亚斯德曾活动于西部之意。因此则其在伊朗活动地域应涵盖东西部。

2. 生平经历

琐罗亚斯德作为历史人物的生平经历，根据古今中外资料记载，大致分为30岁以前、30岁—42岁和42岁以后三个时期。

(1) 30岁以前，读书受学期。经考证，琐罗亚斯德出生于祭司世家，如同中国古代的童学学规一样，琐罗亚斯德也按古波斯的童学学规，"满7岁，即行入学"，通常在神庙或祭司家接受祭司的教学；课程以经典及其注疏为主，其次则为宗教仪节、医药及法律。② 童学子弟多因家境小康才够资格。③

波斯教育规定，20岁—24岁是高等教育阶段，多限于贵族子弟。④ 琐罗亚斯德家应该不是贵族，因为他20岁便弃家过隐遁生活，⑤ 但与其他祭司及歌者们一样，为掌握职业技巧，他曾进行过专门训练。⑥ 琐罗亚斯德思想改革的成功，应得益于此时的学习修炼。学界通常认为他30岁时获得"神启"并创立正教，则该段时间大约持续了十年左右。

(2) 30岁—42岁，思想改革探索期。琐罗亚斯德在30岁前后，开始改革古波斯的传统思想等。在宗教方面，他独尊阿胡拉·马兹达善神，并制定了一

---

① 参见〔伊朗〕阿卜杜勒·侯赛因·扎林库伯：《波斯帝国史》，张鸿年译，北京：昆仑出版社2013年版，第14页、第18页。
② 参见〔美〕威尔·杜兰特：《世界文明史》(第1卷)，台湾幼狮文化译，北京：华夏出版社2009年版，第274页、第275页。
③ 参见〔美〕威尔·杜兰特：《世界文明史》(第1卷)，台湾幼狮文化译，北京：华夏出版社2009年版，第275页。
④ 参见〔美〕威尔·杜兰特：《世界文明史》(第1卷)，台湾幼狮文化译，北京：华夏出版社2009年版，第275页。
⑤ 参见施安昌：《火坛与祭司鸟神：中国古代袄教美术考古手记》，北京：紫禁城出版社2004年版，第13页。
⑥ 参见〔伊朗〕阿卜杜勒·侯赛因·扎林库伯：《波斯帝国史》，张鸿年译，北京：昆仑出版社2013年版，第43页。

系列宗教教义，创立了琐罗亚斯德正教。此后十余年间，为传播其思想，他历尽艰辛，倍受伊朗祭司阶层和凯扬王朝贵族的反对。

（3）42岁以后，思想改革实践期。学界通常认为42岁或40岁，① 琐罗亚斯德礼遇于凯·古什塔斯布王朝，顺利传播其"正教"。则该时期同时是其思想改革的政治实践期。由于琐罗亚斯德家庭与古什塔斯布朝有姻亲关系，凯扬王朝后期的政治模式因之客观具有政教合一的特点。

综合以上论述，琐罗亚斯德的一生，是与旧思想不断斗争的一生。宗教改革与政教合一局面的形成在伊朗东部并非轻而易举，实则内受凯扬王朝贵族的干预，外遇邻国战争的阻挠，历尽坎坷而成。学界通常认为，琐罗亚斯德77岁便殒命于古什塔斯布朝与突朗的战争中。考察琐罗亚斯德的非命，实则是新旧事物替代规律的结果。

三、琐罗亚斯德的思想

琐罗亚斯德通过对世界的本原、形成、发展与结局等思想的系统阐释，形成了"善恶二元"论的宇宙观、"抑恶扬善"与拯世救人等为宗旨的世界观，他将个人信仰与社会经济生活相结合，以建立农村公社的社会观，以及实现理想政治的政治观、人生观等思想。学界通常认为，其思想主要体现在《阿维斯塔》的《伽萨》卷。

（一）"善恶二元"对立斗争的世界观思想

"善恶二元"论是琐罗亚斯德世界观的主要思想。《伽萨》明确指出，世界源于"善恶二元"，自"品德、说教、思想和信仰"至"言论、行动、宗教和灵魂"，二者"全部截然不同，实难难容"（2·45·2），因此"善恶二元"及其相互对立斗争的思想是琐罗亚斯德世界观的基本内涵。具体表现在《伽萨》中曰：

两大本原交会之际，生命（起于善端），死亡（立在恶端）。
真诚、善良者（将受）阿胡拉的恩典和光辉，虚伪、邪恶之徒将跌落阿赫里曼黑暗的地狱。（1·30·4）

诗中提到的"两大本原"，通常指"善元"和"恶元"；"全部截然不同，

---

① 参见［伊朗］阿卜杜勒·侯赛因·扎林库伯：《波斯帝国史》，张鸿年译，北京：昆仑出版社2013年版，第43页。

实难难容"则意指二者始终对立斗争。结合诗中及《伽萨》的相关思想，琐罗亚斯德的世界观思想主要涉及三个方面的内容。

1. 宇宙由相互对立斗争的"善恶二元"组成。
2. 世界因此产生对"善恶二元神"选择的需要，生命由此形成"生"与"死"两种归宿；社会因此出现"光明"与"黑暗"两种现象。
3. "善"终胜"恶"，"生命"最终战胜"死亡"，"光明"最终代替"黑暗"。

综合而论，"善恶二元"不停地对立斗争、"善"终胜"恶"等思想，是琐罗亚斯德基本的世界观思想，其他思想皆源于其"善恶二元"对立斗争的世界观思想。

对"善恶二元论"的解释，目前学界概有二元各自独立、"二元异体"说与"二元同体"说等意见。中外学界通常认为，琐罗亚斯德的"二元"本原论，主要指世界原本由"善恶二元"组成，善神主宰"善元"，代指阿胡拉·马兹达与其子斯潘德·迈纽（Spand-Mainyu）；主宰"恶元"的是恶神，代指阿赫里曼（Ahriman）或安哥拉·迈纽（Angra-Mainyu）；善神系列属于"善元"，恶神系列属于"恶元"；"善恶二元"各自独立，但二者始终处于不停对立斗争中，"善"终胜"恶"。该"善恶二元论"属于"二元异体"说。

扎林库伯溯源"二元异体"论，指出印伊雅利安人共同体时期的世界本原论思想，内涵"二元同体"说，包含"善恶二元同体"与"善恶二元创造者同体"的意义。① "善恶二元同体"主要指"善元"与"恶元"同出一个整体。如"印伊两族共有的神话传说中"的人物亚玛（贾姆-维万格罕），在戴亚蒂河沿岸，实施仁政、传播正义；晚年却教人食肉和说谎（阿维斯塔），雅利安人的天堂因此消亡，② 则亚玛的形象客观地集"善"与"恶"二性于一体，呈"二元同体"特点。"善恶二元创造者同体"，意谓"善恶"同为阿胡拉·马兹达善神创造，则"善恶二元"同属于阿胡拉·马兹达一体。

《伽萨》中的"善恶二元同体"与"善恶二元创造者同体"等现象皆有体现。如：

谁创造了美好的光明和黑暗？（2·44·5）

---

① 参见［伊朗］阿卜杜勒·侯赛因·扎林库伯：《波斯帝国史》，张鸿年译，北京：昆仑出版社2013年版，第45页。
② 参见［伊朗］阿卜杜勒·侯赛因·扎林库伯：《波斯帝国史》，张鸿年译，北京：昆仑出版社2013年版，第7页、第9页、第10页。

世界的缔造者，乃善良农夫的至亲，也是善良大地女儿的慈父。(45·4)

（马兹达）通过斯潘德·迈纽，许诺正教徒以美好的赏赐。难道为非作歹的伪信者，尽管你不情愿，也将享有［那份赏赐］吗？(3·47·5)

诗中的"黑暗"，在琐罗亚斯德教中通常指代"恶神"①；马兹达·阿胡拉既然是"世界的缔造者"，意谓其同时创造了"善恶二元"世界，且不分"善恶"地平等赏赐。则《伽萨》的阿胡拉·马兹达善神体系属于"善恶二元创造者同体"的"二元同体"范畴。

扎林库伯认为，在该教的教义中，"恶元即阿赫里曼（安哥拉·迈纽）也像善元（斯潘德·迈纽）一样，是阿胡拉·马兹达所创造的"，"认为善恶创造者同为一体，主要是由于印伊两族共居时期善神与恶神体系基于同一个观念。因此按琐罗亚斯德的思想观念，阿胡拉·马兹达既是善（斯潘德·迈纽）的创造者，也是恶（安哥拉·迈纽）的创造者"②，这明确指出《伽萨》的阿胡拉·马兹达善神体系属于"善恶二元创造者同体"，源于印伊雅利安人共同体时期关于善恶二神的创造者同为一体的观念。③

《伽萨》的"善恶二元同体"思想主要体现在阿胡拉·马兹达神身上。作为至上神，阿胡拉·马兹达的道德本应无懈可击且完美无瑕，但事实上，他不能公平处理"美好的赏赐"，甚至对"为非作歹的伪信者"也予以赏赐，从而显出"善行"中的"恶行"特征。因此阿胡拉·马兹达作为善神，其品行客观上具有善恶二重性，其神性实则体现了"善恶二元同体"的特征。考察阿胡拉·马兹达神虽然源于印伊共同体时代，但其称谓却是后来的合称，因为其中的"阿胡拉"原为雅利安人一组神的称谓，④对应梵文的阿修罗，在印度神话中是组恶神的统称，而在伊朗早期神话中则指神和创世主；"马兹达"意为聪明智慧；阿胡拉·马兹达是琐罗亚斯德给予的合称，是组神的称谓。⑤ 在伊朗人心目中，印伊雅利安人分离后的形形色色众神中，唯有他不被称名字而是赋予合

---

① ［伊朗］贾利尔·杜斯特哈赫选编：《阿维斯塔——琐罗亚斯德教圣书》，元文琪译，北京：商务印书馆2005年版，第414页。
② ［伊朗］阿卜杜勒·侯赛因·扎林库伯：《波斯帝国史》，张鸿年译，北京：昆仑出版社2013年版，第46页。
③ ［伊朗］阿卜杜勒·侯赛因·扎林库伯：《波斯帝国史》，张鸿年译，北京：昆仑出版社2013年版，第45—46页。
④ ［伊朗］阿卜杜勒·侯赛因·扎林库伯：《波斯帝国史》，张鸿年译，北京：昆仑出版社2013年版，第13页。
⑤ ［伊朗］阿卜杜勒·侯赛因·扎林库伯：《波斯帝国史》（注①），张鸿年译，北京：昆仑出版社2013年版，第13页。

称：意谓最高智慧的天神，居于众神之上。若说《伽萨》中被阿胡拉·马兹达称为阿姆沙斯潘丹的组神，因"代表最高天神的各种品性"和"人性的升华"而被理解为一些抽象概念的代表，则阿胡拉·马兹达组神亦可被理解为"创世主""聪明智慧""理智本身"等抽象概念的代表。①

扎林库伯教授对此明确指出，"实际上，《伽萨》的内容体现了琐罗亚斯德最初的学说实质。经过对它的分析，可以看到琐罗亚斯德是想从一种基于一体世界多神信仰向一神信仰过渡。多神信仰认为世上一切事物都有神性。而在其一神信仰中，还保有印伊两族分离时期作为首要观念的二元概念"②，并认为该"二元概念"具有"抽象概念的代表"特点。可见《伽萨》的"善恶二元同体"思想，渊源悠久，蕴涵深厚。

《伽萨》"善恶二元同体"和"善恶二元创造者同体"的宇宙观思想，既是琐罗亚斯德对印伊雅利安人共同体时期及其出生前伊朗早期"二元"论传统思想的继承，又基于当时社会客观存在的两大宗教派别和社会势力的激烈斗争，③是琐罗亚斯德从宗教领域进行"抑恶扬善"、拯救世人的世界观思想基点。同期的《荀子》，则持自然之天论。

学界通常认为，琐罗亚斯德"善恶二元"对立斗争的宇宙观思想，在社会观上，代表了伊朗农牧定居的先进生活与周边游牧民族落后的原始生活的对立斗争；在政治观上，是"贤明的国君以善行和正教执掌政权"与"邪恶的暴君对我们实行专制"（《伽萨》3·48·5）的激烈对立斗争；在人生观上，是"真诚"与"虚伪"、"善良"与"邪恶"等的对立斗争，其中琐罗亚斯德特别以"人体的五种潜力"说，明确阐释了人类及人生的有关个人意志自由，鼓励选择善神及善恶有报等积极人生思想；④在宗教观上，则是一神信仰下的"善恶二元神"对立斗争。

（二）"一神信仰"下"善恶二元神"对立斗争的道德观思想

琐罗亚斯德基于"善恶二元神"的选择论，主张独尊马兹达善神，从而体

---

① 参见［伊朗］阿卜杜勒·侯赛因·扎林库伯：《波斯帝国史》，张鸿年译，北京：昆仑出版社2013年版，第47页。
② ［伊朗］阿卜杜勒·侯赛因·扎林库伯：《波斯帝国史》，张鸿年译，北京：昆仑出版社2013年版，第36页。
③ 参见［伊朗］阿卜杜勒·侯赛因·扎林库伯：《波斯帝国史》，张鸿年译，北京：昆仑出版社2013年版，第46页。
④ 参见［伊朗］贾利尔·杜斯特哈赫选编：《阿维斯塔——琐罗亚斯德教圣书》，元文琪译，北京：商务印书馆2005年版，第416页。

现其崇尚善德等道德观思想。

学界认为，琐罗亚斯德由此形成的是"一神信仰"下的"善恶二元神"对立斗争。其中，"一神信仰"指琐罗亚斯德独尊阿胡拉·马兹达为至上善神，余神或为其助手或为其子；"善恶二元神"主要指善神斯潘德·迈纽和恶神阿赫里曼（又称安哥拉·迈纽），他们分别代表伊朗社会中的马兹达与阿赫里曼两个敌对宗教。二者因"善恶二元神"不停地对立斗争，客观上形成了当时伊朗两股相互争斗的社会势力。《伽萨》对此予以详细的论述：

> （马兹达）乃最初和最末的存在，是善良之父。（1·31·8）
> （马兹达）是斯潘德·迈纽纯洁的父亲。（3·47·3）
> 要清楚地识别两大宗教（马兹达教和阿赫里曼教）之间的对立（将以我们的胜利而告终）。（1·30·2）
> 马兹达·阿胡拉鼓励（琐罗亚斯德）担当两大派（马兹达崇拜者和迪弗崇拜者）的仲裁者。
> （琐罗亚斯德）为伪信者的仇敌，正教徒强有力的庇护者。（2·43·8）

概括诗中所言，马兹达代表最高善神；马兹达与阿赫里曼这两大宗教及其辖下的社会势力之间，不停地相互对立斗争，最终，马兹达代表的正教终胜；琐罗亚斯德是马兹达的使者，负责二者间的仲裁，并庇护信众选择的正教。

综合而论，琐罗亚斯德通过阿胡拉·马兹达善神独尊等思想，提出"善恶二元神"相互对立斗争的新思想，涵盖了人有自由选择"善恶"的意志、"扬善抑恶"、提倡修行"三善"以实现理想生活等道德思想，从而形成了"一神信仰"下的"善恶二元神"对立斗争的道德观思想。其中，琐罗亚斯德正教是"一神"还是"二元神"教，仍是学界争论的焦点。

学界通常认为琐罗亚斯德教是"善恶二元论"的"一神"教；但以霍格（Haug）为代表的英国学界，则认为"琐罗亚斯德教"持"一元"论的"一神"宗教观和"善恶二元"的哲学观；元先生同意《大英百科全书》关于"'琐罗亚斯德教'是二元神教"的观点；[①] 扎林库伯教授则认为"琐罗亚斯德"是"一神"信仰下的"善恶二元神"教。[②]

综合学界意见，皆不否认琐罗亚斯德思想的有神论属性。考察同期的《荀

---

① 参见［伊朗］贾利尔·杜斯特哈赫选编：《阿维斯塔——琐罗亚斯德教圣书》，元文琪译，北京：商务印书馆2005年版，第423页。
② 参见［伊朗］阿卜杜勒·侯赛因·扎林库伯：《波斯帝国史》，张鸿年译，北京：昆仑出版社2013年版，第36页。

子》，则持无神论思想。

（三）人有选择"善恶二元"的意志自由的人生观思想

琐罗亚斯德基于"善恶二元神"的道德观思想，对生命的起源与归宿、人生的方法与目的、人生价值与意义等相关的人生问题予以系统的阐述，形成了丰富的人生观思想。结合其世界观、道德观等思想，其人生观思想主要表现为：

1. 人类有"选择"善恶二元归宿的意志自由，个人要对自己的选择负责；①

2. 人的内心与环境处于无止境的"善恶"斗争中，主张追求"三善"的理想人格、遵守"宗教法规"以弭"三恶"；②

3. 奖赏追求真诚、"智慧"及现实美善生活以造福"七国"的人。

综合而论，琐罗亚斯德基于"善恶二元"的世界观，阐释人生系列问题，特别是困扰人生的"恶元"问题，其人生思想主要表现为三个方面。

首先，明确提出"选择"的人生观理论。琐罗亚斯德认为每个人与生俱来首先要面对"善恶二元"的选择，他主张选择"善元"。

其次，系统说明"善元"的选择方法。琐罗亚斯德认为内修"三善"道德的同时，还须外遵宗教道德法规，以弭"恶元"的困扰，实现人生的最终目的。

最后，提倡修行"三善"的理想人格。琐罗亚斯德认为人生的价值主要体现在现世中不断修行"三善"；其中，"为增强家庭、村社、城市和国家的力量而奋斗不息"的政教合一的人生，具有最高的价值和意义。《伽萨》第四、五篇中，通过"裁决"并给予奖赏的皆为政教业绩最高的人士，可见琐罗亚斯德正教得以发展并被立为国教，"三善"思想的作用不可或缺。

琐罗亚斯德为此还提出"来生说"等系列具有"救赎"性质的新思想内容。赫尔曼认为，这客观上向人们揭示了"一种道德观念和捍卫真理、抵御恶灵和谎言攻击的决心"的哲学内涵，③ 实则指出了琐罗亚斯德的人生观思想是由传统的单一"取悦"神向重视人的道德属性方面的发展。

综合以上论述，琐罗亚斯德的道德观思想具有一定的独特性。一则，他重新界定了神人关系，将传统的以神为中心的神人一维化关系，变为以人为中心

---

① 参见［美］菲利普·J.阿德勒、兰德尔·L.波韦尔斯：《世界文明史》（上卷），林骧华、庄彩云等译，上海：上海社会科学院出版社2012年版，第63页。

② 参见［德］J.赫尔曼、［荷兰］许理和主编：《人类文明史》（第3卷），中文版编译委员会译，南京：译林出版社2014年版，第109页。

③ 参见［德］J.赫尔曼、［荷兰］许理和主编：《人类文明史》（第3卷），中文版编译委员会译，南京：译林出版社2014年版，第109页。

的神人相通、善恶互报的双向对应关系;二则,他充分肯定了人的价值与意义,主张人可依靠自身的道德规范选择"善元"以主宰自身命运,实现理想归宿,该思想通常被"轴心时代"的理论称为"人的觉醒";最后,他强调人的道德属性,为此琐罗亚斯德首次提出人必须修"三善"弭"三恶"、禁"血祭"、禁喝"豪麻"酒等思想,充分体现了对人的道德属性的关注。

因此,阿德勒评价琐罗亚斯德正教是一种"新类型"的信仰,是"一种将神与人以新方式联系起来"的思想,① 意谓琐罗亚斯德实则创立了一种通过神人关系论来诠释人的道德属性的新的人生观思想。杜兰特认为:"在袄教(琐罗亚斯德教)思想中,人是重要的、有尊严的,因为他的一举一动足以对神或其他超自然力量产生影响。就这点来看,袄教比中世纪(认为人是一种无助的小虫)及现代许多学者(人仅是一种会动的机械)高明多了。"② 他明确指出《伽萨》中的神人关系,是以人为中心的、具有道德属性的新关系。考察同期的先秦儒家,业已将道德论纵深发展至讨论人与人以及人与自身关系的层面。

第三节 琐罗亚斯德思想对古波斯经典著作的影响

琐罗亚斯德思想主要反映在古波斯经典《阿维斯塔》的《伽萨》卷,对该卷以后的思想也产生了深远影响,其"善恶二元"对立斗争与"三善"等思想,始终是古波斯经典复沓的基本思想主题。

一、古波斯经典著作《阿维斯塔》

《阿维斯塔》是古波斯的传世经典,其波斯文题名是 Avesta,③ 古今中外译义不一。元先生概括,仅波斯语便有"阿维斯塔""阿维斯塔克"和"阿贝斯塔"等六种之多;杜兰特译作《知识及智慧之书》,尊称《波斯古经》;汉译则

---

① 参见[美]菲利普·J.阿德勒、兰德尔·L.波韦尔斯:《世界文明史》(上卷),林骧华、庄彩云等译,上海:上海社会科学院出版社2012年版,第63页。
② [美]威尔·杜兰特:《世界文明史》(第1卷),台湾幼狮文化译,北京:华夏出版社2009年版,第269页。
③ 参见任继愈:《宗教词典》,上海:上海辞书出版社1981年版,第722页。

有《阿维斯塔》《阿维斯陀》《阿韦斯大》等。①

目前，学界尚不明确 Avesta 的语源。杜兰特在表明"不甚清楚"该经为何称"Avesta"后，认为"也许像 veda 一样，是由雅利安人字根 vid 而来也说不定"，意谓可能源于古代雅利安语系。该意见应非臆测，周谷城先生引用的塞克斯观点也认为，"雅利安各种土语尚未分化形成以前，实属于一个共同的雅利安语系或印欧语系，这大概就是所谓古波斯语"；伊朗《〈阿维斯塔〉校注》一书的作者达乌德教授认为，阿维斯塔语、古波斯语和梵语等都是"古代雅利安人的语言"，应是从语源角度将其归属于古代雅利安语系；元先生进一步指出，"这个词在圣书里从未出现过，在印度—伊朗语族中也查不到。印度帕西人学者达拉认为，'阿维斯塔'与'吠陀'是同根词，意为'知识'或'福音'。伊朗学者穆罕默德·默伽达姆博士赞同此说"；杜斯特哈赫则认为，"《阿维斯塔》所用的语言因这部圣书而得名，被称为'阿维斯塔语'。这种古老的语言发源于伊朗东部，其盛衰嬗变的历史不详。有关这种语言的探讨文章和著述甚丰。"②

综上所述，Avesta 原属琐罗亚斯德教经典的名称，后因书名而称其书的书写语言作"阿维斯塔语"。它源于伊朗东部的古老语言，盖属于古代雅利安语系，现代通作波斯文，目前尚不明确其产生发展的历史渊源。

对 Avesta 的词义，目前中外学界亦有异议。元先生概括的有印度学者译作的"知识""福音"义；在伊朗的帕拉维语文献《丁·卡尔特》中，含有"基础""原件"义；德国诸学者认为是"颂扬"义等；任继愈先生关于"智识、经典、谕令"的译义，③ 是对该经书思想内容及特点的高度概括，多为目前学界采用。

琐罗亚斯德思想主要反映在《阿维斯塔》的《伽萨》卷，且对《伽萨》以后各卷的思想内容、表现艺术以及传播等方面产生了重要影响。其中，《阿维斯塔》的形成与版本是不可忽视的研究；对其思想内容在特殊形成与流传过程中出现的作者等问题，需先行甄别。

---

① 参见 [伊朗] 贾利尔·杜斯特哈赫选编：《阿维斯塔——琐罗亚斯德教圣书》，元文琪译，北京：商务印书馆 2005 年版，第 343 页；[美] 威尔·杜兰特：《世界文明史》（第 1 卷），台湾幼狮文化译，北京：华夏出版社 2009 年版，第 266 页；任继愈：《宗教词典》，上海：上海辞书出版社 1981 年版，第 261 页。

② 参见 [美] 威尔·杜兰特：《世界文明史》（第 1 卷），台湾幼狮文化译，北京：华夏出版社 2009 年版，第 266 页；周谷城：《世界通史》（上册），石家庄：河北教育出版社 2000 年版，第 259 页；[伊朗] 贾利尔·杜斯特哈赫选编：《阿维斯塔——琐罗亚斯德教圣书》，元文琪译，北京：商务印书馆 2005 年版，第 343 页、第 2 页、第 16 页。

③ 参见任继愈：《宗教词典》，上海：上海辞书出版社 1981 年版，第 722 页。

（一）《阿维斯塔》的作者

目前，关于该经的作者存在异议，多数认为非一时一地一人所作。概括而言，主要有琐罗亚斯德、其门徒及其后的诸多新编、增删、整理等手抄者三类。

《伽萨》中，琐罗亚斯德多以第一人称出现，该部分多为琐罗亚斯德的口头训谕，则该经最早的口头版作者之一应是琐罗亚斯德本人。杜兰特、杜斯特哈赫和元先生等认为，经中最古老的部分《伽萨》，是琐罗亚斯德本人吟诵的。①

由于琐罗亚斯德时期的传教需要，该经典文字版的《伽萨》《亚斯纳》部分，应首先由其弟子完成；再则考察这两卷的内容，有的部分非琐罗亚斯德直言的描述性叙辞等，当为其弟子汇集其训谕及祷语而成。② 杜兰特、元先生等亦认为是琐罗亚斯德的弟子所作。

《亚什特》以后的各卷，其内容、思想及风格迥异于前二卷，学界通常认为这些卷作于萨珊王朝时；它们上承阿契美尼德王朝时期的抄本、中经希腊化时期的火焚改写版，迄今仍有所修正。则《阿维斯塔》的作者群体也应该包含阿契美尼德王朝以后历代的重新编定、增删、整理与手抄者。其中不乏祭司，像萨珊王朝时期的大祭司长阿扎尔帕德·梅赫拉斯潘丹，他为维护其奉旨重新修订的《阿维斯塔》的权威性，毅然接受了"熔化的黄铜液浇身"的考验。③

此外，古经的编写甚至有王室成员的直接参与。关于王室成员参与古经整理一事，目前学界尚存异议。虽然琐罗亚斯德教的传统文献《丁·卡尔特》及一些阿拉伯史学家等皆言，该经曾被完整地抄写于12000张牛皮革上，且一式两份。但杜兰特认为是"希斯塔斯普王子亲手录制两部"，元先生则认为是"遵照维什塔斯普国王的御旨编写而成"。④ 其中的希斯塔斯普，于《马克思恩格斯全集》第30卷的"人名索引"里作大流士一世之姓，即大流士一世·希斯塔斯普

---

① 参见［美］威尔·杜兰特：《世界文明史》（第1卷），台湾幼狮文化译，北京：华夏出版社2009年版，第266页；［伊朗］贾利尔·杜斯特哈赫选编：《阿维斯塔——琐罗亚斯德教圣书》，元文琪译，北京：商务印书馆2005年版，第343页、第15页。

② 参见［美］威尔·杜兰特：《世界文明史》（第1卷），台湾幼狮文化译，北京：华夏出版社2009年版，第266页；［伊朗］贾利尔·杜斯特哈赫选编：《阿维斯塔——琐罗亚斯德教圣书》，元文琪译，北京：商务印书馆2005年版，第258页。

③ 参见［伊朗］贾利尔·杜斯特哈赫选编：《阿维斯塔——琐罗亚斯德教圣书》，元文琪译，北京：商务印书馆2005年版，第347页。

④ 参见［美］威尔·杜兰特：《世界文明史》（第1卷），台湾幼狮文化译，北京：华夏出版社2009年版，第266页、第267页；［伊朗］贾利尔·杜斯特哈赫选编：《阿维斯塔——琐罗亚斯德教圣书》，元文琪译，北京：商务印书馆2005年版，第344页。

(Hystaspes D Ⅰ，公元前550—公元前486)①。美国学者奥姆斯特德（Olmstead A. T.）在《波斯帝国史》中记载，大流士是希斯塔斯普之长子，②则大流士之父希斯塔斯普应生活于阿契美尼德王朝的早期。龚方震先生认为，"42岁这一年，琐罗亚斯德先后使卡维·维斯塔斯帕国家的王后胡陶沙和国王本人放弃了伊朗的雅利安人的信仰，皈依祆教"，他把"女儿嫁给国王的重臣贾玛斯帕"。③杜斯特哈赫注释贾马斯布"兄弟俩均为国王古什塔斯布的大臣"④，假设该说成立，则希斯塔斯普、维什塔斯普与古什塔斯布，该是同一人名的不同译名；史传的关于王室成员当指古什塔斯布王子，受古什塔斯布王的御旨手抄古经，时间应在阿契美尼德王朝。则该教被大流士立为国教原在情理之中。

总括《阿维斯塔》的作者，作品呈现了个体性与群体性结合的特点，体现了轴心时代各民族元典的共有特征。先秦诸子著作多为诸子及其师徒的集体性合著。

（二）《阿维斯塔》的成书与流传

根据对古经作者的情况分析，并结合当前学界的研究，现存的《阿维斯塔》大致经历了初成、最后完成与流传等过程。

1. 初成

《伽萨》曰：

> 古什塔斯布国王，在当政后期他大力扶持（琐罗亚斯德）正教。（亚斯纳·46·14）

> [古什塔斯布]皈依穆冈的宗教。这样，就使我们如愿以偿。（同上，51·16）

经考证，诗中提及的古什塔斯布国王是大流士一世之父，主要生活于阿契美尼德王朝时期。既然他帮助琐罗亚斯德成功传教，则琐罗亚斯德吟诵的《伽萨》诗至迟形成于阿契美尼德王朝。杜兰特、元先生等学者通常认为，在古什

---

① 参见中共中央马克思恩格斯列宁斯大林著作编译局编译：《马克思恩格斯全集》（第30卷），北京：人民出版社1997年版，第669页。
② 参见［美］A. T. 奥姆斯特德：《波斯帝国史》，李铁匠、顾国梅译，上海：上海三联书店2017年版，第126—127页。
③ 龚方震、晏可佳：《祆教史》，上海：上海社会科学院出版社1998年版，第56页。
④ ［伊朗］贾利尔·杜斯特哈赫选编：《阿维斯塔——琐罗亚斯德教圣书》，元文琪译，北京：商务印书馆2005年版，第54页。

塔斯布时期，用金字抄写的12000张牛皮经书即为全部经文，① 则阿契美尼德王朝时期的《阿维斯塔》，当为初成时期。《伽萨》曰：

> 鸿蒙初辟时（两大本原）品德、说教……言论（截然不同）。（同上，45·2）
>
> 请你用自己的语言阐述正教中规定的对行善者和作恶者的奖惩。（同上，31·3）

诗中涉及"语言"类的行文主要有"说教"和"言论"两类；二者以对应的形式同出一节，其中"说教"似偏重口说，"言论"则应多侧重文字记载。考察其出现时间，若以"鸿蒙初辟"为代表，则还早于琐罗亚斯德生活的时期。杜兰特认为苏美尔人的泥筒出现于公元前3200年，而塞克斯说雅利安人南下时还不知使用文字。龚方震等先生认为，阿维斯陀人随伊朗雅利安人南迁的时间是公元前1200年，（学界多异议）则"鸿蒙初辟"代表的口语时间应在此前，最早的文字时间在此后，而《阿维斯塔》形成前的马兹达等教的文字版经书，产生的时间最早不过公元前1200年前后。

考察用"语言"阐述"正教的训谕""奖惩"等事务（亚斯纳·51·11），似乎更适合文字版的记载。有的学者则认为《伽萨》以后的部分，例如《亚什特》等，成书于公元前8世纪，即米底王朝（公元前672—公元前550）以前。学界通常认为其父是祭司，《伽萨》中的琐罗亚斯德亦自称是"祭司"（亚斯纳·46·14），龚先生等认为，按照印度和伊朗的传统，琐罗亚斯德"应从七岁开始学习祭司的职业"②，这种耳濡目染或耳提面命等环境因素，当使其有接触并熟悉古经书的客观条件。琐罗亚斯德说"我以善良的品德和语言，歌颂那些（人）"（亚斯纳·46·14），该处"语言"应涵盖琐罗亚斯德自制、其门徒记录汇集的颂赞各善神、各民族英雄及各类有功于传教的信众的诗歌，亦即《伽萨》诗。因为，"伽萨（Gāthā）"一语在《阿维斯塔》中的原意即为"颂歌"，又称"琐罗亚斯德颂歌"。

综上所述，《阿维斯塔》口语版的初成，最早或在"鸿蒙初辟"的史前期；其文字版，最早应不超过公元前1200年，至迟不晚于琐罗亚斯德的生活时代。学界通常认为，文字版大约初成于阿契美尼德王朝时期，大流士一世奉为国教

---

① 参见［美］威尔·杜兰特：《世界文明史》（第1卷），台湾幼狮文化译，北京：华夏出版社2009年版，第267页；［伊朗］贾利尔·杜斯特哈赫选编：《阿维斯塔——琐罗亚斯德教圣书》，元文琪译，北京：商务印书馆2005年版，第344页。

② 龚方震、晏可佳：《祆教史》，上海：上海社会科学院出版社1998年版，第55页。

时使用的版本盖为初版《阿维斯塔》。

2. 最后完成

考察该经典，既有亚历山大的"火焚"说，又有《伽萨》《亚斯纳》与其后各卷的不同期说，则《阿维斯塔》的最后完成时间亦不确定。学界对此有完成于帕提亚（Parthia，又安息）王朝说和完成于萨珊（Sasanid）王朝说。① 其中，帕提亚王朝说主要根据《丁·卡尔特》第3卷记载。元先生认为该时期"最终是否成书，我们不得而知，因为流传至今的只有萨珊时期《阿维斯塔》的一部分"，意谓即使正视帕提亚王朝的历史传承影响，但在萨珊王朝时期的版本中业已难察帕提亚版本的踪迹。学界通常认为《阿维斯塔》最后完成于萨珊王朝时期。

林悟殊先生指出，"一般认为，萨珊王朝恢复了阿契美尼德王朝的宗教，但严格地说，并不是简单的恢复，而是在新的时期对古代宗教的体系化与规范化。现存的琐罗亚斯德教经典，绝大部分就是在这个时期，通过国家的力量，按统治者的旨意，整理形成的。"② 则现存伊朗与印度的该教经典皆源自萨珊王朝版。

据学界对萨珊版的渊源、形成、特征、传承及影响等研究，现传《阿维斯塔》是基于萨珊版的整理修订。因此《阿维斯塔》的最后完成应在萨珊王朝时期。至于其他各时期不同形式的辑录修订，应为经书流传过程中的客观现象。

3. 流传

该经典的流传主要涉及时间、地域及过程等问题。《伽萨》记载琐罗亚斯德时代业已传播该教于境内外，则《伽萨》部分至迟始传于琐罗亚斯德的生活时期，此后完善的经典流传至今。其传播地域主要有境内外之别，境内的流传多倾向于由伊朗东部向西部传播；境外则主要经邻国而波及世界，大约在公元前5至公元前3世纪传至中国。

《阿维斯塔》的成书经历了漫长且复杂的流传过程。学界通常根据经典的内容、语言及风格的不同，认为该经最早始于琐罗亚斯德本人吟诵的《伽萨》，发展于其后出现的《亚斯纳》等卷。二者主要区别于禁酒、血祭等问题的处理上，

---

① 参见［美］威尔·杜兰特：《世界文明史》（第1卷），台湾幼狮文化译，北京：华夏出版社2009年版，第267页；［伊朗］贾利尔·杜斯特哈赫选编：《阿维斯塔——琐罗亚斯德教圣书》，元文琪译，北京：商务印书馆2005年版，第345—346页。

② ［英］玛丽·博伊斯：《伊朗琐罗亚斯德教村落》，张小贵、殷小平译，北京：中华书局2005年版，序言第7页。

"用牲畜作祭物和在仪式中使用酒被先知禁止,但是这些做法后来又得到恢复"①,则现传该经典在流传过程中应不断被修改。《亚什特》《万迪达德》等,是该教经希腊化时的湮灭、帕提亚王朝时的复燃后,萨珊王朝时期被重新收集编定,其中记载教规的《万迪达德》,于国教时期应客观兼有法律职责,体现政教合一特点,标志该教流传已达全盛期;公元7世纪中叶的伊斯兰化以后,该教于衰微中不断重新正视研究该经典,迄今犹解读其价值。

目前的代表作品,是成书于9世纪以后的《阿维斯陀注释》(Zend Avesta),系统记载了宗教内容、伊朗民族历史、传说及英雄史诗等,客观上具有"研究伊朗和中亚古代历史文化的重要价值"②;20世纪20年代以后出现的"伊朗《阿维斯塔》学权威"③达乌德教授的《〈阿维斯塔〉校注》(7卷本),"将《阿维斯塔》从一部琐罗亚斯德教祭司手中的祈祷书,变成具有科学价值的伟大著述","当作伟大的古代文献进行深入的研究"。④ 这表明该经典的研究视角已由单纯的民族宗教、民族学等层面研究扩展到文献学、宗教学和文化学等领域;由单纯的族属宗教成为世界性宗教,则该经典的流传过程,业已进入学术领域的科学研究范畴。

(三)《阿维斯塔》的版本

目前学界通常将《阿维斯塔》的版本,依流传时期分为米底王朝及其前形成的初版、阿契美尼德王朝的国教版及传说中的同期"金字"版、萨珊王朝的修订版以及现在版(包含印度的巴斯版与伊朗的本土版)四类。⑤ 但由于该经典特殊的流传经历,关于现传该经典的定义、初版时间及现在版的渊源与关系等版本问题,至今仍存歧义。

通常意义的《阿维斯塔》,指该经典文本的原初经文部分。但元先生指出:"所谓现存《阿维斯塔》,并非专指圣书的阿维斯塔文残本,其中还包括帕拉维

---

① [德] J. 赫尔曼、[荷兰] 许理和主编:《人类文明史》(第3卷),中文版编译委员会译,南京:译林出版社2014年版,第109页。
② 任继愈:《宗教词典》,上海:上海辞书出版社1981年版,第722页。
③ 任继愈:《宗教大词典》,上海:上海辞书出版社1998年版,第981页。
④ [伊朗] 贾利尔·杜斯特哈赫选编:《阿维斯塔——琐罗亚斯德教圣书》,元文琪译,北京:商务印书馆2005年版,第22页,第21页。
⑤ 参见[伊朗] 贾利尔·杜斯特哈赫选编:《阿维斯塔——琐罗亚斯德教圣书》,元文琪译,北京:商务印书馆2005年版,第343页、第346页、第352页;[英] 玛丽·博伊斯:《伊朗琐罗亚斯德教村落》,张小贵、殷小平译,北京:中华书局2005年版,序言第7页。

语和波斯语的注释文字。"① 这就意谓现传该经典并非原初时期的版本，而是经过了古波斯历代王朝的重新修订，通常以萨珊王朝版为渊源本。

追本溯源，萨珊版其实是变异版，其修订资料来源至少该有散见于波斯本土民间及祭司的、被希腊与印度人保存的部分，以及萨珊王朝大祭司长阿扎尔帕德代表官方的修正部分三类。其中希腊化时期被译作希腊文的部分，依据的是古希腊文化系统，渗透的是古希腊宗教思想，代表的是当时古波斯宗教思想与古希腊等宗教思想的"多元融合";② 萨珊王朝时，波斯境外的罗马基督教方兴、国内琐罗亚斯德教自身业已几经递变，官方为统一境内宗教思想以抗衡罗马基督教等，转译希腊、印度的《阿维斯塔》残文，自然非原初文本。由古波斯译作古希腊、再由古希腊与印度转译作萨珊波斯，这种二度异质文化融合后的转译文，对原初文本的偏移自不待言。萨珊版以后直至9世纪，注释语言多有变化，其中帕拉维语既被新波斯语替代又受其影响，二者共同用于该经典的译注。

综合而论，或因文化背景、宗教目的，或因语言变化等，现传该经典已非原初文本。因此对它的理解有广狭之分。狭义的专指其原初文本，广义的则涵指经过历代注释保存下来的合著本。目前，由于狭义本只是一个概念本，则现传的应是广义本的《阿维斯塔》。

千百年来，该经典译作不胜枚举，学界通常以9世纪以后写成的《〈阿维斯陀〉注释》和当代达乌德教授的《〈阿维斯塔〉校注》为代表。

《阿维斯塔》目前至少存在阿契与萨珊两个版本，其中何为初版是该领域的又一论题。关于初版及其成书时间，学界的意见大致有公元前11—公元前8世纪说、公元前10世纪以前说、公元前4世纪阿契美尼德王朝末期说等，③ 其中以阿契美尼德王朝说较为集中。考察产生歧义的原因，主要与琐罗亚斯德的出生时间有关，目前学界多倾向于公元前7—公元前6世纪说。学界通常认为《伽萨》最初由琐罗亚斯德吟唱，诗中支持琐罗亚斯德传教的古什塔斯布国王是大流士一世之父，则关于琐罗亚斯德出生于公元前7—公元前6世纪的观点当非臆测。该教于阿契美尼德王朝时首次立为国教，其宗教思想与宗旨应该有官方正

---

① [伊朗]贾利尔·杜斯特哈赫选编:《阿维斯塔——琐罗亚斯德教圣书》，元文琪译，北京:商务印书馆2005年版，第352页。
② 参见韩志斌、谢志斌:《伊朗琐罗亚斯德教的流变轨迹》，载《世界宗教文化》，2019年第6期，第58页。
③ 参见[伊朗]贾利尔·杜斯特哈赫选编:《阿维斯塔——琐罗亚斯德教圣书》，元文琪译，北京:商务印书馆2005年版，第343页、第14页;任继愈:《宗教词典》，上海:上海辞书出版社1981年版，第722页。

式的文本记录，则其后的世传"金字"版与"火焚"说应与该本有关。玛丽·博伊斯教授指出：

> 琐罗亚斯德，作为一名专业祭司，一定从孩提时代就熟悉这种不断重复的礼拜仪式，似乎主要通过与仪式的接触，通过对造物的神奇与目的的了解，他获得了灵感。①

诗中的"礼拜仪式"，当形成于琐罗亚斯德生前。从古波斯宗教发展角度说，其时应世存一个相对完整的或口传或文字的传统版本，则《阿维斯塔》初成于阿契美尼德王朝以前的观点，亦非妄言。因传统版与琐罗亚斯德改造后的新版终有本质差别，则新版琐罗亚斯德时期所用经典为《阿维斯塔》初版的假设若成立，其成书时间至迟应在阿契美尼德王朝末期。②

现在版的《阿维斯塔》，因特殊的历史问题而客观出现印度巴斯版与伊朗本土版之别。林先生认为二者皆源于萨珊版；博伊斯教授则认为在公元1478—1681年间，二者间或由使者或书信往来，一直互为关系。从二者同源的角度说，两个现在版的《阿维斯塔》确有共同之处。但自公元8—公元10世纪迁徙至印度后，二者不断接受新的变异，尽管其间有两百年左右时间的沟通，然而巴斯版的《阿维斯塔》一直被客观地印度化，所接受的多为印度新起的文化；伊朗继伊斯兰化后，不断被现代化与世界化冲击，本土的琐罗亚斯德教自身的生存尚处危机之中，奚暇顾及印度版的发展向度。则两百年后二者间的差异被客观扩大，其中语言变异是造成差异扩大的关键之一，盖有传承语言、翻译语言、传播语言及官方与民间语言的差异等引起的语言变异。③

综上所述，现在版的《阿维斯塔》，实则存在印度巴斯和伊朗本土两个版本；以往西方学界普遍关注印度巴斯版；现在世界《阿维斯塔》学界的研究视阈正渐向伊朗本土版扩展。

综合以上论述，《阿维斯塔》的版本主要有以下几个。

1. 阿契美尼德王朝（公元前550—公元前331）版

即成书于阿契美尼德王朝时期的版本，据《丁·卡尔特》记载的比较完整的《阿维斯塔》，计有21卷，名《那斯克》（Nasks）。传说中维什塔斯普王室制作的"金字"版，即为该部21卷本的经书，火焚后余下的原初经文只有希腊的

---

① 张小贵：《祆教史考论与述评》，兰州：兰州大学出版社2013年版，序言第17页。
② 参见任继愈：《宗教词典》，上海：上海辞书出版社1981年版，第722页。
③ 参见［英］玛丽·博伊斯：《伊朗琐罗亚斯德教村落》，张小贵、殷小平译，北京：中华书局2005年版，序言第2—4页。

部分译文，通常也被认为是后世版本内容的部分来源，其中多不可考。该版大约出现在"轴心时代"，此时中国正处于春秋末至战国中期，适值《荀子》等先秦诸子的活动年代，《荀子》等诸子思想涉及的内容可能与此相关。

2. 萨珊王朝（公元 224—公元 651 年）版

萨珊王朝时期，《阿维斯塔》由王室授权全面重新编订和修订，这一时期，阿尔达希尔王（224—240）授命宫廷大臣兼祭司长坦萨尔收集、整理和重新编订《阿维斯塔》；其子沙普尔一世命人收集散存于希腊、印度等地的医学、星相学、哲学及地理等方面的内容，增补书中；沙普尔二世御旨大祭司长阿扎尔帕德·梅赫拉斯潘丹重修《阿维斯塔》，并钦定新编的《阿维斯塔》为全民必读的琐罗亚斯德教圣书；阿扎尔帕德同时选编出圣书的简本《胡尔达·阿维斯塔》（《阿维斯塔》的第 6 卷），即"小阿维斯塔"。① 其后流传的《阿维斯塔》主要源自萨珊王朝版。适值中国东汉末至初唐之间，其间的汉典记载内容应关乎此版。

3. 现存版

即公元 8 世纪—公元 10 世纪以后，主要指流传于印度的巴斯版和现代伊朗的本土版。以往西方学者普遍侧重于巴斯版的研究；现代则兴起了对伊朗本土版的关注，其中博伊斯教授集中研究了伊朗亚兹德等村落的琐罗亚斯德教。现存版主要源自萨珊王朝版。适值中国的唐宋以后。

二、琐罗亚斯德思想对《阿维斯塔》的思想内容与表现艺术的影响

琐罗亚斯德思想对《阿维斯塔》的思想内容与表现艺术皆产生重要影响，据学界的内容分类，其思想内容主要涉及哲学、人生、政治、宗教、历史、地理与波斯民族风习等方面。

（一）《阿维斯塔》的内容分类

原始的《阿维斯塔》今已不可考，学界对其内容的研究多据古代传说。其中，波斯传说认为，比较完整的原经达 21 卷，名《那斯克》；目前保存完整的只有《万迪达德》（Vendidad），余则散见于后人辑录的《丁·卡尔特》（Dinkard）及

---

① 参见 [伊朗] 贾利尔·杜斯特哈赫选编：《阿维斯塔——琐罗亚斯德教圣书》，元文琪译，北京：商务印书馆 2005 年版，第 346—347 页。

《本达希申》（Bundahish）等集子中。①

《丁·卡尔特》和其他帕拉维语文献记载的萨珊王朝版，分为《伽萨尼克》《达蒂克》和《哈塔克·曼萨里克》三个部分，每部分包括7卷，共计21卷；内容大致依次为天神世界、人类世界及二者关系等相关知识。《丁·卡尔特》记载的21卷为：《苏特卡尔》《瓦尔什特·曼萨尔》《巴格》《达姆达特》《纳塔尔》《帕贾格》《拉托达特·艾塔格》《巴里什》《卡什基斯罗布》《维什塔斯普·亚什特》《瓦什塔格》《奇特拉达特》《斯彭德》《巴冈·亚什特》《尼卡图姆》《伽纳巴·萨尔·尼贾特》《胡斯帕拉姆》《萨卡图姆》《万迪达德》《哈多赫特》《斯托特·亚什特》。其中的第8卷，将该教文化按内容分为宗教文化、世俗文化及科学文化三类，每类7卷，总计21卷；伊斯兰化后的残本仅相当于萨珊版的四分之一。②

元先生认为，现存的该经典并非专指圣书的残本，还涵盖公元7世纪中叶至9世纪中叶的伊斯兰化时期，期间大量出现的阐释该教的教义教规、注释性的帕拉维语著述和9世纪中叶后又出现的新波斯语宗教著述。则现存的该经典，于残本外还包括帕拉维语和波斯语的注释文字，③ 其内容至少涵盖了原文的残本和后世注释两大类。

古今中外学界对现存《阿维斯塔》的卷数，大致有五部法、六部法④等分类；在六部分法中，又有综合分类与局部细化分类之别，如任先生所列的"其他"类，原则上属于综合性内容。各分法的主要差别在于《亚斯纳》部分的是否进行两分，如杜斯特哈赫认为，现存《亚斯纳》卷是圣书中最古老的部分，共72章；其中有27章的语言，在韵律节奏、遣词造句和写作方法等方面尤以古朴见长，学界通常认为这些是琐罗亚斯德个人吟诵的颂歌，因以"伽萨"名卷，则《亚斯纳》可分为《伽萨》《亚斯纳》两卷。《伽萨》卷主要体现的是琐罗亚斯德思想，成为《阿维斯塔》各卷表现的基本主题。为便于理解经意，现

---

① 参见［美］威尔·杜兰特：《世界文明史》（第1卷），台湾幼狮文化译，北京：华夏出版社2009年版，第267页。
② 参见［伊朗］贾利尔·杜斯特哈赫选编：《阿维斯塔——琐罗亚斯德教圣书》，元文琪译，北京：商务印书馆2005年版，第352页。
③ 参见［伊朗］贾利尔·杜斯特哈赫选编：《阿维斯塔——琐罗亚斯德教圣书》，元文琪译，北京：商务印书馆2005年版，第352页。
④ 参见［美］威尔·杜兰特：《世界文明史》（第1卷），台湾幼狮文化译，北京：华夏出版社2009年版，第267页；［伊朗］贾利尔·杜斯特哈赫选编：《阿维斯塔——琐罗亚斯德教圣书》，元文琪译，北京：商务印书馆2005年版，目录第1—2页；任继愈：《宗教词典》，上海：上海辞书出版社1981年版，第722页。

存《阿维斯塔》的卷目通常取六部分法。

1. 《伽萨》（Gāthā）——27章（原属《亚斯纳》），以诗体记录琐罗亚斯德的谈话及训谕。

2. 《亚斯纳》（Yasnā）——45章（原72章），琐罗亚斯德信徒吟唱的祷告词。

3. 《亚什特》（Yasht）——21首，歌颂诸天使及守护神的赞美诗，中间穿插古史传说等。

4. 《万迪达德》（Vandidād）——22章，琐罗亚斯德教的教义及道德条文。

5. 《维斯帕拉德》（Visparad）——24（或23、26、27）章，颂赞类短歌，祷告词的补充。

6. 《胡尔达·阿维斯塔》（Khordah-Avestā）——即"小阿维斯塔"，是该经典的选编本。

（二）琐罗亚斯德思想对《阿维斯塔》思想内容的影响

现存的《阿维斯塔》内容丰富，广泛涉及雅利安人古老的神话传说、伊朗民族的发展历史与社会思想、旖旎的地理风光、奇异的民族情调以及众多的异质文化现象等，但诗中的"善恶二元论""三善"思想以及丰富的哲学等思想内容，多受琐罗亚斯德思想的影响。

1. 主张选择善元的"善恶二元"对立斗争的思想

《阿维斯塔》首次系统阐述了"善恶二元"之间的关系。《伽萨》曰：

> 最初两大本原孪生并存，思想、言论和行动皆有善恶之分。善思者选择真诚本原。（亚斯纳·30·3）

> 识别两大宗教（马兹达教和阿赫里曼教）之间的对立。（同上，2）

其中的"两大宗教"，学界通常认为指信仰善神的马兹达教与崇拜恶神的阿赫里曼教；诗中明确指出，世界的本原在于"善恶二元"，二者间始终是对立的关系；最终"以（马兹达教）的胜利而告终"（亚斯纳·30·2），意谓二者间实则是既对立又不停斗争的关系；"善"终胜"恶"，因此主张选择善元。

综合而言，《伽萨》明确指出"善恶二元"之间是对立斗争的关系，主张善元必胜。该思想成为贯穿其后《阿维斯塔》其他5卷反映的基本主题，该经典中的世界、社会以及人生等思想内容，亦因之客观形成了"善恶"的两分现象。因此，该经典主张信奉善元的"善恶二元"对立斗争思想内容，当受到琐罗亚斯德思想的影响。

2. 深刻的"三善"思想

基于"善恶二元"对立斗争与选择善元的思想主张,为了"选择"的成功,《伽萨》首先明确提出"善思""善言""善行"的"三善"思想(亚斯纳·33·14),反对与之对立的"恶思""恶言""恶行"的"三恶"思想(亚斯纳·48·4),认为"善""恶"间不停对立斗争,"善"最终胜"恶",从而形成了深刻的"三善"思想。"三善"思想是该经典的基本思想主题,不断复沓于《伽萨》后的各卷,成为该经典及该教的主导性思想内容。杜斯特哈赫将该思想内容置于五篇《伽萨》的首篇,体现了他对琐罗亚斯德尚善思想的重视。

该经典主要通过神话传说、历史故事及文化传播等题材,阐释其"三善"思想;其中特别构建了以七位善天神为主要代表的神系来诠释其"三善"思想,同时依据该经典唯心论思想的指导,使诸神分别完成了天界、尘世、水、植物、动物、火与人的七大创造①(亦有六创造说),并于《亚斯纳》第44章第3—7节予以本体论角度的缘起论阐释。

"三善"思想达成的条件在该经典中被详细说明,主要体现在严格的教规律法及诸多仪节上,其因时发展,则多具有强化"三善"思想的实效之意。如惩罚的律法,从阿契美尼德王朝时期的"熔铁"考验法,至萨珊王朝时期,则发展为《万迪达德》的专卷说法文。杜斯特哈赫对此明确指出,"熔铁的考验,即烈火的考验,复活口之际用以甄别马兹达信徒和魔鬼崇拜者",意谓该经典丰富的法律思想主要辅助其理想人生思想的说明。传说该刑罚曾于萨珊王朝时期用于甄别大祭司审定的《阿维斯塔》的权威性;②《万迪达德》卷因为律法的相对完备,如赎罪法、祭祀法和葬法等,通常被视为《阿维斯塔》的法律部分;③《胡尔达·阿维斯塔》中也包含部分惩戒法。其中,"尊贵者如此对待正教徒,就如同正教徒对待尊贵者那样"(胡尔达·阿维斯塔6·2·3·13)等内容,涵有"法不阿贵"等思想,与同时代的《韩非子》对该思想的明确阐述相呼应。

"三善"思想的目的,是该经典阐述的重要内容。首先,追求"真诚、善良和秩序"(亚斯纳·29·11)是其主要目的。若说"真诚、善良"规范的是个体,那么"秩序"侧重的则是社会整体,经中通常以"家庭、村社、城市与国

---

① 参见龚方震、晏可佳:《祆教史》,上海:上海社会科学出版社1998年版,第58页。
② 参见[伊朗]贾利尔·杜斯特哈赫选编:《阿维斯塔——琐罗亚斯德教圣书》,元文琪译,北京:商务印书馆2005年版,第13页、第347页。
③ 参见[伊朗]贾利尔·杜斯特哈赫选编:《阿维斯塔——琐罗亚斯德教圣书》,元文琪译,北京:商务印书馆2005年版,第289页、第290页。

家"的社会组织系统为代表；至于帝国时期，由琐罗亚斯德时期侧重整体利益的宗旨，蜕变出长生等个体政治附庸等目的因素，应另当别论。再则，涵盖重视来生的内容，因为通过修行"三善"追求精神生命的理想归宿，是琐罗亚斯德思想的特殊内涵。对此，美国学者斯温（Swain J. E.）教授认为，"波斯人有一种独一无二的来生概念"[①]，客观指出"三善"思想的目的与来生思想的关联。

"三善"思想的价值在该经典中得到阐述，其中赞美"贫穷百姓的庇护者"（6·2·1·1）的行为，客观彰显其普世性价值观的一面，意谓"三善"思想具有保护弱者利益的价值。该经典第6卷《阿法林甘篇》中的"阿法林"一词，意谓"赞美"或"祈福"；反复出现的"庇护贫穷百姓"句，当有强化该篇价值主题的意义。学界通常认为《胡尔达·阿维斯塔》形成于古波斯数度亡国后崛起的萨珊王朝时期，《阿法林甘篇》将保护贫穷百姓的思想立为诗篇主题，展现了亡国的贫穷百姓渴望被保护的心理，则该诗的背景当与古波斯的几度民族危机相关。

杜兰特认为，"波斯人历来相信有所谓守护神及魔鬼之说"[②]，客观说明了"三善"思想所代表的琐罗亚斯德保护弱者利益的价值观，业已成为其民族心理的客观写照。

3. 丰富的哲学思想内容

《阿维斯塔》基于"善恶二元论"的世界观思想，对人的生命及其理性精神和辩证法等思想，亦给予哲学角度的诠释，体现琐罗亚斯德丰富的哲学思想影响。

（1）将人的生命两分为"躯壳"与"精神"的生命观思想

《伽萨》认为人的生命由"躯壳"与"灵魂"两部分组成（1·31·11），意谓人的生命可以划分为物质的"躯壳"与意识的"精神"两部分，主张人可依靠主体的"精神"生命克服"躯壳"生命限制；当代表物质的"躯壳"生命结束时，代表"思"的"精神"生命仍可长存。则关注"精神"生命的研究是其重要的思想内容，其中两分生命的思想，应是"善恶二元"世界观思想的客观体现。

---

① [美] J. E. 斯温：《世界文化史》（上卷），沈炼之译，上海：上海社会科学院出版社2016年版，第88页。
② [美] 威尔·杜兰特：《世界文明史》（第1卷），台湾幼狮文化译，北京：华夏出版社2009年版，第268页。

对此，元先生认为，琐罗亚斯德"在总结传统宗教中普遍存在的二元对立因素和现实中两大教派斗争经验的基础上，破天荒地提出了善恶二元对立斗争的宇宙观。在这位伊朗先知看来，未有宇宙之初就存在着善与恶两大本原的对立"；斯温则认为，"人类被想象为在根本上有两重人格，精神的要素是生命，它能行动和思想，而身体仅是精神的工具，当它离开了精神便归于毁灭"，"善恶的争斗在死后仍进行，马兹达胜利。所以，每个人要经过火山石的考验"①，而《伽萨》明确阐释了琐罗亚斯德独特的生命观思想。

琐罗亚斯德的生命观思想对希腊哲学的"精神王国"论、西方的"二元论"思想，以及西方哲学注重人的意识研究的唯心论研究理路等，皆产生了重要影响，尤其以笛卡尔的"二元论"思想为代表。笛卡尔说：

> 我由此知道，我是一个实体，而他的全部本质或本性，只是思想而已，其存在，不需要有什么地域，也不需要有什么物质为其凭借。如此，这个我，即灵魂，是我之所以为我的理由。他和肉体完全不同，也比肉体更容易认识，而且，假使肉体不存在了，仍然不停止他本来的存在。②

笛卡尔在文中明确表达了关于"肉体"与"灵魂"两分、重视"灵魂"存在的"二元论"生命观。自思想内容至叙述话语，颇似琐罗亚斯德思想的翻版。笛卡尔的"二元论"思想，虽是为了阐述"我思故我在"的理性思想，但客观上将人性从神启论、理念论及形式论的束缚中解放出来，部分地推动了人类中心主义等思想的发展，强化了人类对自然的主动性意识。尽管受到英国经验主义等的抨击，但经康德的延伸后，从此形成了西方"二元论"思想一脉相承的传统。

无独有偶，《荀子》也有关于人的"心"与"欲"两分的"二元"说，即将代表物质的人体器官之"心"与代表意识的器官之能的"欲"分开，从而两分人之"性"。不同于琐罗亚斯德和笛卡尔注重"灵魂"生命的唯心论，《荀子》则侧重于对物质生命的唯物论阐释。

（2）主张理性地选择善德的人生哲学思想

基于世界源于意识的宇宙观，琐罗亚斯德以理性地选择善德的思想为核心，

---

① 参见［伊朗］贾利尔·杜斯特哈赫选编：《阿维斯塔——琐罗亚斯德教圣书》，元文琪译，北京：商务印书馆2005年版，第413页；［美］J. E. 斯温：《世界文化史》（上卷），沈炼之译，上海：上海社会科学院出版社2016年版，第88页。

② ［法］勒内·笛卡尔：《笛卡尔思辨哲学》，尚新建等译，北京：九州出版社2004年版，第32页。

阐述了选择的原因、方法、目的、价值及规则等问题，形成了一套经典系统的人生哲学思想。

首先，他主张"选择"善德。《伽萨》依据其"善恶二元"相互对立斗争的道德论及两种归宿说，明确指出每个人客观上拥有选择人生的意志自由，并主张"选择"善德。

其次，他提出了"德""识"兼备的人生方法论。为便于"选择"善德，该经典提出了系列修行方法，其中《伽萨》诗主要涉及真诚、善行和"识别"善恶两教等方法，该经典6卷则复沓以"三善"消"三恶"等方法，综合体现其重视道德修养与"识别"能力双修的"德""识"兼备的人生方法论思想。其中重"识别"，主要体现为对知识的重视。如《亚什特》记载尤伊什塔的祈求曰：

> 请让我如愿以偿——能战胜狡诈而狂妄的阿赫蒂亚，回答出他心怀叵测地向我提出的九十九道难题。（20·82）

编者指出，阿赫蒂亚是信奉迪弗教的突朗人，而琐罗亚斯德的信徒和朋友、伊朗的"智者"尤伊什塔在与其斗智过程中，回答了他的九十九条谜语。① 结合《伽萨》关于"识别和选择正途"（亚斯纳·31·2）等"识别"思想和《阿维斯塔》中丰富的法学、数学、医学及天文学等知识，则诗中的九十九道难题，当与现代意义上的知识相关，体现琐罗亚斯德尊重知识的思想影响。同时期的《荀子》，亦有关于"知"与"智"等"知识"问题的系统阐述。

其三，明确了"选择"善德的人生价值思想。该思想作为该经典的重要内容贯穿始终，通常表现为善神的"奖赏"及信众理想的实现等内容。其中"奖赏"思想较早体现于《伽萨》第5篇，专论各善德选择者获得的不同"奖赏"，肯定他们人生价值的实现；《亚斯纳》以后则发展为系统的报偿论等价值观；理想的实现则主要涉及精神生命的理想价值和物质生命的世俗价值等。前者表现为《伽萨》中明确的"贤君"政治的价值思想，后者则为"'请让'世民百姓拥有房屋，过上美满的生活，并为牲畜提供茂盛的牧场和草地"（亚斯纳·48·5）等物质生活价值思想。

最后，鲜明的法律思想。为了人生价值的顺利实现，该教还制定了人的系列修行规范，除了《伽萨》中的祭行礼种"熔铁考验"的酷法之外，《万迪达

---

① 参见［伊朗］贾利尔·杜斯特哈赫选编：《阿维斯塔——琐罗亚斯德教圣书》，元文琪译，北京：商务印书馆2005年版，第129页。

《德》的法律思想最为详尽。

(3) 辩证地认识解决问题的哲学方法论

"二元论"是该经典认识世界和解决问题的基本方法。从两本原的宇宙观、两归宿的人生观、两股敌对势力的社会观、善恶并存的伦理观到两教派的宗教观等，该经典皆从正反两方面予以辩证诠释。其辩证方法的自觉运用，体现了琐罗亚斯德丰富的哲学思想内涵和影响。《伽萨》曰：

我将引导人们皈依正教。（亚斯纳·28·4）

（我将）把破坏分子和魔鬼崇拜者引上正途，皈依正教。（同上，28·5）

诗中展示了当时社会中客观存在的正邪对立斗争的两个教派，二者间是辩证统一的关系，相互对立的同时亦可相互转化。因此，琐罗亚斯德既引导人们皈依正教，又以正教引导邪教皈依正教，从而体现了其方法的辩证性特点。辩证地认识与解决问题，是该经典哲学方法的重要体现。

杜兰特认为，琐罗亚斯德教"直接提出了人生的另一面：病态的、邪恶的一面，并标举了救济之道"；赫尔曼则认为，"琐罗亚斯德教具有一定的哲学内涵，它向人们传递了有关救赎的信息，并向他们揭示了一种道德观念和捍卫真理、抵御恶灵和谎言攻击的决心。"[①] 由此可见，琐罗亚斯德对人生问题的认识和解决，业已进入哲学思想的范畴。

此外，其还涉及古伊朗政治、古波斯历史以及萨珊王朝时期古波斯与邻国之间的关系，主要包括突朗国、赛里马国、花剌子模国和印度等国。至于丰富的地理知识、独特的胡姆酒和萨姆枝崇拜，以及对金牛、白马、雄鹰等动植物的颂赞，这些奇异风习也从侧面体现了琐罗亚斯德对知识的重视。

(二) 琐罗亚斯德思想对《阿维斯塔》表现艺术的影响

《阿维斯塔》丰富而深刻的思想内容，是古波斯民族精湛文学表现艺术的结晶。其错落有致、井然有序的诗歌表达艺术，客观反映了琐罗亚斯德关于"秩序"等思想的深刻影响。主要表现在艺术风格、文学体裁和文学语言等方面。

1. 艺术风格的丰富与多样

学界公认《阿维斯塔》非一时一地一人之作，则其风格亦随之丰富多样。

[①] [美]威尔·杜兰特：《世界文明史》（第1卷），台湾幼狮文化译，北京：华夏出版社2009年版，第269页；[德] J. 赫尔曼、[荷兰] 许理和主编：《人类文明史》（第3卷），中文版编译委员会译，南京：译林出版社2014年版，第109页。

以时间论,《伽萨》产生最早,多以"言简意赅"之笔,平实地叙事说理,罕见夸饰等描写手法的使用,被认为以"古朴"见长;《亚斯纳》通常被认为是与《伽萨》同时代的后出作品,因此有关"胡姆"神等的描写则相对"意境优美";而《亚什特》以后的萨珊王朝时的诸卷,则"蕴藉隽永""文雅而流畅"。① 以凯·古什塔斯布王的形象为例,最早见于《伽萨》诗的"古什塔斯布国王,在当政后期他大力扶持正教"。(亚斯纳·46·14)简要叙述了古什塔斯布的身份、理想和作为,风格以平实古朴为主。对同一人物的描写,在萨珊王朝的《亚什特》中多次出现,如"万达雷迈尼什向阿娜希塔祈求"道:

请让我心想事成——[能]战胜凯·古什塔斯布和骁勇的骑士扎里尔,征服雅利安人的国土,数十、数百、数千、数万、数十万地歼灭敌人!(5·27·117)

诗中的阿娜希塔并没有满足信奉迪弗教的突朗王子"万达雷迈尼什"的祈求。该诗主要通过迪弗与马兹达两教派势力的比较描写,以渲染、反衬特别是使用排比数字等表现手法,从侧面衬托出古什塔斯布的英雄形象。其中,对比、铺陈和排比等修辞手法的使用,客观体现了风格的雅丽畅达。而以铺排的手法刻画该人物形象方面,其风格达到臻境的则是《亚什特》第19篇关于"凯扬灵光"的描写。如:

我们赞美马兹达创造的凯扬灵光。(19·1·9)
[那灵光]属于凯·古什塔斯布。(19·13·84)

若说古波斯文化中的"灵光",象征原始的宗教崇拜;"凯扬灵光"②,则代表传说中伊朗东部王朝对诸帝王特有的祖先崇拜。元先生主要从该教"火(光)"崇拜的宗教角度,分析"灵光"问题,认为"善恶"二本原斗争、"善"最终胜"恶"的宗教思想,体现了伊朗雅利安人特有的以追求"善"神为代表的崇尚光明的民族特质;古经借历史传说中的伊朗诸帝王英雄故事,通过将善神信仰与"灵光"代表的祖先崇拜相结合的宗教活动,达到增强民族凝聚力、团结对敌及自强不息的政治目的。③

---

① 参见[伊朗]贾利尔·杜斯特哈赫选编:《阿维斯塔——琐罗亚斯德教圣书》,元文琪译,北京:商务印书馆2005年版,第1—2页、第81页、第104页。
② 参见[伊朗]贾利尔·杜斯特哈赫选编:《阿维斯塔——琐罗亚斯德教圣书》,元文琪译,北京:商务印书馆2005年版,第264页。
③ 参见[伊朗]贾利尔·杜斯特哈赫选编:《阿维斯塔——琐罗亚斯德教圣书》,元文琪译,北京:商务印书馆2005年版,第264页、第443页、第468页、第453页。

综合中外学界的意见,"凯扬灵光"不仅代表凯扬王朝,同时也体现了古波斯民族以及伊朗雅利安人追求独立、富强和发展的民族精神,反映了琐罗亚斯德对关于人的主体能动性思想的影响。

有序化描写是该经典关于此类思想内容的主要表现风格。以古经的第 19 篇《扎姆亚德·亚什特》为例,诗中细致地阐释了"凯扬灵光"的产生、发展、代表、特点、价值以及古什塔斯布王的特殊作为。其中,有关古什塔斯布的着墨最多,在第 13 章第 83—87 页的 5 节文字中,用错落有致的铺叙手法,集中反映其宗教、军事、经济及政治作为等。纵观《伽萨》,他是唯一被颂赞的凯扬王朝帝王;《亚什特》时期,已发展为整个古波斯及雅利安民族形象的代表。为了成功塑造该人物形象,萨珊版的重新编定者不惜笔墨、力务铺陈,于叙述中采用夸张、排比、比喻、拟人及复沓等丰富的修辞手法,对人物进行错落有致的全方位时空化描写,酣畅中尽显其井然有序与铺张扬厉的高度结合。该文风的形成,既象征萨珊时期古波斯文学发展的成熟与完善,又证明萨珊版成为后世《阿维斯塔》的源版,的确实至名归。

综合该人物的艺术描写,由早期的简洁至后期的有序铺张,呈现出自觉地将丰富多样的艺术风格融为一体的特征,充分体现了琐罗亚斯德对秩序等思想的关注和影响。

2. 文学体裁的特殊性

《阿维斯塔》的文学体裁常因主题思想表达的需要而变更,从而形成独立的诗体、诗歌与散文相间及诗词相间等形式。其中,《伽萨》《亚什特》《维斯帕拉德》多用诗体,以诗中隔句用"呵,马兹达·阿胡拉"为标志。《伽萨》曰:

> 呵,马兹达·阿胡拉!
> 我要问你:那确实为增强家庭、村社和国家的力量而奋斗不息的善思者,果真会像你一样吗?
> 呵,马兹达·阿胡拉!
> 那人应该怎么做,又在何时才能如愿以偿?(亚斯纳·31·16)

考察该句式,主要位于首句,通常以复沓的形式连续出现,起到连接上下诗义的作用,从而形成《伽萨》固定的诗歌体抒写模式。其中,语气词"呵"的复沓使用,在古波斯早期诗歌尚不成熟的古朴风格中,尽显其有序化抒写的特征。杜斯特哈赫特别将其中的 5 篇,从结构和音节组成等方面,分解为以七言诗为主的杂言体诗，名之为"音节体诗"。① 如此完整的七言诗杂言体诗歌，于公元前 7—公元前 6 世纪以前的世界文学史中，实属罕见；中国最早的七言诗杂言体诗歌，通常以公元前 4—公元前 3 世纪时期，楚国屈原等创作的"楚辞"为代表。

古波斯诗歌发展至《亚什特》时代，已是成熟的诗体，如：

善良的阿胡拉·马兹达命令道：
阿雷德维·苏拉·阿娜希塔呀！
你从星空飞落阿胡拉创造的大地，然后再返回这里！
阿娜希塔呀！
（人们）应该向你馨香祷祝，致祭行礼。(3·5·21·85)

诗中既去掉语气词，又将固定的叙述方式变为以义驭文的形式，从而使诗歌产生"韵律节奏的变化和形式的多种多样"② 等优美灵动、韵味无限的美感。其中，《维斯帕拉德》多由"我们赞美"一语引出赞美诗句，属于诗歌体，恕不赘引原诗。

《亚斯纳》《万迪达德》则主要是诗歌与散文相间的形式。《亚斯纳》曰：

清晨，琐罗亚斯德揩净［和摆好］火盆，开始吟咏颂歌。这时，胡姆来到他跟前。琐罗亚斯德问道：
你是谁？呵，神采奕奕、容光焕发的来者——我在整个尘世［所见到的］最俊美的男子。(9·1)
呵，琐罗亚斯德！
我是纯洁的、祛除死亡的胡姆。快抓住我，准备制作饮料！
呵，斯皮塔曼！
赞美我吧！来日苏什扬特也将把我称道。(9·2)

诗中展示《亚斯纳》的第 1 节是散文体，第 2 节应属诗体，诗歌与散文相间，是《亚斯纳》的主要体裁特征。《万迪达德》是该教的律法部分，主要以散文的叙法为主，间以诗体的抒情；《胡尔达·阿维斯塔》则属综合性的日常教本，其赞美诗部分多用诗体，其记史、叙事、阐释法规教义等部分，则多呈诗

---

① 参见［伊朗］贾利尔·杜斯特哈赫选编：《阿维斯塔——琐罗亚斯德教圣书》，元文琪译，北京：商务印书馆 2005 年版，第 2—3 页。
② ［伊朗］贾利尔·杜斯特哈赫选编：《阿维斯塔——琐罗亚斯德教圣书》，元文琪译，北京：商务印书馆 2005 年版，第 2—3 页。

歌间以散文、韵散结合的散文化特点。杜斯特哈赫称其为"颂诗祷词",① 其中的"词"应属于韵散结合式。此不赘引原辞。

综合以上论述,《阿维斯塔》的文学体裁具有半韵半散和韵散相间等特征。若说韵体适合抒发对本民族系列始祖、英雄及先知由衷而圣洁的情感;而散体则易于最大限度地涵纳古波斯民族自雅利安印欧共同体时期起就已产生的伊朗雅利安文化,其中涵盖古老的神话、民族发展史、宗教崇拜、哲学认知及丰富的科学知识等内容,进而客观体现古波斯民族文献所具有的人文思想与科学价值等。杜兰特等人将该经典命名为《知识及智慧之书》,客观地称誉了该部分思想内容及其独特的表现艺术。

3. 多种语言形式的运用

《阿维斯塔》的特殊产生与发展经历,形成了其语言的多样性。学界通常认为,阿维斯塔语产生于伊朗东部,当属于琐罗亚斯德所用的创作语言;其后在西传过程中,演变为古波斯语言,又称旧波斯语;3世纪—9世纪,出现大量的代表萨珊王朝官方语言的帕拉维语译注的古经著述;9世纪中叶以后,新波斯语又替代了旧波斯语,且于伊斯兰化时期由波斯人以书面语的新波斯语译注该教的经典作品。② 综合而论,现存《阿维斯塔》所用语言至少涵有阿维斯塔语、波斯语及帕拉维语等多种形式。

综合以上论述,《阿维斯塔》通过丰富的表现艺术,系统展现了人类历史上一个古老民族,曾经创造的足以使学界至今翻新其重要影响的思想与义化。这份艺术非一蹴之功,应该是琐罗亚斯德思想重要影响的结果。

三、古波斯经典《伽萨》卷对后世的影响

学界普遍认为,琐罗亚斯德思想直接影响了《阿维斯塔》经的创作,其核心思想主要体现在《伽萨》卷,该卷传世元经典作为伊朗最古老的文献之一,对后世的政治、语言、学术及文化等领域皆产生了重要影响。

(一)政治影响

人类曾共同经历了一个原始的宗教时代,政教合一的文化常态决定了原始

---

① 参见[伊朗]贾利尔·杜斯特哈赫选编:《阿维斯塔——琐罗亚斯德教圣书》,元文琪译,北京:商务印书馆2005年版,第2页、第104页、第80页、第291页、第308页。
② 参见[伊朗]贾利尔·杜斯特哈赫选编:《阿维斯塔——琐罗亚斯德教圣书》,元文琪译,北京:商务印书馆2005年版,第16页、第352页。

宗教常伴随政治的需要而发展。其宗教首领通常兼具政治决策权，因此宗教信仰往往直接影响政治领域。

具体体现在《伽萨》卷，该经典作为人类最古老的宗教著作之一，首先具备无条件地自觉为政治服务的理念。因为琐罗亚斯德明确提出了"为增强家庭、村社和国家的力量而奋斗不息"（伽萨·亚斯纳·31·16）等政治思想。

考察该经典，曾于数度被立为古波斯国教期间，被不断编定修正并成为国民必读书等；大流士一世在将该教奉为国教时期，初版的《伽萨》卷随《阿维斯塔》经一起出现在阿契美尼德王朝；此时波斯帝国的疆域获得了空前的扩大和统一。则该《伽萨》卷对古波斯的政治影响，当不可忽视。

（二）哲学影响

亚历山大征服古波斯是不争的历史事实，学界通常认为现存版的《阿维斯塔》有部分内容译自希腊文，则亚历山大师从的亚里士多德，不可否认与《伽萨》卷体现的琐罗亚斯德思想发生哲学方面的关系。

元先生认为，"琐罗亚斯德教有关'人体内五种潜力'的说教，与柏拉图和亚里士多德关于理性和灵魂的看法在本质上有类似之处"，他明确指出亚里士多德关于人的"主动的理性"思想，除了师承柏拉图外，还与该经典的"人体内五种潜力"说有关；① 笛卡尔认为，人的聪明才智是与盲目信仰相对立的"理性"或者"良知"，② 从其二元论生命观源自琐罗亚斯德思想的角度说，该"良知"论不可否认地受到作为该教"人体内五种潜力"之一的"良知"思想影响。其中，"良知"思想该与《伽萨》的"真诚"思想，在重视人的主体能动性元典精神方面无二致。目前，中国学界已从轴心时代人类文明共同体研究角度，指出古希腊哲学与琐罗亚斯德思想的关系，认为"由于文明交流互鉴的积累，世界文明轴心时代的五大文明思想体系中的四个诞生在亚洲：犹太教、琐罗亚斯德教、佛教、儒家等。甚至连古希腊哲学也与小亚细亚有着丰富的联系"③，则《伽萨》首先对古希腊哲学产生了重要影响。

《伽萨》对近现代哲学的影响，当以尼采的《查拉图斯特拉如是说》为代

---

① 参见［伊朗］贾利尔·杜斯特哈赫选编：《阿维斯塔——琐罗亚斯德教圣书》，元文琪译，北京：商务印书馆2005年版，第511页。
② 参见［法］勒内·笛卡尔：《谈谈方法》，王太庆译，北京：商务印书馆2000年版，代序第1页。
③ 季燕京、张丹、杨瑞明等：《辉煌的亚洲文明与丝路文明共同体》，https://www.cssn.cn/xwcbx/xwcbx_cmkx/202208/t20220802_5439071.shtml（访问时间：2019年5月24日）。

表,作者借用琐罗亚斯德名称的寓意,宣讲自己的哲学思想,强调个人的自我超越及人性论等思想,旨在警示世人关注19世纪末期欧洲严重的思想和道德等精神危机。该书在20世纪被很多人视作"未来人类的《圣经》",对弗洛伊德、里尔克、茨威格、海德格尔、福柯、德里达、米兰·昆德拉以及鲁迅等人的思想及创作产生了重大影响。

(三) 推动了雅利安语系研究的发展

学界通常认为,《阿维斯塔》的语言产生于伊朗东部,目前其渊源虽无可考证,但这种新的语言形式已被命名为"阿维斯塔语"。该语言与古波斯语和梵语等,同属于雅利安印欧语系。语言学家认为,该语言体现出原有古印欧语丰富的颚音已开始简化,开始出现"呧"辅音等特征;杜斯特哈赫则特别指出《伽萨》诗体整齐和谐的特征,体现出对琐罗亚斯德关于秩序思想理念的自觉追求。阿维斯塔语的出现,客观上推动了原始雅利安语系研究的发展。

目前,阿维斯塔语研究已成为阿维斯塔学的重要组成部分。达乌德教授指出,许多伊朗学子正在伊朗、欧洲和美国等地潜心研究。仅伊朗,就有数千名大学生在不同程度上掌握了该门语言。德黑兰已有三四所学校(包括大学)开设了相关课程;他们的研究不再限于单纯的文本本身、民族语言及本民族文化等方面,而是从世界文明发展的视野出发,结合文献学、人类学及文化学等角度进行研究。因此,《伽萨》等经卷不仅推动了语言学界的研究,作为专门的学科研究,业已影响了伊朗及其他地区的世界性学术研究的发展。[①]

此外,《伽萨》等经卷的出现,不仅在客观上推动了古波斯境内宗教由多神向一神化的发展,其影响还波及境外宗教。学界通常认为,耆那教、景教、基督教、伊斯兰教及佛教等皆受其影响。

宫崎正胜认为,"伊斯兰教兴起前的1000年间,琐罗亚斯德教一直是西亚的代表性宗教,是大空间的主要信仰";斯温认为"犹太教、基督教和密斯拉(Mithraism)、回教等比较不重要的信仰同样受其影响";赫尔曼称"其信仰模式后来对其他宗教传统产生了一定的影响,包括犹太教、基督教、佛教和摩尼教";菲利普说琐罗亚斯德教的末日审判、为自由意志负责和天堂幸福、地狱痛

[①] 参见[伊朗]贾利尔·杜斯特哈赫选编:《阿维斯塔——琐罗亚斯德教圣书》,元文琪译,北京:商务印书馆2005年版,序言第1页、第2页、第21页。

苦的教义后来都先进入犹太教信仰，然后进入基督教信仰。① 由此可见，《伽萨》等经卷对后世的宗教模式与意义等方面，亦产生了重要影响。

海外典籍还显示其对世界文化等也产生了系列影响。如阿拉伯史书记载，亚历山大特别保留了经卷中的医学、天文学和哲学等科学方面的内容，而希腊的古代科学深受其影响；其中关于善恶"天报"等伦理思想，亦见于"轴心时代"的《墨子》等典籍。

综合以上论述，《伽萨》等经卷在政治、哲学、语言及世界文化研究等各方面，对后世皆产生了历久弥新的深远影响。

---

① 参见［美］J. E. 斯温：《世界文化史》（上卷），沈炼之译，上海：上海社会科学院出版社2016年版，第88页；［日］宫崎正胜：《人类文明史——8000年来六大人类文明转折》，顾晓琳译，海口：海南出版社2018年版，第38页；［德］J. 赫尔曼、［荷兰］许理和主编：《人类文明史》（第3卷），中文版编译委员会译，南京：译林出版社2014年版，第56页；［美］菲利普·J. 阿德勒、兰德尔·L. 波韦尔斯：《世界文明史》（上卷），林骧华、庄彩云等译，上海：上海社会科学院出版社2012年版，第64页。

第二章

斯皮塔曼·琐罗亚斯德与古波斯的思想改革

学界认为，公元前1000年到公元前7世纪之间，在伊朗东部发生了琐罗亚斯德领导的影响深远的古波斯改革。古今中外学贤对此多有论述，古伊朗学界最早给予较系统的理论评述。《伽萨》曰：

> 我以新教的礼仪赞美你（奥尔迪贝赫什特）。（1·28·3）
> 我将引导人们皈依正教。（同上，4）
> 我将……把破坏分子和魔鬼崇拜者引上正途，皈依正教。（同上，5）

诗中一则指出琐罗亚斯德信奉的宗教是"新教"，其传播的"新教"是"正教"；二则说明"新教"是对旧教的改革，改革者是琐罗亚斯德，他肩负着使信奉者与不信奉者皆"皈依正教"的宗教使命；三则明确宣示琐罗亚斯德是教权神授。由此可知，《伽萨》时代业已确认琐罗亚斯德创建的"正教"具有的改革传统宗教的特点。此后，直至萨珊王朝时期，《亚什特》等卷皆沿袭"琐罗亚斯德正教"这一称谓，充分体现了古波斯学界对琐罗亚斯德宗教改革精神的深刻认识。

伊朗现代著名学者杜斯特哈赫博士认为，"《阿维斯塔》最古老部分的《伽萨》无疑是琐罗亚斯德本人吟唱的"，"随着琐罗亚斯德的问世和他创立的一神教的广泛传播，昔日的多神崇拜日趋衰微"，明确指出琐罗亚斯德领导了当时的宗教改革。

伊朗著名文史学家阿卜杜勒·侯赛因·扎林库伯认为，琐罗亚斯德是"一个宗教改革者"，"如果在他的教义中没有某些新的东西，那么从他的宣传中就不会产生新的信念。也不会招致凯扬王朝国王们和伪善支持者的反对了。所以不能无视琐罗亚斯德在社会思潮上的改革和创新"。这相对系统地论述了该场改革的深层原因、性质及其重要的学术思想价值等。

美国著名的东方学者艾伯特·坦·艾克·奥姆斯特德（Olmstead A. T. E.）认为，琐罗亚斯德教"是从雅利安古老的信仰之中成长起来的。但是，它们又超越了雅利安人原始的歹瓦崇拜，达到了雅利安宗教思想独立的、前所未有的高峰"，意谓"超越"的基础是雅利安人的思想传统，是对雅利安人原始宗教的改革。

美国的杜兰特教授认为，在琐罗亚斯德教建立以前，波斯信仰的神有多种。琐罗亚斯德"不满这种原始宗教，宣称崇拜光明之神阿胡拉·马兹达，其他神充其量不过是此神之一体或象征"，意谓琐罗亚斯德教是对古波斯原始宗教的改革。

美国的阿德勒教授认为，琐罗亚斯德"创立了一个新类型的宗教，一种将神与人以新方式联系起来的信仰"，则"新类型的宗教"是对公元前6世纪以前的波斯人信仰的改变。

德国的赫尔曼教授则认为，"在公元前1000年到前7世纪之间的某个无法确定的时期，一个强有力的宗教人物在伊朗东部，发动了一场激进的改革"，琐罗亚斯德"传播了一种高度二元论的新教义"，明确指出琐罗亚斯德改革后的宗教具有"二元论的新教"特征。[①]

中国学界亦有丰富的论述。元文琪先生认为，"伊朗的第一位先知琐罗亚斯德"领导其信徒，在与旧教不懈的斗争中使马兹达教派"发展成为古代伊朗和中亚地区的第一大宗教"；《伽萨》颂诗是"琐罗亚斯德以诗体的形式，对上述的宗教斗争所作的真实记录，同时也是他对以往传统的宗教信仰进行批判、改造，并从理论和实践上加以总结、提高和创新的结果"；"琐罗亚斯德适应时代要求创立新教，旨在通过抑恶扬善的长期斗争，实现拯世救人的终极目的"，指出是琐罗亚斯德首先领导完成了古波斯宗教改革。

龚方震先生认为，"阿胡拉·马兹达是印度—伊朗人的三大主神之一，他是智慧之主，正义的保护者。苏鲁支（琐罗亚斯德）把这一信仰加以重大改造，

---

① 参见［伊朗］贾利尔·杜斯特哈赫选编：《阿维斯塔——琐罗亚斯德教圣书》，元文琪译，北京：商务印书馆2005年版，编者前言第15页；［伊朗］贾利尔·杜斯特哈赫选编：《阿维斯塔——琐罗亚斯德教圣书》，元文琪译，北京：商务印书馆2005年版，第289页；［伊朗］阿卜杜勒·侯赛因·扎林库伯：《波斯帝国史》，张鸿年译，北京：昆仑出版社2013年版，第45页；［美］A.T.奥姆斯特德：《波斯帝国史》，李铁匠、顾国梅译，上海：上海三联书店2017年版，第131页；［美］威尔·杜兰特：《世界文明史》（第1卷），台湾幼狮文化译，北京：华夏出版社2009年版，第266页；［美］菲利普·J.阿德勒、兰德尔·L.波韦尔斯：《世界文明史》（上卷），林骧华、庄彩云等译，上海：上海社会科学院出版社2012年版，第63页；［德］J.赫尔曼、［荷兰］许理和主编：《人类文明史》（第3卷），中文版编译委员会译，南京：译林出版社2014年版，第109页。

他明确宣称，阿胡拉·马兹达是唯一永恒自存、不被创造的神，是他创造了宇宙中的一切善物，包括其他诸神"，指出了琐罗亚斯德对传统宗教改革的部分重要内容。

周谷城先生引用塞克斯氏的观点，认为"我们所见的雅利安人，初为粗鄙的游牧民族，崇拜自然；后来则出一特殊人物，曰琐罗亚斯德，把雅利安人许多神话附以精神并演出至上神的观念"①，指出琐罗亚斯德主要做的是对雅利安人游牧生活时期原始宗教崇拜的改造。

古今中外学界虽然都明确指出了斯皮塔曼·琐罗亚斯德对古波斯改革的性质，或是思想，或属于宗教，但结合《伽萨》及该教经典思想内容的全面性特点，琐罗亚斯德作为享有人类"先知"之誉的思想家，应该首先对整个古波斯的传统思想，乃自世界观至人生观等方面，进行了全方位的改革。其影响直接涉及宗教、政治及哲学等领域，随后由古波斯波及欧亚非各地，使世界思想亦因之发生根本性变化。

目前，学界虽然多关注其宗教改革的成就，但其思想改革的意义等，业已进入全面性研究的范畴。

第一节　关于几个概念的界定

琐罗亚斯德的思想改革并非空穴来风。他首先以古波斯传统思想特别是宗教思想的改革为基础，考察古波斯宗教大致经历了袄教、琐罗亚斯德正教和琐罗亚斯德教等的嬗变。所以，琐罗亚斯德思想研究的关键之一，是先厘清三教问题。三教研究由来已久，在其概念的运用方面已出现歧义性问题。因此，为了本书论题的顺利展开，先简要界定几个相关的概念。

一、袄教

袄教，又称琐罗亚斯德教。二者的关系以及袄教的起源问题，目前为学界普遍关注。

---

① [伊朗] 贾利尔·杜斯特哈赫选编：《阿维斯塔——琐罗亚斯德教圣书》，元文琪译，北京：商务印书馆2005年版，第393页、第428页；龚方震、晏可佳：《袄教史》，上海：上海社会科学院出版社1998年版，第56页；周谷城：《世界通史》（上册），石家庄：河北教育出版社2000年版，第264页。

(一) 祆教的起源

对祆教的起源问题,中外学界意见不一。有的认为祆教与琐罗亚斯德教同源。

美国学者威尔·杜兰特(DURANT W)教授认为,"查拉图斯特拉就是祆教的始祖。"①

美国的菲利普·J·阿德勒(ADLER P J)教授等认为,"琐罗亚斯德教(亦译'祆教')经典以《阿维斯塔》为名而闻名于世,以片断形式表述了一个人的信仰,他创立了一个新类型的宗教"②。其中的"亦译'祆教'",应不否定二者的同源。

中国的周谷城等先生则认为,波斯人"共同的宗教,即琐罗亚斯德所创的祆教"③。

另一部分则认为祆教早于琐罗亚斯德教。

龚方震等先生认为,公元前1200年,"信仰祆教的阿维斯陀人显然也卷入了这一南迁(向伊朗高原)的洪流中",而琐罗亚斯德生于公元前570年。④ 祆教早于琐罗亚斯德教;

张小贵先生认为,"祆教源于波斯的琐罗亚斯德教,但不等于后者……其发端于印伊雅利安人还未分离的中亚草原。"⑤

由此可见,祆教与琐罗亚斯德教二者间关系的界定,有待商榷。因祆教与"祆"字有关,则应首先从语言学角度界定祆教的概念。

"祆"字虽然首见于《荀子·天论篇》等,但首先界定其概念的应为东汉的《说文解字》:

> 祆,胡神也,从示天声,火千切。⑥

文中"祆",音 xian,其释义特点是一字一音一义。北宋徐铉《说文新附》的释义同许慎。

---

① [美]威尔·杜兰特:《世界文明史》(第1卷),台湾幼狮文化译,北京:华夏出版社2009年版,第266页。
② [美]菲利普·J·阿德勒、兰德尔·L·波韦尔斯:《世界文明史》(上卷),林骧华、庄彩云等译,上海:上海社会科学院出版社2012年版,第63页。
③ 周谷城:《世界通史》(上册),石家庄:河北教育出版社2000年版,第260页。
④ 参见龚方震、晏可佳:《祆教史》,上海:上海社会科学院出版社1998年版,第54页。
⑤ 张小贵:《祆教史考论与述评》,兰州:兰州大学出版社2013年版,前言第1页。
⑥ [东汉]许慎:《说文解字》,北京:中华书局1963年版,第9页。

唐宋时的《通典》《广韵》《续一切经音义》，虽然不同于其前的"火千切"音读而皆读"祆"作"呼烟反"，但 xian 的音读不变；释希麟于《续一切经音义》中于"呼烟反"音读后又释义作"胡神官名"①，于原"祆神"一义的基础上，进一步发展出祆教官职的第二义。对此，陈世良先生详细考证了从汉至唐宋时期，官方及方言等的"天""祆"字义的变化。如汉末建安时的刘熙进一步解释了"天"的音读，"祆"字由此出现一字二音二义：

> 天，豫、司、兖、冀以舌腹言之，天，显也，在上高显也；青、徐以舌头言之，天，坦也，坦然高而远也。

刘熙明确指出"天"字的方言有"舌腹"（xian）与"舌头"（tian）二音二义，则汉语中的"天"字在汉代或汉代以前至少存在两种不同的音读和语义；其中的 xian 音主要分布于关中地区，即学界通常认为的关中地区读"天"为"祆"（xian）。《集韵》与司马光的《类篇》也明确读"祆"作"他年切"与"馨烟切"二音，亦有二义：

> 祆，他年切，俗谓神为祆。又，馨烟切，唐官有祆正。文一，重音一。

司马光指出当时有"俗"与"官"两类天神崇拜，俗世称 tian，官方称 xian，则"祆"一字具有二音二义。

对关中方言中的"祆"音读，陈先生认为："他年切的祆，当指腾格里，意为天神，这是北方游牧民族所称之天神。司马光之所以把它区别出来，是因为其前一概把'胡天神'都记作'祆'，因此只有用读音来辨别，"一则客观解释了中外不同区域的天神崇拜，二则说明至迟于宋代以前，祆教概念内涵的并不统一。其中还以匈奴的崇拜为例，引用《太平寰宇记》的伊吾县索引《西河旧事》曰：

> 天山最高，冬夏常雪，故曰白山。……匈奴谓之天山，过之皆下马拜。

该记事说明匈奴有崇拜天山的宗教习俗。又引《汉书·霍去病传》言：

> （元狩二年），去病至祁连山，捕首虏甚多。

颜师古注曰："祁连山即天山也，匈奴呼天为祁连。"陈先生通过对西北地区方言与宗教文化的研究，认为"'祁连'便是'天'的土语原音"；又考察

---

① 参见陈世良：《天山之"天"与祆教之"祆"——西北地区宗教文化的一个侧面》，载《敦煌研究》，1990年第4期，第54页。

"天山""祁连"二词首见的《史记·李将军列传》曰：

> 天汉二年秋，贰师将军李广利将三万骑击右贤王于天山祁连。

文中"祁连"与"天山"并列而出，陈先生认为这二者在汉译外语时体现了"原语的音译和意译"的同出现象，并认为"祁连"是"天"的音读词。这一观点有待商榷。

关于"祁连"的语源，颜师古在《汉书·武帝纪》中注释"（天汉二年贰师将军）与右贤王战于天山"曰：

> （天山）即祁连山也。匈奴谓天为祁连。祁音巨夷反。今鲜卑语尚然。

文中"巨夷反"的"祁"音，声母是 j，这说明至迟于唐代以前，"祁"的声母至少有 q 和 j 二音；则"祁连"的语源，应是以匈奴为代表的北方少数民族。

陈先生对汉昭帝元凤四年将楼兰国名改为鄯善一事，通过外语音译的音转法分析，认为"鄯善之'鄯''禅'，《史记》、《汉书》中又译为'祁连'，其义均为'天'"；"鄯善"国名"是西域语 Ziem-Ziem（寻寻）之类的译音"，汉译名首见于汉昭帝元凤四年；袄教之"袄"的"全称当是'袄袄'"，是 Ziem-Ziem（寻寻）的汉译，主要分布"吐火罗语"地区。①

综合以上陈先生的考论，则"祁连"的语源属于区域性语言传播的媒介语，亦即"吐火罗语"，是异族语。② 匈奴的天山崇拜属于袄教，因此袄教的概念至少涵盖天山崇拜与袄神信仰两类内容，可见袄教概念使用情况的复杂性。

（二）袄教概念产生歧义的原因

经考证，袄教概念的确数度产生歧义，其原因主要涉及语言、地域和时间等问题。

1. 语言不同

学界通常将袄教之"袄"的音读，分为汉语音读与译音两类。其中汉语音读主要有三种。

（1）读作 tian。司马光《类篇》言"袄，他年切，俗谓神为袄"，则该处的"袄"音指 tian，义指"天神"；陈世良先生指出"他年切的'袄'当指腾格里，

---

① 参见陈世良：《天山之"天"与袄教之"袄"——西北地区宗教文化的一个侧面》，载《敦煌研究》，1990 年第 4 期，第 47—55 页。
② 参见陈世良：《天山之"天"与袄教之"袄"——西北地区宗教文化的一个侧面》，载《敦煌研究》，1990 年第 4 期，第 54 页。

意为天神,这是北方游牧民族所称之天神"。则至迟于北宋以前中国北方的少数民族称天神作 tian,字"祆"。

(2) 读作 xian。该音主要出现于方言中:刘熙《释名》曰:"豫、司、兖、冀以舌腹言之,天,显也";《集韵》等进一步释曰:"关中谓天为祆",说明至迟于汉末以前,关中等中原地区方言中有称天为"祆"的习俗。出现于宗教中的:《说文解字》《说文新附》皆曰:"胡神也,火千切";《类篇》《续一切经音义》等进一步解释祆教官职也读"祆",则至迟于许慎时代,中原胡人称其崇拜的祆神之"祆"时,已经读 xian,属于宗教范畴。用作地名的:《汉书·西域传》言:"鄯善国,本名楼兰",为汉昭帝元凤四年所改;陈世良先生认为"鄯"音是当时 Ziem-Ziem(寻寻)的最早汉译名,汉昭帝因为楼兰所辖地域多祆教信众而改作"鄯善"名,后来 Ziem-Ziem(寻寻)又译作"祆祆",则"鄯""祆"皆读 xian。①

(3) 读作 qilian。《史记·李将军列传》有"天山祁连"一语,颜师古注"匈奴谓天为祁连";陈先生指出"今日乌鲁木齐语'天'为 qian",则作为西北少数民族方言的"祁连"盖又可合并音读作 qian。颜师古注"祁连"之"祁"曰"祁音巨夷反。今鲜卑语尚然",则至迟于唐代以前,"qilian"还可以读作 jilian,则 q 和 j 音互用。如明代徐孝、张元善等人编辑的《合并字学篇韵便览》一书,将近代汉语官话的喉牙音分作四等,该分类实则始于《中原音韵》。耿军等先生认为,《便览》的二等字虽体现了与一等相区别、与三四等相合流的特征,但《便览》的二等字与一等字的区别依然不严格。② 则至迟于中古以前,中国的部分韵读是合流的,部分音读盖可互用。从耿先生的韵摄·蟹摄表来看:(见表 2.1)

表 2.1 蟹摄表

	一等	二等
k	改 ai	解 iai
k*	开 ai	揩 iai
x	海 ai	鞋 iai
Ø	哀 ai	崖 ai/iai

---

① 参见陈世良:《天山之"天"与祆教之"祆"——西北地区宗教文化的一个侧面》,载《敦煌研究》,1990 年第 4 期,第 51 页。
② 参见耿军、张玉来:《〈合并字学篇韵便览〉韵母系统的几个问题》,载《宁夏大学学报(人文社会科学版)》,2010 年第 3 期,第 12 页。

"表3（见表 2.1 所示）蟹摄一二等对立"，"但也有部分二等字既读齐齿呼又读开口呼（混入一等），如表3的'崖'（ai/iai），另外还有'楷、矮、骇、隘'"等。① 王力先生列上古 32 个声母中的 j、x、q、y 作"牙音"，② 则表内 g、k、h 当为喉音。据耿先生的分析，表内的"揩"，"崖"都属于分别不严格的蟹摄一二等合流字，意谓"牙音"与"喉音"不分；其中的"揩"字，其声母 k 与 q 亦可互用。由此可见，不同等的对立字，因为此前属于合流字，尚可互用，则不对立的同等字，自然也可互用，亦即"牙音"，"喉音"自身可以不分，声母 j、q、x 系与 g、k、h 系各自可以互用。例"祁连"之"祁"，其声母通常是牙音 q；颜师古称"祁音巨夷反，今鲜卑语尚然"，则声母作牙音 j，说明至迟于唐以前的中古时代，牙音间是可以不分的；则"祁连"之"祁"的声母亦可作 x，原在情理之中。推而言之，qiliang 该可读作 xilian。因为西北少数民族方言的 qilian，可以读作合音 qian，字"天"，则 xilian 进而亦可合音读作 xian，字"祆"。《一切经音义》引《方言》"本胡地多事于天，谓天为祆，因以作字"、元杨桓《六书统》"又胡谓神为祆"③，其中的"祆"当皆指祆教，音 xian；陈先生认为的"祁连"也代表祆教，当指胡地"谓天为祆"的祆教崇拜。根据以上论述，则 qilian 读作 xian，应是祆教概念在语言上的又一歧义现象。

汉语译音，则主要有译自西域和译自古波斯等地区之别。

（1）译自西域，主要以"祁连"之"祁"、"鄯善"之"鄯"等为代表，学界研究其多为转音，主要译自媒介语。目前学界认为的媒介语概有大食语、吐火罗语和月氏语等，陈先生认为其媒介语主要是吐火罗语。

（2）译自古波斯，主要以 Ziem-Ziem（寻寻）的译介为代表。唐杜环的《经行记》曰：

> 诸国陆行之所经也，胡则一种，法有数般。有大食法，大秦法，有寻寻法。其寻寻蒸报于诸夷狄中最甚。

中外学界对文中的"寻寻"所指有异议。冯承钧、伯希和与沙畹等认为"寻寻"指火祆教；杨志玖认为是"波斯寻寻王朝（Sassanides）所奉之宗教

---

① 参见耿军、张玉来：《〈合并字学篇韵便览〉韵母系统的几个问题》，载《宁夏大学学报（人文社会科学版）》，2010 年第 3 期，第 13 页。
② 参见王力主编：《古代汉语》（第 2 册），北京：中华书局 1962 年版，第 539 页。
③ 陈世良：《天山之"天"与祆教之"祆"——西北地区宗教文化的一个侧面》，载《敦煌研究》，1990 年第 4 期，第 54 页。

（火祆教）"①，则"寻寻"既是Sassanides（萨珊王朝）的音译，也是该王朝国教的祆教音译；陈先生认为西域语译作Ziem-Ziem（寻寻），汉译最早作"鄩""祁连"等，后译作"祆祆"。则"祆"字的译音来自古波斯的Ziem-Ziem（寻寻）。

综合中外学界的意见，祆教之"祆"的音读，无论是译自阿拉伯语、波斯语，还是西域语等，其字义皆谓天神。"'祆'，中国古代对琐罗亚斯德教信奉之神的统称"，"祆者天神的省文，不称天而称祆，说明他是外国的天神"。② 学界业已指出"祆"是新造字，既专指古波斯的琐罗亚斯德教，也指先后传入中国内地的其他异国异族的天神崇拜，即祆教。

2. 地域不同

地域性语言差异，较早为《方言》所关注，这意味着地域不同，祆教概念的含义亦有所不同。概括祆教概念的地域性歧义，主要有中外两类。在中国，又有关中地区与西北少数民族之别。

（1）关中等部分中原地区。"关中谓天为祆"（《集韵》），此外祆教概念的含义应指传入关中等部分中原地区的异国和异族的祆教崇拜。其中，涵盖琐罗亚斯德教、匈奴与月氏等其他西北少数民族的祆教。

（2）西北方少数民族地区。涉及"匈奴谓天为祁连"（颜师古言）、"胡谓神为祆"（元杨桓言）、"月氏语'谓天为祆'"（陈世良言）等情况，则西北少数民族地区的祆教概念，既特指天山崇拜，又泛指通常的天神崇拜，还涵指琐罗亚斯德教等。

（3）古波斯等中亚地区。虽然祆教是"琐罗亚斯德教传入中国后的称呼"③，但在琐罗亚斯德教形成前后的古波斯及其他中亚地区，也存在崇拜天神的宗教习俗。这些习俗经各种渠道传入中国，因皆属于外来天神而统一被汉译作"祆"，④ 则该祆教概念已外延至时间范畴的讨论。

3. 时间的不同

据学界研究，祆教概念在上古、中古及史前等时期，各有不同含义。
（1）上古时期的不确指。按照历史分期，上古主要指先秦至两汉时期，是

---

① 陈世良：《天山之"天"与祆教之"祆"——西北地区宗教文化的一个侧面》，载《敦煌研究》，1990年第4期，第51页、第52页。
② 任继愈：《宗教词典》，上海：上海辞书出版社1981年版，第705页。
③ 《简明社会科学词典》编辑委员会：《简明社会科学词典》，上海：上海辞书出版社1984年版，第661页。
④ 参见杨机红：《荀子浅绎》，北京：中国文联出版社2016年版，第26页。

祆教概念的酝酿期。从"祆"字首见的《荀子·天论》等篇①、荀子的生活时间以及荀子对当时祆教的评判等情况看，祆教概念应涵盖琐罗亚斯德教形成前后时期的古波斯天神崇拜。"祆，胡神也，火千切"，是许慎最早从语义及语源等角度对祆教概念所作的较为正式的理论性释义。考察琐罗亚斯德教崇拜的天神"阿胡拉·马兹达"，亦可简称"胡拉玛达"，则许慎定义中的"胡"字，客观上涵盖了西北胡族和琐罗亚斯德教之胡神等含义。因此，该时期的祆教概念，亦泛指波斯和西北的祆教，从而体现出祆教概念酝酿期的不确指特征。

（2）中古以后的确指。中古主要指汉末六朝至唐宋以后的时期，随着琐罗亚斯德教在中国传播影响的扩大，此时学界已侧重于祆教的确指性研究。如刘熙提出"祆"字的二音二义说；希麟进一步发展的"胡神官名"说，已确指为波斯祆教；司马光则确指xian音读的是唐官"祆正"，此时的"祆"字业已成为波斯祆教的专称。近代以后，随着祆教研究的深入，汉译《波斯古经》客观上引导了当时学界对波斯祆教的理论化与细化的纵深研究，琐罗亚斯德教研究渐为学界关注。这种研究状态的出现，象征着祆教研究在继承中古研究发展的基础上业已成熟。

（3）史前时期。祆教始于何时，目前学界多存异议，主要有同时和早于琐罗亚斯德教的产生二说。陈世良先生认为，"所谓匈奴语中'祁连'一系的方言，与其说是匈奴语毋宁说是浑邪语，也即月氏语"，"月氏人在接受祆教之前对自然天及天神的称呼为祁连，它与汉语方言有着同源关系；而当月氏人接受祆教之后，却把原始的对天崇拜与祆教拜天等观念结合了起来"。②这既指出了匈奴与月氏人的语源关系，又阐释了匈奴与月氏人的祆教渊源，则祆教出现的时间最早可上溯至月氏人出现的时代。

此外，中外学界有观点认为祆教源于公元前2300年；也有观点认为祆教源于古代原始印欧人的游牧部落，时间当在公元前四五千年。③张小贵先生则认为，"祆教是已知世界上最古老的成体系宗教之一，其发端于印伊雅利安人还未分离的中亚草原"④，其时间可上溯至史前时期；龚方震等先生也说："公元前1200年开始，伊朗—雅利安人紧随印度-雅利安人之后，大规模向伊朗高原迁

---

① 参见陈世良：《天山之"天"与祆教之"祆"——西北地区宗教文化的一个侧面》，载《敦煌研究》，1990年第4期，第55页。
② 元文琪：《二元神论——古波斯宗教神话研究》，北京：中国社会科学院出版社1997年版，第94页。
③ 参见元文琪：《二元神论——古波斯宗教神话研究》，北京：中国社会科学院出版社1997年版，第94页。
④ 张小贵：《祆教史考论与述评》，兰州：兰州大学出版社2013年版，前言第1页。

移。作为伊朗部落的成员之一,信仰祆教的阿维斯陀人显然也卷入了这一南迁的洪流之中。"① 则其信奉祆教的时间亦可上溯至其南迁以前的史前时期。

综合以上论述,祆教的概念界定,因为语言、地域和时间等因素而存在多种歧义。概括而言,其概念大致可分为广义和狭义两类。狭义的祆教专指琐罗亚斯德教,而广义的则泛指所有传入中国的以崇拜天神为主的且涵盖琐罗亚斯德教的宗教信仰。

二、琐罗亚斯德教

学界通常认为,琐罗亚斯德教是指流行于古代波斯及中亚等地的宗教,其创教者的波斯语名作 Zarathustra(汉译查拉图斯特拉),希腊人译作 Zoroaster,汉语译作琐罗亚斯德;时人因以希腊语的人名指称其所创宗教,汉译作琐罗亚斯德教。

琐罗亚斯德教作为正式概念的使用,首见于《阿维斯塔》经第 3 卷的《亚什特》中第 16 章第 59 节;而次见的第 24 章第 89 节言:

> 他[第一个]对众妖魔表示厌恶,并郑重地声明自己崇奉马兹达,是琐罗亚斯德[教]即阿胡拉教的信徒,是众妖魔的敌人。

诗中记载了琐罗亚斯德对当时宗教界的道德性评判,并指出其"崇奉"善神马兹达的思想宗旨。诗义明确显示,琐罗亚斯德教的产生时间应早于琐罗亚斯德的出生。琐罗亚斯德教与马兹达教并存,从诗中"琐罗亚斯德教"与"阿胡拉教"并出而不是作为独立概念出现的情况来看,二者间相互依存,意味着琐罗亚斯德教因信奉阿胡拉教得以发展,而阿胡拉教则因琐罗亚斯德教而广泛传播。琐罗亚斯德教的独立出现,则在第 4 卷的《万迪达德》:

> 呵,尘世圣洁的主宰!反对妖魔的琐罗亚斯德教与其他宗教相比,要更加伟大、优越。(5·22)

随后的第 23—25 节颂诗中,"琐罗亚斯德教"又独立出现了四次。作为教规的《万迪达德》,于教内事务叙辞中独立使用琐罗亚斯德教的概念,原属情理,但集结式地反复使用,说明琐罗亚斯德教已发展至独立、成熟期。学界通常认为,阿契美尼德王朝时奉该教为国教,则当时的琐罗亚斯德教既可统一古波斯的境内宗教,又客观促成了当时境内的政教合一。伊朗的贾利尔·杜斯特

---

① 龚方震、晏可佳:《祆教史》,上海:上海社会科学出版社 1998 年版,第 63 页。

哈赫（Dosthakh J）教授认为，《亚什特》《万迪达德》皆属于萨珊王朝时期的作品。①

学界认为，琐罗亚斯德教经希腊化时期和帕提亚王朝后，于萨珊王朝时再度成为波斯的国教，该教此时已至全盛期；元文琪先生比较了《伽萨》与《亚什特》之间的差别与变化，认为"显然是与琐罗亚斯德教本身的发展演变密切相关"②，这意味着琐罗亚斯德教的概念始出于萨珊王朝，是琐罗亚斯德教自身发展的客观结果。萨珊王朝后，琐罗亚斯德教概念的使用，由式微期沿袭至今。

据考察，琐罗亚斯德教概念出现于萨珊王朝，这应非偶然。从信众的角度来说，萨珊王朝再度为国教，客观上需要明确国教的称谓，于是琐罗亚斯德教概念应运而生。从宗教研究的层面而论，琐罗亚斯德教概念的运用，客观上说明萨珊王朝时该教的研究已进入自觉的学术研究阶段，主要表现为大祭司长阿扎尔帕德·梅赫拉斯潘丹奉旨重新修订《阿维斯塔》、琐罗亚斯德教的传统祭司"阿斯拉万"坚决反对在审定圣书时对《万迪达德》卷作大的改动、萨珊王朝的沙普尔二世（公元309—公元379年在位）钦定新编《阿维斯塔》为全民必读的琐罗亚斯德教圣书、阿扎尔帕德特别选编《胡尔达·阿维斯塔》（又称"小阿维斯塔"）以便利信众的日常使用，以及颂诗的语言和艺术表现手法更趋成熟等，③ 都表明对琐罗亚斯德教的研究已向政治化、纵深化、细化与普及化等全方位宗教学研究领域发展，因此琐罗亚斯德教概念的运用亦是当时宗教理论研究的重要成果之一；从传播媒介的方面而言，古今中外学界认为萨珊王朝时期的波斯宗教业已远播海外，则命名其传播媒介，势在必行。

综合以上论述，琐罗亚斯德教大致经历了形成、发展、成熟、定名、全盛及日渐式微等过程，盖可分为前琐罗亚斯德时期、琐罗亚斯德主教时期和后琐罗亚斯德时期。则琐罗亚斯德教的概念亦有广狭之分，狭义的专指琐罗亚斯德主教时期的宗教，广义的则涵盖琐罗亚斯德教三个发展时期的宗教。该教因崇尚光明，拜火又拜天，所以传入中国后又被称为"祆教"。

---

① 参见［伊朗］贾利尔·杜斯特哈赫选编：《阿维斯塔——琐罗亚斯德教圣书》，元文琪译，北京：商务印书馆2005年版，第104页、第289页。
② ［伊朗］贾利尔·杜斯特哈赫选编：《阿维斯塔——琐罗亚斯德教圣书》，元文琪译，北京：商务印书馆2005年版，第369页。
③ 参见［伊朗］贾利尔·杜斯特哈赫选编：《阿维斯塔——琐罗亚斯德教圣书》，元文琪译，北京：商务印书馆2005年版，第346页、第366页。

三、琐罗亚斯德正教

琐罗亚斯德正教,主要指由斯皮塔曼·琐罗亚斯德创建的琐罗亚斯德教。

(一) 琐罗亚斯德正教的含义

琐罗亚斯德正教,理解的关键在于"正"字,《伽萨》中主要含有正直、正派和修正等义。如:

> (那些)竭力贬低正教的邪教徒,(理应)受到制裁和严惩。(亚斯纳·53·9)

诗中明确以"正""邪"的反义对词,表现了当时相互对立的两派宗教。其中"邪"指邪恶,与之相对的"正",当指正直,则"正教"概念应含有正直的宗教之义。此外:

> 我(琐罗亚斯德)将成为伪信者的仇敌,正教徒强有力的庇护者。(亚斯纳·43·8)

诗中的"伪信者"主要指教内的表面信教者和教外的表面欲信教者,与诗中的"正教徒"相比,其行为是不正派的,则"正教"应指正派的宗教。

> 倘若信奉正教的智者能将某伪信者引上正途,那就应该通知自由民和显贵们为那皈依正教之人提供保护,以使他免遭旧教友的伤害。(亚斯纳·46·5)

诗中的"旧教友"要"皈依正教",说明需要先修正其旧的信仰,则该处"正"字,有纠正、匡正及修正之义。《伽萨》后各卷中"正教"概念的含义大多不出上述意旨。则"正教"应该是"琐罗亚斯德教"概念出现以前,亦即萨珊王朝以前的《伽萨》《亚斯纳》等古经使用的主要概念。如第2卷《亚斯纳》曰:

> 我笃信正教"马兹达·亚斯纳"。
> 琐罗亚斯德的阿胡拉教是纯洁的宗教。(12·9)

诗中确指琐罗亚斯德的宗教就是阿胡拉教;元先生释义"马兹达·亚斯纳"

为"马兹达教",后(即萨珊王朝时期)称琐罗亚斯德教,① 则诗中"正教"即指马兹达教,亦即阿胡拉教。

综合而言,琐罗亚斯德的宗教即为"马兹达教",马兹达教又称"正教",则琐罗亚斯德的宗教即为"正教",意味萨珊王朝的《亚什特》《万迪达德》以前的琐罗亚斯德教,主要称"正教"。对此,可通过《阿维斯塔》的"正教"概念具体使用情况的统计数字(见表2.2),部分地予以佐证。

表2.2 《阿维斯塔》的"正教"概念统计

卷目	数目	示例
第一卷 伽萨	47	1. 我将引导人们皈依正教。(P5) 2. (琐罗亚斯德将自己)对正教的服从和力量,全都奉献给(马兹达)。(P29) 3. (那些)贬低正教的邪教徒,(理应)受到制裁和严惩。(P79)
第二卷 亚斯纳	3	1. (琐罗亚斯德)是正教的虔诚信徒。(P88) 2. (我)追随琐罗亚斯德,我笃信正教。(P103) 3. 我笃信正教"马兹达·亚斯纳"。(P103)
第三卷 亚什特	55	1. 我在奉行正教礼仪的尘世,理应受到崇拜和赞美。(P150) 2. 我们赞美正教徒纯洁、善良而强大的众灵体。(P219) 3. 以最隆重的正教仪式向巴赫拉姆致祭行礼。(P258)
第四卷 万迪达德	1	1. (马兹达教信徒)应受到杀害正教徒者所应得的惩处。(P293)
第五卷 维斯帕拉德	2	1. 我们赞美正教徒的众灵体。(P301) 2. (我们赞美)正教徒的众灵体。(P302)
第六卷 胡尔达·阿维斯塔	19	1. (这个家庭)享有笃信正教(者)的喜悦。(P324) 2. 向正教徒施舍千只母羊和羊羔之人(将得到丰厚的回报)。(P333) 3. (阿萨拉图什·阿沙特·奇特哈恰)智慧的正教徒。(P340)

[注释] 琐罗亚斯德教,首见于《亚什特》第16章第59节

---

① 参见[伊朗]贾利尔·杜斯特哈赫选编:《阿维斯塔——琐罗亚斯德教圣书》,元文琪译,北京:商务印书馆2005年版,第1页。

经初步统计,"正教"概念的使用频数,显示出三个特点。(见表2.2)

1.《亚什特》等萨珊王朝以前的经典,皆以"正教"这一概念指称琐罗亚斯德教,不见"琐罗亚斯德教"概念,这意味着"正教"概念是琐罗亚斯德教与马兹达(抑或阿胡拉)教的专称。这说明在《亚什特》等作品出现以前,琐罗亚斯德教尚处发展初期,缺乏明确的概念来指称这一两度被奉为国教的宗教现象。

2.虽然《亚什特》在萨珊王朝时期始用琐罗亚斯德教概念,但"正教"概念仍为古经的主要叙词。此后,"正教"概念的内涵业已异于此前,以对酒祭的态度为例,它仍旧体现了琐罗亚斯德教和古祆教特征,在此不赘述时贤灼见。

3.《万迪达德》的"正教"概念仅一见,虽然此为对选编本的统计,但比较该卷"琐罗亚斯德教"概念集结式的使用方式,则该时期琐罗亚斯德教概念的使用,当已发展至替代"正教"概念使用的臻境。此非一蹴之功,元先生认为,"从3世纪中叶琐罗亚斯德教成为萨珊帝国的国教、4世纪其圣书《阿维斯塔》形成定本之后,直至伊斯兰化时期最初二三百年间,涌现出一大批旨在阐释琐罗亚斯德教教义、教法和教规,注解《阿维斯塔》经文的帕拉维语著述,其中包括《赞德·阿维斯塔》,即萨珊时期《阿维斯塔》的帕拉维语译注本。"① 这意味琐罗亚斯德教概念的使用,至少经过萨珊王朝至伊斯兰化的漫长历史时期。该教学界致力研究而审慎的确立过程,具有历时、自觉而固化的学术性特征。

(二)祆教、琐罗亚斯德教与琐罗亚斯德正教之间的关系

经考证,祆教、琐罗亚斯德教和琐罗亚斯德正教三者间是有机联系的整体。其中,琐罗亚斯德正教既来自琐罗亚斯德教,又推动后者的发展,二者皆源自雅利安古老的祆教。以地域角度来说,后二者多限于古波斯帝国,前者则少地域限制;以时间角度而言,祆教产生得最早;从语言学角度而论,"祆"教是汉语专有译名,后二者则译自希腊语。

目前学界通常使用的琐罗亚斯德教概念,涵盖"正教"与祆教。琐罗亚斯德教的源研究,常客观推动祆教研究的发展。

---

① [伊朗]贾利尔·杜斯特哈赫选编:《阿维斯塔——琐罗亚斯德教圣书》,元文琪译,北京:商务印书馆2005年版,第352页。

第二节　斯皮塔曼·琐罗亚斯德对古波斯的思想改革

公元前800年至公元前6世纪左右，斯皮塔曼·琐罗亚斯德对古波斯的传统思想给予了全面改革。对此，古今中外学界的研究成果斐然。在尚存的异议中，关于琐罗亚斯德思想改革的背景、内容及影响等问题，尚需系统讨论。

一、思想改革的背景

琐罗亚斯德的思想改革，具有深厚的社会历史与思想文化发展背景，主要涉及社会转型的需要、征服异质文化的影响、凯扬王朝统治的推动及古波斯宗教的客观发展等方面。

（一）印伊雅利安人南迁后社会生活转型的需要

琐罗亚斯德是伊朗雅利安人。学界通常认为印伊雅利安人共同体时期主要生活于欧亚大陆几百英里宽的中亚草原地带，属于以牧业为生的游牧民族。概因为气候变化、人口密集等原因，一部分印伊雅利安人约于公元前3000年左右开始分离、迁徙，至迟于公元前1750年至公元前1200年间，南迁至伊朗高原。公元前1000年左右，定居于高原东部的伊朗雅利安人，渐由游牧业向半牧半农转型，由此推动了伊朗社会的整体转型。其中，主要信奉古老雅利安人祆教的伊朗人，其信仰亦随之发生了转型。

周谷城先生认为，"祆教（琐罗亚斯德教）的创立，与雅利安人的生活之转变直接有关是也。雅利安人的生活由游牧而转入农耕，固有的若干信仰乃被发展为更切合实际的祆教。"[①] 其明确指出琐罗亚斯德的思想改革，是印伊雅利安人南迁后社会生活转型的客观需要。

（二）美索不达米亚文明与米底、波斯人及其他土著原始宗教文化的影响

美索不达米亚平原孕育了悠久的苏美尔文化，公元前19世纪为巴比伦文化取代；公元前16世纪，赫梯人取代巴比伦后，美索不达米亚平原由此进入政权

---

① 周谷城：《世界通史》（上册），石家庄：河北教育出版社2000年版，第264页。

第二章 斯皮塔曼·琐罗亚斯德与古波斯的思想改革

纷争及文化更迭不已的时期。① 大约公元前 1000 年左右，原属雅利安民族的米底人与波斯人先后进入该地区。米底人于公元前 626 年建立了米底政权，② 随后携其行省的波斯人共同发展了伊朗高原西部的文化，并扩大至共同生活在伊朗高原的琐罗亚斯德部。

赫尔曼指出，美索不达米亚文明的影响"部分是通过伊朗文化圈的边缘族群产生的"③，涵指其对该时期各异质文化的影响。

经考证，琐罗亚斯德主要生活在伊朗东部地区。英国学者尼尔·福克纳（Faulkner N）先生认为，该地区原是古米底人游牧部落及突朗部族的生活区域。④ 即便在古什塔斯布王朝时期，其文化也依旧西临米底波斯文化，东接突朗游牧部族文化。琐罗亚斯德时代面临的诸多原始思想文化，主要表现为原始崇拜思想，涵盖了他出生前雅利安民族的泛神思想。据历史学家说，所崇拜的神数目"密集到连根稻草也落不到地上"⑤；米底与波斯人崇拜的对象"有动物、有祖先、有石头土块、有日月星辰"⑥ 等多神崇拜；"接邻的塞族土兰人都谨守伊朗人中流行的雅利安人的祈拜仪式和礼俗"⑦，意指雅利安人的原始宗教。诸多原始思想或产生于原始的游牧生活时期，或形成于各兼并历史中，皆显示出其自身无法解决的散在性和滞后性，更无法适应当时业已发展的半农半牧社会经济需要。琐罗亚斯德志在改革诸多原始思想时，探索出适合当时伊朗发展的社会模式。

杜兰特认为，琐罗亚斯德"不满这种原始宗教，宣称崇拜光明之神阿胡

---

① 参见［日］宫崎正胜：《人类文明史——8000 年来六大人类文明转折》，顾晓琳译，海口：海南出版社 2018 年版，第 26—29 页。
② 参见［美］威尔·杜兰特：《世界文明史》（第 1 卷），台湾幼狮文化译，北京：华夏出版社 2009 年版，第 207 页。
③ ［德］J. 赫尔曼、［荷兰］许理和主编：《人类文明史》（第 3 卷），中文版编译委员会译，南京：译林出版社 2014 年版，第 109 页。
④ 参见［美］尼尔·福克纳：《世界简史——从人类起源到 21 世纪》，张勇译，北京：新华出版社 2014 年版，第 39 页；［伊朗］阿卜杜勒·侯赛因·扎林库伯：《波斯帝国史》，张鸿年译，北京：昆仑出版社 2013 年版，第 19 页。
⑤ ［伊朗］阿卜杜勒·侯赛因·扎林库伯：《波斯帝国史》，张鸿年译，北京：昆仑出版社 2013 年版，第 13 页。
⑥ ［美］威尔·杜兰特：《世界文明史》（第 1 卷），台湾幼狮文化译，北京：华夏出版社 2009 年版，第 266 页。
⑦ ［伊朗］阿卜杜勒·侯赛因·扎林库伯：《波斯帝国史》，张鸿年译，北京：昆仑出版社 2013 年版，第 19 页。

拉·马兹达，其他神充其量不过是此神之一体或象征"①。琐罗亚斯德的思想改革，则客观地受到美索不达米亚文明与米底人、波斯人及其他土著原始思想文化的影响。

（三）古波斯原始宗教的客观发展

世界各民族的宗教大多经历了原始宗教时期。作为史前人类文明的一种宗教形态，原始宗教大致经历了万物有灵、多神崇拜及向一神信仰的过渡。学界认为灵魂崇拜里的祖先崇拜是其发展至最高阶段的代表。② 考察《伽萨》中的"哈奇塔斯普家族"和"斯皮塔曼家族"，可知他们皆为琐罗亚斯德的先祖。则琐罗亚斯德时代的宗教，已进入家庭的祖先崇拜时期。③ 琐罗亚斯德出身于一个已脱离半游牧生活且主要经营养畜业的祭司家庭。《伽萨》显示琐罗亚斯德意欲经营农业，则建立在养畜业基础上的相对滞后的家庭祖先崇拜思想亟待改革。该状态广泛出现于当时伊朗高原的东西部，这意味着全面改革严重阻碍整个伊朗社会发展的原始宗教势在必行。

综合而言，为了适应新出现的农业经济发展的需要，琐罗亚斯德对代表养畜业的古波斯思想进行改革，实则是古波斯原始宗教客观发展的结果。

二、思想改革的内容

琐罗亚斯德的改革主要针对古波斯传统的世界观思想、经典及现实生活习惯等方面。

（一）古波斯传统的世界观思想改革

琐罗亚斯德首先对古波斯传统的世界观思想进行了改革。

1. 改革传统的"二元"观念为"善恶二元"对立斗争的世界本源论思想

经考证，"二元"观念源自印伊雅利安人共同体时期；至伊朗早期，初步形成了"善恶二元"各自孤立散在的思想认识。

琐罗亚斯德首次从世界本源论角度展开思想改革，一则提出了"两大本原"说，从而将古波斯传统的"善恶二元"思想纳入其世界本源论的哲学思想范畴；

---

① ［美］威尔·杜兰特:《世界文明史》（第1卷），台湾幼狮文化译，北京：华夏出版社2009年版，第267页。
② 参见李宗桂:《中国文化概论》，广州：中山大学出版社1988年版，第34页、第35页。
③ 参见李宗桂:《中国文化概论》，广州：中山大学出版社1988年版，第35页。

二则构建了"善恶二元"间的关系说,正式将古波斯各自孤立不变的原始宗教思想纳入联系论角度的伦理道德思想范畴;三则明确了"善恶二元"之间属于始终相互对立斗争的关系,从而将散在与自在的认识,纳入自觉地秩序化和组织化的社会、人生及文化思想范畴。

2. 改革传统的具象认识为抽象的道德性概念认识

琐罗亚斯德前的古波斯民族,认识事物多通过具体的形象化方式,因而出现多神甚至泛神崇拜的无序化社会存在状态。

琐罗亚斯德通过抽象的概念化形式,改革了古波斯传统的具象化认知形式,旨在将当时无序化的世界改变为有序的社会,从而创造了他所建立的七类抽象道德属性化身①的马兹达一神,体现出对古波斯传统认知思想的根本性改革。

3. 改革传统的片面认识世界的方法为辩证方法的运用

《伽萨》记载,在琐罗亚斯德前的古波斯民族多以单向"取悦"神的方法解决现实生活问题,因而体现出片面认识世界的局限性。

琐罗亚斯德基于世界本源论等方面的改革,明确提出"选择"等方法,形成了神与人之间"善恶二元"的双向选择思想,表现其辩证地认识和解决问题的方法论思想,从而体现了对古波斯传统方法论思想的根本性改革。

综观琐罗亚斯德对古波斯传统世界观思想的改革,结合《阿维斯塔》思想内容的反映,这场改革实则客观地涉及了善恶道德观、社会秩序观、人生选择观等思想领域的全方位改革。

(二) 古波斯传统经典的改革

古波斯学童7岁入读"经典及其注疏",要求背诵且"说老实话",② 则其中的"经典"当为伊朗雅利安人传统的注重培养道德修养等蒙学类著作。琐罗亚斯德应熟稔传统"经典",他主张"真诚"为第一要义的思想,应该与童学时代"说老实话"的训谕不无关系。学界认为他于20岁—30岁间专攻的经典,是阿胡拉神"天授"的"波斯古经",则琐罗亚斯德应曾接触过与《伽萨》相关的祆教及"古经"类作品。为了适应古波斯社会发展的需要,琐罗亚斯德从思想内容至艺术形式等各个方面,对古波斯的传统经典皆予以改革。

---

① 参见 [美] 威尔·杜兰特:《世界文明史》(第1卷),台湾幼狮文化译,北京:华夏出版社2009年版,第267页。

② 参见 [美] 威尔·杜兰特:《世界文明史》(第1卷),台湾幼狮文化译,北京:华夏出版社2009年版,第274—275页。

1. 改革经典的思想

经考证,琐罗亚斯德将"对立斗争"的思想融入传统的"二元"观念中,则《伽萨》始终充满两个相互对立的宗教、两类相互敌对的社会矛盾,以及两类相互抵牾的人类道德属性尖锐而持续斗争等思想内容,应是其改革后的部分。

其中,他以具有哲学内涵的"选择"等新形式,界定神与人之间新的联系方式等思想,为学界普遍关注。①

2. 改革经典的内容

学界认为,是琐罗亚斯德首先提出了"三善"和"三恶"等"善恶"思想,并首次提倡个人意志自由等道德观念。则诸多其首次阐释的经典内容,应经他改革与新制。

3. 改革经典的表现形式

限于资料证明,琐罗亚斯德之前的祆教等传统经典的表现形式无从知晓。学界通常认为"古朴"是《伽萨》的独特风格之一,扎林库伯教授认为其对"阿胡拉·马兹达的激情澎湃的赞颂"内容,是琐罗亚斯德的创新,②则其极尽奢华的铺排文风,应是他对经典风格艺术的改革。此外,复合修辞手法等表现艺术的运用,应代表其对经典表现艺术的改革。

学界通常认为,"阿维斯塔语"属于伊朗东部至今不可考的语言,扎林库伯教授认为其"属于琐罗亚斯德和凯扬世界的语言"③,因为琐罗亚斯德传教的成功是在凯扬王朝时期,则该语言至少应受到凯扬世界语言的影响,而不是纯正的雅利安语。假设该推论成立,则琐罗亚斯德还改革了经典的语言。

(三) 古波斯社会生活思想的改革

关于雅利安人古老的社会生活,多属今人臆测,但通过《伽萨》吉光片羽的记载,仍可部分地管窥琐罗亚斯德时代之一斑。如《伽萨》反映的为琐罗亚斯德反对和禁止,但《亚斯纳》以后诗卷却恢复的传统生活和祭祀传统,诸如

---

① 参见[德]J. 赫尔曼、[荷兰]许理和主编:《人类文明史》(第3卷),中文版编译委员会译,南京:译林出版社2014年版,第109页;[美]菲利普·J. 阿德勒、兰德尔·L. 波韦尔斯:《世界文明史》(上卷),林骥华、庄彩云等译,上海:上海社会科学院出版社2012年版,第63页。

② 参见[伊朗]阿卜杜勒·侯赛因·扎林库伯:《波斯帝国史》,张鸿年译,北京:昆仑出版社2013年版,第49页。

③ [伊朗]阿卜杜勒·侯赛因·扎林库伯:《波斯帝国史》,张鸿年译,北京:昆仑出版社2013年版,第33页。

肆意宰杀牲畜、血祭及祭祀时喝致幻剂类豪麻酒等思想内容，① 表明琐罗亚斯德确曾从实践上改革了古波斯社会传统的祭祀生活思想。《伽萨》言：

（我是）以正教信仰（为百姓指明）正途的首领。现在我祈求巴赫曼教会我种田，让我勤恳地务农。(1·33·6)

诗中指出"务农"是"正途"，主人公意在率民亲耕；《伽萨》中有多处涉及"农夫"社会地位与生活保障的描写，从而体现琐罗亚斯德重视农业的思想。在伊朗人半农半牧的社会生活中，琐罗亚斯德已预见农业社会的美好愿景，他躬耕农业，充分体现了他对古波斯经济社会生活思想的改革。琐罗亚斯德认为，阿胡拉·马兹达代表"智慧"等七种道德属性，《波斯古经》又被译作《知识及智慧之书》，体现了他对人类道德思想的特别关注和对社会道德生活的重视。这在《伽萨》中通过其女"普鲁奇斯塔"的名字表现出来，该名字含有"知识渊博"之意；② 考察其家族的名字："其父名波鲁沙斯帕，意为'拥有灰色马匹的人'。其母名为杜格多瓦，意为'拥有白色奶牛的人'。他的名字意为'拥有金色骆驼的人'"③，这些半牧生活寓意的名字，象征了琐罗亚斯德家族对物质生活的重视。琐罗亚斯德开始关注人类的精神生活，特别是道德思想建设，其中"智慧""知识"等道德观念的自觉创新运用，客观上代表了其对当时社会生活在道德思想层面的改革。

虽然琐罗亚斯德以后的正教发生部分的变异，但其对伊朗社会生活所作的道德思想改革，业已成为《阿维斯塔》思想内容不可或缺的组成部分。

三、思想改革的特点

琐罗亚斯德对古波斯的思想改革，发生于特殊的时代和环境下，有着特殊的思想目的，因此客观上具有统一性、政治性、道德性和民族性等特点。

---

① 参见[伊朗]阿卜杜勒·侯赛因·扎林库伯：《波斯帝国史》，张鸿年译，北京：昆仑出版社2013年版，第50页；[德] J. 赫尔曼、[荷兰]许理和主编：《人类文明史》（第3卷），中文版编译委员会译，南京：译林出版社2014年版，第109页；施安昌：《火坛与祭司鸟神：中国古代祆教美术考古手记》，北京：紫禁城出版社2004年版，第13页；李零：《波斯笔记》（上册），北京：生活·读书·新知三联书店2019年版，第264页。
② 参见[伊朗]贾利尔·杜斯特哈赫选编：《阿维斯塔——琐罗亚斯德教圣书》，元文琪译，北京：商务印书馆2005年版，第426页。
③ [美] A.T. 奥姆斯特德：《波斯帝国史》，李铁匠、顾国梅译，上海：上海三联书店2017年版，第117页。

(一) 明确的统一性

琐罗亚斯德的思想改革首先具有明确的统一性特点，表现在思想方面，琐罗亚斯德改革的世界本源论等思想，旨归统一伊朗境内外各地区、民族乃至人类世界（《伽萨》"七个国家"说）的思想；在经典方面，《伽萨》自内容设置至艺术表现，统归尚善的思想主题；在法规方面，他创新性地以选择法等规范，统一神人各界新关系。

扎林库伯指出，琐罗亚斯德独尊一神的宗教改革，旨在统一凯扬王朝后期各地散在的统治势力，客观上成为居鲁士统一伊朗东西部的宗教基础；李零先生则认为，大流士以来的波斯国教是经过琐罗亚斯德改革而新立的宗教，其宗教的大一统与国家的大一统相匹配。学界明确指出，琐罗亚斯德的改革具有统一性的特点。

(二) 鲜明的政治性

琐罗亚斯德的思想改革与政治密不可分，《伽萨》明确提出为家庭—村社—城市—国家利益而战的政治理想；其"善元"裁决与奖赏的对象，皆为与政界相关的人士；传说其个人亦为伊朗国家战争殉身。

扎林库伯教授认为，琐罗亚斯德的宗教改革促成了政教合一的新发展，明确指出琐罗亚斯德的思想改革所具有的政治性。

(三) 坚定的道德性

琐罗亚斯德将传统的"二元"观念改革为"善恶二元"神理论，首次提出"选择"说及终生追求"善元"的人生理想，为世界提供了最大限度的道德规范。

杜兰特等先生认为，他首次给予人类以尊严和意志自由，从而显示其坚定的道德性。

(四) 强烈的民族性

凯扬王朝后期，在与邻国突朗等异族长期尖锐的矛盾斗争中，呈现出民族弱势的状态，这种状况客观上推动了身为雅利安人的琐罗亚斯德进行思想改革，旨在为伊朗民族注入新的活力，《伽萨》颂歌实则是颂赞雅利安民族。

杜斯特哈赫教授对此明确指出，其"反映古波斯人精神面貌"和"伊朗民族的光辉历程"等特点。而元文琪先生则认为琐罗亚斯德的二元神教是"典型的民族性二元神教"①。则琐罗亚斯德的改革,客观上具有民族性等特点。

第三节 斯皮塔曼·琐罗亚斯德对古波斯思想改革的影响

琐罗亚斯德的思想改革,波及古波斯的社会、政治、宗教和文化思想等各方面,它以人类历史上最早产生的宗教之一,对后世中西方社会产生重要的影响。

一、改革的政治影响

琐罗亚斯德的思想改革,直接影响了政治领域的政治思想、模式及实践等方面的发展。

(一) 提倡贤明政治的政治思想

《伽萨》明确提出"(请让)贤明的国君以善行和正教执掌政权"、反对"邪恶的暴君对我们实行专制"(3·48·5)等思想。首先,它使凯扬王朝自古以来单一依靠神维持的政教合一局面,发展为主要依靠具有道德属性的贤君执政的现实化政治。

(二) 建构了家庭—村社—城市—国家的梯进式结构模式

琐罗亚斯德明确建构了"家庭—村社—城市—国家"的梯进式结构模式,这应是其"秩序"化社会思想的体现。

学界通常认为"家庭"是社会的基本单位,至今仍适用于世界范围内的社会生活。

(三) 推动政治对生活实践的能动作用

《伽萨》中从"家庭—村社—国家"链发展到"家庭—村社—城市—国家"链,其中"城市"一词,客观体现了当时业已出现的城市生活形态;大流士在其铭文中也称东部是帝国重要的开明地区。

由此可见,琐罗亚斯德改革后的政治对生活实践发挥了极其重要的能动

---

① [伊朗]贾利尔·杜斯特哈赫选编:《阿维斯塔——琐罗亚斯德教圣书》,元文琪译,北京:商务印书馆2005年版,第423页。

作用。

二、改革的社会影响

琐罗亚斯德的思想改革，对古波斯及中西方社会的发展产生了深远影响。

（一）琐罗亚斯德正教思想，自此成为古波斯社会的主导思想

在琐罗亚斯德前，在宗教上是古波斯传统的多神无序崇拜，琐罗亚斯德将其统一为"一神"信仰的正教。

继居鲁士重视正教后，大流士以后数度将其立为古波斯国教，其"正教"概念亦成为该教经典运用的主要话语（见表 1·2 所示），象征琐罗亚斯德正教思想自此成为古波斯社会的主导思想。

（二）自此确立了琐罗亚斯德社会思想在古波斯的社会地位

秩序化的社会建设是琐罗亚斯德重要的社会思想。居鲁士借此统一了伊朗东西部，而大流士则以此建立了一个空前统一的波斯帝国，这表明琐罗亚斯德的社会思想在古波斯确立了重要的社会地位。

在新世纪，琐罗亚斯德作为人类先知，其丰富的社会思想已进入学界科学研究的视野。

（三）促成了琐罗亚斯德社会思想对中西方社会的广泛影响

若说在居鲁士时代，琐罗亚斯德的社会思想多限于伊朗境内传播；随着大流士统治的波斯帝国"拥有了人类文明四个起源地中的三个：尼罗河流域、两河流域以及印度河谷"[1]，此时的琐罗亚斯德社会思想，业已传播至欧亚非三大洲；希腊化和伊斯兰化后，随着该教信徒的迁徙，琐罗亚斯德的思想广泛传播于世界各地，唐代中央为此专设了"袄正"的行政官职。

因此，琐罗亚斯德社会思想中的"善恶二元"斗争论等思想，对中西方社会亦产生了广泛影响。

三、改革的生活影响等

琐罗亚斯德的思想改革还影响到现实生活的宗教仪式、生活习惯及生活理

---

[1] 周谷城：《世界通史》（上册），石家庄：河北教育出版社 2000 年版，第 260 页。

想等方面。

(一) 宗教仪式生活的影响

琐罗亚斯德作为"正教"的创造者，其思想改革客观地影响了该教的思想与生活。若说"一神"信仰代替多神崇拜，以及选择"善恶二元神"等象征琐罗亚斯德对古波斯宗教思想的改革，则宗教仪式等的改革业已涉及生活方面。虽然我们无法确定《伽萨》中属于琐罗亚斯德规范的宗教仪式，但其中为琐罗亚斯德反对的部分，应属为他改革的方面。

学界普遍认为，《伽萨》明确记载琐罗亚斯德反对"血祭"，体现了其对传统祭祀仪式的改革；《伽萨》还记载迪弗派首领在祭行礼中使用豪麻酒，这曾为琐罗亚斯德所反对的，因为《亚斯纳》中包含颂歌胡姆（豪麻）的内容，当时对酒祭的恢复从侧面证明琐罗亚斯德确曾予以革除；此外，希罗多德记载他所见的波斯人的祭礼是"不奠酒，不奏乐"①，这表明该部分波斯人至少接受并坚持了琐罗亚斯德改革的宗教仪式。以扎林库伯教授等为代表的学界对此曾给予了详细的阐述，② 恕不赘述。

(二) 生活习惯及理想等方面的影响

《伽萨》在多方面记载了古波斯社会经常"恣意屠杀牲畜"、言语无礼且怠惰于农事等生活旧习，《亚什特》以后，祭礼变得丰富而相对文明，祭礼语言更加精致及农村城市生活也有所发展等，从而体现了琐罗亚斯德的思想改革对古波斯民族生活习惯及理想等方面的广泛而深远影响。

综合以上论述，琐罗亚斯德对古波斯的思想改革，促使袄教向琐罗亚斯德正教的递变，这应该不是简单的宗教行为，而是客观体现了古代波斯对本民族的自身命运，由原始单一的取悦神，向自觉追求人的自我意识觉醒向度发展所经历的漫长心路历程。

---

① ［美］尼尔·福克纳：《世界简史——从人类起源到21世纪》，张勇译，北京：新华出版社2014年版，第39页。
② 参见［伊朗］阿卜杜勒·侯赛因·扎林库伯：《波斯帝国史》，张鸿年译，北京：昆仑出版社2013年版，第51—52页。

第三章

琐罗亚斯德思想与中国文化

　　琐罗亚斯德关于"七个国家"的思想,虽然没有明确的指称,却客观涵盖了琐罗亚斯德思想的传播特性,奠定了琐罗亚斯德思想与中国文化发生交流的可行性研究基础。1923年,陈垣先生的《火祆教入中国考》一文,明确指出琐罗亚斯德教即汉文献的火祆教,自此揭开了学界关于琐罗亚斯德思想与中国文化关系研究的新一页,迄今已向该领域的纵深、细化等方面发展。其中,琐罗亚斯德思想与中国文化的渊源、交流媒介与影响等,渐为学界关注。

第一节　琐罗亚斯德思想与中国文化的渊源

　　琐罗亚斯德思想主要是通过琐罗亚斯德教传入中国。关于其传入时间,目前学界概有唐代说、南北朝说、汉代说以及先秦说等意见,其中汉代以前说渐成为焦点。该研究特征充分显示,琐罗亚斯德思想与中国文化有着悠久的历史渊源。考察琐罗亚斯德思想何以穿越古波斯与中国间的地理域限,与中国文化发生交流,其主要因素当与传播理念的建设和传播区域的经营等相关。

一、自觉的文化传播理念

　　《阿维斯塔》丰富的思想内容部分解释了琐罗亚斯德教的传播问题,主要涉及传播的原因、目的与价值、方法、内容与特点以及传播区域等方面,从而体现了琐罗亚斯德以自觉的传播理念,指导其思想文化的传播。

(一) 传播"善"文化是琐罗亚斯德思想传播的主要原因

《伽萨》曰：

> 琐罗亚斯德·斯皮塔曼，他信奉我们（巴赫曼）的宗教。
> 他（琐罗亚斯德）在世上传播我们的思想和正教。(1·29·8)

诗中确言，琐罗亚斯德传播善良的"正教"文化。则传播"善"文化是其思想传播的主要原因。

(二) 强国利民，拥有人生的美好生活是琐罗亚斯德思想传播的目的与价值

《伽萨》曰：

> 正直而虔诚，并拥有广袤良田和美好家庭的国家将何时出现？(1·48·10)
>
> （你们）为扶持和传播正教而努力奋斗，正教给予（报答和奖赏）。(5·53·5·7)

诗中确言，琐罗亚斯德思想的传播目的是为"世民百姓""美好家庭的国家"以及个人实现理想等；其全部价值和意义亦在于追求理想的实现。学界通常认为，琐罗亚斯德思想的传播实则显示了该教自琐罗亚斯德时代起，业已开始以人类、人世及人生的美好生活为唯一价值取向的文化传播目的。

(三) 丰富的传播方法

为了推动琐罗亚斯德思想的传播，该教自觉地探索适合自身发展的传播方法，其中的"人传"和"神传"是主要的传播法。所谓的"人传"，主要指通过琐罗亚斯德等人带动个人及群体的传播法。该传播法始于《伽萨》，如：

> （正教的赞助者）凯·古什塔斯布、琐罗亚斯德·斯皮塔曼之子和弗拉舒什塔尔等人，以其（善）思、（善）言和（善）行取悦于马兹达（并为阿胡拉派遣的救世者）开辟正途。(5·53·2)

诗中的"开辟正途"，意味着众人开辟了新的传播场域；其中包括政界人士及其家属。结合《伽萨》及其后诗卷的记载，传播者主要有琐罗亚斯德及其家族、政界团体以及世界性的善教信徒，涵盖伊朗、突朗、赛里马及"七个国家"等。《伽萨》言：

奥尔迪贝赫什特（借助）扩大生存空间的塞潘达尔马兹，给突朗的弗里扬家族著名的子嗣和亲属以关照。（2·46·12）

杜斯特哈赫注释"奥尔迪贝赫什特"是代表火神的第二位天神，"塞潘达尔马兹"为代表土地神的第四位天神；[1]"扩大生存空间"当意谓由伊朗向突朗的传播。诗中通过拟人手法，将善神崇拜作为传播者，则琐罗亚斯德时期业已采用借助善神崇拜的神传法，传播正教思想。萨珊王朝时期业已经神传法，向世界传播了琐罗亚斯德思想。《亚什特》言：

为传播正教，他（梅赫尔）四海为家，（足迹遍布）地面上的七个国家。（10·16·64）

一位阿托尔邦降世，他就是斯皮塔曼·琐罗亚斯德。劝善惩恶的马兹达教将在［地面上］的七个国家广为传播。（13·24·87·94）

诗中"梅赫尔"是"光明与誓约之神"，又称 Mithra（密特拉）[2]；"斯皮塔曼·琐罗亚斯德的灵体"代表祖先崇拜思想，此时琐罗亚斯德已被奉为传播该教的祖先神。二者属神传法。

（四）明确的传播内容

虽然琐罗亚斯德思想丰富，但自《伽萨》至《亚什特》，始终严格明确其传播内容为"正教"和"劝善惩恶"的马兹达善教。二者貌似合一，但经考证，前者仅代表琐罗亚斯德时期；后者则涵盖琐罗亚斯德生活的前后时代，因涵盖恢复的旧传统部分，则特别限定以"劝善惩恶"的内容。则琐罗亚斯德的"正教"思想，原则上是唯一的传播内容。

（五）伊朗中心斗争论的传播特点

在琐罗亚斯德思想丰富的传播特点中，以伊朗民族为中心的斗争论较为典型。

考察世界各著名宗教，虽然多显示以本民族宗教为中心的传播特点，但琐罗亚斯德思想的传播还有其独特之处。主要表现在：第一，琐罗亚斯德首先构建了具有严密组织的宗教上的天与人两个世界，天界独尊阿胡拉·马兹达一神，

---

[1] 参见［伊朗］贾利尔·杜斯特哈赫选编：《阿维斯塔——琐罗亚斯德教圣书》，元文琪译，北京：商务印书馆2005年版，第4页、第5页。

[2] 参见［伊朗］贾利尔·杜斯特哈赫选编：《阿维斯塔——琐罗亚斯德教圣书》，元文琪译，北京：商务印书馆2005年版，第164页。

人界的善恶二教皆"惟命是从"于琐罗亚斯德（1·32·1）；第二，构建了空间上"七个国家"的世界，位于中央的第七个是伊朗国；第三，构建了政教合一的斗争理论，涵盖藉阿胡拉·马兹达的一神信仰、依靠琐罗亚斯德正教代表的伊朗国平衡世界上两大相互敌对的社会组织的斗争、最终获得以"善"胜"恶"的和平局面以及提倡殉道精神等内容。综合而言，颇有通过阿胡拉·马兹达一神信仰下的伊朗国，使用琐罗亚斯德思想的斗争法，以左右异国及世界命运的寓意。则伊朗中心的斗争论，应是琐罗亚斯德思想特有的传播特点。

综合以上论述，琐罗亚斯德思想含有自觉传播的理念，以指导其思想传播。赫尔曼教授称其为"一种传播欲很强的斗争性宗教"①，既指出其独特的斗争论所具有的自觉传播一面，又客观说明其与异质文化对抗性交流的缘由。

二、广阔的传播区域

以自觉的传播理念为指导，琐罗亚斯德思想逐渐形成了广阔的传播区域。

（一）国家层面

据《阿维斯塔》记载，琐罗亚斯德教的传播分为琐罗亚斯德时期和其后的两个时期。其中，琐罗亚斯德正教的传播，首先见于《伽萨》中对"第七个国家"（1·1·32·3）伊朗的宗教状况的说明。虽然学界对于琐罗亚斯德出生地及传教地有东西部之争，但其生活时期的正教业已传播至伊朗全境是不争的事实。阿卜杜勒明确指出，居鲁士藉该教统一了伊朗东西部，则琐罗亚斯德思想应首先在伊朗传播。其次，《伽萨》多次叙及"突朗"及不确指的"邻国"等，说明在琐罗亚斯德时代，其思想已传至邻国。最后，"七个国家"说始见《伽萨》。假设历史学家认为伊朗中心说成立，则琐罗亚斯德时期的传播应属于周边性的放射式地缘思想文化传播，到达七国应不皆属妄言。

考察琐罗亚斯德以后传播的"七个国家"，为《亚什特》确指的已有"印度以东""（伊朗）的西方"国家、粟特（疑似粟特）、赛里马与花剌子模等国，其时代应在萨珊王朝前后。其时的"印度以东"，正是汉唐间的中国，隋唐皆设有专门的管理机关。

---

① ［德］J. 赫尔曼、［荷兰］許理和主编：《人类文明史》（第3卷），中文版编译委员会译，南京：译林出版社2014年版，第109页。

(二) 地域层面

琐罗亚斯德生活于一个小国林立、国家存亡频仍的时代，其思想的传播更多体现为地域性特征。其中，随着大流士波斯帝国将其立为国教，其思想客观上传播至欧亚非三大区域。

福克纳确指为尼罗河、两河流域以及印度河谷三大流域。

(三) 民族层面

琐罗亚斯德还计划将该教的传播，由定居民族扩大到游牧民族层面。《伽萨》言：

> 逐水而居的游牧民（不从事农业耕作）享受不到（马兹达）佳音福祉。(1·31·10)

诗中的"游牧民"，主要指琐罗亚斯德时代的突朗和斯基泰等民族。其中，突朗族藉地缘已部分地信奉琐罗亚斯德正教。关于斯基泰人，赫尔曼认为原是"伊朗游牧民族"，"其宗教信仰是琐罗亚斯德教之前伊朗宗教的一个变体，明显不同于古代波斯或阿维斯塔的宗教理念"[①]，则诗中的"游牧民"至少涵盖斯基泰人。该族信奉天神、火神等，则琐罗亚斯德生活时代的该族，信仰的应是祆教，且持续于琐罗亚斯德以后的一段时期。

亚历山大时期的希腊化及其后的伊斯兰化以后，该教于不断迁徙的式微中逐渐传播到世界各地。中国北朝时期的北魏灵太后将其奉为国教，[②] 唐代官方化的祆教组织亦见证了其在汉民族中的广泛传播。综合而言，在自觉的传播理念指导下的琐罗亚斯德思想，拥有广阔的传播区域。

三、琐罗亚斯德思想与中国文化的渊源

伊朗与中国之间的地理域限并没有遏阻琐罗亚斯德思想传入中国。其与中国文化的交流历史悠久且深厚，概可分为先秦两汉、南北朝、唐、宋以后、现当代及新世纪等阶段。

[①] [德] J. 赫尔曼、[荷兰] 许理和主编：《人类文明史》（第3卷），中文版编译委员会译，南京：译林出版社2014年版，第109页。

[②] 参见沈福伟：《中西文化交流史》，上海：上海人民出版社1985年版，第164页。

(一) 先秦两汉，琐罗亚斯德思想初涉中国期

对琐罗亚斯德思想初入中国的确切时间，学界意见不一。目前学界多据考古资料予以说明。

1976 年—1978 年，乌鲁木齐南山矿区阿拉沟东口的古代塞人墓葬出土了一件青铜双兽铜盘。考古专家认为这是"公元前 5—公元前 3 世纪祆教徒使用的物品"，李进新先生认为"至迟于公元前 4 世纪时"，祆教已传入新疆。[①]

1983 年，新疆伊犁河支流巩乃斯河畔出土的一件承兽青铜祭盘，与阿拉沟塞人古墓中出土的拜火教青铜祭盘完全相同。[②]

2013 年—2014 年，帕米尔高原吉尔赞喀勒墓群出土的火坛卵石数目与天山区域出土发现的承兽青铜祭盘上立兽的数目，均象征该教中相对应的诸神祇。巫新华先生认为，"象征公元前 6 世纪—公元前 1 世纪，早期琐罗亚斯德教文化已经覆盖着东帕米尔高原和天山全域。"[③]

1978 年，湖北省随县擂鼓墩发现了曾侯乙墓，出土了一串蜻蜓眼玻璃珠。据统计，从费尔干纳盆地的斯基泰古墓，经新疆轮台—山西长治—河南洛阳等地，最终到达湖北随州，可复制一条从古波斯经波斯波利斯，最后到达楚国的交通路线；蜻蜓眼玻璃珠主要由波斯人治下的斯基泰商人传入。当时，戴尖帽的斯基泰人业已向大流士一世建立的波斯帝国称臣，崇拜并传入了琐罗亚斯德国教。林梅村先生认为时间"在公元前 519 年至公元前 329 年"。[④]

综合以上考古学界的意见，琐罗亚斯德思想至迟于春秋末年、战国时期传入中国。先秦的同期古籍，也部分地保留了其传入黄河、长江流域的信息。

1. "祆"字符首次出现于先秦典籍

《荀子·天论篇》曰：

> 夫星之队，木之鸣，是天地之变、阴阳之化，物之罕至者也；怪之可也，而畏之非也。物之已至者，人祆则可畏也。楛耕伤稼，耘耨失岁，政险失民，田秽稼恶，籴贵民饥，道路有死人，夫是之谓人祆。

[①] 参见李进新：《祆教在新疆的传播及其地域特点》，载《西域研究》，2007 年第 1 期，第 82 页。

[②] 参见新疆维吾尔自治区社会科学院考古研究所：《新疆古代民族文物》，北京：文物出版社 1985 年版，第 6 页、第 118 页。

[③] 巫新华：《新疆与中亚承兽青铜祭盘的琐罗亚斯德教文化意涵——从帕米尔高原吉尔赞喀勒墓群考古发现圣火坛中卵石数目谈起》，载《新疆艺术》（汉文），2017 年第 3 期，第 18 页。

[④] 参见林梅村：《丝绸之路考古十五讲》，北京：北京大学出版社 2006 年版，第 65—70 页。

文中指出诸多灾变在于"人袄"。两千五百多年后，扎林库伯也提出了相似的灾变说，"《阿维斯塔》中提到威胁伊朗维杰的灾难是冬魔造成的，致使河水泛滥。历史学家们可以凭借想象力而不是确实的资料，体会到一个秩序井然的社会长期存在之后，罪恶和谎言开始传播。百姓对构建防寒住所和疏浚河道关注不够。于是伊朗维杰逐渐凋敝，没有足够的食物和饲料供给人畜，百姓陷于饥饿，疫病肆虐。也可能受到袭击者的侵扰。因此人们被迫离开自己的家园，去别的地区寻找更好的栖息地"，确言雅利安人大迁徙的灾变因于人事："罪恶和谎言"引起"百姓"疏于农牧事务，饥饿、疫病、战争接踵而至。若说扎林库伯认为雅利安人大迁徙因出亚玛的"罪恶和谎言"，荀书则认为"人袄"定会引起灾变，两位异时异域异族的思想家竟同时指出人事对灾变的决定性，应非尽数偶然。目前宗教界权威任继愈先生在解释荀书该文时，对其中的"袄"字首次正音作"xiān"之"袄"。经考证，该字代表袄教，涵指琐罗亚斯德教。①

"琐"字符首次被赋予人名、地名与神名等新意。春秋前文献的"琐"字符通常意为"琐屑"，为泛指性含义，《春秋经》《礼记·檀弓》等首次出现"郏子琐""县子琐"等将"琐"字入人名的现象，例"夏四月丁未，郏子琐卒"，杜预注"未传。未同盟而赴约，以名"（《春秋经》"庄公二十有八年"）；"诸侯之师次于琐"，注"县西有琐侯亭"（《左传》"襄公十一年"），该处"琐"字首次入地名；"欲少留此灵琐兮"，楚人谓神为"灵"，蒋骥注"灵琐"是"百神之所在"（《离骚》），经考证该"琐"字应确指琐罗亚斯德，则"琐"字首次入神名。②

2. 琐罗亚斯德创立的"三善"说，首次出现于春秋末、战国时期的文献

丰富的"善"思想虽然形成于春秋前，但经考证，系统的"三善"说相对集中地出现于春秋末年以后。根据对"善"字的统计（如附录一），春秋末年战国时期典籍的"善"字符明显多于春秋前，战国中后期又多于初期；系统的"三善"理论则以《荀子》最典型。

学界通常认为袄教是最早传入中国的外来宗教，经考证，琐罗亚斯德教于

---

① 参见［清］王先谦：《荀子集解》，见《诸子集成》（第2册），上海：上海书店1986年版，第209页；［伊朗］阿卜杜勒·侯赛因·扎林库伯：《波斯帝国史》，张鸿年译，北京：昆仑出版社2013年版，第10页；任继愈主编：《中国哲学史》（第2册），北京：人民出版社1999年版，第222页；杨机红：《荀子浅绎》，北京：中国文联出版社2016年版，第22页。

② 参见［西晋］杜预：《春秋左传正义》，见［清］阮元：《十三经注疏》（下册），上海：上海古籍出版社1997年版，第1755页；马茂元：《楚辞注释》，武汉：湖北人民出版社1985年版，第55页；杨机红：《荀子浅绎》，北京：中国文联出版社2016年版，第45页。

荀子前业已传入楚国；荀子仕楚且终老于楚，应该熟悉该教的理论及风习。则"三善"说作为琐罗亚斯德思想的主要代表性学说及其信徒修行的必备法则，成为荀子思想的参照，且集中出现于《荀子》一书，应该不悖乎情理。

综合以上论述，先秦时琐罗亚斯德思想已传入中国。有学者认为，琐罗亚斯德在世时已传入新疆；①宋代姚宽明确指出"苏鲁支"（即琐罗亚斯德）弟子"玄真""后行化于中国"等传教史实。诸家多言该教于先秦传入中国；诸多资料亦显示，其时的教众多流于民间，与中国思想界处于相抗衡的状态。

两汉时，在华的琐罗亚斯德教活动信息渐丰。史载张骞奉汉武帝御旨出使西域，履及大夏；班超奉东汉明帝旨意出使西域，出使大秦的部将甘英踪至安息国，适值该教被立为帕提亚王朝国教之时，使节往来的交流客观上促进了琐罗亚斯德思想的传播。东汉《说文解字》，首次入"祆"字条释义，确指"胡神"；晋杜预有《左传》的"祆神"注解。综合而言，汉晋间的琐罗亚斯德思想业已进入学界研究视阈；南北朝时的祆教风，应与学界的正视有关。

王伟等学贤考证出土于河南南阳汉墓的"聂政自屠"汉代画像石，不是反映聂政忠孝节义等儒家教义及道佛幻术活动的，而是"表现了汉代入华的祆教刺心剖腹幻术表演"；同类题材的汉画像石还出现于多处墓葬。②荣新江先生根据敦煌和吐鲁番出土的伊朗语文书，认为祆教早在公元4世纪初即由粟特人带入中国，③适值西汉末年张骞与班超分别出使西域的中间时段。此时，琐罗亚斯德思想虽受斥于思想界，但在民间已由普通性传播升至民间艺术的层面。学界对汉画像石所作的"聂政自屠"或"祆教幻术"等的杂化解读，客观上证明了琐罗亚斯德思想与中国文化在汉代进一步交融的情况。

（二）南北朝至唐代，琐罗亚斯德思想的有序传播期

南北朝时，琐罗亚斯德思想开始影响中国的政治，历代朝廷先后为该教设置官职。北魏灵太后（516—527年临朝称制）将其奉为国教；北齐、北周继续崇信，且于鸿胪寺典客署下设有京邑萨甫（后译"萨保"等），意谓在华的琐罗亚斯德思想的传播已进入组织化管理的有序传播状态；隋代并置萨宝以管理

---

① 参见李进新：《祆教在新疆的传播及其地域特点》，载《西域研究》，2007年第1期，第82页。
② 参见［东汉］许慎：《说文解字》，北京：中华书局1963年版，第7页；王伟、张铁梅：《聂政自屠还是祆教幻术表演？——南阳汉墓画像石图像考析》，载《装饰》，2015年第4期，第86页。
③ 参见荣新江：《祆教初传中国年代考》，载《国学研究》，1995年第3期，第339页。

祆教徒，其中"雍州萨保为视七品"（《隋书·百官志》），标志着其正式进入朝廷的食俸阶层，萨甫、萨保皆为祆教徒移民的首领。

唐代自凉州至京都长安等地，皆建祆祠，并设置萨保、祆正①与祆祝等官职，意谓该教业已接受唐朝中央的直接管理，并对唐代政治产生了影响，史界通常认为引起唐代历史转型的安史之乱，其发动者安禄山具有一定的祆教背景。"祆正"这一官职，通常被学界视为唐代祆教传入的不可或缺的资料，从而证明琐罗亚斯德思想在唐代得到了进一步的有序传播。该状态一直持续到公元845年唐武宗的会昌禁教之后，渐由中央转为地方管理，多称庙祝，②但其有序传播的性质并未改变。自陈垣先生首开祆教的北朝传入中国说后，南北朝至唐代传入说业已成为学界主流，并被各主要辞书收录；姜伯勤先生则从中国与古波斯画像石艺术比较的角度，认为琐罗亚斯德教于南北朝传入。③

目前的该时段说研究，已发展至琐罗亚斯德思想影响中国思想、宗教、艺术等各领域文化研究的层面，恕不赘述详情。

（三）宋以后，琐罗亚斯德教的华化及学术化研究的形成期

宋代以后，琐罗亚斯德思想在华的发展出现断裂，宋以后典籍中不见其相关信息的记载。

学界对此意见不一。刘金鹏等先生认为该现象既有唐宋间朝廷禁教的外部因素，也有祆教自身传播方式不当、管理不善及教规严酷等内因；张小贵先生认为因于唐宋祆教庙祝的汉化。④ 综合而言，宋以后琐罗亚斯德思想传播状态出现变化的原因不一，若说唐宋间朝廷的禁教和秩序化管理的发展是外因，则其自身传播的源断裂及其教义的缺乏更新等应为主要原因。

从外部原因的角度说，唐宋王朝有序化管理的影响当为主要方面。史载对来华的该教众实施有序化管理始于北齐和北周时期，当时设置了"萨甫"职官，隋朝时正式命名为"萨宝"，唐代发展为"祆正""祆祝"等，公元845年之前，皆为中央专设的祆教管理机构。然而，唐武宗会昌五年撤销了佛教、摩尼教和祆教的管理机构，唐末五代时期，祆教官员的任免改由地方官补牒给予承

---

① 参见任继愈：《宗教词典》，上海：上海辞书出版社1981年版，第705页。
② 参见沈福伟：《中西文化交流史》，上海：上海人民出版社1985年版，第164页。
③ 参见姜伯勤：《祆教画像石——中国艺术史上的波斯风》，载《文物天地》，2002年第1期，第34页。
④ 参见刘金鹏、陈永生：《浅析祆教在华消亡的原因》，载《社科论坛》，2012年第3期，第187页；张小贵：《唐宋祆祠庙祝的汉化》，载《中山大学学报》，2005年第3期，第76页。

认，袄教的管理由中央变为地方，意谓该教在华的传播由朝廷掌控降为地方性的传播。宋神宗熙宁八年（1075年），"诏内外宫观、寺院主首及僧道正，旧降宣敕差补者，自今尚书祠部给帖"，其中"正"指"袄正"，意谓袄教众由"尚书祠"统一管理，则该教业已纳入全国祠祀的统一管理范围内。宋代的袄祠入祀，象征着该教已彻底本土化和汉化，成为普通的民间传播宗教，意谓该教"已变为地道的汉人信仰"。张小贵先生认为，"袄教管理者任免权的转移，正是这一外来宗教逐渐融入中土社会的反映"①，实则指出唐宋王朝对该教实施的有序化管理，是宋以后琐罗亚斯德思想在华传播特点的主要成因。

从内部原因的角度说，则大致涉及源断裂与其宗教理论的失于革新等方面。其中，"源"指琐罗亚斯德思想的发源地，主要是以伊朗东部为中心的波斯帝国；"源断裂"则主要指作为发源地的波斯帝国中断了对琐罗亚斯德教众在境外传播的调控。从境外传播者角度论，意谓其输出源的断裂。考察琐罗亚斯德思想的源断裂，主要发生于波斯帝国的希腊化和伊斯兰化时期，伊斯兰化时期是根本性的断裂，此后则式微于其本土的个别地区及印度的帕尔西地区等，适值中国的唐末与宋以后。源断裂后的该教，随着被唐宋王朝的不断有序化管理而彻底汉化。发生源断裂的原因颇为复杂，学界多精当述论，此不赘言。

琐罗亚斯德思想的宗教理论失于革新，则指该教于源断裂后的境外传播时，没有及时变革琐罗亚斯德思想的宗教理论以适应环境的根本性变化等问题。琐罗亚斯德创教的成功是在政教合一的凯扬王朝，大流士以后的琐罗亚斯德国教服务于帝国政治的宗旨不变，从而决定其宗教理论始终系联于政治。仅以其宗教法规而言，虽然任何宗教教派都有一定的奖惩规范，但该教的"熔铁的考验"（伽萨·1·30·7）"烧铁灼舌"② 等酷刑峻法，应属于政治法律范畴。自二者关系的角度论，酷刑峻法可用于政治环境的存在期，而在其消亡时则应变革其宗教理论，以利于思想的继续传播；以其自身的理论而言，独尊善神阿胡拉·马兹达"一神"的宗教，却使用酷刑峻法，既有"善""恶"难断、自相矛盾之嫌，又易使教外人望教而却步。

综合而言，由于内外因素的相互影响，琐罗亚斯德思想于宋以后为中国文化所同化。此后，作为最早传入中国的外来宗教文化，琐罗亚斯德思想成为学界的研究对象。若说《荀子》的"三善"论、《说文解字》的"袄"字条、"杜注"的"袄神"考和"皇甫谧"的"性恶"论等对袄教的认识，代表琐罗亚斯

---

① 张小贵：《唐宋袄祠庙祝的汉化》，载《中山大学学报》，2005年第3期，第76页。
② 张小贵：《袄教史考论与述评》，兰州：兰州大学出版社2013年版，第3页。

德思想研究的萌芽，则宋代姚宽、明代顾大韶与清代黄廷鉴等对"祆"字的考据辨析及祆教的起源、在华传播与影响等研究，当象征宋以后的中国琐罗亚斯德思想研究的逐步形成。

（四）现当代，琐罗亚斯德思想研究的学科化发展时期

随着西学东渐、东西学交融和五四新文化运动的影响，现当代对琐罗亚斯德思想的研究业已进入发展阶段。杨荣鋕的《火祆考原》（1895年），首次溯源汉典的祆教、火祆教为波斯的琐罗亚斯德教；陈垣先生的《火祆教入中国考》（1923年），首次订正杨荣鋕的"祚阿乐士"音译作琐罗亚斯德，① 且详述该教的形成缘起、特点、思想和传播等。现当代对该教的研究硕果颇多，其代表主要有元先生的《二元神论——古波斯宗教神话研究》（1997年），侧重于从神话研究的角度，通过对琐罗亚斯德及其思想、该教经典及与印度吠陀神话、雅利安人神话、摩尼教神话及经典的比较研究等，体现了琐罗亚斯德思想的哲学意蕴与神话学价值；龚方震等先生的《祆教史》（1998年），则是中国首部从历史和文献等角度，研究该教教义及流传历史的著作。

综合现当代对琐罗亚斯德思想的研究，在传统研究的基础上，呈全方位、学科性、纵深性及细化向度发展的特点，直接影响了新世纪的研究。

（五）新世纪，琐罗亚斯德思想研究的新发展期

新世纪的琐罗亚斯德思想研究运用了新理念、新方法，扩展了新的研究领域。具体表现在译著方面，既有元先生对《阿维斯塔》原著的翻译（2005年），又有张小贵等先生对英国博伊斯教授的琐罗亚斯德教研究专著《伊朗琐罗亚斯德教村落》（2005年）的译介，二者客观代表目前世界范围内的琐罗亚斯德思想研究的成果和特点。在研究领域方面，既有施安昌先生的《火坛与祭司鸟神》（2004年）一书运用了考古方法，对该教在华的传播历史、内容及特点给予了详致说明；又有张小贵先生的《祆教史考论与述评》（2013年），运用二重证据法，阐述了该教在中国的传播、特点及相关研究。

此外，姜伯勤先生的《中国祆教艺术史研究》（2004年），运用二重证据法，将中国的该教研究导向艺术等全方位、多元化与多视角的研究领域，从而使中国的琐罗亚斯德思想研究客观地置于古老与当今、中西亚东欧文明与突厥

---

① 参见[英]玛丽·博伊斯：《伊朗琐罗亚斯德教村落》，张小贵、殷小平译，北京：中华书局2005年版，序言第6页。

等少数民族文化研究的时空性整体框架中。这对发展中国的琐罗亚斯德思想研究在世界学术领域的话语权,当有不可忽视的重要意义。

纵观新世纪的琐罗亚斯德思想研究,其内容业已由民族性宗教研究的角度,转向哲学化、艺术化、现实化和价值化等学术研究之境,初步从意识的角度,翻新了琐罗亚斯德思想在华漫长的源断裂后的传播历史;对二重证据法等新方法的运用取得显著成就,如学者李进新、林梅村、巫新华等先生通过中外考古发现,进而将琐罗亚斯德思想与中国文化发生交流的时间,推至公元前4世纪前后的先秦时期。总之,新世纪的琐罗亚斯德思想研究,从内容到方法皆彰显其创新发展的新特征。

第二节 琐罗亚斯德思想与中国文化交流的媒介

琐罗亚斯德思想与中国文化于先秦时期业已通过一定的传播媒介产生交流。在这里,"媒介"一词主要指"使双方发生关系的人或事物",它是中介或中介物,存在于事物的运动过程中;传播学中的"媒介"一语,主要指信息传递的渠道、中介物、工具和从事信息的采集、加工制作和传播的社会组织等含义,其中涵盖从业人员、技术设备和信息内容等。[①] 根据汉语"媒介"一词的含义,琐罗亚斯德思想与中国文化交流的媒介,主要涵盖交流的路径、主体、物品及文化等方面。

一、交流的路径

琐罗亚斯德思想经何渠道与中国文化交流,是中外学界研究的重要问题。目前的意见主要有陆路和水路两线,以陆路为主;陆路有北路与南路,以北路为主。北路又分为欧亚草原与天山南北路,其中伊朗族的早期迁徙及与中国文化的交流,主要经由欧亚草原与天山北路;天山南路则主要是南迁后的伊朗族继续与中国文化交流时的通道。中国丝绸商贸到了境外后,陆路与水路因是丝绸的商贸渠道而通常被称作"丝绸之路"。张骞出使西域后,沟通了黄河以西的雍、凉二州等中国内地通往西域的要道,使丝路贸易更加畅通,河西走廊则从此亦成为该教与中国文化交流的重要路径。

---

① 参见周芸、崔梅主编:《语言传播概论》,北京:北京大学出版社2015年版,第62页。

（一）欧亚草原

欧亚草原主要指位于内陆欧亚核心地带的大草原，其在东西方文化交流中的意义，目前已为中外学界普遍关注。其中，海外学界主要以古希腊的希罗多德、英国的福克纳和彼得·弗兰科潘（Frankopan P）以及日本的宫崎正胜等先生为代表，① 中国则主要以余太山、沈福伟、周谷城、张小贵和林梅村等先生为代表。②

目前，以福克纳为代表的海外学界，对欧亚草原所涉区域的界定主要是：

1. 从（印度）河谷向北，在中亚草原的游民之中，一种完全不同的文明发展起来了。这片辽阔的土地包含了数百英里宽的草原，从西部的喀尔巴阡山脉伸展到了中国的东三省：这是发展畜牧业的理想场所。

2. 欧亚大陆的大草原是一条几百英里宽的陆地带，从匈牙利平原一直延伸到太平洋……从史前最早时期一直到中世纪，主要都是牧民族在此生活。

3. 草原游牧者从他们家乡发动的入侵，使欧洲、土耳其、波斯、印度和中国的历史，都不时被军事危机所打断。③

文中明确指出欧亚草原所涉区域及其价值，以及对中国等地缘国家的影响等。国内则以余太山先生的界定为主，认为此"欧亚"是指地理概念上的内陆欧亚：

其范围大致东起黑龙江、松花江流域，西抵多瑙河、伏尔加河流域，具体而言除中欧和东欧外，主要包括我国东三省、内蒙古自治区、新疆维吾尔自治区，以及蒙古高原、西伯利亚、哈萨克斯坦、乌兹别克斯坦、吉

---

① 参见余太山：《早期丝绸之路文献研究》，北京：商务印书馆2013年版，第143页；[美]尼尔·福克纳：《世界简史——从人类起源到21世纪》，张勇译，北京：新华出版社2014年版，第39页；[英]彼得·弗兰科潘：《丝绸之路：一部全新的世界史》，邵旭东、孙芳译，杭州：浙江大学出版社2017年版，前言；[日]宫崎正胜：《人类文明史——8000年来六大人类文明转折》，顾晓琳译，海口：海南出版社2018年版，第21页、第100页。

② 参见余太山：《早期丝绸之路文献研究》，北京：商务印书馆2013年版，总序第1页；沈福伟：《中西文化交流史》，上海：上海人民出版社1985年版，第19页、第17页；周谷城：《世界通史》（上册），石家庄：河北教育出版社2000年版，第256页；余太山：《早期丝绸之路文献研究》，北京：商务印书馆2013年版，第6页；林梅村：《丝绸之路考古十五讲》，北京：北京大学出版社2006年版，第18页、第35页。

③ [美]尼尔·福克纳：《世界简史——从人类起源到21世纪》，张勇译，北京：新华出版社2014年版，第42页、第65页。

尔吉斯斯坦、土库曼斯坦、塔吉克斯坦、阿富汗斯坦、巴基斯坦和西北印度。其核心地带即所谓欧亚草原。①

文中对"欧亚草原"的中国部分给予了更确切的说明,包括"东三省""内蒙古""新疆"等,意谓中国与西方世界的文化交流在史前时期业已具备了客观的地理条件。

余先生进一步指出了该区域以斯基泰人为代表的雅利安人作为文化载体的交流情况:

> 由于欧亚草原游牧部族的活动,最早开辟的东西交通路线应该是横贯欧亚大陆的所谓草原丝绸之路,亦即从蒙古高原,沿阿尔泰山南北麓,穿越南西伯利亚,再往西到达当时居住在黑海北岸的斯基泰人地区。希罗多德《历史》(IV,17—32)的记载表明,上述斯基泰贸易之路迟至公元前七世纪末已经存在。②

文中确指,中西方早期的丝绸之路主要是通过欧亚草原通道上的斯基泰人完成的。

斯基泰人属于伊朗种族,而伊朗与印度同属于未分离前的雅利安人种族。③斯基泰人最早信奉雅利安人的传统祆教。波斯帝国建立后,被征服的中亚草原上尖帽和饮豪麻汁的斯基泰部落改奉琐罗亚斯德教。因此斯基泰商人成为琐罗亚斯德思想与中国文化交流的客观载体。④

综合以上论述,"欧亚草原"又称"草原之路",是琐罗亚斯德思想与中国文化交流的最早路径。学界通常认为该路径可上溯至史前时期。

(二) 丝绸之路

"丝绸之路",顾名思义,是以丝绸为主要媒介的中西商贸之路,是一条受限于丝绸的产生和传播的文化交流通道。考古发现,我国两河流域在新石器时

---

① 张小贵:《祆教史考论与述评》,兰州:兰州大学出版社2013年版,总序第1页。
② 余太山:《早期丝绸之路文献研究》,北京:商务印书馆2013年版,第6页。
③ 参见 [德] J. 赫尔曼、[荷兰] 许理和主编:《人类文明史》(第3卷),中文版编译委员会译,南京:译林出版社2014年版,第169页;[伊朗] 阿卜杜勒·侯赛因·扎林库伯:《波斯帝国史》,张鸿年译,北京:昆仑出版社2013年版,第4页、第5页。
④ 参见 [德] J. 赫尔曼、[荷兰] 许理和主编:《人类文明史》(第3卷),中文版编译委员会译,南京:译林出版社2014年版,第170页;林梅村:《丝绸之路考古十五讲》,北京:北京大学出版社2006年版,第186页。

代中期业已出现丝织品,公元前6至公元前5世纪,丝绸已传入希腊,① 则丝绸之路至迟开通于公元前6世纪左右。

"丝绸之路"一语具有时间性,其含义随时间的发展而不断更新。首次提出"丝绸之路(Seidenstrassen)"一名的是德国学者李希霍芬(Ferdinand von Richthofen)。他在《中国》(1877年)一书中将其经典定义为"从公元前114年到公元127年间,连接中国与河中(指中亚阿姆河与锡尔河之间)以及中国与印度,以丝绸之路贸易为媒介的西域交通路线"。这一定义从时间、地域及性质等角度初步界定了"丝绸之路"的概念。德国学者赫尔曼在其《中国和叙利亚之间的丝绸古道》(1910年)一书中提及,"我们应该把这个名称的含义延伸到通往遥远西方的叙利亚的道路上"②。二者的定义,其时间皆限定于西汉张骞两次出使西域之后;在地域上,后者则将前者的中国与印度、中亚之限,延伸到了中国与欧洲的罗马之间。林梅村先生在二者的基础上,进一步将其定义为"古代和中世纪从黄河流域和长江流域,经印度、中亚、西亚连接北非和欧洲,以丝绸贸易为主要媒介的文化交流之路"③。较之前二者,林先生更强调"丝绸"的文化媒介意义,并对其交流的时间、地域等,在考古新发现的基础上给予了新的限定。

"丝绸之路"通道,中外学界通常认为有陆路和水路两条。其中,陆路的产生时间最早。据俄国阿勒泰省巴泽雷克(Pazyryk)公元前5至公元前4世纪墓葬出土的精致丝织品和茧绸,陆路传播的顺序当为先秦时期的欧亚草原丝绸之路、④ 张骞出使西域前后的天山南北的丝绸之路,以及河西走廊开通后以天山南路为主的丝绸之路等。⑤ 水路主要包括河路和海路,《厄立特里海环航记》指出,"过克利斯国(马来半岛)进入支国海便到了终点。有都城叫'支那',尚在内地,远处北方。"⑥ 这说明自印度经海路再转河路方可到达"支那",则公元80—89年间的中印丝路亦涵盖陆路的媒介。唐代以后,东西方往来渐改为海

---

① 参见沈福伟:《中西文化交流史》,上海:上海人民出版社1985年版,第20页、第22页、第23页。
② 林梅村:《丝绸之路考古十五讲》,北京:北京大学出版社2006年版,第2页。
③ 林梅村:《丝绸之路考古十五讲》,北京:北京大学出版社2006年版,第4页。
④ 参见余太山:《早期丝绸之路文献研究》,北京:商务印书馆2013年版,第7页、第6页;林梅村:《丝绸之路考古十五讲》,北京:北京大学出版社2006年版,第4页;沈福伟:《中西文化交流史》,上海:上海人民出版社1985年版,第9页、第17页。
⑤ 参见沈福伟:《中西文化交流史》,上海:上海人民出版社1985年版,第17页、第33页;林梅村:《丝绸之路考古十五讲》,北京:北京大学出版社2006年版,第4页。
⑥ 沈福伟:《中西文化交流史》,上海:上海人民出版社1985年版,第28页。

路,并于公元15世纪人类进入大航海时代后,最终取代了传统的陆路,① 此后主要是世界性的海上丝绸之路。该教多随"丝绸之路"上往来的粟特及斯基泰商人等,传入中国。

(三)河西走廊

"河西走廊",主要指位于黄河以西的自武威、张掖、酒泉、安西到敦煌之间的夹于数峰中的长廊般地段,古代属雍、凉二州。张骞出使西域前,匈奴阻遏了汉与中亚各国的商业往来;张骞与卫青等人联合打击匈奴,并两次出使西域后,打通了河西走廊通道,彻底疏通了汉与中亚各国在天山南路的南北二道等交通,使汉代的丝绸得以批量西运,南北二道则成了"丝绸之路";张骞以后各朝代时的河西走廊,又成为中西方双边官方贸易通道,丝路则自此成为中国和西方各国的友谊之路。② 综合而论,若说张骞以前的丝路因贸易商的自主经营而多具客观自在性,"河西走廊"则是在汉武帝的军事、政治、经济及思想文化等政策钳制下,在当时西方各国的通力合作下,自觉发展出的具有象征友谊性质的"丝绸之路",其影响历久弥新。当时的琐罗亚斯德思想交流,适值帕提亚王朝向萨珊王朝的国教发展期,随着官方商贸与使节往来等渠道客观传入中国,影响了隋唐时期的思想、政治和宗教等。

综上所述,琐罗亚斯德思想主要经欧亚草原、丝绸之路与河西走廊等路径传入中国,与中国文化的交流亦非一蹴之功,大致经历了由欧亚草原时期的自在性传播,经丝绸之路的发展,至河西走廊及其后的各时期,与中国文化形成自觉性交融的过程。

二、交流的主体

琐罗亚斯德思想与中国文化的交流,是经一系列主体参与的自觉传播行为,主要涉及国家、群体和个人等方面。

(一)作为交流主体的国家

琐罗亚斯德自称其境外传播的国家有七个。经考证,其中涵盖中国,具体所指应是琐罗亚斯德思想与中国文化交流过程中,或负责主持、管理或参与沟通往来传播事务等的政权组织。其中,主持二者交流的国家主要是中国和波斯,

---

① 参见林梅村:《丝绸之路考古十五讲》,北京:北京大学出版社2006年版,第4页。
② 参见沈福伟:《中西文化交流史》,上海:上海人民出版社1985年版,第33页、第35页。

如隋的"萨保"、唐的"祆正",皆为王朝中央等政权组织设置的行政专属,主要管理在华的该教传播。

波斯帝国参与交流的盖涉及各时期与之相对应的王朝和诸侯国,其中的王朝主要有阿契美尼德、萨珊及帕提亚等;国家则涉及突朗、粟特和大夏等。中国参与的王朝概有东周、汉、南北朝、隋和唐宋等;诸侯国则主要有楚、秦等。

1. 波斯帝国时期的突朗、粟特与大夏等国

中国位于波斯帝国东部,琐罗亚斯德思想与中国文化的交流通常经古波斯东部的行省或国家进行,其中主要以突朗、粟特与大夏等为代表。

(1) 突朗国,又译作"塗兰""土兰""杜兰""图拉"等,《伽萨》确指此为伊朗的境外国家。虽然部分国民信奉该教,但与凯扬王朝、萨珊王朝及其后的王朝不断争战,琐罗亚斯德即非命于二者的战争中。关于突朗的族属,伊朗人认为是匈奴人,扎林库伯认为是"神话时期未开化和半开化的雅利安人"[①],岑仲勉先生则认为"塗兰即突厥族"[②],则《阿维斯塔》中的突朗人至少有突厥族人与雅利安人两重身份。赫尔曼认为,"匈奴国大概是一个由突厥—蒙古人主导的联盟,而乌孙人很可能是伊朗人","中国史料记载的猃狁不属于伊朗族系,也许是通古斯人的一支。也许中国人遇到的第一批真正游牧民族要么是伊朗人,要么是从伊朗人那里学会骑马的突厥—蒙古人或通古斯人"[③]。这既明确了匈奴与突厥族是同族关系、与伊朗人(亦雅利安人)有本质不同的族属,又说明匈奴与伊朗雅利安人之间存在文化融合的关系。

综合而言,突朗便是突厥族,由突厥族发展出的匈奴人建立了匈奴帝国;突厥人与雅利安人客观融合于长期的文化交流中,从而形成了不同于伊朗雅利安人的"未开化和半开化的雅利安人"身份。《史记·匈奴列传》言,"匈奴,其先祖夏后氏之苗裔也,曰淳维。唐虞以上有山戎、猃狁、荤粥,居于北蛮,随畜牧而转移。"[④] 则匈奴及猃狁等北方少数游牧民族在先夏时代业已与中原的华夏族有直接的血缘关系。现代学界将他们统称为"蒙古种族"。部分突厥人于琐罗亚斯德时代业已信奉"正教",则突朗国成为琐罗亚斯德思想与中国文化交流的客观媒介。

---

① [伊朗] 阿卜杜勒·侯赛因·扎林库伯:《波斯帝国史》,张鸿年译,北京:昆仑出版社2013年版,第30页。
② 岑仲勉:《岑仲勉史学论文续集》,北京:中华书局2004年版,第178页。
③ [德] J.赫尔曼、[荷兰] 许理和主编:《人类文明史》(第3卷),中文版编译委员会译,南京:译林出版社2014年版,第424页、第423页。
④ [西汉] 司马迁:《史记》,北京:中华书局1982年版,第2879页。

（2）粟特国，位于伊朗东部，"是商业民族，以善商贾闻名于世，足迹遍布于丝绸之路所有的地方"，阿契美尼德王朝时，粟特人接受了琐罗亚斯德国教，① 并将之传入丝路终点——中国中原等地区。学界通常称粟特人传入的该教为"粟特版"，与"萨珊版"不同的显著特征主要是独擅巫术、幻术等，② 汉代流行的"聂政自屠"等幻术画像石艺术，当与粟特版琐罗亚斯德教的传入有关。

综合而言，粟特国也是琐罗亚斯德思想与中国文化交流的媒介。

（3）大夏国，又名巴克特拉（Bactra）、巴克特里亚（Bactria），其中巴克特拉即今阿富汗的巴尔赫。③ 关于"大夏"的确指，古今中外颇有异议，目前其称谓、地域及成因等仍为海内外学界关注的焦点。

海外对"大夏"的称谓比较复杂，因此需要厘清与其相关的几个地名的确指。

① "大夏"。西籍称"大夏"，较早见于希罗多德的《历史》一书：

> 利比亚（Lybia）的西极，波斯军队到过的地方，有一城市，名叫攸斯帕（Eu-esperides）。其人民巴卡族（Barcæans）被俘为奴，乃由埃及解到波斯；波斯王大流士就在大夏境内，指定一个村庄，作为他们的居留地。这个村庄，他们也就取名曰"巴卡"（Barca）；直到今日（亦即希罗达特的时代），这里还是大夏境内一个住了人的地方。

周谷城先生认为，"当时的大夏境内，已有奴隶耕种的事实存在。"④ 意谓大流士时代的波斯帝国境内，业已存在"大夏"称谓的行省，希罗多德时代仍沿袭旧名，周先生认同之。则至迟于公元前6至公元前5世纪间，"大夏"已是中亚具有一定地理意义的行政区域。

文中的巴卡（Barca）村，因巴卡族得名，当时只是大夏域内专门羁押来自非洲等地的战俘并将其作为奴隶耕种的村庄。考察《伽萨》记载的琐罗亚斯德时代的行政区规划，经由家庭—村社—国家模式向家庭—村社—城市—国家模式转变，巴卡在由村社逐渐扩展为城市的时候，其命名应随之改更。从语言学角度说，Bactra（巴克特拉）、Bactria（巴克特里亚）与 Barca（巴卡）的词根

---

① 参见李进新：《祆教在新疆的传播及其地域特点》，载《西域研究》，2007年第1期，第82页；[苏] Б·Г·加富罗夫：《中亚塔吉克史》，肖之兴译，北京：中国社会科学出版社1985年版，第39页。
② 参见[英]玛丽·博伊斯：《伊朗琐罗亚斯德教村落》，张小贵、殷小平译，北京：中华书局2005年版，序言第7页。
③ 参见李零：《波斯笔记》（上册），北京：生活·读书·新知三联书店2019年版，第159页。
④ 周谷城：《世界通史》（上册），石家庄：河北教育出版社2000年版，第321页。

音相近，则巴克特拉、巴克特里亚城市的出现，应该与巴卡村庄有直接的关系。

李零先生认为，巴克特拉是"巴克特里亚旧部，即今阿富汗巴尔赫"。1962年的考古发现证明，该"旧部"是指巴克特里亚城，它并未建在巴克特拉城的原址上。以此类推，巴卡奴隶村应该是巴克特拉的旧部，巴卡、巴克特拉和巴克特里亚三者是有机联系的居住区。进一步盖可推论之，巴卡村不可能永远只接纳巴卡族战俘，至少在大流士波斯帝国时期，它是亚欧非各异族战俘的集中地；其后的多米诺效应是战俘管理者与奴隶统治者在生活、宗教、政治及文化上的需求，客观上促成了庞大的系统化城市工程建设。城市化生活环境的新变，自然需要命以新名；为管理巴卡村而兴建的新城，取其近似音，命其名为"巴克特拉"，应该是顺理成章的。亚历山大在征服波斯东部期间，虽然选择了巴克特拉附近的新址再建新城，却依旧取其近似音，名为巴克特里亚。

综合而言，"大夏"与"巴卡"抑或"巴克特里亚"在行政区划上应是从属关系，"大夏"独立时是中亚国家之一，否则或为所在国的附属行省，或为散布的杂居化民族区域。巴克特里亚位于大夏境内，其早期应为大夏的一个村庄，后来发展为大夏的城市之一。从时间上看，"大夏"早于巴卡村的出现。

② "巴尔赫"，即今阿富汗的巴尔赫。阿卜杜勒教授认为，它出现于琐罗亚斯德以前伊朗雅利安人南迁至伊朗高原东部及东北部时期，其中包括粟特、巴尔赫及喀布尔等城市。在初期，这些城市只是临时住所或高原的原居民村落，"其中一些分支在其路过城乡的名字上，留下自己部落的痕迹"①，意味着南迁至伊朗东部地区的伊朗雅利安人巴尔赫（Bakhdha）部落其命名为"巴尔赫"的地方，原有其名字。学界通常认为"巴尔赫"又指"大夏"，则巴尔赫地区的原居民当是大夏人，其居地因名大夏。巴尔赫人徙居地在原大夏人的生活地区内，故后世常将二名互称。

按阿卜杜勒教授的意见，"大夏"等城乡及名字的出现在先，其时间至迟在公元前1000年左右，则"大夏"出现的时间，可由希罗多德记载的大流士时代向前推近500年。

③ "希腊—巴克特里亚"，顾名思义，该城应建于亚历山大东征波斯时期。20世纪60年代考古证明，该城位于巴克特拉旧城附近，亦在"大夏"境内；公元前255年，希腊人狄奥多特斯占据巴克特里亚并宣布独立，故又有"希腊—

---

① ［伊朗］阿卜杜勒·侯赛因·扎林库伯：《波斯帝国史》，张鸿年译，北京：昆仑出版社2013年版，第19—20页。

巴克特里亚"之称；汉代中国名为大夏。① 后世亦常将"巴克特里亚"与"大夏"二名互称。

李零先生认为该城属于波斯北道，是从伊朗通往阿富汗、中亚五国和巴基斯坦的交通要道，属于丝绸之路的一部分。②

④"To-Kha"，即"大夏"的古音读，阿波罗多勒斯等认为吐火罗人的To-khayi（吐火罗）是中国所称"大夏"的由来。学界通常认为，吐火罗人即为匈奴迫迁至中亚，并于公元前126年吞并大夏国的月氏人，因大夏故地成为大月氏的国土，③ 故后世亦将二名互称。

⑤"Amu Darya"（又"Dalgra"），学界认为是伊朗语的音译，其上古音又作"Dalgra"，即"大夏"。④ 其确指地不详。考察春秋战国时期的《左传》《墨子》等典籍业已出现"大夏"一语，其中《左传·昭公元年》有高辛氏"迁阏伯于商丘……迁实沉于大夏"的"大夏"，目前学界多认可其为中亚大夏，其确指地则待考。

综合国外关于"大夏"的确指意见：第一，大夏先于伊朗雅利安人出现在伊朗高原东部及东北部；第二，早期只是一临时处所或村庄，后期发展为城市、国家和区域；第三，学界通常关注其空间范围的区域性价值；第四，"大夏"一名，曾历经南迁的伊朗雅利安人、凯扬王朝、大流士的波斯帝国、亚历山大等的希腊化以及大月氏吞并的不断变迁；第五，巴尔赫、巴卡、巴克特拉、巴克特里亚及吐火罗斯坦等城市，皆因位于大夏域内而常与之互称。

国内对《左传》等文献的"大夏"确指也有异议，主要有：

①杜预、徐中舒和刘起釪等先生代表的以豫西、晋南为中心的中原说。⑤

②余太山等先生以"西夏"为中心的西域说。⑥

---

① 参见沈福伟：《中西文化交流史》，上海：上海人民出版社1985年版，第38页。
② 参见李零：《波斯笔记》（上册），北京：生活·读书·新知三联书店2019年版，第156页。
③ 参见沈福伟：《中西文化交流史》，上海：上海人民出版社1985年版，第38页。
④ 参见《吐火罗人》，https://baike.baidu.com/item/%E5%90%90%E7%81%AB%E7%BD%97%E4%BA%BA/3134341（访问时间：2021年1月1日）。
⑤ 参见徐旭生：《一九五九年夏豫西调查夏墟的初步报告》，载《考古》，1959年第11期；邹衡：《关于探讨夏文化的几个问题》载《文物》，1979年第3期；田昌五：《夏文化新探》载《文物》，1981年第5期；徐中舒：《夏史初曙》，载《中国史研究》，1979年第3期；刘起釪：《由夏族原居地纵论夏文化始于晋南》，见田昌五主编：《华夏文明》，北京：北京大学出版社1987年版，第18页。
⑥ 参见余太山：《塞种史研究》，北京：中国社会科学出版社1992年版，第12—13页。

③王国维等先生以巴尔赫为中心的中亚大夏说等。①

中国学界意见显示：第一，古籍记载中，中国自东至西确实存在"大夏"这一地名；第二，"大夏"主要由中原西部的夏族与有莘氏部落融合而成；第三，大夏王朝始建于出身西羌族的大禹。

中外学界通常认为，中亚的"大夏"与中国的夏族有关。而关于中国的夏族何以出现在中亚的版图，目前大致有放逐说、迁徙说以及政权作用说等。

①放逐说。主要以赫尔曼为代表，其认为："亚历山大的征服发生在文化适应过程早已开始，并取得显著进步的地区。希腊的殖民地也存在于其他地区，如巴比伦、波斯或巴克特里亚，但这些殖民地是由那些被放逐者的后裔建立的。"② 以巴克特里亚为例，该城又称希腊—巴克特里亚。考古发现并非建于巴克特拉原址，其始建于亚历山大征服涵盖大夏地区等伊朗东部时，应专为亚历山大所建，则该城所在的"大夏"等地区最早当为大夏等族的放逐者后裔建立。考察世界各大民族多有放逐的古律法，《左传》《国语》《韩非子》《墨子》《孟子》《荀子》等典籍皆有华夏君民被放逐的记载。其中最早的见于《左传》"文公十八年"：

> 舜臣尧，宾于四门，流四凶族浑敦、穷奇、梼杌、饕餮，投诸四裔、以御魑魅。③

《国语·周语上》对此释曰：

> 将何以守国？古者先王既有天下，又崇立于上帝明神而敬事之，于是乎有朝日夕月以教民事君，……犹有散迁懈慢，而著在刑辟，流在裔土。于是乎有蛮夷之国。

韦昭注曰："遂为夷蛮之国民也"，"流，放也"，"裔，荒裔"。④ 意谓流放与放逐是古刑法之一，刑犯多被放逐于蛮夷的"荒服"之地。考察中国古代亡

---

① 参见刘起釪：《由夏族原居地纵论夏文化始于晋南》，见田昌五主编：《华夏文明》，北京：北京大学出版社1987年版，第51页；宋亦箫：《大夏（吐火罗）新探》，载《武汉文博》，2010年第1期，第15页。
② [德] J.赫尔曼、[荷兰] 许理和主编：《人类文明史》（第3卷），中文版编译委员会译，南京：译林出版社2014年版，第157页。
③ [西晋] 杜预：《春秋左传正义》，见 [清] 阮元：《十三经注疏》（下册），上海：上海古籍出版社1997年版，第1863页。
④ [三国] 韦昭：《国语》，上海：上海书店1987年版，第13页、第18页、第19页。

国之君臣民，也常在放逐之列，如"汤放桀于大水""君臣离散，民人流亡"①。综合而言，放逐法盖最早出现于先夏与夏朝灭亡时，夏桀被放逐时还应随有部分的夏族臣民。史学上的史前尧舜禹时期，考古发现至迟为公元前3000年左右。当时的印伊雅利安人还生活于欧亚草原的印欧共同体时期，则被放逐于西部荒裔之地的四凶及夏末臣民等，客观上因西迁至中亚大夏一带而首先繁衍成"夷蛮之国民"，后则变为阿卜杜勒教授所言之伊朗雅利安人南迁伊朗东部所首遇的"高原原居民"。

该说应非臆测，中外学界多有论及。沈福伟先生记录了太王亶父曾封嬖臣长季绰于春山之虢的传说；② 任乃宏先生据考古资料证明周穆王西征所至之"春山"等地，位于今青海、新疆境内；③ 十世纪时，波斯诗人费尔杜西的史诗《王书》中，记述古代波斯苏哈克（Zohak）曾派人追踪季夏（Jamshid）至印度、中国边境，以及季夏曾娶亶父女儿为妻的传说。沈先生认为该传说可能指"季绰的后代在葱岭附近的繁衍壮大"④。

诸多资料显示，周人的西域活动区域已与葱岭以西的伊朗高原东部地区接壤。吐火罗人于公元前2世纪吞并"大夏"时，其由天山南道出葱岭，由休密而西至大月氏（大夏），所经都是大夏故地。⑤ 则至迟于公元前3世纪左右，西域葱岭东西部大夏活动地区已贯通为一体。

②迁徙说。主要以王国维等先生为代表，所据文献主要有：

《孟子》曰"禹生石纽，西夷人也"。

《史记·六国表》曰"禹兴于西羌"。

《吴越春秋·越王无余外传》曰"鲧娶于有莘氏之女，……产高密（禹字），家于西羌"。

《后汉书·西羌传》曰"西羌之本，出自三苗，姜姓之别也"。

章炳麟先生在《序种姓》中指出，羌即姜，姜姓出于西羌，非西羌出于姜姓。炎帝的姜姓说明炎帝只是古羌族中的一支；而姜为四岳之后，四岳为"九州之戎"的一种。

顾颉刚先生的《九州之戎与戎禹》则言，禹最初是九州之戎全族的宗神，

---

① ［清］孙诒让：《墨子闲诂》，见《诸子集成》（第4册），上海：上海书店1986年版，第23页、第110页。
② 参见沈福伟：《中西文化交流史》，上海：上海人民出版社1985年版，第15页。
③ 参见任乃宏：《春山考——〈定位"古昆仑山"〉续篇》，载《河北工程大学学报（社会科学版）》，2015年第32卷第2期，第65页。
④ 沈福伟：《中西文化交流史》，上海：上海人民出版社1985年版，第15页。
⑤ 参见沈福伟：《中西文化交流史》，上海：上海人民出版社1985年版，第38页。

九州之戎实为西方戎族的总名；他们居住的九州是中国西半部的一个大地名，其境以晋境为主体，西起今陕、甘二省交界处，北由陇山，南抵秦岭，东达嵩山；春秋时华夏族的晋人和戎人还交错杂居于晋境，时有姜氏戎等，则先夏时期晋境的戎人与夏人杂居的情况更为复杂。

韦昭在《国语·周语下》中注"其在有虞，有崇伯鲧"曰："鲧，禹父；崇，鲧国，伯爵也"，"崇，崇高山也"。学界考证的崇山或为豫西嵩山，或在晋境的襄汾陶寺等，皆位于当时的中原西部地区。①

综上所述，夏族源居中国以晋豫为中心的中原西部。鲧与有莘氏部落联姻，大禹夏朝的建立应源于夏族与有莘氏部落的融合。有莘氏家于西羌，古羌族原属于三苗部落。尧舜禹时期的"迁三苗于三危"②后，盖有中原羌与西戎羌之别，有莘氏应属于西戎羌；学界据甲骨文中的"羌""姜"二字同音不同义的特点，认为"男羌称羌，女羌称姜"，"姜"由性别而成为姓氏，并发展为姜姓人。③则姜姓羌应为西戎羌的姜氏戎，夏禹母族的有莘氏当为姜姓羌。

学界考古证明，有莘氏有姬姓、姜姓及姒姓等区别，④鲧、禹皆为黄帝的姬姓族。据华夏族古有"同姓不婚"之俗，⑤则鲧与姜姓有莘氏联姻，表明夏禹母族属于姜姓羌族的有莘氏。学界对此多有深刻论述，蔡梦珂等先生考察姬、姜二姓的联姻实则持续于夏商周三代，认为夏禹母族有莘国应是炎帝后裔的姜姓部落；⑥冉光荣等先生考证，羌族在殷商时期已发展为商王朝的"方国"，武丁时期即有羌可、羌立作商王朝的祭祀官；⑦薛瑞泽教授等通过考证认为，夏鲧、商汤和周文王等夏商周三代皆与有莘氏联姻，客观上推动了黄河流域各异族部落的华夏化融合的历史进程。⑧

综合以上论述，夏族源居中国两河流域的中原西部地区；在与西羌姜姓有

---

① 参见刘起釪：《由夏族原居地纵论夏文化始于晋南》，见田昌五：《华夏文明》，北京：北京大学出版社1987年版，第33—34页。
② 孔安国：《尚书正义》（尧典），见［清］阮元：《十三经注疏》（上册），上海：上海古籍出版社1997年版，第128页。
③ 参见王艳明：《试论古代羌族在华夏早期文明形成过程中的历史作用问题》，载《敦煌学辑刊》，1999年第1期，第124页。
④ 参见蔡梦珂、蔡运章：《略论夏禹母族与有莘国历史的若干问题——兼谈伊川新城为有莘国故都》，载《洛阳考古》，2015年第4期，第59页。
⑤ 参见［三国］韦昭：《国语》，上海：上海书店1987年版，第128页。
⑥ 参见蔡梦珂、蔡运章：《略论夏禹母族与有莘国历史的若干问题——兼谈伊川新城为有莘国故都》，载《洛阳考古》，2015年第4期，第62页。
⑦ 参见冉光荣、李绍明、周锡良：《羌族史》成都：四川人民出版社1984年版，第27页。
⑧ 参见薛瑞泽：《从有莘氏与华夏族的婚配看夷夏融合》，载《中原文化研究》，2013年第2期，第128页。

莘氏的联姻过程中，不断扩展迁徙至西域一带；秦汉时期，夏族发展到甘青地区，包括今甘肃、青海、四川西部、西藏与新疆昆仑山等区域，①多属于大禹后的大夏族繁衍生息地区；其间在华夏族历代王朝更迭、异族流动及商贸等过程中，夏族逐渐徙至西藏、新疆乃至境外的中亚地区，形成了大夏人由一处临时住所变为村落、城市、国家或民族居住区域等新的活动空间。

王国维先生认为夏族一部西迁至西域大夏，又认为月氏即禹氏，先迁且末、于阗间，后迁大夏；徐中舒先生称夏族之西迁者为"大夏"；刘起釪先生据王、徐等先生意见认为，"夏和虞两族都有一部分跑到中亚去了"，是可能之事。②

总之，学界对中亚大夏的生成多予以迁徙说的解释。

③政权作用说，顾名思义是指因政权的影响而形成的中亚大夏人活动区域。考察史前为尧舜禹时代放逐的四凶帝鸿氏、少皞氏、颛顼帝及金天氏"之子"，原为中原各部落的首领阶层，因王朝更替、政权变更而逐命异乡；按阿卜杜勒教授的意见，南迁的伊朗雅利安人在伊朗高原东部遇见的最早居民之一，盖有被放逐的大夏人。古公亶父时代的嬖臣季绰，因王宠而举族繁衍发展至大夏以东的中印边境之地；张骞、班超等人出使西域，行程竟至大夏以西的安息境，其推动丝绸之路新发展的历史壮举，实皆为朝廷御旨的作用之功。

综合古今中外的意见，中亚"大夏"国既因华夏族的放逐、迁徙及政权作用等原因而形成，又因伊朗、希腊、吐火罗人等政权的相继影响而出现与"大夏"二名互称的现象。该现象侧面证明了大夏的地理位置对中亚历史发展的重要性。

周先生说，"大夏，在古代东西通商的道路上，是一个中心：自中国运来的丝，便经由这里，运往罗马。在古代东西方文化的交流上，也是一个中心：亚历山大东征，便经由这里而入印度，这里便早已成了一个希腊化的中心"③，直言"大夏"在地理、政治、经济、军事、文化涵盖琐罗亚斯德思想与中国文化交流等方面的重要意义。

（4）关于大夏地名的猜想。关于中亚"大夏"的命名，在此赘补一点有待商榷的猜想。因为根据以上论述，中亚"大夏"故地的确指是学界的焦点问题。目前，"大夏"是"巴克特里亚"的观点虽属不刊之论，但考察"巴克特里亚"实源于非洲一族名。假设"巴克特拉"源名于"巴卡"族的观点成立，则意味

---

① 参见王力：《西羌内迁述论》，载《贵州民族研究》，2004年第4期，第159页。
② 参见刘起釪：《由夏族原居地纵论夏文化始于晋南》，见田昌五：《华夏文明》，北京：北京大学出版社1987年版，第38页。
③ 周谷城：《世界通史》（上册），石家庄：河北教育出版社2000年版，第321页。

着"大夏"只是"巴克特拉"等名字的意译,其得名缘起及故地则待考。

既然希罗多德确言"巴卡"是大流士在当时大夏境内特设的一处非洲俘虏营地,则至迟于大流士时代,大夏已经是一个独立存在的专属区域。学界普遍认为,波斯帝国的统治"政策开明宽大","在波斯帝国内,每一个地区可以保留自己的语言、法律、风俗、道德、宗教、钱币"①。则至迟于大流士时代,大夏亦该保留自己的一套文化系统。既然"大夏"是意译名,其得名通常与其特有的文化系统相关。希罗多德确言"巴卡"村因族得名,因此在波斯帝国时期,"大夏"行省的命名亦应与"大夏"族有关;因为该地区的居民主要以大夏人为主,其文化属于大夏文化系统;大夏本与夏族有关,其始居地的居民自然是初迁中亚的夏人。据古波斯因族名而得地名的习惯,巴卡村应该不是夏人的中亚故地。

考察当时波斯帝国辖内的最东部地区,有城叫"塔克西拉",希腊语作"Taxila",其音读与伊朗语"大夏"("Amu Darya")的上古音"Dalgra"相近,则"Taxila"盖亦可读作"大夏"。李零先生考证 Taxila 的意思是"石头城"。② 孤立地看二者间无必然联系,但若将"大夏"读音与"石头城"的含义联系起来分析,则二者间似乎蕴涵着一定的文化寓意。

《左传》"昭公元年"所载高辛氏"迁实沉于大夏"事件,王国维等先生已认可是中亚的"大夏",则"实沉"等人在中亚的故地有待考证。以人或族名称谓地方或国家的文化习惯,盖有世界相通性。因此初至中亚的"实沉"等人,以"实"字命名其最初的处所,应合乎情理。抽象意义上的"实"字,以"石头"最为具象,推论"实沉"等人抑或后人,当以"石头"名其处所,并沿袭成惯用名。"实沉"的迁徙,原属于高辛帝王室的放逐;既然放逐是古代律法之一,推想其后直至夏商周三代,华夏族因被放逐者增多和其后裔的繁衍扩大,"石头"应由一临时处所名,渐变为村落名,最后竟至于"石头城"的市名。

考察"石头"并非"Taxila"的音译,则"石头"城的居民既然多为夏族人,伊朗人当以"Dalgra"名之,希腊人则称之"Taxila",汉译"大夏"(又太夏),则中亚大夏的故地,相对接近的答案,应该是塔克西拉。

以上猜想应非臆测,考察古碑铭里的塔克西拉(Taxila),或作"塔卡沙西拉"(Takshasila),其中梵语的"塔克沙"(Taksha)的字面意是"劈"或

---

① [美]威尔·杜兰特:《世界文明史》(第1卷),台湾幼狮文化译,北京:华夏出版社2009年版,第265页。
② 参见李零:《波斯笔记》(上册),北京:生活·读书·新知三联书店2019年版,第159页。

"砍";"西拉"(Sila)则指"石头"或"山";(藏语也指"凿石")。按"Taxila"是砍石头的合译意,从逻辑上说,砍的是"实沉"头。考古发现塔克西拉遗迹中确有一含"砍头"义的地方。①则该名至少可作二解:第一,被放逐到中亚蛮荒之地的实沉抑或夏族人,相当于服砍头之刑,因为他们再无回返中国的可能;第二,抑或其中的"头",只是国家或部族"首领""头领"的象征,"砍头"意指剥夺其世袭的皇权、王权或部族特权,不是真的身首异处。假设该说成立,则推想夏人由塔克西拉故地渐向西繁衍扩展,至大流士时代业已成为拥有兴都库什山以北、帕米尔高原以西、粟特国以南、安息帝国以东地区且地跨妫河(Oxus)的行省;至公元前256年独立成大夏国时,其国土已相当于今俄属中央亚细亚及阿富汗一带的地区,②其间的塔克西拉与巴克特拉、巴克特里亚及巴尔赫等地一样,皆位于大夏境内。巴尔赫因临河,居于波斯国教之乡以及东西方商贸中转中心位置等因素,尽吸世人眼球,其称谓则由大夏境内一局部的城区称谓,跃居为整个大夏的代称;而塔克西拉,大夏人迁徙开发中亚的真正源居地,却成为被世界遗忘的角落。

考察塔克西拉,它位于印度河上游。印度史诗《摩诃婆罗多》记载神话传说中的王子,名叫"塔克沙",学界认为塔克西拉的源名是该王子之名;无独有偶,塔克沙也是被放逐的王子;学界认为他所在部族崇拜的蛇就是龙,而龙是夏族及整个华夏的民族图腾。该王子是否有"实沉"的原型,目前不得而知,也许地缘文化之便,使古老的华夏族开发中亚世界的重大历史功绩,被曲折地反映在印度神话传说里。目前学界普遍认可该城的价值。

杜兰特尤为关注塔克西拉的军事和学术等价值,认为它是通往亚洲西部的要冲。亚历山大曾取道塔克西拉和拉瓦尔品第东征印度;该城是旃陀罗笈多时北部印度两千个城市中最古老的一座,③南迁的印度雅利安人在兴都库什山中首先遇见的是否是该聚落,目前也不得而知。

综合以上论述,结合塔克西拉(Taxila)符号特有的诸多文化积淀,可推测中亚的"大夏"故地,既然不是代表非洲族的巴卡村等,暂且设定其为塔克西拉村或城。猜想其源名:初期为"石头村"或"石头城",后为南迁路过的印度人

---

① 参见地球知识小能手:《昨日之城——塔克西拉》,https://zhuanlan.zhihu.com/p/22533728(访问时间:2016年9月21日)。
② 参见周谷城:《世界通史》(上册),石家庄:河北教育出版社2000年版,第321页、第320页。
③ 参见[美]威尔·杜兰特:《世界文明史》(第1卷),台湾幼狮文化译,北京:华夏出版社2009年版,第326页、第327页。

称作"塔卡沙西拉"(Takshasila),伊朗雅利安人称作"大夏"(Dalgra),希腊和罗马人简称"塔克西拉"(Taxila)。该地在今巴基斯坦拉瓦尔品第西北,"实沉"等人应经由天山南道到达兴都库什山系的该地。波斯帝国时期,塔克西拉和巴克特里亚同属波斯北道。中亚的大夏人当由此故地西进并向世界传播了华夏文明,其后成为琐罗亚斯德思想与中国文化交流的媒介。谨以猜想引时贤之灼见。

2. 中国先秦的楚、秦等诸侯国

琐罗亚斯德思想在中国交流的媒介国,主要以先秦江南的楚国和西部的秦国等为代表。

(1)楚国。楚国与琐罗亚斯德思想的交流,最早可上溯至神话时代。邱文山等先生将楚文化概括为先楚、楚国与楚地文化三个阶段。其中,先楚文化指以荆楚为核心的长江中游地区的史前文化,其族源是华夏文化与以苗族为主体的长江中游地区土著文化的交融。①《史记》记载二者最早的交流,应发生于先楚文化时期。

①先楚文化与祆教的交流。司马迁认为"楚之先祖"是黄帝之孙颛顼帝高阳,高阳后裔"重黎为帝喾高辛居火正",重黎之弟吴回继其兄复居火正,为祝融。如:

> 吴回生陆终,陆终生子六人……六曰季连,芈姓楚其后也。(《楚世家》)

> 陆终娶鬼方氏妹,曰女嬇。②(《史记索隐》引《系本》)

其中的"鬼方",分别见于甲骨卜辞、《易经》《诗经·大雅·荡》《小盂鼎》《史记·殷本纪》等典籍记载。沈兼士、王国维和宋亦箫等先生皆予以详致的考证。③ 根据《鬼方昆夷猃狁考》记载,"鬼方"主要是分布于中国西北部地区的古代游牧部落,"随世异名,因地殊号",概商周间曰鬼方、混夷、獯鬻,周代曰猃狁,春秋后则谓戎、狄,战国后又称胡、匈奴。

司马迁言"匈奴,其先祖夏后氏之苗裔"(《史记·匈奴列传》),是夏族

---

① 参见邱文山、张玉书、张杰等:《齐文化与先秦地域文化》(上册),济南:齐鲁书社2003年版,第321页、第322页。
② [西汉]司马迁:《史记》,北京:中华书局1982年版,第1689—1690页。
③ 参见沈兼士:《"鬼"字原始意义之试探之附录》,见沈兼士:《沈兼士学术论文集》,北京:中华书局1986年版,第201页;王国维:《鬼方昆夷猃狁考》,见王国维:《观堂集林》(第13卷),北京:中华书局2004年版,第583页;宋亦箫:《鬼方种族考》,载《晋阳学刊》,2008年第4期,第31页。

人；宋亦箫则认为是"印欧人种"；赫尔曼认为匈奴国大概是由突厥—蒙古人主导的联盟，是一个融合性的国家；杜兰特指出，"现在的蒙古人是一个高度混合种，他们原初的族系经过无数次入侵，与从蒙古、南俄罗斯以及中亚西亚等地而来的移民一再婚配而成"，确言匈奴已是经联姻等渠道而形成的融合性部落。① 综合而言，尽管"鬼方"源于夏族，但与异族的数度融合后，业已成为异于夏族的异族。陆终与鬼方的联姻，意味先楚的文化基因，自此由单纯的华夏族血缘，向华夏族与异族血缘混合发展转型。

综合以上论述，楚先祖原属黄河流域的华夏民族，但与鬼方联姻后的芈姓楚族业已成为混血的族属，其宗教传统亦当随之变异。前述鬼方代表的匈奴部落以拜天的祆教为宗教传统，则楚族受琐罗亚斯德思想影响的传统可上溯至陆终时期，意味先楚文化业已与祆教发生交流。

②楚国文化与琐罗亚斯德教的交流。春秋战国时期的诸多文献及考古发现，皆显示诸多的祆教文化的积存，这说明芈姓楚族盖将祆教传统带至长江中游一带，直至与苗族融合后形成楚国文化。

第一，《左传》的"人社"事件。《左传》记载：

> 春，宋人执滕宣公。夏，宋公使邾文公用鄫子于次睢之社，欲以属东夷。司马子鱼曰："古者六畜不相为用，小事不用大牲，而况敢用人乎？祭祀以为人也，民，神之主也，用人，其谁飨之？齐桓公存三亡国，以属诸侯，义士犹曰薄德，今一会而虐二国之君，又用诸淫昏之鬼（杜注"非周社故"），将以求霸，不亦难乎，得死为幸。"（僖公·传十九年）

> 秋，七月，平子伐莒取郠，献俘，始用人于亳社。臧武仲在齐，闻之，曰："周公其不飨鲁祭乎。周公飨义，鲁无义。诗曰：'德音孔昭，视民不佻'，佻之谓甚矣，而壹用之，将谁福哉？"（昭公十年）

《左传》出现两处"人社"事件。古代学界较早给予"次睢之社"以系统的说明。

楚国的司马子鱼业已明确指出"祭祀以为人"，"其谁飨之"，反对人祭；

杜预注"次睢之社"曰："此水次有妖神，东夷皆社祠之。盖杀人而用祭"；

孔颖达疏曰："用诸淫昏之鬼，则此祀不在祀典，故云此水次有妖神"；

---

① 参见［德］J. 赫尔曼、［荷兰］许理和主编：《人类文明史》（第3卷），中文版编译委员会译，南京：译林出版社2014年版，第424页；［美］威尔·杜兰特：《世界文明史》（第1卷），台湾幼狮文化译，北京：华夏出版社2009年版，第479页。

隋刘炫指出：宋的"次雎之社"是"旧俗用之"；①

宋姚宽曰："此水次有祆神"，"此即火祆之神，其来盖久"②，改杜注"妖"作"祆"；

明顾大韶认为：杜预之"妖神"，是"祆神"；③

清黄廷鉴持同姚说。④

综合而论，"次雎之社"是人祭，源出东夷的祆神崇拜，不属华夏祀典；宋国沿袭旧俗用人祭，此俗在雎水流域盖有历史；时政与学界皆反对之；"祆"字历经"妖"—"祅"—"祆"之变，清以后多作"祆"。杨荣鋕的《火祆考原》（1895年）与陈垣先生的《火祆教入中国考》（1923年）等，当学有渊源。

关于季平子的"始用人于亳社"，《左传》以"始"字确指鲁国无此旧俗；杜预注"亳社"是"以人祭殷社"，"雎水受汴东经陈留梁谯沛彭城入泗"，则鲁国"人社"当受宋国影响，由商朝波及楚、宋与鲁国等地。鲁国大夫臧武仲确言周公不用"人社"且反对"壹用之"，杜预注"壹"义是"把人同牲畜一样使用"。臧氏的人畜有别论，既代表了春秋时代人类自我意识的觉醒，又开启了春秋战国学界甄别周祀典代表的华夏礼教文化与该教的本质性差异时代。

综合以上论述，《左传》两见的"人社"事件，皆源于祆教的人祭陋俗，不在周祀典，不属华夏文化。

中外学界对此多有诠释。孔子曰，"殷因于夏礼，所损益，可知也；周因于殷礼，所损益，可知也"，且"百世可知"（《论语·为政第二》）；史载周公作周礼。据孔子的三代继统观，则《左传》的"人社"陋俗既然不在三代祀典，其源自便不属华夏文化。

杜兰特明确指出，"对太阳、火、阿胡拉·马兹达经常的献礼是：鲜花、香果、香、面食、牛、羊、骆驼、马、驴、鹿。另外，和其他地方一样，在古代偶然也曾以活人为祭。所献的东西，神仅闻闻香味，实际上是由祭师和献祭者分享。"⑤ 则雅利安人的祆教有人祭陋俗。考察其最早的记载，盖与《伽萨》有关："他们强迫其追随者宰割牲畜，并扬言要以血的祭礼，求得祛除死亡的（豪

---

① 参见[西晋]杜预：《春秋左传正义》，见[清]阮元：《十三经注疏》（下册），上海：上海古籍出版社1997年版，第1810页、第2059页。
② [宋]姚宽、陆游：《西溪丛语·家世旧闻》，北京：中华书局1993年版，第42页。
③ 参见顾大韶：《炳烛斋随笔》，见《续修四库全书》编委会：《续修四库全书》（第1133册），上海：上海古籍出版社2002年版，第48页。
④ 参见[宋]姚宽、陆游：《西溪丛语·家世旧闻》，北京：中华书局1993年版，第151页。
⑤ [美]威尔·杜兰特：《世界文明史》（第1卷），台湾幼狮文化译，北京：华夏出版社2009年版，第270页。

麻)之佑助"(1·32·14);"众所周知的罪人(之一),是贾姆·维万格罕,他曾教会人们食肉,以此取悦百姓。呵,马兹达!千万别使我成为这样的罪人,让我远离诸如此类的罪恶"(1·32·8)。文中内容颇矛盾,因为游牧民族主要以"食肉"为生,则"食肉"便是"罪人""罪恶"的逻辑无以成立;该处"血祭"若指以牲畜行祭礼,世界上多个宗教用"血祭",《周礼》亦确载"六畜"的严格祭规。综合而言,《伽萨》的"血祭""食肉",当涵盖杜兰特所说"人祭"。

扎林库伯教授考证,"贾姆格罕"是印伊雅利安人共有神话中的"亚玛(贾姆)",早年仁义并昌盛了雅利安人部族的发展,晚年却犯了"教人吃肉"的错误。① "贾姆格罕"是印伊雅利安人共同体时期的人物,则人祭陋俗盖源于雅利安人,时间至迟上溯至公元前4000年前的印欧共同体时期。日本白鸟库吉教授在《支那人的吃人肉风习》(1919年)中有支那人吃人肉说,乔治忠教授认为其不惟失于考辨,② 按伊朗、美国等学界意见,乔先生实为慎言之论。可见春秋战国时楚国文化与该教的交流,目前已升至政论研究的高度。

考察睢水、汴水等流域,位于楚、宋与鲁国之间。鲁国尚染于"人社"陋俗,向以"好淫祀"著称于诸侯的楚国,应难独清。考察《战国策·楚策》等典籍,已有相关记载。

第二,《战国策·楚策》的"祆"祀。《楚策》记载庄辛"(君王)不顾国政,郢都必危"的谏言,楚襄王答曰:

"先生老悖乎?将以为楚国祆祥乎?"庄辛曰:"臣诚见其必然者也,非敢以为国祆详也。"(楚策四)

文中的"祆"字,传统释义主要是音"yao"、字"祅",义指反常怪异的事物。③ 考察其文意,似有待商榷。若以"祆祥"的字体论,二字皆著"示"旁,则二字皆涉及祭祀问题。其中"祥"的声部"羊",祭品通常是羊。若取"祆"义,则其声部"芙"是一种常用的"江南食以下气"的草,合"示"部当可入祭,原无可厚非,但却与庄辛"非敢以为国祆祥"的答语相矛盾。因为通常以易得之"芙、羊"为国运祈祷原属善事,寻常百姓亦可为之,国臣庄辛

---

① 参见[伊朗]阿卜杜勒·侯赛因·扎林库伯:《波斯帝国史》,张鸿年译,北京:昆仑出版社2013年版,第7页、第9页。
② 参见乔治忠:《中日两国在古史研讨上的政治扰动——20世纪前期疑古史学及其背景的审思》,载《史林》,2016年第4期,第204页。
③ 参见缪文远、缪伟、罗永莲译注:《战国策》(上册),北京:中华书局2012年版,第460页。

却言"非敢",则问题的关键当在祭品"袄"上。以其功用看,"袄"祭是一种非关国事亦可行祭的普通仪式,寻常百姓尚且常食常行,庄辛却言不敢,则该祭品应不是"芙"草、所行不是"袄"祭;若取"袄"义,其声部是"天"、行"袄"祭,即祭祀天神,所用通常是牺牲,最高祭礼须用六畜,通常用于军国大事。以二者的议题言,君臣所议涉及国家安危的君国要事,六畜原为国家常备祭物,庄辛的"非敢"一语实属矛盾之言。最后,《左传》明确记载了楚国司马子鱼关于"古者六畜不相为用,小事不用大牲,而况敢用人乎?"之祭规,确言"六畜"祭礼尚需谨慎,更不用人祭。

综合以上论述,且将楚国春秋子鱼的"而况敢用人乎"与战国时庄辛的"非敢以为国袄祥"相比较,二者如出一辙的慎用祭品的祭祀思想,实则出于楚国一脉相承的祭统,则庄辛不敢用的应不是易得之"芙"草祭,而是"用人"的袄祭。学界通常认为,战国时代《国语》《战国策》等文献主要是对春秋以前典籍的解释,则同出于楚国祭祀文化语境的楚国庄辛,用战国的新造字"袄",解释春秋楚国子鱼的"人社"陋俗,应合乎学界常规。

综合而言,庄辛与楚襄王所言之"袄祥",应音 xian、字"袄",义指袄教。① 则战国时楚国文化与该教的交流,已发展至学术研究的层面。

第三,《荀子·天论》的"人袄"论。先秦时期对袄教给予系统研究的是《荀子》,其《天论篇》《正名》篇对袄教的特点、功用、危害及态度皆予以简要说明。其中《天论篇》以四见的"人袄"排列句群,集中陈述袄教的危害:

袄是生于乱,三者("人袄")错,无安国。其说甚尔,其灾甚惨。勉力不时,则牛马相生,六畜作袄。可怪也,而不可畏也。

经考证,文中"袄"字指袄教的祭祀活动;任先生明确将该篇古版的"人袄"改作"人袄"。② 文中关于袄祭对国家命运的危害理论,与楚国的子鱼、庄辛的观点亦如出一辙,应同源楚国祭统。《正名》篇"袄辞不出"一语,则代表《荀子》对袄教经典及其理论的反对态度。概而言之,《荀子》正式将楚人的袄教研究传统发展至学术化研究的境界;其理论则部分象征了楚国文化时期与该教的交流,已为时学及后学关注。《说文解字》的"袄"字释条,应非空穴来风。

第四,湖北随县战国时曾侯乙墓出土的西亚蜻蜓眼玻璃珠。

---

① 参见杨机红:《荀子浅绎》,北京:中国文联出版社2016年版,第31页。
② 参见任继愈主编:《中国哲学史》(第1册),北京:人民出版社1996年版,第222页。

1978年，湖北省随县擂鼓墩考古发现的战国早期的曾侯乙墓，出土了173颗源于西亚的蜻蜓眼玻璃珠，它是自古波斯统治中心、费尔干纳的斯基泰古墓，经由天山南路，直至长江流域发现的诸多古墓中数量最多的地方。这证明在战国时期，随国已与琐罗亚斯德教发生交流，其主要参与者是斯基泰商人。① 考察随国，分别见于《左传》《国语》《战国策》等典籍，曾国则不见任何文字的记载。② 2014年5月，李学勤等先生根据1978年湖北随州擂鼓墩曾侯乙墓、2010年随州叶家山西周早期曾侯墓和2013年随州文峰塔东周曾侯墓考古发现的编钟铭文等，特别是将文峰塔出土的编钟铭文与《左传》原文对证，证明"曾国就是随国"，属于周初分封江南的姬姓国。③ 孔颖达注疏的《左传》认为，"僖二十年，经书'楚人伐随'，自是以后遂为楚之私属。"④ 则随国成为楚国附庸后，与楚文化全面融合。随国的斯基泰商人信奉琐罗亚斯德教，其影响应继而渗透到楚国文化。

该段历史客观折射于春秋战国的文献里，如杜预注《左传》"成公传九年"晋侯问钟仪"南冠而系"的"南冠"作"楚冠"，孔疏作"即今獬豸冠"⑤，其中"獬豸"通常指象征正直的独角神兽；屈原的《九章·涉江》有"冠切云之崔嵬"，五臣注云"切云，冠名"，闻一多先生说，"《后汉书·舆服志下》有通天冠。切云之名，犹通天耳。"⑥ 则"切云"类同高冠，盖代表楚冠亦即南冠。《荀子·非十二子》开篇批判"矞宇嵬琐"，且言"学者之嵬容，其冠俛"，概既释义高帽子的"嵬容"与尖帽斯基泰人有关，又说明"嵬容"已普及至楚人以外的学者层，象征琐罗亚斯德思想影响的扩大。

综上所述，楚国文化与琐罗亚斯德思想的交流，已为时学正视；秦汉以后，楚地文化与这一思想的交流，已成为中国文化的客观组成部分。则楚国是琐罗

---

① 参见林梅村：《丝绸之路考古十五讲》，北京：北京大学出版社2006年版，第66页、第67页。
② 参见张真真：《三千年前史书未记载古曾国揭面纱：即为随国》，载《湖北日报》，2014年5月23日；杨阳、叶家山：《沉睡三千年的古曾国之谜》，载《百科知识》，2013年第12期，第33页。
③ 参见张真真：《三千年前史书未记载古曾国揭面纱：即为随国》，载《湖北日报》，2014年5月23日。
④ ［西晋］杜预：《春秋左传正义》，见［清］阮元：《十三经注疏》（下册），上海：上海古籍出版社1997年版，第1749页。
⑤ ［西晋］杜预：《春秋左传正义》，见［清］阮元：《十三经注疏》（下册），上海：上海古籍出版社1997年版，第1905页。
⑥ ［宋］洪兴祖：《楚辞补注》，北京：中华书局1983年版，第128页；马茂元主编：《楚辞注释》，武汉：湖北人民出版社1985年版，第320页。

亚斯德思想与中国文化交流的主要媒介。

（2）秦国。秦文化与琐罗亚斯德思想的交流，可上溯至祆教时代。《史记·秦本纪》记载，周孝王封秦非子"邑之秦，使复续嬴氏祀，号曰秦嬴"，该秦邑的方位待考。1959年，陕西蓝田出土的周厉王时期的《询簋铭》文载有："西门夷、秦夷、京夷、𤞷夷"及"成秦人、降人、服夷"等东夷民族，邱文山、王治国等先生认为其中的"成秦人"，主要指"被周孝王封为附庸的以非子为代表的生活于今甘肃东部天水附近的嬴秦人"①，则秦邑在甘肃天水。文中将"秦夷"与"成秦人"并列，则前者当早于后者出现于天水地区。司马迁认为秦的先祖是东夷人，夏时的费昌去夏桀为汤御，中潏"在西戎，保西陲，生蜚廉"，则商朝时的秦祖先已居于天水地区。

邱文山先生认为秦族的祖先在归顺周族后迁徙到天水附近，②则秦地名当来自秦族名，时间至迟始于商代，《询簋铭》文中当指"秦夷"。学界考证认为在"嬴秦"之前，周族的古公亶父已生活于此地，时称马秦（MACHIN），"马"指马王，即亶父。③

根据"嬴秦""马秦"说，依组词规律，则"秦"为基本词根；依时间前后，当先有商代"秦夷"在天水的源处所，后有马秦之国、嬴秦之邑及公元前770年秦襄公建立的秦国。

综合以上论述，在秦国襄王时期以前的"秦夷""马秦"及"嬴秦"阶段，生活在欧亚草原东部、丝路及河西走廊地带等中国西部地区，主要为西羌族先后与雅利安人、伊朗雅利安人等杂居区域，其宗教亦客观受到诸多西戎拜天为主的祆教文化影响。随着波斯帝国与周朝的商贸互通，琐罗亚斯德思想又直接影响到秦国时期的宗教；秦朝以后，琐罗亚斯德教在中国被立国教及传播情况已毋庸赘言。则秦国亦是琐罗亚斯德思想与中国文化交流的主要媒介。

（二）作为交流主体的群体

琐罗亚斯德思想与中国文化的交流，除了国家因素，早期的商贸渠道应为主要路径。希罗多德记载的最早商贸群体是斯基泰人。此外，粟特人、西羌族等新疆各民族也是承载琐罗亚斯德思想与中国文化交流的重要群体。

---

① 邱文山、张玉书、张杰等：《齐文化与先秦地域文化》（上册），济南：齐鲁书社2003年版，第704页；王治国：《询簋新探》，载《华夏考古》，2013年第1期，第93页。
② 参见邱文山、张玉书、张杰等：《齐文化与先秦地域文化》（上册），济南：齐鲁书社2003年版，第704页；王治国：《询簋新探》，载《华夏考古》，2013年第1期，第706页、第709页。
③ 参见沈福伟：《中西文化交流史》，上海：上海人民出版社1985年版，第15页。

1. 斯基泰人

史有不同称谓，他们自称 Skolotai（希腊语），古伊朗文作 Skrta；希腊人译作斯基泰人（Scythia），① 波斯人称萨卡人（Saka）；我国古代称塞种或塞人，或译西徐亚人。② 其中带尖帽的斯基泰人偏西，饮豪麻汁的偏东，海那边的则居于偏北的欧洲；琐罗亚斯德反对喝豪麻（胡姆）酒，应主要针对饮豪麻汁且属于"伊朗的塞族人"的土兰人，即伊朗种族的斯基泰人。③

波斯人主要经斯基泰商人，较早与中国直接交流。出土于战国初期湖北随县曾侯乙墓的蜻蜓眼玻璃珠，④ 应为尖帽或饮豪麻汁的斯基泰人传入楚国。该段历史，被《荀子·非十二子》中的"髭容"亦即楚国士人的好戴尖帽所揭示。⑤ 沈福伟先生指出，贞观初长安已常见"汉着胡帽"的现象，⑥ 则战国时赵武灵王的"胡服骑射"与楚国士人的好作"髭容"，应属常情。

希罗多德的《历史》将斯基泰人分作游牧、王族与农业三类，这实则指出了斯基泰人从游牧部落向农业社会的转型，其中尤擅商贸业。

关于斯基泰人的起源，目前学界意见不一。希罗多德认为其源于伊犁河流域；⑦ 若根据斯基泰人是印伊雅利安民族的观点，则还有南俄草原地带和里海与黑海之间说。⑧ 综合考察诸起源地，皆位于欧亚草原地带，则斯基泰人应起源且繁衍生息于欧亚草原地区。学界通常认为，斯基泰人于公元前 8 世纪左右统一了多个部落，并于公元前 6 至公元前 4 世纪之间建立了多部落混合的国家。公

---

① 参见［德］J. 赫尔曼、［荷兰］许理和主编：《人类文明史》（第 3 卷），中文版编译委员会译，南京：译林出版社 2014 年版，第 169 页。
② 参见李零：《波斯笔记》（上册），北京：生活·读书·新知三联书店 2019 年版，第 147 页；［美］威尔·杜兰特：《世界文明史》（第 1 卷），台湾幼狮文化译，北京：华夏出版社 2009 年版，第 210 页、第 260 页。
③ 参见［伊朗］阿卜杜勒·侯赛因·扎林库伯：《波斯帝国史》，张鸿年译，北京：昆仑出版社 2013 年版，第 4 页；［德］J. 赫尔曼、［荷兰］许理和主编：《人类文明史》（第 3 卷），中文版编译委员会译，南京：译林出版社 2014 年版，第 169 页。
④ 参见林梅村：《丝绸之路考古十五讲》，北京：北京大学出版社 2006 年版，第 65 页、第 70 页、第 186 页。
⑤ 参见［清］王先谦：《荀子集解》，见《诸子集成》（第 2 册），上海：上海书店 1986 年版，第 64 页。
⑥ 参见沈福伟：《中西文化交流史》，上海：上海人民出版社 1985 年版，第 160 页。
⑦ 参见林梅村：《丝绸之路考古十五讲》，北京：北京大学出版社 2006 年版，第 185 页。
⑧ 参见周谷城：《世界通史》（上册），石家庄：河北教育出版社 2000 年版，第 257 页；［德］J. 赫尔曼、［荷兰］许理和主编：《人类文明史》（第 3 卷），中文版编译委员会译，南京：译林出版社 2014 年版，第 168 页。

元前2世纪,因萨尔马提亚联盟的征服,斯基泰人结束了其政治独立的时代。①赫尔曼曾将公元前514年以后的斯基泰人发展史,概括为波斯人远征反对斯基泰人的时代、阿提亚斯的斯基泰王国时代与萨尔马提亚联盟将之分作两个晚期斯基泰人王国并存的时代三个时期,则斯基泰人与中国文化的交流,同时有组织地发生在陆路的南北两通道。他们以游牧民族的不断内侵或商贸,对周边的农业定居民族及世界历史的发展,形成重大影响。

学界对此多有论述,其中在宫崎正胜概括的人类文明六次空间革命中,第四次对欧亚空间的统合主要由斯基泰人领导。他们"研发的战术,沿着横贯东西8000公里的中亚草原,分别传播至匈牙利平原与蒙古高原","威胁波斯帝国与中华帝国";赫尔曼则认为,斯基泰人在晚至中世纪后期的希腊和拉丁文中仍然被推崇为热爱自由、诚实正直的民族。拜占庭和中世纪喜用古文的拉丁文作家们,用"斯基泰"的名字指称民族大迁徙时期的所有游牧民族,从匈牙利人到蒙古人,② 毁誉参半中亦尽事理。从世界商贸发展史的角度说,希罗多德记载的斯基泰人,是最早打开欧亚草原之路上由"极北居民"(或曰中国)至希腊各城邦贸易的民族。据余先生记载,其商贸之路又被誉为"斯基泰贸易之路";大流士时代,斯基泰人又是连通中国与波斯丝绸之路的重要商家。

综合以上论述,"斯基泰人"的称谓有广狭之含义,狭义的专指伊朗雅利安人,广义的则涵盖民族大迁徙时期的所有游牧民族。他们与其他民族融合成新群体,其中"希腊斯基泰人",盖是希腊和斯基泰人的混血种族。③ 欧亚草原时期的斯基泰人信奉祆教,大流士时期主要活动于丝路的尖帽斯基泰人则改奉琐罗亚斯德教,他们经由不同渠道,将该教传入中国,从而成为琐罗亚斯德思想与中国文化交流的重要群体。

2. 粟特人

学界认为该民族的宗教思想丰富,在阿契美尼德王朝时曾信奉琐罗亚斯德教。《后汉书》的"粟弋",沈福伟先生认为是粟弋、粟特,属康居国,④ 至迟于汉代进入中国。古籍又作"昭武九姓""九姓胡"或简称"胡",其故地在

---

① 参见[日]宫崎正胜:《人类文明史——8000年来六大人类文明转折》,顾晓琳译,海口:海南出版社2018年版,第8页、第48页;[德]J.赫尔曼、[荷兰]许理和主编:《人类文明史》(第3卷),中文版编译委员会译,南京:译林出版社2014年版,第170页。

② 参见[日]宫崎正胜:《人类文明史——8000年来六大人类文明转折》,顾晓琳译,海口:海南出版社2018年版,第8页、第48页;余太山:《早期丝绸之路文献研究》,北京:商务印书馆2013年版,第144页。

③ 参见余太山:《早期丝绸之路文献研究》,北京:商务印书馆2013年版,第144页。

④ 参见沈福伟:《中西文化交流史》,上海:上海人民出版社1985年版,第38页。

"大夏"北的中亚阿姆河和锡尔河之间的粟特地区。学界考证,粟特是商业民族,以善商贾闻名于世,足迹遍布丝绸之路的所有地方;① 阿契美尼德王朝时期"粟特人的宗教主要是琐罗亚斯德教"②。

张小贵等先生皆认为,粟特人是该教传入中国的主要信仰载体。③ 则粟特人在客观上是琐罗亚斯德思想与中国文化交流的桥梁。

3. 以西羌人、月氏人为代表的西北地区各族人民

史载自夏禹至三代,中原西部主要是西羌部落的活动区域,其后又有月氏人迁徙至大夏,建立了吐火罗国,并与中国进行交流。则我国西部异族与中国文化的交流,主要通过西羌人、月氏人等西北地区的各族人民进行。琐罗亚斯德教产生以后,他们又客观地成为该教与中国文化交流的群体。

沈福伟先生认为,通过羌人、塞人及后来的月氏人等草原游牧部落,中西亚各族人民和我国西北地区各族人民之间建立了友好的贸易关系。④ 考古发现已经证明新疆等西北地区存在丰富的该教信息,以西羌人、月氏人为代表的西北地区各族人民,无疑是琐罗亚斯德思想与中国文化交流不可或缺的群体。

此外,该教的传教士、伊朗与中国之间诸多国家信奉该教的首领等,也客观地传播了琐罗亚斯德思想。

(三) 作为交流主体的个人

琐罗亚斯德思想还通过诸多个体与中国文化交流。限于历史记载,早期的多已不可考。

宋以前的文献与考古资料,显示其代表性的主要有以下几人。

1. 琐罗亚斯德的弟子:玄真

该记载首见于北宋赞宁(919—1001年)的《大宋僧史略》卷下"大秦末尼"条记载:

> 火祆(火烟切)教法本起大波斯国,号苏鲁支,有弟子名玄真,习师之法,居波斯国大总长,如火山。后行化于中国。贞观五年,有传法穆护

---

① 参见[苏]Б·Г·加富罗夫:《中亚塔吉克史》,肖之兴译,北京:中国社会科学出版社1985年版,第39页。
② 李进新:《祆教在新疆的传播及其地域特点》,载《西域研究》,2007年第1期,第82页。
③ 参见张小贵:《祆教史考论与述评》,兰州:兰州大学出版社2013年版,前言第1页;张湘宾:《祆教在新疆的传播及其影响》,新疆师范大学宗教学硕士论文,2012年,第9页。
④ 参见沈福伟:《中西文化交流史》,上海:上海人民出版社1985年版,第17页。

何禄,将祆教诣阙闻奏。①

文中确言玄真是琐罗亚斯德的弟子,且来华传教。若以琐罗亚斯德出生于公元前6世纪左右论,则玄真的来华时间盖在战国初期以后。该事件亦为姚宽记载。②

2. 琐罗亚斯德教的祭司:何禄

《大宋僧史略》确言"穆护何禄",其中"穆护"是该教对其首领祭司的专称。则何禄作为该教祭司,应主要负责该教在华的传教人员。

3. 萨宝:安伽

2000年,发现于西安北郊龙首的北周安伽墓。施安昌先生认为墓志载其任北周时的同州萨宝。"萨宝"一职,始设于北齐、北周,时称"萨甫",后译"萨宝";隋以后历代设置萨宝,唐增设祆正等职位,以管理在华胡人聚居地区的宗教及行政事务。③

4. 萨宝府:虞弘

1999年,发现于太原晋源区王郭村的北周虞弘墓,墓志载其任北周检校萨宝府。施先生认为,"萨宝府"是唐代继北周后继续设置的管理火祆教的祀官。

5. 琐罗亚斯德教徒:马昔师

1955年,发现于西安西郊土门村,施先生认为墓志是苏谅之左神策骑兵之长女马昔师。④

6. 张骞、班超与甘英等

《史记·大宛列传》记载张骞到达大宛、大月氏、大夏与康居等地;《后汉书·班超列传》记载班超出使西域30余年,履及月氏、乌孙与康居等国;《后汉书·西域传》记载班超派甘英出使大秦,甘英至安息而还。综观张骞、班超与甘英等人的出使,皆到达葱岭以西地区,适值安息王朝的该教在葱岭东西传播时期,大夏地区原为该教故地,则张骞、班超与甘英等人,客观地成为琐罗亚斯德思想与中国文化交流主体的汉人代表。

---

① 张小贵:《祆教史考论与述评》,兰州:兰州大学出版社2013年版,前言第50页。
② 参见[宋]姚宽、陆游:《西溪丛语·家世旧闻》,北京:中华书局1993年版,第42页。
③ 参见沈福伟:《中西文化交流史》,上海:上海人民出版社1985年版,第164页;施安昌:《火坛与祭司鸟神:中国古代祆教美术考古手记》,北京:紫禁城出版社2004年版,第29页。
④ 参见施安昌:《火坛与祭司鸟神:中国古代祆教美术考古手记》,北京:紫禁城出版社2004年版,第30页。

综合以上论述，宋以前琐罗亚斯德思想与中国文化交流的主体不可胜计，此不一一赘述。

三、交流的物品

随着中西文化源远流长的交流，多种异域物种、物品及文化相继传入中国。其中，随着琐罗亚斯德思想传入的主要有动植物、青铜器及艺术文化等。

（一）动物

波斯传入中国的动物主要有狮子、骆驼与天马等，其中双峰骆驼主要产于巴克特里亚、帕提亚等中亚地区。李零先生认为传入中国的是双峰骆驼，战国时业已出现其形象，《史记·匈奴列传》称其为"橐驼"。2011年，秦始皇帝陵陵园外城西侧1号墓出土了金骆驼、银骆驼等小型明器；2022年1月，秦始皇帝陵博物院公布了该批修复完整的器物。考古人员认为，其中的"金骆驼是目前国内所见最早的单体金骆驼……为汉代丝绸之路开通以前中西文化交流提供了重要依据"。经学界考证，1号墓是秦始皇陵园有规划的一处高等级贵族陪葬墓区，属于秦代墓葬，时代在战国晚期到秦统一。①则金骆驼的出现，至迟应在战国晚期到秦统一。考察传入中国的骆驼具有特殊寓意，因为琐罗亚斯德名字的波斯语意为"拥有金色骆驼的人"，则骆驼在客观上具有代表该教先知的意义。

目前，已发现涵有该义化意缊的考古遗存。巫新华先生通过考证帕米尔高原吉尔赞喀勒该教墓群的圣火坛中卵石数目，认为不同数字代表该教的不同神祇，数字"1"代表阿胡拉·马兹达，"2"具有善恶宇宙观意义；其承兽高圈足青铜祭盘，中间立有两只双峰骆驼，年代为公元前5至公元前3世纪，盘中骆驼是《亚什特》中战神巴赫拉姆的化身，亦可象征阿胡拉·马兹达。②专家灼见，受益匪浅，但若从该教自身的文化符号解读，则其中的骆驼是否还可以象征琐罗亚斯德本人，数字"2"代表琐罗亚斯德始创的相互对立斗争的"善恶二元"思想。假设该观点成立，则该墓群至少与斯皮塔曼·琐罗亚斯德的弟子派抑或家族派

---

① 参见李零：《波斯笔记》（上册），北京：生活·读书·新知三联书店2019年版，第459页；郭青、杨静：《金骆驼驮来的大秦风云——秦始皇陵大型陪葬墓考古发掘》，载《陕西日报》，2020年4月21日；秦始皇帝陵博物院：《秦陵博物院考古项目"秦始皇帝陵陵西墓葬"入选"陕西省首届六大考古新发现"》，西安：陕西省文物局［引用日期2021-01-26］.

② 参见巫新华：《新疆与中亚承兽青铜祭盘的琐罗亚斯德教文化意涵——从帕米尔高原吉尔赞喀勒墓群考古发现圣火坛中卵石数目谈起》，载《新疆艺术》（汉文），2017年第3期，第4—18页。

有关。

此说应非臆测,宋初学界已认为琐罗亚斯德的弟子曾传教于中国,则琐罗亚斯德思想至迟于公元前 5 世纪至公元前 3 世纪到达中国西北境,与中国文化交流。另外,北周安伽墓门楣所刻的圣火袄神图中的火坛,亦由三只骆驼支撑,神为半人半鸟,西胡人面孔。① 则试想其骆驼,应该指琐罗亚斯德;数字"3",则不应该忽视其首制的"三善"思想。

(二) 植物

异域植物亦不断传入中国,其中随着琐罗亚斯德思想传入的相关植物主要有胡摩、石榴与柽柳树等。《亚什特》曰:

> 你(阿娜希塔神)将受到更加美好的礼赞:以掺奶的胡姆、巴尔萨姆和明智的语言,以(善)思、(善)言、(善)行,以祖尔供品和洪亮悦耳的声音把你赞美。(5·1·9)

诗中的"巴尔萨姆",杜斯特哈赫注曰"致祭行礼时,手持的细树枝",元先生认为是"石榴树枝或柽柳树枝"。施安昌先生根据中英考古文物,进一步概括作胡摩、石榴与柽柳等,并确言"袄教在我国古代曾流行七八百年,地域也相当广泛,三种植物均适合我国生长,有的分布甚广,这为袄教的传布提供了必须的条件。三种植物都可以入药治病,无疑为传播袄教又助了一臂之力"。②

(三) 器物

随琐罗亚斯德思想传入的还有青铜器、玉及蜻蜓眼玻璃珠等诸多器物,以青铜器最为典型。

目前发现的青铜器主要在新疆地区,主要有 1976 年乌鲁木齐阿拉沟墓葬发现的承兽铜方盘、1983 年察布查尔锡伯自治县出土的承熊铜方盘和伊犁河支流巩乃斯河畔出土的承兽青铜祭盘等,考古专家认为是袄教的祭祀用具。③ 诸青铜器是该教传入中国的又一物证。湖北随州发现战国曾侯乙墓中有蜻蜓眼玻璃珠,

---

① 参见施安昌:《火坛与祭司鸟神:中国古代袄教美术考古手记》,北京:紫禁城出版社 2004 年版,第 30 页。
② 参见 [伊朗] 贾利尔·杜斯特哈赫选编:《阿维斯塔——琐罗亚斯德教圣书》,元文琪译,北京:商务印书馆 2005 年版,第 109 页;施安昌:《火坛与祭司鸟神:中国古代袄教美术考古手记》,北京:紫禁城出版社 2004 年版,第 146 页、145 页。
③ 参见曲媛媛:《承熊铜方盘:塞人祭祀盘(图)》,载《都市消费晨报》,2014 年 12 月 9 日;林梅村:《从考古发现看火袄教在中国的初传》,载《西域研究》,1996 年第 4 期,第 55 页。

该珠虽源出埃及第18王朝（公元前1575—公元前1308），但阿契美尼德王朝时期的伊朗，曾设立制作中心。

曾侯乙墓有西方钙钠玻璃和东方铅钡玻璃两类，李零先生认为西方传入的部分应该与伊朗有关；林梅村先生则确言是由信奉该教的斯基泰人传入。① 综合而言，蜻蜓眼玻璃珠客观上成为琐罗亚斯德思想与中国文化交流的媒介。

此外，该教还通过其他的文化艺术渠道与中国文化交流，主要表现在汉代画像石、粟特人的幻术以及墓室壁画等。

学界通常认为，粟特人是该教传入中国的主要媒介，他们崇尚巫术、幻术等，则汉代画像石上表现的刀剑刺腹等幻术，既是在华祆教民俗文化的客观部分，也是与汉唐文化交流的媒介。

该教的在华的遗存中，通常为学界关注的是墓室壁画。汉以后，特别是南北朝至唐时期，充分体现出与中国美术的合流特点。如1983年左右，太原发现了北齐娄叡墓，其中有古伊朗鹿首鸟身的神灵森穆鲁图，它原为英雄鲁斯塔姆的守护神；考古简报却称其为獬豸图。② 獬豸原为楚王首设的来自异域的执法神兽，则简报盖取二者皆有善辨忠奸、使善者化险为祥的寓意，从而体现琐罗亚斯德尚善思想与中国艺术在尚善内容上的合流。

陈继春博士认为，中国美术的该教因素，主要因于萨珊波斯与中国美术的交流；姜伯勤先生通过对中亚和中原出土的大量墓壁画、墓葬文物画及祆庙建筑饰品的比较考释，详析了"萨宝体制下中国祆教画像石的西胡风格及其中国化"，以及"丝绸之路上祆教艺术与新疆及河西等地区艺术的互动"，从而得出中国礼制艺术容纳祆教艺术和琐罗亚斯德教，以二者艺术为媒介，与中国文化由交流而最终合流的深刻结论。③ 时贤研究，尽显琐罗亚斯德思想与中国文化艺术交流发展的历史原貌，客观推动了对二者关系认识的进一步加深。至于思想文化的交流，后文待论。

综合以上论述，中国与古波斯祆教在艺术及文化等方面，亦是琐罗亚斯德思想与中国文化交流的媒介。

---

① 参见李零：《波斯笔记》（上册），北京：生活·读书·新知三联书店2019年版，第436页；林梅村：《丝绸之路考古十五讲》，北京：北京大学出版社2006年版，第65—66页。
② 参见施安昌：《火坛与祭司鸟神：中国古代祆教美术考古手记》，北京：紫禁城出版社2004年版，第126页。
③ 参见陈继春：《萨珊波斯与中国美术交流——中国美术中的琐罗亚斯德教因素》，载《蒙古大学艺术学院学报》，2007年第1期，第39页；姜伯勤：《中国祆教艺术史研究》，北京：生活·读书·新知三联书店2004年版，第2页、第171页、第325页、第202页、绪论第4页。

第三节　琐罗亚斯德思想与中国文化交流的影响

琐罗亚斯德思想与中国文化的交流，对异质文化理论的形成、发展以及中国文化各方面的转型与发展，皆产生重要影响。

一、形成了两国明确的异质文化交流理论

经考证，琐罗亚斯德思想与中国文化的交流始于袄教时期。在斯皮塔曼·琐罗亚斯德时业已形成明确的异质文化交流理论，这主要体现在《伽萨》丰富的传播思想中。其中，涉及对异域传播宗教的思想探索，如琐罗亚斯德曾寻求"哪个国度是我的落脚之地"；主动的异质文化交流，如邻国"突朗的弗里扬家族著名的子嗣和亲属"，因信奉正教而享受阿胡拉关照的"安乐"，但"逐水草而居的游牧民"，因不信正教而得不到保护；《亚斯纳》之后，明确形成了以伊朗为中心地向七个国家传播的异域文化交流理论。这些都体现了鲜明的伊朗宗教文化与异质文化之间是互动关系的交流思想。

《荀子·强国篇》指出，若秦国不行礼义之道，即使"筑明堂于塞外，而朝诸侯，殆可矣"。《孟子》释义"夫明堂者，王者之堂也"（《梁惠王下》），其中"明堂"为象征国家、昭示国力、行祭礼和说礼教之地。则"塞外筑明堂"，当指在异域建筑礼仪传教之地，意味着将中国文化传播至异域。《史记》中"匈奴列传""大宛列传""西南夷列传"等开先此后异域异质文化传播的研究，综合体现了中国明确的异质文化交流思想。

综合以上论述，《荀子》与《伽萨》等关于异质文化交流理论的形成，是琐罗亚斯德思想与中国文化长期交流的结果。

二、推动了两国间异质文化交流的自觉化与理论化

《荀子》与《伽萨》等关于异质文化交流的理论，首先推动了中西方异质文化交流的自觉化。若说在荀子与琐罗亚斯德之前，异质文化多为商人、流民及移民等的自发性交流，则自琐罗亚斯德的弟子开始，他们以其先师的传播理论为指导，自觉地向中国等异域传播琐罗亚斯德思想。中国自汉代开始，传播主体出现了奉御旨进行异域文化传播的使者群，他们使丝路从此成为与异域文化进行友好往来的友谊之路；北周以后，历代朝廷特设萨宝等袄教职官，自觉

管理在华的该教信众,象征琐罗亚斯德思想等异质文化在中国交流的自觉化。

《荀子·天论》等篇,相对系统地阐述祆教及琐罗亚斯德正教等系列问题,首次明确提出"祆辞不出"和针对"恶"的"化性起伪"理论;其后琐罗亚斯德思想等在中国的交流,多具异质文化交流的理论化特点。其中,祆教在华不译经的传播特点,不可否认应与《荀子》的禁祆辞理论有关。谭嗣同明确指出,"二千年之学,荀学也",则"荀学"当涵盖荀子的异质文化交流理论;《史记》以后的历代史书,对异质文化交流的传纪,皆予以理论化的说明。

大流士自铭文曾确言,其政权受阿胡拉·马兹达保佑,并将其立为国教,以通行于庞大的波斯帝国全境;《亚斯纳》以后的经典部分,对七国传播的祭行礼等问题亦皆予以理论化说明。则至迟于阿契美尼德王朝时代以后,伊朗的异质文化交流,亦当受到琐罗亚斯德思想的传播理论影响。

综合而言,琐罗亚斯德思想与中国文化的交流,客观上推动了异质文化交流的自觉化与理论化。

三、促进了春秋战国时期中国文化的历史性转型与发展

琐罗亚斯德思想与中国文化的交流,不仅对中国文化的政治、经济、宗教、艺术及文化等方面产生重要影响,同时也客观地影响了春秋战国时期中国文化的历史发展。

学界通常认为,春秋战国时期是中国文化的历史性转型时期,其原因通常归结为唯物论的内因说,即春秋战国时期中国域内社会生产力的变革因素。但根据内外因相互作用的原理,转型期的域外文化因素等的影响,亦是不可或缺的方面。

经考证,当时传入域内的异质文化中,虽然有西羌、月氏人和琐罗亚斯德等文化,但具有系统思想理论的只有人类最早出现的宗教之一的琐罗亚斯德教。则促成中国文化转型的域外文化因素,客观上与琐罗亚斯德思想和中国文化的交流有关。这种交流客观上促进了春秋战国时中国文化的历史性转型与发展。

学界对此阐述精当。苏雪林先生认为,"战国学术之成为黄金时代,实外来文化刺激而成。"① 岑仲勉先生通过考证"渠搜与北发"是伊朗族人,认为伊朗人于公元前2世纪已在中国;他还考证《史记·秦始皇本纪》的"不得祠"义,言"我国上古西邻所奉宗教,吠陀、浮屠之外,尚有拜火一宗","我自考定伊

---

① 苏雪林:《屈原与九歌》,武汉:武汉大学出版社2007年版,第8页。

兰族类周初确尝东迁",秦始皇禁的是火教。① 其中的火教该是琐罗亚斯德教。

综合学界意见,多认为影响春秋战国文化转型的外来文化,主要是源自伊朗的琐罗亚斯德教文化。琐罗亚斯德思想与中国文化的交流,客观上促进了春秋战国时期中国文化的历史性转型与发展。

---

① 参见岑仲勉:《两周文史论丛》(外一种),北京:中华书局2004年版,第44页、第190页。

下编 《荀子》和琐罗亚斯德思想的比较研究

《荀子》与琐罗亚斯德生活的"轴心时代",是人类历史发生根本性转型的时期。其中,伊朗社会由游牧型经济形态转向半牧半农型,中国则由奴隶制社会转向封建制时代,由此形成二者意识形态领域的巨大变革,体现在天人关系论、善恶观、社会观、人生观以及文化观等方面,普遍形成新的认识。

第四章

《荀子》与琐罗亚斯德的天人关系论

　　《荀子》与琐罗亚斯德思想的交流，首先体现在对天人关系问题的认识方面。考察《荀子》与琐罗亚斯德对天人关系问题的新诠释，主要基于对"天"的认识。因二者对"天"的认识不同，其天人关系论亦有所不同。冯友兰先生认为，"物质之天、自然之天、意志之天、主宰之天和义理之天"五类"天"义之间，既相互联系又有差别。其中，《荀子》所言之"天"属于唯物论哲学的"物质之天、自然之天"范畴，荀书由此提出"天人之分"的理论；而琐罗亚斯德的思想则属于"物质之天、意志之天、主宰之天"，形成了天人合一论的解释。二者对后世思想的发展，具有重要意义。

第一节　《荀子》的"天人之分"论

　　《荀子》通过对《天论篇》中的"日月星辰瑞历"等物质属性的"天"进行论述，系统阐释了唯物论范畴中物质之天与自然之天的认识理论。由此提出的"天人之分""制天命而用之"等思想，对后世思想的发展产生了重要影响。

一、"天人之分"论及其产生的渊源

　　《荀子》于《天论篇》的开篇，已提出"天人之分"的思想：

　　　　天行有常，不为尧存，不为桀亡。应之以治则吉，应之以乱则凶。强本而节用，则天不能贫；养备而动时，则天不能病；修道而不贰，则天不能祸。故水旱不能使之饥渴，寒暑不能使之疾，祆怪不能使之凶。本荒而用侈，则天不能使之富；养略而动罕，则天不能使之全；背道而妄行，则

天不能使之吉。故水旱未至而饥，寒暑未薄而疾，祆怪未至而凶。受时与治世同，而殃祸与治世异。不可以怨天，其道然也。故明于天人之分，则可谓至人矣。①

文中明确阐释了天人各有职任的思想，认为天按照自然规律运行，是"天职"，不受人事影响；人依靠道德主宰自身命运，是"人职"，不被"天行"左右；天与人既各司其职，又是相互联系的整体。学界对"天人之分"的理解，一向有天人相分离与天人各有职分等释义。张岱年先生认为，"天人各有职任，人应尽力完成自己的职任，不必考虑天职"，"却也不否认天与人有统一的关系"；廖名春、王博等先生意同张先生。王先生特别指出"天人之分"在于明确天职和人职，从而把价值的主体归之于人。② 综合而言，"天人之分"论的宗旨，不是区别人与自然间的关系，而是通过自然天象的说明，特别关注国家、人生命运的人自身主体性等重要问题，从而体现对人自身价值的充分肯定。

《荀子》的"天人之分"论，渊源其前学界对天人关系思想的研究传统，其间大致经历了唯天独尊、天人各有"道"与"天人之分"的认识过程。考察春秋以前的诸多文献，主要是唯天独尊论，如《商颂·玄鸟》的"天命玄鸟，降而生商"、《周颂·思文》的"思文后稷，克配彼天"、《尚书·汤誓》的"有夏多罪，天命殛之"以及《礼记·王制》的"天子祭天地，诸侯祭社稷"等，仅指出天的职责及"天命"，人则显得微不足道。唯天独尊思想的理论化诠释，则以孔子的"唯天为大，唯尧则之"（《论语·泰伯》）和墨子的"以天志为法"（《墨子·天志下》）等为代表。春秋战国以后，人的主体性渐为学界关注，天人各有"道"成为思想主题。如《左传》"昭公十八年"中子产的"天道远，人道迩，非所及也"论，意谓"天道"不会体现在天象，人亦无法预知"天道"，这意味着人有独立于"天道"之外的特性；《国语·周语中》的"天道赏善而罚淫"、《晋语六》的"天道无亲，唯德是授"等论述，既充分说明人的"善""德"本性已成为道德评判的价值标准，对天的规范则相对淡化，又象征战国中期已侧重天人各有职任角度的天人关系。战国末期，《荀子》进一步将传统的天人关系思想系统化为天人各司其职的"天人之分"论。《荀子》之后，人可"制天命而用之"的主体性思想，成为思想界的基本话语。

---

① ［清］王先谦：《荀子集解》，见《诸子集成》（第2册），上海：上海书店1986年版，第205页。
② 参见张岱年：《中国哲学大纲》（上册），北京：中华书局2017年版，第248页；廖名春：《〈荀子〉新探》，北京：中国人民大学出版社2013年版，第131页；汤一介：《中国儒学史》（第1卷），北京：北京大学出版社2011年版，第540页。

二、《天论篇》"用天命"论的哲学内涵

《荀子》基于"天人之分"的思想，对人生系列问题特别是困扰人生命运等重要方面，予以了哲学的本体论角度诠释。例《天论篇》曰：

> 大天而思之，孰与物畜而制之；从天而颂之；孰与制天命而用之；望时而待之，孰与应时而使之；因物而多之，孰与骋能而化之；思物而物之，孰与理物而勿失之也；愿于物之所以生，孰与有物之所以成。故错人而思天，则失万物之情。

文中系统阐述了诸多对"天"及天人关系问题的认识。

（一）以"天"为"物"的天体化认识论

中国人对天的认识，应始于天的高不可攀的位置。以最早出现于甲骨文的象形"天"字为例，《说文解字》释义作"天，颠也。颠者，人之顶也"，"凡高之称"，则"天"泛指人头顶之上至高无极的空间。因为影响人类生存的诸般自然现象多降自天，《荀子》之前对天的解释亦多侧重抽象的意志及主宰之天的意义，则以"天"为神并予以崇拜的唯天独尊思想，依旧是荀子时代境内外存在的认知问题。

春秋时期，《老子》首立"天之为物"的唯物论命题，《荀子》进而发展为具体的天体思想。例《天论篇》"（万物）皆知其所以成，莫知其无形，夫是之谓天"，"星坠木鸣"是"天地之化"，则"星"可指天；又曰"在天者莫明于日月"，则"天"亦可指日、月、星辰等天体。荀书在此首次将传统"天"的概念，给予天体化的解读，从而将传统的宗教等范畴解读的抽象不可知之天论，转换为自然的、唯物论范畴的天体化的可知论，明确体现荀子唯物辩证的本体论与"天人之分"等思想。

（二）"制天命而用之"的人生论

"制天命而用之"，即裁制"天命"而用之。《荀子》之前的"天命"一语，通常释作天的命令、意志等，认为不可把握；《左传》还通过神谌的"善之代不善，天命也"①，规范天的道德属性。《荀子》则从天体论角度，明确提出人要

---

① ［西晋］杜预：《春秋左传正义》，见［清］阮元：《十三经注疏》（下册），上海：上海古籍出版社1997年版，第2009页。

以"天"为"物""畜而制之"等思想。王先谦释"制"义为"裁制",①则该句意味着既然天为可触性物质,人则可裁制物质属性之天而为人所用,该论实则强调"人的职分"。至此,天和人的关系论发生根本性变化,"人"成为不受"天命"制控且独立于"天"之外的客观存在。

《荀子》由此形成基本的社会观、人生观及命运观等理论,认为国家、民族及人类社会的命运皆可把握,其中把握人的自身命运是人的客观职任,而人生命运则因为天体的可知而可把握。

(三)以人为主体,变滞后的"天命"说为科学利用客观规律的方法论

荀子视"天"为物,则文中"理"当指天之"理"。考察"天理"一语,源于《庄子·养生主篇》的唯心论话语系统,《荀子》则用于唯物论范畴。荀书以天体化认识为基础,明确提出转化的方法论,即以人为主体,合理运用转化之法,变滞后的"天命"说为客观事物的科学道理而用于人。该思想进而发展为《荀子》系统的"化性起伪"(《性恶论》)方法论,以强调人对自然规律的合理利用,从而完成了先秦思想家对人的主体性思想研究。学界普遍认可《荀子》的"用天命"及人的主体性等思想理论,认为荀子"以人胜天"等唯物主义思想,既是对传统天人关系论的历史总结,亦是"先秦哲学发展圆圈的逻辑的终结点"。②

综合以上论述,《荀子》对始发于春秋时代中国文化根本性转型时期的人生命运等问题,首次给予全方位、多元化及多视角的诠释;对涉及天人关系的"天命"与人的主体性等问题,皆予以本体论、唯物论及方法论等具有哲学内涵的解释。

三、《荀子》"天人之分"论的影响

《荀子》的"天人之分"思想,对后世的中国哲学和中西文化交流等产生了重要影响。

从哲学史的角度论,《荀子》之后形成了中国哲学一脉相承的唯物论的天人关系理论。廖名春先生认为"荀子'天人之分'的思想,把人与自然的区别剖

---

① 参见[清]王先谦:《荀子集解》,见《诸子集成》(第2册),上海:上海书店1986年版,第211页。
② 参见肖萐父、李锦全:《中国哲学史》(上册),北京:人民出版社1982年版,第236页。

分得清清楚楚,将人与天之间的一切感情的纽带、情绪的关联截然割断,这在天人关系上确实是一次空前的革命,就是说它在科学的观点上具有划时代的意义也不为过。"① 这就明确指出了《荀子》"天人之分"思想的重要价值。张岱年先生则将天人关系概括为天人合一、天人有分与天人相胜等类别。② 而刘禹锡的"天之能,人固不能也;人之能,天亦有所不能"的"天与人交相胜耳"(《天论篇》上)等天人相胜理论,应是受到《荀子》天人各有职分的"天人之分"思想的影响。

从中西文化交流的角度而言,《荀子》以后形成了以中国文化为中心的在华异教传教传统,这一传统源远流长。考察《荀子》前的琐罗亚斯德等的天神崇拜思想,多为天人合一的宗教天人关系论。《荀子》既澄清了天人有分的唯物论,又以中国礼义文化为中心的人文化正定了琐罗亚斯德等代表的神文化。《荀子》以后,该教由在华传教,并逐渐在南宋以后演变为中国本土化的发展模式,应不可否认受《荀子》"天人之分"思想的影响。

第二节 琐罗亚斯德的天人合一论

琐罗亚斯德的思想主要记载在该教经典的《伽萨》卷,其对天人关系的认识主要体现在其天人合一思想的论述中,通常经由"神人合一"论完成,其中的"神"主要指"天神",概由日神、月神、金星神、雨神及风神等七位组成。陈垣先生对此予以详细说明,"天神云者,以其拜天也;其实非拜天,不过拜日、月、星耳;日、月、星三光皆丽天,拜日、月、星无异拜天;故从中国名谓之天神。继以其拜火也,故又谓之火神天神"③,确言琐罗亚斯德所拜的"天神"即为《荀子》所言之天体。则琐罗亚斯德的"神人合一"论,本质上属于天人合一论。

一、天人合一论及其产生的渊源

琐罗亚斯德认为,世界的本原在于"善恶二元",代表善良的天神阿胡拉·

---

① 廖名春:《〈荀子〉新探》,北京:中国人民大学出版社2013年版,第133页。
② 参见张岱年:《中国哲学大纲》(上册),北京:中华书局2017年版,第248页。
③ 施安昌:《火坛与祭司鸟神:中国古代祆教美术考古手记》,北京:紫禁城出版社2004年版,第28页。

马兹达创造了"善恶二元"及天人世界的一切,神人各司其职。藉此宇宙观形成了天人合一的理论。

(一) 琐罗亚斯德的天人合一论

琐罗亚斯德的天人合一论,主要体现在《伽萨》对宇宙本原及众天神的职分论述等。《伽萨》曰:

> 是谁让太阳和星辰循环往复?是谁的(力量)令月亮缺而复圆?(2·44·3)
>
> 是谁撑天架地,而不使其坠落?是谁创造了植物和江河?是谁造成乌云翻滚、狂风大作?
>
> 难道你(马兹达)不是善的主宰?(2·44·4)

诗中指出,"善恶二元"及世界的一切皆由马兹达天神创造与主宰。其他的神,诸如:

> (沙赫里瓦尔、巴赫曼、奥尔迪贝赫什特和塞潘达尔马兹将给)真诚、善良本原者以支持和帮助。(1·30·7)

诗中确指几位天神的职任,杜斯特哈赫特别注释"沙赫里瓦尔"是"第三位大天神,在天国代表马兹达的统治和威严,在尘世负责保护金属和救助贫苦百姓"[1],则该神身兼二职。考察该教几位大天神皆为兼职神,而琐罗亚斯德则是智通天神的人间神。如:

> 应是他(斯皮塔曼)在世上传播我们(马兹达)的思想和正教。因为我已传授他令人心悦诚服的言教。(1·29·8)

诗中确言琐罗亚斯德是兼通神人二界之人。

综合以上论述,琐罗亚斯德的天人合一论内涵丰富。主要表现为以下几个方面。

1. "天"兼具神性与人性

琐罗亚斯德的"天"既被神化,又具有人格,诸天神皆兼具神性与人性。杜兰特认为,琐罗亚斯德"最初所想象之神是天,阿胡拉·马兹达则是经人格化后的形象:阿胡拉'以苍穹为衣裳……以光明为身体,以日月为眼睛'",

---

[1] [伊朗]贾利尔·杜斯特哈赫选编:《阿维斯塔——琐罗亚斯德教圣书》,元文琪译,北京:商务印书馆2005年版,第13页。

"他的助手，最初只是各种自然力量，如水、火、日、月、风、雨等，但其后便一一人格化了"①。其中马兹达集神性与自然的人性于一体。

2. "人"兼具神性

《伽萨》中的琐罗亚斯德是被神化的人物，元先生则认为他是"被神化的历史人物"②。此外，《亚什特》中具有"灵光"的凯扬，以及被称作"灵体"的伊朗与突朗等国人，皆兼具神性。

3. "天人合一"论涵盖人化神与神化人的合一，自然世界、天神世界与人类世界的合一

琐罗亚斯德的"天人合一"论多用于宗教理论范畴，其中的人与神常兼具神人二性，客观涵盖了人化神与神化人的合一，以及天神世界、自然世界与人类世界的合一，从而决定了其唯心论思想与《荀子》唯物论天人关系论的本质性差别。

（二）渊源

琐罗亚斯德的天人合一论，可远源于印欧共同体时期的祆教。他虽以传播马兹达正教为主，但其基础是对雅利安人的传统祆教、征服地区的各种族宗教、琐罗亚斯德家族宗教以及马兹达等宗教的改革。

此外，因其活动区域主要在伊朗东部，客观上与印度宗教及中国文化发生了不可忽视的关系，从而使学界的研究常联系到吠陀教及中国文化。

二、《伽萨》卷"择天神"说的哲学内涵

琐罗亚斯德的"天"属于"善恶二元神"始终对立斗争的天神，因此客观上规范了"人"有"选择天神"的意志自由，从而形成独特的"择天神"说。

（一）"择天神"说

"择天神"作为《伽萨》重要的宗教理论，主要体现在对天人二界"选择"的认识上。如：

---

① ［美］威尔·杜兰特：《世界文明史》（第1卷），台湾幼狮文化译，北京：华夏出版社2009年版，第267页。
② 元文琪：《二元神论——古波斯宗教神话研究》，北京：中国社会科学出版社1997年版，第89页。

善思者选择真诚本原,邪念者归从虚伪本原。(1·30·3)

(斯潘塞·迈纽同)取悦于马兹达·阿胡拉的人们一起,选择了真诚和善良;专事欺骗的阿赫里曼则选择了邪恶和虚伪。(1·30·5)

诗中明确列出了相互对立的"善"与"恶"两类性质生活。此外,书中还有二者迥异的人生结局以备"选择",且通过最终"善"胜"恶"的强烈对比,提倡神界各神选择美好的善神。"选择"同时出现在人界,如:

(众迪弗)错误地选择邪恶。(1·30·6)

(凯·古什塔斯布)皈依穆冈的宗教,选择了从善的道路。(4·51·16)

诗中指出,人界也存在善恶两种"选择",以及残酷与美好两种结局。选择善神的古什塔斯布最终得以封神。《伽萨》终篇则详列所奖赏的选择善神的信众,包括琐罗亚斯德的家人。

"择天神"说首次对天人合一关系予以全新阐释,具有四个特点:第一,人在天人关系中的地位,由其前对"天神"被动性的"取悦",变为主动性的选择;第二,人的理性与主动性精神首次得到全面肯定,尤其是将人的理性概括为"灵魂"等"五种潜力",以指导人的选择行为,形成该教著名的"五种潜力说";第三,首次将人的自由权利给予理论化说明,特别是以先知女儿的自由择婚为代表;第四,体现了对道德修养的全面性要求,因为"择天神"既首次对"天神"予以道德性规范,又首次对人进行"智慧""知识"等内外道德修养层面的全面提升。因此,其总体上是对天人之间互动性选择行为首次给予的全面性规范。

(二)丰富的哲学内涵

"择天神"说涵盖丰富的哲学内涵,其从本原论角度研究思想问题,通常被学界认为是宇宙观思想的体现;以"善恶二元"对立斗争的恒定性,解释世界客观存在的对立双方的根本矛盾,客观上具有辩证地认识、解决问题等哲学的方法论特点。

赫尔曼特别指出,琐罗亚斯德教关于人的"救赎"与善恶"道德观念"等思想"具有一定的哲学内涵",[1] 属于人生观思想的研究范畴。

---

① 参见[德]J. 赫尔曼、[荷兰]许理和主编:《人类文明史》(第3卷),中文版编译委员会译,南京:译林出版社2014年版,第109页。

三、琐罗亚斯德的天人合一论的影响

琐罗亚斯德的天人合一思想，对其思想体系的建立和传播等产生了重要影响。

（一）影响了琐罗亚斯德教思想体系的建立

学界通常认为，琐罗亚斯德教的思想体系由两个相互对立斗争的系统组成。在世界观方面，该教认为世界由"善""恶"二元各自主导的"善""恶"二界组成，双方斗争的胜利最终属于"善"界；在社会观方面，该教认为社会存在着主要由伊朗代表的"善"与突朗等代表的"恶"始终互相对立斗争的两大势力，最后的胜利属于伊朗；在人生观方面，该教认为人生既有善良、美好与光明的一面，也存在病态与邪恶的一面，只要接受该教的救济之道，最终可获得被奖赏的理想人生。总之，诸多相互对立斗争的两面，最终整合于阿胡拉·马兹达一神统一管理的整体。则该教二元化的思想认识，当源于琐罗亚斯德天人合一论思想的影响。

（二）影响了琐罗亚斯德教的传播

在琐罗亚斯德的天人合一论中，天神与人分属两个不同的世界。天神各司其职的同时身兼天人二界之职；每个人则被赋予各自的职任，首领与农牧民亦各司其职；天神与人是双向互动的关系；琐罗亚斯德则是沟通天人关系的媒介。轴心时代出现的《国语》和苏格拉底等，对此皆有证论，① 则在琐罗亚斯德的天人合一论中，实则客观含有"天人之分"的因子。随着该教传入中国，《荀子》的"天人之分"等思想，应客观上受到其思想的影响。

第三节　《荀子》与琐罗亚斯德的天人关系论的意义

《荀子》与琐罗亚斯德关于天人关系思想的论述，对中西方思想发展与文化交流等具有重要意义，主要体现在中西方哲学思想体系的构建、中西方宗教的发展以及中国文化与琐罗亚斯德教等异质文化的交流等方面。

---

① 参见［三国］韦昭：《国语》，上海：上海书店1987年版，第204页；［希腊］柏拉图：《文艺对话集》，朱光潜译，北京：人民文学出版社1963年版，第61页。

一、形成了二者迥异的天人关系论

《荀子》与琐罗亚斯德皆通过天人关系的研究，探讨拯救时弊的方法，从而形成各自相对系统的天人关系理论。但由于二者所处的东西方地理、历史发展时期及文化背景等方面的不同，在关于天人关系的思想认识、目的及方法等方面，则形成二者迥异的天人关系论。

（一）二者对天人关系的认识不同

《荀子》对天与人之间的关系，明确提出了"天人之分"的思想。认为天与人虽然皆属于自然界的客观部分，但二者各有职分；人应立足并充分发挥自身的主观能动性，使天为人所用，以实现人类社会的和谐统一。

琐罗亚斯德对天人关系的认识主要通过神人关系的表述来完成，他明确主张神人合一，即天人合一。他认为天和人皆为天神阿胡拉·马兹达所创造，其中的神具有人格，先知琐罗亚斯德具有神性；人作为天神创造的客观部分，须无条件地服从天神的旨意，以达到神与人以及人类世界的和平统一。

（二）二者的认识目的不同

基于对天人关系不同的思想认识，二者的目的有别。《荀子》旨归解决春秋战国时中国剧烈纷争的社会现实问题。则终止七国分裂以推动中国及世界的和谐统一，是其主要社会目的。

琐罗亚斯德则旨在解决当时伊朗散在的多神崇拜等宗教问题。通过改革传统宗教、宣说一神信仰等途径，结束多神崇拜以统一伊朗和世界的宗教，是其主要的宗教目的。

（三）二者认识与解决问题的方法不同

《荀子》与琐罗亚斯德皆认识到，任何问题的产生都是客观而复杂的，因此注重辩证地认识与解决问题，是二者方法的共同点。但《荀子》基于自然之天的物质论认识，明确提出依靠人自身的主动性来解决人生及社会现实等问题的方法，从而体现了唯物论的方法论特征。

琐罗亚斯德则基于宗教之天的意识论认识，主张依靠天神来解决人生及人类世界等问题。即使涉及人可以自由"选择"宗教的思想，也仅限于人的意志自由方面，其意识决定一切的唯心论本质不变。因此，其认识与解决问题的方

第四章 《荀子》与琐罗亚斯德的天人关系论

法实则属于唯心论的方法论。

二、推动了中西方哲学等思想的发展

《荀子》与琐罗亚斯德的天人关系论，对中西方哲学与宗教思想的发展产生了重要影响。

(一) 哲学方面的影响

琐罗亚斯德的天人合一论，直接影响了古希腊唯心主义哲学思想的形成与发展。

世界哲学通常以西方哲学为项背，西方哲学则向以古希腊苏格拉底、柏拉图和亚里士多德的哲学为圭臬。考察波斯帝国建立前的希腊，只是欧洲南部数个尚未开化的城邦，其哲学除了受埃及和两河流域苏美尔文明的影响外，琐罗亚斯德和琐罗亚斯德教的影响当为其主要方面。杜兰特认为，希腊人对波斯的向往，主要"经由商人及外交官的描绘"①。此外其还应该有传教士、战争及移民等的作用。则琐罗亚斯德对希腊哲学的影响，盖主要经由商贸、外交、战争、传教士及移民等渠道，其中传教士的主动传播是主要方面。

希腊哲学受琐罗亚斯德影响的媒介，学界通常以亚里士多德的学生亚历山大征服波斯后，携经于希腊的传说为代表。其中，杜兰特根据的传说，是希腊人将《阿维斯塔》经作为战利品带至希腊；波斯有权威学者认为，希腊古代科学大部分由翻译此经而来；马斯乌迪的《黄金草原》则记载，亚历山大下令译成希腊文的主要是圣书中有关医学、天文学和哲学等方面的内容，余者皆被销毁。② 综合诸多传说，琐罗亚斯德确曾与希腊文化发生交流，琐罗亚斯德思想中的哲学思想部分亦确曾履及希腊哲学界。

琐罗亚斯德对古希腊哲学影响的文献记载，以柏拉图的《文艺对话集》为代表。主要体现在三方面。

第一，"羊毛"圣带。《会饮篇》言：

> 苏格拉底说，"如果智慧能像一满杯水，通过一根羊毛，就引到一个空

---

① [美] 威尔·杜兰特：《世界文明史》（第1卷），台湾幼狮文化译，北京：华夏出版社2009年版，第278页。
② 参见 [美] 威尔·杜兰特：《世界文明史》（第1卷），台湾幼狮文化译，北京：华夏出版社2009年版，第267页；[伊朗] 贾利尔·杜斯特哈赫选编：《阿维斯塔——琐罗亚斯德教圣书》，元文琪译，北京：商务印书馆2005年版，第345页。

杯里去，如果两个人只要挨着坐，智慧就从盈满的人流到空虚的人，那是多么好的事。"①

文中的"羊毛"寓意深刻，与"智慧"、真实和虚假以及人的道德修养等伦理哲学语境相关。它的出现当与柏拉图思考问题的方法有关。虽然希腊哲人思想时多引证希腊神话，但"羊毛"出典在最早的希腊神话传说中，只是一件政治语境里的宝物，似与柏拉图的哲学话语不相吻合。考察柏拉图前的"羊毛"出典，最典型的应是《波斯古经》的《亚斯纳》所言：

马兹达最先为你（胡姆）系上纯洁的马兹达教的金光闪闪的神圣腰带。于是，你总是系着那腰带挺立在山巅，成为天启的庇护者。(9·26)

诗中提到的"神圣腰带"，既象征该教和马兹达的善良与智慧等，又代表该教信徒的特殊身份。杜斯特哈赫认为，"琐罗亚斯德教信徒所系的腰带，用72根白羊毛线编织而成"②；施安昌先生则认为它是该教祭司为10岁波斯人举行的"入门仪式"，是"真正教徒的标识"，并进一步解释"圣带代表正确的方向，用72支羊毛线织成，长度能围腰三圈。72支象征《阿维斯塔·耶斯纳》的72章"，三圈指"善思、善语和善行"，"终生佩用，以示不忘"③。则该教的"羊毛"圣带，以其"智慧"等道德思想寓意，既代表琐罗亚斯德的"三善"思想，又特具宗教哲学话语的属性，应义同子张承传的"书诸绅"的箴诫传统（论语·卫灵公）。综上所述，柏拉图引用的"羊毛"当出自该教的《亚斯纳》，有唯心论的哲学特征。

第二，"善""恶"相对的话语系统。《会饮篇》言：

不能硬说凡是不美的就必然是丑的，凡是不善的就必然是恶的。爱神也是如此，便既然承认了他不善不美，别就以为他必恶必丑，他是介乎二者之间的。④

诗中既明确提出"善"与"恶"的对立问题，又予以协调性的解释。其上下文主要涉及善恶问题论，显示"善""恶"相对的话语系统，业已成为柏拉图话

---

① ［希腊］柏拉图：《文艺对话集》，朱光潜译，北京：人民文学出版社1983年版，第216页。
② ［伊朗］贾利尔·杜斯特哈赫选编：《阿维斯塔——琐罗亚斯德教圣书》，元文琪译，北京：商务印书馆2005年版，第91页。
③ 施安昌：《火坛与祭司鸟神：中国古代祆教美术考古手记》，北京：紫禁城出版社2004年版，第18页。
④ ［希腊］柏拉图：《文艺对话集》，朱光潜译，北京：人民文学出版社1963年版，第258页。

语体系中的客观组成部分。学界通常认为，苏格拉底和柏拉图的哲学思想代表了希腊哲学的全盛时期，其主要特征已从早期的以研究自然为中心转变为以研究人和社会为中心，伦理问题和社会政治问题是其讨论的重点，①围绕人与社会的"善恶"等伦理道德问题及解决办法，当为希腊哲学全盛期需要面对的重要议题。考察苏格拉底等对希腊哲学变革的渊源，固然来自希腊传统，但琐罗亚斯德的"善恶二元"始终对立斗争的思想影响，当更为直接。

第三，"真善美"的"理想国"模式。《理想国》记载苏格拉底说：

> 语文的美，乐调的美，以及节奏的美，都表现好性情。所谓"好性情"并不是我们通常拿来恭维愚笨人的那个意思，而是心灵真正尽善尽美。我们是否只监督诗人们，强迫他们在诗里只描写善的东西和美的东西的影像，否则就不准他们在我们的城邦里作诗。②

文中的"城邦"代表希腊国家，而神人关系则代表柏拉图的天人合一论。苏格拉底认为，"理想国"应该以心灵的"真善美"道德价值为判断准则。亚里士多德等人藉此构建了以人为中心，以人心的"真善美"道德价值体系为规范，并以最高的"理想国"模式为代表的客观唯心主义思想体系。该体系既代表当时希腊哲学发展的最高成就，又是解决希腊伦理与社会等问题的指导思想。亚历山大帝国的建立，应在客观上受到亚里士多德思想的影响。

考察柏拉图理论体系中的"真诚"与"善良"等思想，原为琐罗亚斯德思想的根本宗旨。则若说希腊的"金羊毛"仅代表自然王国，向波斯的"羊毛"圣带当象征"智慧"的精神王国，那么柏拉图认为拥有"智慧"的精神王国远强大于自然王国，它才是真正的"理想国"。尽管柏拉图对该教"羊毛"圣带仪式的形式化因素实际作用予以讽刺，但对它象征"智慧"等理性精神的认可及其哲学内涵的继承则不言而喻。

杜兰特认为，"波斯花了一千多年的时间统一近东，其所作所为，似乎就特在为希腊的起飞做准备。"③ 其中的统一，当涵盖琐罗亚斯德宗教的统一，意谓琐罗亚斯德思想也是希腊哲学全盛时期不可或缺的渊源。元先生则认为，柏拉图的"理念论"与该教的"灵体说"有惊人的相似之处；苏格拉底、柏拉图和

---

① 参见汪子嵩、范明生、陈村富、姚介厚：《希腊哲学史》（第2卷），北京：人民出版社2014年版，第493—494页、第918页。
② [希腊] 柏拉图：《文艺对话集》，朱光潜译，北京：人民文学出版社1963年版，第61页、第31页、第62页。
③ [美] 威尔·杜兰特：《世界文明史》（第1卷），台湾幼狮文化译，北京：华夏出版社2009年版，第278页。

亚里士多德"建立在客观唯心主义基础上的神学目的论",其本质与琐罗亚斯德教一致。① 学界的论述涵盖了琐罗亚斯德思想对古希腊哲学的影响。

综合而论,受琐罗亚斯德天人合一思想的影响,以柏拉图为代表的希腊哲学家建立的唯心主义哲学思想体系,推动了希腊哲学由自然向人和社会等领域研究的全面发展,使其成为轴心时代世界哲学发展的重要代表,对其后学界唯心主义哲学领域的发展产生了重要影响。

《荀子》的"天人之分"论对其后中国唯物主义哲学的发展产生了重要影响。中国哲学以先秦诸子的思想为源头,先秦哲学主要以儒、道、墨等学派的天人合一的唯心论思想为代表。其中,《老子》虽然首先提出"天为物"的唯物论命题,但其忽视了人的主体性,无视人对自然的能动作用,以及"惟恍惟惚"等的不可知天论,终又陷于唯物与唯心不可分的谬误。《荀子》则首先提出了"天人之分"的思想,并从日月星辰等天体、风雨雷电等天象的可知与制控等认识角度,对先秦的天人关系问题给予了历史性总结,开启了先秦哲学发展逻辑的新起点。荀子作为先秦哲学发展的集大成者,其思想不仅代表了轴心时代世界哲学思想的发展,其朴素唯物辩证法的哲学思想直接影响了自韩非、王充、柳宗元、刘禹锡及王夫之以后的中国唯物主义哲学传统的形成与发展。

考察其天与人各有职分的思想论述,若说关于人各尽其职的伦理道德与法律规范的要求及论述,常见于先秦文献记载,但对天的具体职分的论述实则罕见,则《荀子》的"天人之分"论应主要受到琐罗亚斯德思想的影响。因此,《荀子》"天人之分"论所代表的先秦新的天人关系诠释理论,推动了中国哲学乃至世界哲学在唯物主义哲学领域的全面发展。

(二) 宗教方面的影响

琐罗亚斯德以天人合一论为基础,形成了"善恶二元神"对立斗争、众神与人统一于马兹达神权的神人合一宗教观。琐罗亚斯德教因数度成为古波斯的国教,从而使伊朗宗教由传统的多神抑或泛神崇拜,发展为一神信仰的宗教模式。随着大流士时代帝国疆域辖及欧亚非地区,其一神信仰模式亦影响了三大洲的宗教发展。受琐罗亚斯德思想的影响,佛教、犹太教、基督教及摩尼教等多信奉不同的神,此后则发展为一神信仰。

《荀子》以"天人之分"论为基础,形成了丰富而深刻的辩证唯物主义宗

---

① 参见[伊朗]贾利尔·杜斯特哈赫选编:《阿维斯塔——琐罗亚斯德教圣书》,元文琪译,北京:商务印书馆2005年版,第103页、第492页、第504页。

教思想。首先体现在以唯物论角度对"神"概念所作的释义上,如"万物各得其和以生,各得其养以成。不见其事而见其功,夫是之为神"(《天论篇》),明确提出"神为物"的宗教理论,该论当出于"天人之分"论中的天人关系思想。再则,体现对当时境内宗教行为和异教问题的认识与解决等方面。对于境内的宗教行为,《天论篇》将其概括为"君子以为文,而百姓以为神"的官民两类"卜筮"行为,并通过"以为文则吉,以为神则凶"的因果对比,反对由神人合一思想主导的民间拜神等迷信现象;对于当时民间拜神的域内外两类宗教现象,荀子则分别予以辩证对待。具体表现在域内的祀神方面,他不反对域内传统的祭祖等宗教行为,但坚决反对《周礼》祀典以外的且影响国家安危与百姓生活的泛神祭拜;对域外异教,则辩证对待。

域外异教或反对或矛盾于华夏文化的天神崇拜,如琐罗亚斯德关于神人合一的天神崇拜等思想,荀书皆予以责难,"祆辞不出"等观点是其典型代表;但合理吸收琐罗亚斯德的"善恶"论等科学性思想,由此形成的善恶观,是其侧重道德修养为主的人的主体性思想理论的重要组成部分。

《荀子》致力倡导的儒家礼教,经两千年濡染于荀学儒家学派的经营,发展为历代王朝的治世思想,并因其具有宗教特点的祭祀行为等,一向被世界宗教界认为是中国宗教的代表。

宋代以后,琐罗亚斯德教全面华化,佛教等也经历了中国化过程,我们不可否认《荀子》的宗教思想及其影响和作用。综合而言,《荀子》的宗教思想客观上影响了后世中国的宗教发展。

三、影响了中国文化与琐罗亚斯德思想等异质文化的交流

中国文化与异质文化有着悠久的交流历史。在《荀子》之前,祆教等异质文化已传入中国境内。但《荀子》中的"天人之分"论所体现的唯物论文化交流思想,对神人合一论基础上的在华异质文化传播,应客观产生抑制作用。以琐罗亚斯德思想在华传播为例,《荀子》时代因琐罗亚斯德的宗教理论及琐罗亚斯德教的宗教习俗等与荀学及华夏文化相抵牾,而先为荀学派发难;在秦代,它继续被排斥。《史记·秦始皇本纪》中有"禁不得祠"的记载,岑仲勉先生考证"不得祠"是火祆教的祭祀场所,当亦代表琐罗亚斯德教。该祠的被禁,既体现了秦代的宗教政策,又客观说明宋代以后的禁祆教,应与秦朝一样,受到《荀子》等异质文化交流思想的影响。

《荀子·正论篇》明确提出以尧舜为代表的华夏文化濡化琐罗亚斯德等异质

文化的理论。这既是荀子异质文化交流思想的重要代表，又是对在华异质文化传播的思想规范。它充分显示了中国文化并不排斥异质文化的在华交流，但异质文化在华传播应该首先遵守中国化的管理等思想。因此，宋以后琐罗亚斯德教因进入中国祀典而华化，佛教的中国化，以及伊斯兰教、基督教等与中国文化建立的密切联系，当受到《荀子》"天人之分"理论下的异质文化交流思想影响。

综合而言，《荀子》的天人关系思想，影响了中国文化与琐罗亚斯德思想等异质文化的交流。

第五章

《荀子》与琐罗亚斯德的善恶观

善恶问题，为古今中外学界普遍关注。《荀子》与琐罗亚斯德基于对天人关系的新认识，认为人的本性客观存在"善""恶"两面现象，其中"恶"是人类社会一切纷乱与弊端问题之源，明确指出世界上的诸多社会问题应归因于人类自身。《荀子》由此提出"性恶论"思想，主张通过"化性起伪"等方法，从人性的角度予以根本性解决。琐罗亚斯德则从世界观的思想角度出发，提出"选择善元"等思想，主张通过不懈的斗争使"善"胜"恶"。二者基于对人性的认识形成了系统的"善恶"观，影响了其后中西方"善恶"思想的形成与发展。

第一节 《荀子》"性恶论"的善恶观

《荀子》基于人的本性是"恶"的认识，首次提出"性恶论"思想，明确主张通过"隆礼""重法"和学习教化等方法，使人性的恶转化为善，最终实现治世的目的。《荀子》的善恶观，首开中国人性论领域善恶思想研究的传统。其对先秦善恶思想的继承发展、善恶话语系统的形成及其"性恶"思想的渊源等问题的研究，则有待商榷。

一、先秦善恶思想的发展

先秦的善恶思想经历了漫长的发展过程。其中，"善"字"最早见于金文"①，李学勤先生认为，这是周代中期"克簋里的善"②，则可见我国"善"思想的起源很早。此后经《易经》《诗经》《尚书》《春秋》《老子》《论语》《左传》《墨子》等春秋以前学界的发展，《孟子》始从儒家人性论的角度系统地讨论了"善"的成因、作用、价值、达成"善"的路径，以及时学对"善"的不同认识等问题，首次生成"善"的儒学思想理论体系，孟子的"性善"论亦由此成为后世性善思想之源。王充对此较早自"善"思想的缘起角度，给予了相对系统的说明。《论衡·本性篇》曰：

> 周人世硕，以为"人性有善恶，举人之善性，养而致之则善长；性恶，养而致之则恶长"。如此，则性各有阴阳，善恶在所养焉。故世子作《养书》一篇。宓子贱、漆雕开、公孙尼子之徒，亦论情性，与世子相出入，皆言性有善有恶。孟子作性善之篇以为人性皆善……然而性善之论，亦有所缘。或仁或义，性术乖也。动作趋翔，性识诡也……
>
> 夫告子之言，亦有缘也。《诗》曰："彼姝之子，何以与之。"其传曰："譬犹练丝，染之蓝则青，染之朱则赤。夫决水使之东西，犹染丝令之青赤也。"③

文中"缘"字，意谓缘起，在篇内则涵指缘起于事因与理论两方面。王充通过溯源告子的性善思想，将先秦的"善"思想直接上溯于《诗经》时代；并依次批评了孟子的"性善"论、荀子的"性恶"论、陆贾的"背恶向善"论、董仲舒的"性三品"论、刘向的"性情善恶"论，以及扬雄的"人性善恶"混论等，认为"自孟子以下至刘子政，鸿儒博生……唯世硕、公孙尼子之徒，颇得其正"。王充认为"孔子，道德之祖，诸子之中最卓者也"，自是首肯其弟子之论。王充之后，明代的传灯又简要而系统地总结了人性理论发展至明代的状况，认为：

> 宣尼言具，驺孟言善，姚江又言无善无恶。（性善恶论序）后世之为善恶之纷纷之论者，实始于孟子；而孟子之言人之性善，皆出于其师子思之书；子思之书皆孔圣微言笃论。④（《性善恶论》1）

---

① 陈政：《字源趣谈》，南宁：广西人民出版社1986年版，第351页。
② 李学勤：《字源》，天津：天津古籍出版社2012年版，第196页。
③ ［东汉］王充：《论衡》，见《诸子集成》（第7册），上海：上海书店1986年版，第28页。
④ ［明］传灯：《性善恶论》（第1卷），https：//www.mianfeidu.com/novel/1320.html（访问时间：2022年3月20日）。

孟子，深于《诗》与《春秋》者也。（同上）

夫性善之言，本出于孟子；性恶之言，本出于荀子；善恶混之言，本出于扬子。……［韩愈］又取三子之说，而折之于孔子之论，离性为三，曰：中人可以上下，而上智与下愚不移。（同上）

宋儒张恒渠又谓，有天地之性，气质之性。天地之性，则性善而无恶；气质之性，则有善而亦有恶。（同上）

传灯条分缕析了自《诗经》至王阳明的"善恶"思想的发展脉络。虽然传灯旨归以儒家的人性"善恶"思想说明天台宗的"性具善恶"观，① 却客观厘清了儒家部分"善恶"思想的发展脉络。

清代基于朴学基础上的人性善恶论研究，除了王夫之、戴震等思想家的成就外，主要是对《墨子》《孟子》《荀子》等多部子学著作的注疏，其人性善恶思想的研究理路则沿袭传统；清末、近代的傅斯年、陈垣等先生受东渐之西学影响，多以史学、逻辑学及宗教学等理论化的视阈，研究人性的"善恶"问题，更新了传统的研究理路，新意频现；近现代以后的人性论研究则渐趋学科化、理论化和体系化，主要以蔡元培先生的《中国伦理学史》（商务印书馆，1927年）、徐复观先生的《中国人性论史》（台湾商务印书馆，1988年）为代表；当代主要有姜国柱、朱葵菊先生的《中国人性论史》（河南人民出版社，1997年）、李沈阳的《汉代人性论史》（齐鲁书社，2010年）等为代表；新世纪的人性论研究不乏新人新作，尤以2016年3月27日，华南师范大学政治与行政学院周炽成教授主持的国家社科基金重大项目"中国人性论通史"开题暨学术研讨会为代表。②

综合以上古今学界"善恶"论研究的特点，皆将中国的人性善恶思想溯源于《诗经》。考察《诗经》的八见"善"字，四见"善良"义；五见"恶"字，二见"丑恶"义（见附录一）。则《诗经》时代虽然"善恶"思想还未形成明确的对立关系，但已重视扬"善"思想。例《孟子·告子》的相关叙法为：

公都子曰："告子曰：'性无善无不善也。'或曰：'性可以为善，可以为不善；……或曰：'有性善，有性不善'。"

---

① 参见王月清：《论中国佛教的人性善恶观——以天台宗为重点》，载《南京大学学报（哲学.人文科学.社会科学版）》，1999年第2期，第79页。

② 参见李景林、林桂榛、周炽成等：《性朴还是性善——〈中国人性论通史〉修撰学术研讨会纪要》，载《光明日报》，2016年5月30日，第16版。

文中皆以"善—不善"的叙法说明"善恶"问题，意谓至迟于战国中期以前，"善—不善"模式，已是《论语》《孟子》等儒书表达"善恶"思想的主要话语。林桂榛先生指出：

> 古代人对人性论的讨论，我认为有好几种框架值得思考："善—不善"框架，先秦时《论》《孟》《易传》等都多见符合概念逻辑的"善—不善"对说，故我怀疑《荀子·性恶》的"恶"本是"不善"，到汉代流行"善—恶"对说时误改了。①

公都子的表述和林先生的观点，一则说明先秦时期客观存在着"善—不善"的叙法；二则说明学界通常提出的"善恶"思想渊源，当主要指"善"源。概而论之，"恶"的渊源，特别是荀子的"性恶"思想渊源，因缺乏必要的论证，而有待进一步考证。考察古今学界对"性恶"思想渊源的研究，主要有事因说、"异论说"、内外因说及汉代"误改说"等观点。

1. 事因说

王充较早涉及"性恶"思想渊源研究，曰：

> 孙卿有反孟子作《性恶》之篇，以为人性恶，其善者伪也。性恶者，以为人生皆得恶性也；伪者，长大之后勉使为善也。
>
> 夫孙卿之言，未为得实；然而性恶之言有缘也。一岁婴儿，无推让之心，见食，号欲食之；睹好，啼欲玩之。长大之后，禁情割欲，勉励为善矣。刘子政非之曰："如此，则天无气也。阴阳善恶不相当，则人之为善安从生？"②

王充、刘向主要从"欲""情""阴阳"等性的具体表现事体方面，讨论荀子"性恶"说的渊源。其推论主要有两个特点：第一，用事体缘起的溯源法；第二，缺少对理论源的明确追溯，或是王充等的忽略，或是理论源本身不可证，多为其不可证。

2. "异论说"

传灯对荀子的性恶思想予以相对系统的论述：

> 性恶之言，本出于荀子。荀子好为异论不得不言人性恶。谓桀纣性也，尧舜伪也。又曰：乱天下者，子思孟轲也。意其为人必刚愎不逊，自许太

---

① 李景林、林桂榛、周炽成等：《性朴还是性善——〈中国人性论通史〉修撰学术研讨会纪要》，载《光明日报》，2016年5月30日，第16版。
② [东汉]王充：《论衡》，见《诸子集成》（第7册），上海：上海书店1986年版，第29页。

过,故喜为异说而不让。

盖尝原之世之立言,有好为私说者,则造为异论,惟务胜人,而全不顾其负处,则荀子创为性恶是也。①

文中以"异论""异说""私说"等观点,说明了荀子"性恶"思想之源,从而解决了为王充所不证的理论渊源等问题。传灯认为,"孟子深于《诗经》《春秋》",则孟子的"性善"思想源于《诗经》等。考察孟书以扬善为主,主要使用"善—不善"的模式,其"性善"论符合《诗经》的扬善思想,则传灯说可成立,目前该观点已为学界认可。但对于《荀子》,传灯确言是"异论""异说"等,且"意其为人必刚愎不逊,自许太过",几近贬损之言,实则透露传灯对荀子性恶"思想"之源不可证的无奈。

3. 内外因说

近现代对"性恶"思想之源的系统化研究,较早始于傅斯年先生。傅先生在研究韩愈弟子李翱的学术渊源时认为:

其一为性情二本,性明情昏说。此说乃汉代之习言,许、郑所综述,而宋儒及清代朴学家皆似忘之,若以为来自外国,亦怪事也。此论渊源,本书下篇第一章已详叙之,今知其实本汉儒,则知其非借禅学也。禅学中并无此二元说,若天台宗性恶论,则释家受儒家影响也。果必谓李习之受外国影响,则与其谓为逃禅,毋宁谓为受祆教、景教、摩尼教之影响,此皆行于唐代之善恶二元论者。然假设须从其至易者,汉儒既有二元论,则今日不必作此远飏之假设矣……

古代儒家原有心学一派,到了汉代,性情善恶二本已成习言……李翱所受时代影响,在中外之间应取较为接近的汉儒二元论,若包含外来部分,则宁可说是受祆教、景教、摩尼教而非佛教的影响。②

文中明确指出李翱的思想渊源,内宗汉儒,外受祆教、景教、摩尼教的影响。从外宗角度说,李翱可能受到了祆教等异质思想的影响。经考证,三教中的祆教首先于公元前4世纪传入中国,则荀子等先秦诸子亦可能受到祆教的影响;自内宗角度言,李翱韩愈儒学受自汉儒,汉儒宗法孔孟荀,则受到祆教影

---

① [明]传灯:《性善恶论》(第1卷),https://www.mianfeidu.com/novel/1320.html(访问时间:2022年3月20日)。
② 傅斯年:《论李习之在儒家性论发展中之地位》,见傅斯年:《傅斯年全集》(第2卷),长沙:湖南教育出版社2003年版,第664—666页。

响而形成的荀子"善恶"思想,亦可经汉儒一脉相承而影响韩愈、李翱。则傅先生所论李翱思想之源的理论,应可作为研究《荀子》"性恶"论之源的借鉴。

4. 汉代"误改说"

林先生则怀疑"《荀子·性恶》的'恶'本是'不善',到汉代流行'善—恶'对立说时误改了"。该观点断然不会是林先生的即兴说,而是深思熟虑后对《荀子》"性恶"思想的渊源所作的审慎探讨。

综合以上古今学界对《荀子》"性恶"思想渊源的研究,事因说应为共识;"误改"说自有新意;传灯说荀子"好为异论","喜为异说",此"异"义,应既非天台宗学与佛学,亦非儒学,则"异"之源的确指,有待商榷;傅先生说受袄教等影响,该可作《荀子》"性恶"思想研究之鉴。

纵观先秦善恶思想的发展,若以周代中期的"克簋"与《毛公鼎》等为限,则至少周代中期前后,我国已形成"善"的思想,此后大致经历春秋以前、春秋末年至战国初年、战国中期与战国末期的四个阶段。现结合"善""恶""善—恶"词符出现的具体情况,分析各段的"善恶"思想(见表5.1,详情见附录一)。

表5.1 先秦典籍的"善""恶""善—恶"词符统计

历史时期	著作	善 总数	善良	恶 总数	邪恶	善—恶	总计	备注
春秋以前	毛公鼎							善效乃友正
	易经	0	0	1	1	0	【善良】20 【邪恶】19 【善—恶】2	
	尚书	18	15	11	10	2		
	诗经	8	4	5	3	0		
	春秋	1	1	5	5	0		
春秋末年—战国初年	易传	18	15	8	5	3	【善良】299 【邪恶】143 【善—恶】12	
	老子	51	40	7	2	1		
	孙子兵法	31	5	4	0	0		
	论语	42	28	38	14	0		
	墨子	184	134	128	52	2		
	左传	133	77	178	70	6		

续表

历史时期	著作	善		恶		善—恶	总计	备注
		总数	善良	总数	邪恶			
战国中期	孟子	107	77	75	21	0	【善良】194 【邪恶】81 【善—恶】13	*号指语气词"恶（wu）"：六十二见
	庄子	83	47	147*	21*	2		
	国语	114	70	82	39	11		
战国后期	荀子	195	98	179	72	22	【善良】181 【邪恶】129 【善—恶】36	1.带[ ]号者，其语音或语义变化。 2.*号指语气词"善"：九十见
	韩非子	160	52	121	38	5		
	战国策	262*	31	114	19	9 [6]		

（一）春秋以前，"善恶"思想的出现

春秋以前的文献中已生成丰富的"善恶"话语，形成相对复杂而深刻的"善恶"思想，主要见于金文、《易经》《尚书》《诗经》《春秋》等著作。初步统计（见表5.1），该时期出现的"善"字意义颇丰，概有：

好好的："善效乃友正"（毛公鼎）；

善良："世选尔劳，予不掩尔善"（《盘庚中》）；

善于："惟截截善谝言"（《秦誓》）；

好："禾易长亩，终善且有"（《小雅·甫田》）；

大："凉曰不可，覆背善詈"（《大雅·桑柔》）等；

另指地名——"善道"："仲孙蔑、卫孙林父，会吴于善道"（《春秋》"襄公五年"）。

"恶"则有：

邪恶："见恶人，无咎马"（《易经·睽》）；

坏事："乃既先恶于民"（《尚书·盘庚上》）；

奸恶："元恶大憝，矧惟不孝友"（《周书·康诰》）；

厌恶："君子如夷，恶怒是违"（wu，《小雅·节南山》）。

另有地名——"恶"："郑人盟于恶曹"（《春秋》"桓公十一年"）；

人名——"齐恶"："叔孙豹会晋赵晋……卫齐恶[于虢]"（《春秋》"襄公二十七年"）。

春秋以后的"善""恶"意义，多据此期予以缩扩。其中"善良"义的字

频总计二十见;"邪恶"字义的有十九见,多指人的行为等;"善—恶"对应关系二见;《尚书》《诗经》的最多(见表5.1)。其中,《尚书》存在"伪古文"问题,其数据应有出入。

概括该阶段处于始发期的"善恶"思想,其特点主要有以下几方面。

1. "善""恶"二字的职能尚不明确

该期的"善""恶"意义丰富,既有描述性叙词,又有人名、地名等专有名词,说明此时"善""恶"二字的职能尚不明确,还不是人性"善恶"的专称,从而体现了"善恶"思想处于发展初期,拙朴的"善恶"话语使用特点。

2. "恶"尚无道德属性的特别限定

该阶段"恶"的意指颇多,主要有描述性的、人名与地名等专有名词。《春秋》一见的"卫侯恶",指卫侯卫襄公,名"恶",说明此时"恶"还没有被赋予特定的道德属性。

3. "善""恶"、"善—恶"对应关系主要体现在人的行为、心理等方面

该期的"善恶",多指人的行为、心理等。以"善—恶"关系中的"善恶"语义为例:

> 为善不同,同归于治;为恶不同,同归于乱。(《周书·蔡仲之命》);
> 彰善瘅恶,树之风声。(《周书·毕命》)

文中的"为善""为恶""彰善瘅恶",皆指人的行为或心理,而不指人的本性。

4. 以鲜明的"扬善抑恶"理念生成的"善—恶"对应关系话语

先秦时期多以"善—不善"的对应关系框架,① 表达相互对立的"善恶"关系,如"吉人为善,惟日不足;凶人不善,亦惟日不足"等(《尚书·周书·泰誓中》)。这其实不是一种简单的框架设置,其"吉凶""善—不善"的拙朴对应关系,既反映了先秦哲学中早期辩证法的思想,② 又经过缜密的逻辑规范,彰显了华夏民族自神话时代以来传承的鲜明尚"善"精神。

在先秦的第一阶段,还出现了两例"善—恶"对应关系(见表5.1),表现了鲜明的"扬善抑恶"理念。学界通常认为《尚书·周书》部分并非伪作,则

---

① 参见李景林、林桂榛、周炽成等:《性朴还是性善——〈中国人性论通史〉修撰学术研讨会纪要》,载《光明日报》,2016年5月30日,第16版。
② 参见任继愈主编:《中国哲学史》(第1册),北京:人民出版社1996年版,第19页。

该"善—恶"对应关系皆见于《周书》,既体现了春秋以前周人对"善恶"因果关系思想的认识,又客观生成了"善恶"因果观,应是其后中国化的"善恶"因果观之源。

陈坚先生认为,"'善有善报,恶有恶报'其实是中国本土儒家文化以及民间习俗中的'因果报应'思想在佛教中的反映,属于中国化的'善恶'因果观。"① 这意味着儒家的"善恶"因果观、民间习俗中的"善恶""因果报应"思想,以及中国佛教的"善恶"因果观,皆源于中国春秋以前的"善恶"因果关系思想。如表5.1所示,先秦"善恶"思想发展的第二阶段,"善—恶"对应关系词频是十二见;经第三阶段的发展,至第四阶段已达到三十六见;汉以后,业已固化为汉民族表达鲜明"善恶"理念的常用语。

(二) 春秋末年至战国初年,"善恶"思想体系的初成

春秋末年至战国初年,"善恶"思想迅速发展,主要表现在《易传》《老子》《孙子兵法》《论语》《墨子》《左传》等作品的"善恶"符号又生新义。其中,"善"主要有:

应答辞:"齐景公曰:善哉"(《论语·颜渊篇》);

友善:"陈桓子善于子尾"(《春秋左传》"昭公八年");

好事:"礼之善物也"(《春秋左传》"昭公二十六年");

通假字:"壁皆可善方"("毕云疑缮方",则"善"通假"缮")(《墨子·备城门》)。

"恶"主要有:

恶化:"周郑交恶"(《春秋左传》"隐公三年");

坏:"恶衣恶食"(《论语·里仁》);

疑问词:"恶乎考"等(《墨子间诂·非命下》)。

"善恶"词义的发展状况,既显示出该阶段"善恶"思想向外交、人与人的关系以及普世化等方面的扩展,又意谓"善恶"思想已进入当时的价值评判系统,升华为社会价值观和诸子哲学思想体系的客观组成部分。后世的人性论研究则常溯源于此时。② 该阶段的"善恶"思想研究,基本形成了诸子说理和史家传述二理路和两个"善恶"话语系统。如表5.1所示:"善良"义的字频总计二百

---

① 陈坚:《"善有善报"、"善不受报"——佛教善恶"因果"观辨析》,《湖南大学学报(社会科学版)》,2016年第5期,第46页。

② 参见徐复观:《中国人性论史》,上海:华东师范大学出版社2005年版,第98页。

二十九见、"邪恶"字一百四十三见、"善—恶"对应关系十二见,皆数倍于初期。其中诸子著作以《墨子》为代表;史传类则以《左传》为胜。

1. 《墨子》重"赏善"的"善恶"思想

初步统计《墨子》"善良"义的"善"字一百三十四见、"邪恶"的"恶"五十二见、"善—恶"对应关系两见(见表5.1),体现该阶段丰富的"善恶"思想。主要表现在三个方面:

(1)"善—不善"对应关系的模式化

经考证,"善—不善"对应关系最早见于《尚书·周书·泰誓中》。其后发展为《老子》六见,如"(天下)皆知善之为善,斯不善已";《论语》四见,如"择其善而从之,其不善者而改之";《墨子》则二十五见。若说《墨子》中"去若不善言,学天子之善言""闻见善与不善也"等叙法源自前典,则《尚同中》曰:

> 此言善用刑者以治民,不善用刑者以为五杀。则此岂刑不善哉,用刑则不善。①

文中"善—不善"对应关系之义是新制,释作:善于—不善于,既体现了《墨子》对前典"善恶"话语的发展,也客观说明了"善—不善"对应关系发展至《墨子》已模式化。此后学界沿袭成惯用语。

(2)"善恶"话语系统的生成

若说"善—不善"对应关系主要源自《墨子》前的"善恶"思想传统,则"善恶"话语系统的生成应为《墨子》新制。主要涵盖"善"与"恶"及"善恶"话语系统三个方面内容。

第一,"善"话语系统。初步统计,《墨子》中"善"字一百八十四见(见表5.1),丰富的含义及语法显示其"善"话语系统已生成。主要涵盖"三善"说、"善"话语和"善"的理念。

"三善"指"善言""善意(思)""善行",是以"善"理念规范人的三种行为。如:

> 去若不善言,学乡长之善言;去若不善行,学乡长之善行。
> 去若不善言,学国君之善言;去若不善行,学国君之善行。

---

① [清]孙诒让:《墨子閒诂》,见《诸子集成》(第4册),上海:上海书店1986年版,第51页。

去若不善言，学天子之善言；去若不善行，学天子之善行。①（《尚同上》）

数千万里之外，有为善者，其室人未遍知，乡里未遍闻，天子得而赏之；数千万里之外，有为不善者，其室人未遍知，乡里未遍闻，天子得而罚之……曰："天子之视听也神！"先王之言曰："非神也。夫唯能使人之耳目助己视听，使人之吻助己言谈，使人之心助己思虑，使人之股肱助己动作。"助之视听者众，则其所闻见者远矣；助之言谈者众，则其德音之所抚循者博矣；助之思虑者众，则其谈谋度速得矣；助之动作者众，即其举事速成矣。故古者圣人之所以济事成功，垂名于后世者，无他故异物焉，曰：唯能以尚同为政者也。②（《尚同中》）

观其行，顺天之意，谓之善意行；反天之意，谓之不善意行。观其言谈，顺天之意，谓之善言谈；反天之意，谓之不善言谈。观其刑政，顺天之意，谓之善刑政；反天之意，谓之不善刑政。故置此以为法，立此以为仪，将以量度天下之王公大人卿大夫之仁与不仁，譬之犹分黑白也。③（《天志中》）

该句群记载墨书丰富的"善"的传播与"三善"思想；而以"善言""善行""善意"的释义、成因、作用及其价值等阐述，诠释墨子的天志思想。

其中，"善意"主要指天的意志；"意"通常释作意志、思考、思想等。杨伯峻先生译注《论语·子罕篇》的"毋意"作"不悬空揣测"，④已包含思考义；该句群有对偶词组"善言谈""善刑政"，"善"意谓善良，则"善意行"意谓善良的思想行为，其中"意"通"思"，则"善意"亦通"善思"。此外，因"善"字通常又指使用方法，有"善于"义，则"善思"亦当含有善于思考之义，如《尚同中》的"使人之心助己思虑……助之思虑者众，则其谈谋度速得"，其中"使人之心助己思虑"当指"思虑"的方法，意谓善于思虑，简言"善思"。综合而言，墨书"善意"当义通"善思"。

"善言"一语，最早一见于《老子》，《墨子》十三见；"善行"亦最早一见

---

① ［清］孙诒让：《墨子閒诂》，见《诸子集成》（第4册），上海：上海书店1986年版，第45—46页。
② ［清］孙诒让：《墨子閒诂》，见《诸子集成》（第4册），上海：上海书店1986年版，第53页。
③ ［清］孙诒让：《墨子閒诂》，见《诸子集成》（第4册），上海：上海书店1986年版，第129页。
④ 参见杨伯峻：《论语译注》，北京：中华书局1980年版，第87页。

于《老子》,《墨子》十三见;"善意(思)"首次两见于《墨子》。综合而言,系统的"三善"思想应始见于《墨子》。考察其渊源,内宗固然是《老子》,但如此系统化的思想形成,外宗亦不可或缺。据雅斯贝尔斯的轴心时代理论,《墨子》时代前后的境外思想家主要有古波斯的琐罗亚斯德、古印度的释迦牟尼、古希腊的苏格拉底等,其中以琐罗亚斯德最早。因其所创的琐罗亚斯德教影响巨大,元先生说:"琐罗亚斯德因此被称为人类的第一位先知。"① 其经典中的《小阿维斯陀经》卷信仰章说:

> 我誓言自己信仰马兹达教,我以行动来实践善思、善言、善行。

龚方震等先生认为,是(琐罗亚斯德)完成了一系列的道德模式,如善思、善言、善行。它用于信徒的祈祷表白时,他所有行为建筑在善思、善言、善行的基础上,谴责恶思、恶言、恶行。用于葬仪时,Tana(细线),由101支细线搭成一股粗绳,之所以是101支,是因为据称阿胡拉·马兹达有101种美德。绳的长度以围住此塔基三圈为准,"三"也是个神圣数字,象征善思、善言、善行。②

其中,作为道德箴言的"善思、善言、善行"③ 思想,主导了该教信徒生活的各个方面。则"三善"思想既然是该教的道德模式,自然成为其信徒生前、死时和死后皆必须奉行的圭臬。李进新等先生认为,该教至迟于公元前4世纪左右传入中国新疆。④ 此时,新疆等西部地区接壤于秦境,该教随商旅战争及外交往来等渠道传播至秦国,"三善"说应随之传入中国。"商鞅变法以后,秦国成为墨家从实派的活动中心。"⑤ 中国与古波斯等民族间思想文化的融合等问题应为墨家从实派正视。事异则备变,面对东渐的异质思想文化,墨家除了内修中国的传统思想,亦应外藉该教的"三善"等思想,从而形成以中国传统思想为主、融合中外理论的墨学思想体系。先秦诸子著作多为合著,两江总督採进本的《墨子十五卷》称:"《隋书·经籍志》亦曰宋大夫墨翟撰,然其书中多称

---

① 元文琪:《二元神论——古波斯宗教神话研究》,北京:中国社会科学院出版社1997年版,第131页。
② 龚方震、晏可佳:《祆教史》,上海:上海社会科学院出版社1998年版,第3页、第20页、第21页、第30页。
③ 任继愈:《宗教词典》,上海:上海辞书出版社1981年版,第921页。
④ 参见李进新:《研究与探索文集》,乌鲁木齐:新疆人民出版社2011年版,第311页。
⑤ 臧知非:《〈墨子〉、墨家与秦国政治》,载《人文杂志》,2002年第2期,第126页。

子墨子。则门人之言，非所自著。"① 则现传墨书至少经过墨子弟子修订，其中应客观有秦墨弟子。

总之，墨书批判性地借鉴发展了"三善"说。例如"三善"的"善"字，在该教指道德范畴的"善良"义，而墨书则进一步发展出方法论范畴的"善于"义等。《墨子》后的"三善"思想，普遍为学界纳入各自的话语系统，此不赘述。

琐罗亚斯德教因其拜天，通常又被中国人称作"祆教"。其传入中国的确切时间尚有歧义，则墨书"三善"说的渊源待考。考察墨书有诸多受祆教影响的方面。以因果报应思想为例，《墨子》有"杀不辜者，天予不祥"说（《天志中》），意谓恶有恶报。该说主要有两个特点：第一，其中的"天"属于宗教范畴，因为墨书主张天有意志，世界万物皆"以天为法"（《法仪》）；第二，弭恶报的思想，墨书认为不做恶事以弭恶报是解决社会"恶"因的唯一办法。综合而言，墨书实则借天报"杀不辜人"的重大现实问题之果，研究恶报之因。

吕思勉先生认为，墨子"殚心当务之急，欲且去目前之弊，而徐议其他"②，意味着墨书通过对"恶报"原因的分析，阐释救世弊之法。墨书的方法论主要体现在其"三表法"方面，因此对"杀不辜"事件侧重研究的是"恶报"原因。陈坚先生通过"善有善报"的中国化善恶因果观与"善不受报"的印度佛教善恶因果观比较，认为中国重"果"、印度重"因"；而"诸恶莫作，众善奉行"则体现了基于印度佛教注重"因"的"缘起论"善恶因果观。③ 墨书"善恶"词频统计的"善"字几近三倍于"恶"，且已形成系统的"善"话语思想，充分体现《墨子》鲜明的扬善弭恶思想。学界公认印度佛教受祆教影响，则《墨子》注重时弊原因研究、扬善弭恶的思想，应有祆教影响的因子。墨书其他受祆教影响的方面，已略证于拙著，④ 恕不赘述。

"三善"说影响下的《墨子》，首次生成诸多"善"词组，初步形成了"善"话语：

"善政"："义者，善政也"（《天志中》）；

"善人"："得善人而赏之"（《尚同下》）；

---

① ［清］孙诒让：《墨子閒诂》（墨子附录一卷），见《诸子集成》（第4册），上海：上海书店1986年版，第23页、第110页。
② 吕思勉：《先秦学术概论》，北京：中国人民大学出版社2011年版，第13页。
③ 参见陈坚：《"善有善报"、"善不受报"——佛教善恶"因果"观辨析》，《湖南大学学报（社会科学版）》，2016年第5期，第46页。
④ 参见杨杋红：《荀子浅绎》，北京：中国文联出版社2016年版，第49页。

"善名":"聚敛天下之善名"(《天志下》);

"善刑政":"顺天之意,谓之善刑政"(《天志中》);

"善筮":"有二生,于此善筮"(《公孟》);

"善射":"使善射者居焉"等(《号令》)。

墨书因之形成鲜明的以扬善为宗旨的"善"理念:"见善必迁"的主体和"劝之为善"的客体间双向互动,共同形成"兼则善矣","兼相爱,交相利"的"尚同"化理想世界。

第二,"恶"话语系统。墨书的"恶"话语系统,主要体现在"恶"命名和"恶"话语等方面。

《墨子》三见"恶来"人名:"殷纣染于崇侯恶来"(所染),"恶来众叛百走","费中、恶来崇侯虎,指寡杀人"(明鬼下)。孙诒让曰"高诱云:崇,国;侯,爵名;虎,恶来;嬴姓,飞廉之子,周之谀臣,《史记·秦本纪》"。(有记)① 则"恶来"是恶人之名。考察《墨子》前后的典籍也载有以"恶"命名之人,如《春秋左传》记载的:恶(鲁太子)、孙恶(郑大夫子狐之子)、石恶、齐恶、恶(卫侯卫襄公)、子恶(楚大夫)等,唯独墨书的"恶来"成为其后诸子普遍征引的事象,其原因应与时学追求"名"实相符、以名喻理等表现艺术有关。则"恶来"一名,是墨书"恶"话语系统不可或缺的部分。

此外,墨书还有"恶名""恶人"等"恶"话语,结合人名共同构成"恶"的话语系统,成为墨书说理不可或缺的奇观。综观墨书的说理结构,主要由正反两面组成,"恶"话语系统属于反面说理的基础话语,其状颇类同《伽萨》的叙法。

第三,"善恶"话语系统。墨书主要以"善—不善"对应关系模式表现"善恶"对立关系,"善—恶"对应关系只两见。此外,八见"善—暴"、两见"美—恶"、两见"爱—恶"等对应关系,体现了墨书相对生疏的"善—恶"对应关系话语使用状态。但墨书曰:

> 有谏人,有利人;有恶人,有善人(杂守)聚敛天下之善名而加之,是其故何也,则顺天之意也……聚敛天下之恶名而加之,是其故何也,则反天之意也。(《天志下》)

文中"善""恶"分明、崇"善"抑"恶"的"善恶"观,既继承传统、

---

① [清]孙诒让:《墨子闲诂》,见《诸子集成》(第4册),上海:上海书店1986年版,第7页。

顺应时代潮流，又于数语间充分彰显了华夏人一向"扬善抑恶"的民族气概。

（3）初步形成以"善"思想为中心的道德价值评判体系

根据以上"善""恶"及"善—恶"话语系统分析，结合墨书"善恶"词频统计，则墨书已形成以扬"善"为宗旨，重视"善"思想的价值评判体系。如：

评判政治："以尚同为政善也"；

评价天子："天子为善""天子有善，天能赏之"；

评议百姓："善人赏而暴人罚""为善者富之"；

评说历史："在尧善治"等。

综合而论，"善"既是墨书评价世情事理的基本准则之一，又因此形成了华夏民族一脉相承的"善"价值观传统。它始于《论语》，如孔子评价《韶》《武》乐的"尽善""未尽善"说，至今仍脍炙人口；《墨子》继承前典，初步形成了相对系统的"善"价值体系；其后学界在不同层面上发展了《墨子》等的"善"价值观，使"善"的价值思想成为传统价值体系的客观组成部分；当今社会主义核心价值观二十四言的压卷二字便为"友善"。

2.《左传》"惩恶劝善"的"善恶"思想

《左传》继承前典传统，记载了丰富的"善恶"思想。初步统计《左传》"善"七十七见，"恶"七十见，"善—恶"六见（见表5.1，详见附录一），主要有三个方面内容。

（1）"善—不善"的对应关系

《左传》三见"善—不善"对应关系，如"禹称善人，不善人远"（宣公十六年）等，体现了对前典以"善—不善"对应关系表现"善恶"对应关系传统的继承；其用量远逊于《墨子》，说明《左传》对该叙法的自觉发展，因为书中除了"善—不善"的对应关系外，还一见"善—淫"、一见"善—失"、三见"美—恶"、六见"善—恶"对等。其中"善—恶"对应关系远超前典与墨书，为该阶段最高的使用频率，体现对传统"善恶"话语的发展。

（2）"善恶"话语系统的构建

《左传》构建了丰富的"善恶"话语系统，主要表现为"善"与"恶"话语系统、"善恶"理念、"善"理论以及以"善"释经等五个方面内容。

第一，"善"话语系统。《左传》的"善"话语系统主要体现在地名和"善"话语等方面。其中，地名"善道"两见（一见"春秋经"部分）。《论语·泰伯篇》有"笃信好学，守死善道。危邦不入，乱邦不居"，邢昺引"正义"曰:"守节至死,不离善道也。"① 则《左传》作为地名的"善"字,至少有"善良"义,是其"善"话语系统的客观部分。

《左传》还有诸多"善"词组:"善人""善政""善教"等,形成了丰富的"善"话语。"善"话语与地名等共同构成《左传》的"善"话语系统。

第二,"恶"话语系统。《左传》的"恶"话语系统主要由人名、地名与"恶"话语组成。其中,七见以"恶"命名的人名:卫国上卿"石恶"("襄公经二七年","二八年"的两见),卫大夫"齐恶"(昭公经元年),卫襄公"卫侯恶"(昭公经七年),鲁太子"恶"(文公一八年),郑大夫佚之狐之子"孙恶"(僖公八年),楚大夫"子恶"(昭公二七年)。他们或身居高位,或处富贵之家,却皆取"恶名",极具异质于《左传》叙法,应是中国姓名学史上最为典型的名不副实现象。该异质叙法的出现是否与祆教的"善恶二元神"论有关,有待下文讨论。从后世影响看,一见于墨书的"恶来"始终是诸子及后世典籍中说理的事象,而《左传》的诸多"恶名",除了史籍记载的需要,则罕见流传。

《左传》还有诸多"恶"词组:"恶言":"崇饰恶言"(文公一八年);"恶臣":"季孙召外史掌恶臣"(襄公二三年);"恶名":"事未可知,祗成恶名"(襄公二七年)等。以"恶"命名和"恶"话语共同构成了《左传》的"恶"话语系统。

第三,"善恶"理念的初成。《左传》以六见的"善—恶"对应关系,首次替代了传统的"善—不善"对,例"善不可失,恶不可长"("隐公六年"等,详见附录一),与"善"与"恶"话语系统一起构成了丰富的"善恶"话语系统,初步形成了鲜明的"善恶"理念。主要表现为以下三个方面。

明确的宣善意识。《左传》认为"夫善,众之主也","供养三德为善",则"善"成为道德判断的基本准则。用于评判政治:察"执政之善否";评价官吏:"祁奚能举善矣","唯善故能举其类也";评价百姓:"匹夫为善,民尤则之","以善人为则"等。均明确体现了其"举善""赏善"等宣善意识。

自觉的尚善行为。《左传》以明确的宣善意识指导其"从善如流""择善而从之"等思想行为,尤为强调主体人在行为上的自觉尚善。

严格的衡量准则。"善—恶"分明是《周易》《尚书》时代的思想传统,《左传》以"惩恶而劝善"作为严格的衡量"善恶"准则,使传统的"善—恶"

---

① [三国]何晏:《论语注疏》,见[清]阮元:《十三经注疏》(下册),上海:上海古籍出版社1997年版,第2487页。

对应关系模式化为后世范式。

第四,"善"理论的初成。《左传》以"善恶"理念为主导,初步形成了系统的"善"理论。其一,以扬"善"为基本主题,其"善之代不善,天命也"的命题,从本源论角度探讨了"善"思想的成因,这种不科学的扬"善"叙述应出于特定的时代背景。其二,主张"善恶"一体论,明确提出"恶不去善,义之经也"思想,意谓恶不离善、善恶一体。这在中国乃至世界人性论史上首次提出"善恶"统一认识论。虽然琐罗亚斯德首先主张"善恶二元神"论,但在宗教信仰方面仍坚持"善恶二元神"对立斗争论,这意味着该教的"善恶"永远无法统一。

第五,以"善"释经。先秦典籍最早生成了该诠释学方法。如《左传》解释《易经·坤卦》六五爻的"黄裳,元吉"曰:"'元',善之长也。中不忠,不得其色……供养三德为善"(昭公一二年),其中"'元',善之长也",原为"易传"解释乾卦"元亨利贞"的"元"字义,《左传》则进而专门解释其中的"善",从而体现其"善"理论的独特性。

总之,《左传》主要以"善—不善"等对应关系与"善恶"话语系统来表达"善恶"思想。

(3)"戎"族符号系统的生成

《左传》还记载了"戎""狄""胡"等少数民族,他们特殊的生活经历、社会活动与信仰等,客观上影响了《左传》善恶思想的形成;所用的"戎"系列民族称谓,构成了《左传》叙史说理中特殊的"戎"族符号系统。词频统计:"戎"一百零六见,"狄"一百一十九见,"胡"二十八见(见表5.2,详见附录四);

表5.2 《左传》的"戎""狄""胡"与"善""恶""善—恶"词符统计

时 间	戎	狄	胡	善	恶	善—恶	备注
隐公元年—文公三年	57	62	0	9	14	1	
文公三年—昭公一七年	48	53	9	63	37	4	
昭公一七年—哀公二七年	1	4	19	8	17	1	
总 计	106	119	28	80	68	6	

且以文公三年"秦霸西戎"、昭公十七年"晋灭陆浑戎"为限,大致分为三个时期;词频的分期统计还显示,《左传》的叙史话语体系主要聚焦于三点。

首先,《左传》的叙史话语体系里含有"戎"族符号与"善恶"话语两套系统。"戎"，是《左传》词频较高的字符，最早见于商代甲骨文，① 本义是兵器的总称。②《左传》"戎"义大致有戎族：北戎、条戎、燕京之戎、允姓之戎、九州之戎等，其大约19个戎国中，概西戎的部落最多；人名：督戎；地名：戎州；战争及兵车："戎辂"等。其中，戎族的词频最高。

其实，作为族称"戎"的含义，古今学界多有论及：杜预注"公会戎于潜"（隐公二年）的"戎"曰："戎狄夷蛮，皆氐羌之别种也"，指出五者的不同，则"戎"有确指含义；③ 孔颖达正义曰："《曲礼》云，东夷西戎南蛮北狄，然则四者是九州之外别名也。《诗·商颂》曰：'自彼氐羌'，氐羌，西戎之国名也。杜欲明其在远无以相形，故云氐羌之别种，谓是相类之物耳，非谓四者是羌内之别也。其实，氐羌乃是戎内之别也"，且引戎子驹支曰："我诸戎饮食衣服不与华同，贽币不通，言语不达"，则"戎"特指西部的诸多少数民族；④ 韦昭注《国语·周语上》"穆王将征犬戎"曰"犬戎，西戎之别名"，"戎"是共名。⑤

司马迁言："唐虞以上有山戎、猃狁、荤粥，居于北蛮，随畜牧而转移。夏道衰……（后稷）公刘失其稷官，变于西戎，邑于豳……自淳维以至头曼千有余岁，时大时小，别散分离，尚矣，其世传不可得而次云。然至冒顿而匈奴最强大。"⑥ 则戎文化始于夏文化前，其后的夏文化变革了戎文化，至"淳维"时业已完成了初步融合，⑦ 戎夏文化实则经历了由分到合的过程。顾颉刚先生在《九州之戎与戎禹》中说，完成了天下九州的划分后，"禹由戎之宗神，演化为三代之首君，则夏族出于戎族"⑧（《古史辨》第7册下编）；刘起釪先生根据顾先生意见作结夏、戎二族同源起于九州之戎地区论，认为"后来夏与戎区别开来，是由于它创造了夏文化"⑨，则戎夏文化原为一体。

---

① 参见李学勤：《字源》，天津：天津古籍出版社2013年版，第1106页。
② 参见左民安：《细说汉字——1000个汉字的起源与演变》（插图珍藏本），北京：九州出版社2006年版，第309页。
③ 参见［西晋］杜预：《春秋左传正义》，见［清］阮元：《十三经注疏》（下册），上海：上海古籍出版社1997年版，第1718页。
④ 参见［西晋］杜预：《春秋左传正义》，见［清］阮元：《十三经注疏》（下册），上海：上海古籍出版社1997年版，第1718页。
⑤ 参见［三国］韦昭：《国语》，上海：上海书店1987年版，第1页。
⑥ ［西汉］司马迁：《史记》，北京：中华书局1982年版，第2879页、2890页。
⑦ 参见［西汉］司马迁：《史记》，北京：中华书局1982年版，第2879页、2890页。
⑧ 刘起釪：《由夏族原居地纵论夏文化始于晋南》，见田昌五：《华夏文明》，北京：北京大学出版社1987年版，第34页。
⑨ 刘起釪：《由夏族原居地纵论夏文化始于晋南》，见田昌五：《华夏文明》，北京：北京大学出版社1987年版，第35页。

  综合古今学界的意见,主要有异源与同源说或本于一体与合二为一体等观点。

  考察《诗经》中"戎狄是膺,荆舒是惩"的史事(《鲁颂·閟宫》),毛传:"僖公与齐桓公举义兵北当戎与狄,南艾荆及群舒"①,则"戎狄"主要指生活在北方的少数民族。姜戎子驹支说"谓我诸戎,是四岳之裔胄也"(《左传》"襄公十四年");鲁太子晋谏止灵王"壅"法治水曰"昔共工氏……欲壅防百川","伯禹念前之非度……共之从孙四岳佐之"以成水功,"共工氏……祀以为社"(《国语·周语下》),韦昭注"共工氏"曰:"贾侍中云,共工,诸侯,炎帝之后,姜姓也"②,确指共工氏为华夏人。《国语》序华夏世系,唐虞皆为黄帝之后,黄帝乃少典之裔子。学界关于少典之源,目前多歧义,司马迁以"唐虞以上"概说了华夏世系,则其时已不可确考抑或是持戎夏二源论。《国语》言少典始行"娶妻避其同姓"(《晋语》)的异姓婚,③至少意味着自少典以后,华夏民族已客观地纳异姓文化于本民族的文化系统。

  综合而论,以源论,戎夏异源;以流论,戎夏同源,充分体现华夏民族"和为贵"的思想传统。因此,姜戎子驹支称其为"华族"、顾先生的戎夏之别在于文化等意见,应为臻言。学界公认春秋战国是中国历史及文化的大转型时期,先进到中国的异族和后进者是当时中国历史的客观存在。《左传》基于特殊的地缘文化、地理环境,特别是在社会生活制度、思想、人物形貌、习俗、语言及器物等方面显示的"戎夏"差异,继用"《春秋》笔法",以"戎""狄""胡"等字符,命名当时域内的诸多异族;其他史家亦多新制字符以写实历史。"戎"字因此由戎族发展派生出"九州之戎""陆浑之戎""卢戎"(南蛮)等19个戎国;"狄"字有"赤狄""白狄""长狄"等;"胡"则主要有陈国胡公满和归姓胡等。

  考察《礼记·王制》,明确记载了当时的名制:"东方曰夷","南方曰蛮","西方曰戎","北方曰狄";④《春秋》则有"经六年,春,楚子诱戎蛮子杀之"的记事(昭公十六年)。杜预注:河南新城县东南有蛮城,则是内地之戎在楚也;戎是种号,蛮是国名,子爵也。孔颖达正义曰:四夷之名,在西曰戎;春

---

① [东汉] 郑玄:《毛诗正义》,见 [清] 阮元:《十三经注疏》(上册),上海:上海古籍出版社1997年版,第617页。
② [三国] 韦昭:《国语》,上海:上海书店1987年版,第35页、第128页。
③ 参见 [三国] 韦昭:《国语》,上海:上海书店1987年版,第125页。
④ [东汉] 郑玄:《礼记正义》,见 [清] 阮元:《十三经注疏》(上册),上海:上海古籍出版社1997年版,第1338页。

秋之时，错居中国。综合其时的典籍记载，多显示由西方进入中国各地或日常生活在西部地区的"戎"，简称"西戎"；随着境内各少数民族的不断融合，《左传》时代通常又以"戎"代指所有异于华夏的民族，如魏绛向晋悼公提出"和戎"主张，"公说，使魏绛盟诸戎，修民事，田以时"（襄公四年），该处"戎""诸戎"当指境内所有的少数民族，则"西戎"又是"戎族"的代称。总之，时代生活使《左传》客观生成了主要由"戎""狄""胡"字符组成的"戎"族话语系统。

根据《左传》记载，"戎"族进入中国的过程大致经历了夏族遇戎族、夏族合戎族与戎族华化三个时期（见附录四）。

"隐公元年"至"文公三年"是夏族遇戎族时期，《春秋左传》主要表现两者间的"会盟"和"伐侵"生活；周人重礼，"会盟"是当时诸侯间以礼外交的主要形式，其中"会""盟"或"会盟"的形式主要取决于外事的轻重缓急；"会盟"又成为其后甄别夏戎文化差别的主要依据。该时期的诸侯也以"会盟"外交戎族，初步统计《春秋经》的四见夏戎会盟，三次发生于第一时期，但形式或"会"或"盟"，事因当与主观轻戎、语言文化差异以及路途遥远等有关；夏戎间多以战争为主，"僖公十六年"的王城"戎难"，多体现出戎族的强势。

"文公三年"至"昭公十七年"是夏族合戎族时期，主要表现为"和戎"与"灭戎"。"和戎"主要有"会盟"、明确的"和戎"理论指导及联戎抗暴等形式。其中，王城"戎难"后，出现"赤狄伐晋、围怀及邢丘"（宣公六年）、"王师败绩于茅戎"（成公六年）等事件，民族矛盾急剧上升，诸侯当因戎势而提升了夏戎间的外交级别。《春秋》记载："经八年，冬，十月，乙酉，公子遂会洛戎，盟于暴"（文公八年），对《春秋》"经"部分记载的夏戎间唯一的一次"会盟"，杜预和孔颖达特别指出其意义。杜预曰"不受命而盟，宜去族，善其解国患，故称公子以贵之"，这体现了戎族的强势、诸侯的正视、诸侯对戎政策的调整以及夏戎间局势的转换等。经诸侯力征，"襄公四年"，山戎国无终子经魏绛向魏悼公提出"和诸戎"的请求，遂有著名的"和诸戎狄，以正诸华"的"和戎"理论。此后的《春秋左传》内容，既增加了诸侯联戎抗暴的内容，例如"昭公九年传"记载"晋梁丙、张趯率阴戎伐颖"等，又将"戎"字符号明显地由五十七减至四十八见，部分象征戎势渐弱、夏族合戎族的初成。该时期的诸侯虽继续"灭"戎，如"晋荀吴帅师灭陆浑之戎"（昭公十七年）等，但总体以"和戎"为主。

"昭公十七年"至"哀公二十七年"是戎族华化时期，主要体现为戎族在中原生活渐趋稳定，此时的戎族作为一个民族整体已因华化而消失。随着戎族逐渐参与诸侯事务,戎族在中原已居有定所,如"哀公十七年","传"记载了卫出公非命于"剪"以及"戎州"事件,杜预注"戎州,戎邑",注出公"我姬姓也,何戎之有焉"曰:"言姬姓国何故有戎邑?"则该"戎邑"里生活的既有戎族人,也有夏人,夏戎错居,夏戎文化融合,戎族已趋于华化。此时期的词频统计显示,"戎"字仅一见,"狄"也只四见,则戎族华化得已彻底本土化。据《左传》等史书记载,推论该时期华化的戎族,当主要是先行入夏的旧戎族;新入夏的戎族,据词频显示"胡"字递增的情况,应称作"胡"族,其中赵武灵王的"胡服骑射"应显示新的胡族在战国中后期的实力。历史于戎族入夏的发展过程,再次客观而充分地证明了唯物论、反映论关于世界是普遍联系的真理。

东进中国的戎族多信奉祆教或琐罗亚斯德教,其"三善"信条遇合华夏的"善恶"思想,形成戎族的"善恶"观,并指导戎族的生活及思想。戎族与华夏的"善恶"观,共同推动了《左传》的"善恶"思想的形成。《左传》鲜明的"善—恶"对应关系话语系统确立,应客观受到二者的影响。则除了纪事说理外,《左传》还有"戎"族符号与"善恶"两套话语系统,它们结合《左传》的叙史话语系统,共同成就了《左传》"叙史之最"[1]的史功。

其次,"戎"族话语系统与"善恶"话语系统并行。初步统计《左传》的叙史话语系统发展可分为三个时期,而"戎"族符号话语和"善恶"话语系统亦随之并行其中。词频统计(见表5.2所示)显示了三个时期的字符变化情况,"戎":57-48-1,"狄":62-53-4,"胡":0-9-19(详见附录四);"善":9-63-8,"恶":14-37-17,"善恶":1-4-1(详见附录一);两套话语系统,始终或强或弱地并生同行。

词频统计显示,"戎""狄"字符递减。该状态既象征"戎狄"渐灭于诸侯,例如"晋灭陆浑戎"(昭公一七年)等;又代表其与各诸侯国的融合,如"经十有八年……狄救齐"(僖公十八年)、"传九年……晋梁丙、张趯率阴戎伐颍"(昭公九年);再则说明诸戎狄族已华化为诸侯组织的一部分,成为参与军政要事的主体,并随着"戎狄"族的本土化,而淡出史家及史籍的视阈。此后,"胡"字符的递增,当与西部新进戎族相关。首先,社会生活使然。考察"胡"字有胡须义,新进"胡"人多蓄长髭须,随着他们的逐渐华化,其形貌已进入时尚的审美视阈,例"楚子享公于新台,使长鬣者相"。杜预注:"鬣,须也,

---

[1] [唐]刘知几:《史通》,见袁行霈:《中国文学史》(第1卷),北京:高等教育出版社1999年版,第90页。

欲光夸鲁侯"（昭公七年），国君赏而国人随，一国用"胡"于外事之礼当带动诸国跟进，"胡"事多亦带来"胡"字符的增加。再则应与宗教信仰有关。学界公认此时中亚流行琐罗亚斯德教，善神阿胡拉·马兹达又简称"胡拉玛达"，"胡"族学说的传播于中国而随之抗衡于华夏思想，则"胡"字符相对高频于"戎"字于当时的简书策牍，原在情理。由此可见，"戎"族符号话语系统终始于《左传》的叙史。

"善恶"话语则表现为中期的高于首尾。《左传》以"惩恶劝善"为宗旨，通过记载中期历史，对诸侯间发生的事件进行历史性的道德判断，其判断的重要标准则是"善恶"思想。以"襄公二十九年"传为例，除了叙述楚、鲁等国的政治战事，还集中描写了吴公子鲁国观乐和郑之国政。季札观乐以闻"韶"乐止，称"德至矣"，孔子评"韶"乐"尽善""尽美"，则《左传》于宣说"德"兼"美善"的"善恶"思想时，客观评判了鲁政和吴楚政之不善处；对郑国，则主要以宋郑二国的善赈饥民和子产的善理国政为例，说明宋、郑小国得以存在的原因在"善"，从而揭示其"善之代不善，天命也"的"善恶"史观。可见，《左传》有系统的"善恶"话语系统。

此外，《左传》以消弭民族矛盾等重要的历史时代内容诠释其"善恶"思想，是作者的匠心。其中魏绛"和戎"，主要通过晋侯评判该具有转折意义的历史事件。考察《左传》开篇的"亲仁善邻"论，含有"善"邻人、"善"邻国和"善"邻族等思想，则中期的"和戎"论和历史作为，正是其"善邻"思想的体现。因此"戎"族符号话语系统和"善恶"话语系统并行于《左传》的叙史，客观提升了《左传》诠释历史的境界。

最后，"戎"族符号话语系统与"善恶"话语系统交互并存。"戎"族符号话语与"善恶"话语两套系统相互交织地并存于文中。概括其交叉叙法，概有直言法与语境法等。其中，直言法是两套话语系统直接交叉叙述的方法，以姜戎子驹支为代表。晋悼公会吴伐楚事件泄密，范宣子问罪于戎子驹支，戎子驹支严词以对：

"惠公蠲其大德，谓我诸戎，是四岳之裔胄也，毋是翦弃……殽之师。晋御其上，戎亢其下，秦师不复，我诸戎实然。譬如捕鹿，晋人角之，诸戎掎之，与晋踣之。戎何以不免？自是以来，晋之百役，与我诸戎，相继于时，以从执政，犹殽志也，岂敢离逷？今官之师旅，无乃实有所阙，以携诸侯，而罪我诸戎！我诸戎饮食衣服，不与华同，贽币不通，言语不达，何恶之能为？不与于会，亦无瞢焉。"赋《青蝇》而退。宣子辞焉，使即事

第五章 《荀子》与琐罗亚斯德的善恶观

于会,成恺悌也。(襄公十四年)

该句群为戎夏文化论的经典引文,集中说明了姜戎和晋秦关系、姜戎族源、姜戎对晋国的系列作为、戎夏文化差异、戎子驹支的善《诗》及其尽释前嫌等史实。其中,"戎"是关键词,"诸戎"是"戎狄胡"三族合称,七见于句群;"戎"字符九见,《左传》首次出现"戎"字符如此集中地使用,盖作者藉戎夏融合的重大历史事件,再议其前的"和戎"论。句群的"恶"(e),则是作者评判该事件的字眼:秦国无辜"剪弃"戎族是"恶"、晋国无端罪戎是"恶",而姜戎知恩图报是"善"、戎子驹支赋诗接受华化是"善",与晋侯重修"恺悌"之谊也是"善"。全程不仅以戎子之语,将"恶"作为道德判断的基本尺度,同时以"春秋笔法",用一"恶"字符,诠释《左传》丰富而深刻的"善恶"观,从而形成独特的"戎"族符号和"善恶"话语系统交叉运用的直言法。考察《左传》前的史评,以"德"为主,《左传》在此则以"善恶"的唯一评判标准,替代传统的"德"评模式,从而使"善恶"思想升华为新的评史标准。《左传》后的史纪,多体现诸戎佐诸侯、戎族渐次华化的思想。则其直言式的评史法,当源于其"善恶"理论系统的建立。

《左传》还用语境法,通过具体的语言环境描写,叙事抒情说理,体现文本的宗旨。如:

经五年,春,公至自晋。夏,郑伯使公子发来聘。叔孙豹、鄫世子巫如晋。仲孙蔑、卫孙林父会关于善道。秋,大雩。楚杀其大夫公子壬夫。公会晋侯、宋公、陈侯、卫侯、郑伯、曹伯、莒子、邾子、滕子、薛伯、齐世子光、吴人、鄫人于戚。公至自会。冬,戍陈。楚公子贞帅师伐陈。公会晋侯、宋公、卫侯、郑伯、曹伯、齐世子光救陈。十有二月,公至自救陈。辛未,季孙行父卒。

传五年,春,公至自晋。王使王叔陈生愬戎于晋,晋人执之。士鲂如京师,言王叔之贰于戎也。夏,郑子国来聘,通嗣君也。穆叔觌鄫大子于晋,以成属鄫。

书曰:"叔孙豹、鄫大子巫如晋。"言比诸鲁大夫也。(襄公五年)

该句群由"经"与"传"两部分组成,主要反映晋人执王叔等外交事件。《春秋》时代的外交方式为"会盟",用之为礼、反则无礼,该句群的"经"部分主要写"三会"之事。其中的一"会",是襄公为救母族而赴的郑聘之会。其中,叔孙豹不居身份、变通礼法,并屈就鄫世子以救亲,属于善举,则"会"的地点设在"善道"。二"会"于"楚杀大夫"后,三"会"于楚伐陈时。《榖梁传》评第三会是"善救陈"（襄公五年），则后二会皆旨归反对杀伐，整体表现了《左传》宣说和平与"善道"的思想。虽然"三会"皆为宣善，但"善"的语境实则臻备于首会的"善道"。

"传"的开篇部分则写"执"王叔与"书"鄫子两事，其首事列举王叔有渎职、私用公权与私交戎三罪，"戎"有私结诸侯与私储间谍二罪，二人所为皆为不善之举；后事则写鄫子因善用"会盟"之礼而赴晋"会"，得作者"言比诸鲁大夫也"之赞誉。两事旨在宣"礼"，但礼义思想实则在描写"戎""鄫"之别的具体语境时已显示。

综合《左传》"襄公五年"的"经""传"记载，作者借"会盟"的外交事件，阐释其深刻的"善恶"思想。其叙法，先于"经"的"善道"部分营造"善"的语境，将前后事件的描写尽纳于该语境，所涉列事件亦客观得以评判，从而体现其独到的语境法叙史艺术。全文仅以两个"戎"字、一个"善"字，将"戎"族符号和"善恶"话语系统的交叉叙法，发挥到极致，尽显春秋典籍"微言大义"的特征。相较于直言法，《左传》多用语境法。

综上所述，《左传》还善于通过"戎"族符号和"善恶"话语系统的综合运用，表达其"善恶"思想。《左传》继承了《尚书》《春秋》，并影响了《国语》《战国策》等的叙史手法，学界通常以《战国策》的"胡服骑射"为代表。

综合以上分析，《墨子》《左传》等先秦第二阶段"善恶"思想的发展特点主要有两个。

第一，继承传统与因势创新并存。基于第一阶段"善恶"思想的积淀，先秦第二阶段的"善恶"思想应时代发展，创造出新的思想内容与形式，主要以《墨子》的"善—不善"对与"三善"说、《左传》模式化的"善—恶"对设置等为代表，体现出继承传统与因势创新并存的特点。

第二，本土的"善恶"思想与异质文化互动。第一阶段的"善恶"思想多本土化，且主要见载于典籍，第二阶段则出现了丰富的异质文化因子。以《左传》为代表，其"善恶"思想常与异域的"戎"族符号系统交叉出现，互为诠释，总体表现出本土的"善恶"思想与异质文化互动的特点。

(三) 战国中期，"善恶"思想体系的发展

词频统计显示，该阶段"善"一百九十四见，"恶"八十一见，"善—恶"对十三见（见表5.1，详见附录一），则战国中期的"善恶"思想继续发展。这一思想主要体现在《孟子》《庄子》《国语》等著作中，"善""恶"词义、思想及话语等方面皆有扩展。其中词义方面，"善"主要有：

人名:"善卷"(两见),如"舜以天下让善卷"(《庄子·让王》);

"王子善":又称"令尹子元",韦昭注"子元,楚武王子,文王弟,王子善也"(《国语·楚语上》),则楚武王子名"善"。

"恶"则有:

丑陋:形容人的相貌,"卫有恶(e)人焉,曰哀骀它"(《庄子·德充符》);语气词(表示应诺):"仲尼曰:'恶'(wu)"(三见)(《庄子·人间世》)等。在思想方面,《孟子》的"善恶"话语,推动了先秦"善恶"思想向理论的纵深和应用的普世化等方面发展,其"性善论"对后世的人性论产生了重要影响,则该阶段通常以《孟子》的"善恶"思想为代表。

1.《孟子》"性善"论主导的"善恶"思想

古今学界公认"性善"论是孟子思想的基础理论,则"善恶"思想是《孟子》诠释的主要思想理论之一,大致涵盖三个方面的内容。

(1) 独用"善—不善"对应关系

先秦学界常用"善恶"对应关系表达善恶思想,但是初步统计,《孟子》"善—不善"对八见、"仁—恶"对一见、"善—邪"对一见、"善—暴"对一见,唯独不见"善—恶"对(见表5.1),则孟书独用"善—不善"对应关系阐释其"善恶"思想。该叙法既体现了其对前典的继承,又表现了其独特的学术理念。

考察孟子主要师从孔子之孙子思的门人;孔子曾以"俎豆"之事规避卫灵公的问"阵",显示儒家有所取舍的学术规范;孟子亦以"仲尼之徒,无道乎齐桓晋文之事"(《孟子·梁惠王章句上》)言规避梁惠王的霸道之问。则孟书独用"善—不善"对应关系,应是其重"善"讳"恶"的"善恶"思想体现。

(2) "善恶"话语系统的建立

在《孟子》的"善恶"思想中,其"恶"话语盖源自前典;其"善"话语则体现了对前典的发展,主要表现在"善"话语系统视阈的扩展等方面。概括孟书的"善"话语系统,首先涉及"三善"说,如称赞舜"闻一善言,见一善行,若决江河,沛然莫之能御"(《孟子·尽心章句上》)等。再则,有丰富的"善"话语,如"善国""善人""善士""善政""善教""善道"等,其中"善政得民财,善教得民心",正式将"善"话语系统的视阈扩展至政教思想层面;其后的《国语·楚语》有"教之春秋,而为之从善而抑恶焉",其中受教的当为楚太子,则其思想已涉及政教合一方面,应是对孟书系统的政教合一教育思想的继承与发展。

(3)"善"思想体系的生成

孟子侧重从儒家思想的角度研究"善"问题,并以"善"为中心建立了"善"的思想体系,主要包含"性善"论和行"善"说。

《孟子》最早提出"性善"的理论。虽然《论语》中较早出现了人性角度的"性"概念,但将"性"与"善"结合而生成"性善"理论体系的,学界通常认为始于《孟子》。

> 孟子道性善,言必称尧舜。(《孟子·滕文公上》)公都子曰:"告子曰:'性无善无不善也。'或曰:'性可以为善,可以为不善;是故文武兴,则民好善;幽厉兴,则民好暴。'或曰:'有性善,有性不善。是故以尧为君而有象,以瞽瞍为父而有舜,以纣为兄之子且以为君,而有微子启、王子比干。'今曰'性善',然则彼皆非与?"孟子曰:"乃若其情,则可以为善矣,乃所谓善也。若夫为不善,非才之罪也。"(《孟子·告子章句上》)

该文作为孟子"性善"研究的经典引文,涵盖了时人关于"性无善无不善""性可以为善可以为不善""有性善有性不善"等诸多不同观点,孟子提倡"性善"论。赵岐注文中的"才"作"天才",焦循正义曰:"非天之降才尔殊也。才可以始美而终不美,由才失其才也,不可谓性始善而终不善也。性以本始言,才以体质言……俾天下万世,无论上智下愚,人人知有君臣父子夫妇,此性善之指也。"(《告子章句》上)焦循通过"才""性"的比较分析,认为"性善"是超克于人生命之外的客观存在,与生俱来、死亦不渝。总括孟子的"性善"理论,主要涵盖了对"性"的含义、价值以及"善"的含义、成因、作用及价值等的诠释。

首先,《孟子》系统诠释了"性"的概念与价值等问题。

《告子上》曰:"生之谓性","食色性也",孟书由"性"的概念继而分解其含义。孟书首先指出人禽有别:"犬之性,犹牛之性,犹人之性与"(《告子上》)、"人之所以异于禽兽者,几希。庶民去之,君子存之。舜明于庶物,察于人伦。由仁义行,非行仁义也"(《离娄下》)。赵岐注认为差别在于不"同所欲";焦循疏解"可欲即可好,其人善则可好,犹其人不善则可恶",则"善""不善""仁义"等是人的属性,与动物无关。

通过人禽之别的讨论,孟书的"性"概念概有二层内容:"食色"与"仁义"。孟书多处剖析二者差别,如"君子所性,仁义礼智根于心,其生色也,睟然见于面,盎于背,施于四体,四体不言而喻",则"仁义礼智"属于性含义的范畴。其典型代表是孟书以"命"概念甄别"性"的定义,如:

第五章 《荀子》与琐罗亚斯德的善恶观

孟子曰:"口之于味也,目之于色也,耳之于声也,鼻之于臭也,四肢之于安佚也,性也,有命焉,君子不谓性也。仁之于父子也,义之于君臣也,礼之于宾主也,知之于贤者也,圣人之于天道也,命也,有性焉,君子不谓命也。"(《尽心下》)

文中指出,与人的生命俱存的有"命"和"性"两个部分。王博先生认为:"口之味等是有命之性,仁义等是有性之命,君子守求有性之命;并非所有天赋之物都可以被称为'人性',当孟子把某些天赋的内容称为'命'的时候,他实际上是把它们从性中排除出去,之后在性之中剩下的就是仁义礼智等内容。"①

综合以上论述,孟子的"性"概念有广狭之分,广义指含有两层内容的庶民之"性",狭义的则专指具有"仁义礼智"等内容的君子之"性"。孟子持君子之"性"论,专言"人性之善",并提出"性善"命题。

关于"性"的价值,《孟子》认为"尧舜,性之也;汤武,身之也;五霸,假之也"(尽心上)、"舜尧,性者也"(尽心下),赵岐注:"性好仁,自然也",则"性"有"治天下"的政治价值。"君子所性,虽大行不加焉,虽穷居不损焉,分定故也"(尽心上),焦循注"分"作"职分",意谓人生各有职分,君子当顺性而为,则"性"有人生价值等。

其次,《孟子》系统诠释了"善"的系列问题。

《孟子》相对系统地阐释了"善"的含义、成因、作用与价值。如:

浩生不害问曰:"乐正子何人也?"孟子曰:"善人也,信人也。"、"何谓善?何谓信?"曰:"可欲之谓善,有诸己之谓信"。(《尽心下》)人性之善也,犹水之就下也。人无有不善,水无有不下……人之可使为不善,其性亦犹是也。(《告子上》)

以善养人,然后能服天下,天下不心服而王者,未之有也。(《离娄下》)

穷则独善其身,达则兼善天下。(《尽心上》)

赵岐注曰:"己之所欲,乃使人欲之,是为善人";焦循疏曰:"可欲即可好,其人善则可好,犹其人不善则可恶",则孟书明确以"好—恶"对应关系,限定"欲"的内容是众人认可的欲念,由此首次阐释了"可欲谓善"的"善"概念。

---

① 汤一介:《中国儒学史》(第1卷),北京:北京大学出版社2011年版,第325页、第326页。

关于"善"的成因，孟书概括为"人无有不善"和"使为不善"两个方面。孟子认为"善"是人性的客观部分，与生俱来，所以"人无有不善"；但人可以"使为不善"，则"善"还有被人为左右的因素，孟书通常称作"养"，如"我善养吾浩然之气"类。则"善"成于与生俱来和后天的存养。

孟子对"善"的作用与价值研究，主要体现在政教等方面。其中，"善"可王天下的"善政"（《尽心上》）思想，对后世的政治思想产生了重要影响。初步统计，孟书的"善"字一百零七见、"仁"字一百二十见，则"善政"与"仁者无敌"的"仁政"思想互补于孟书，成为孟书政治思想体系的特色部分，其政治价值一直延续到清末科考终止后，方转型为学术研究范畴。此外，孟子还以"善"的思想说明人生的穷达观，体现了"善"思想的人生价值；还扩展出"善教"的教育价值、"善阵""善战"的军事价值等。

综合以上论述，《孟子》继承前典，首次相对系统地诠释了"善"的问题，开其后学界关于人性"善恶"思想研究的传统。

最后，《孟子》首次建立了"性善"论的思想体系。

学界认为，《孟子》的"性善"论是"性善论—仁政学说的哲学基础"[①]，"宋以后，几乎成为封建统治阶级共同尊奉的正统法定的人性论"[②]。考察《孟子》的"性善"论，主要通过"四心"说的可行性、人性的起源论、人皆可为善的普世价值论以及性命辨、人禽辨等方面的系统阐述，建立"性善"论的思想体系。《公孙丑上》曰：

> 人皆有不忍人之心。先王有不忍人之心，斯有不忍人之政矣。以不忍人之心，行不忍人之政，治天下可运之掌上……恻隐之心，仁之端也；羞恶之心，义之端也；辞让之心，礼之端也；是非之心，智之端也。人之有是四端也，犹其有四体也。

文中的"四心"说，是孟子思想的出发点，学界通常认为孟子代表性的"仁政"说与"仁义礼智"等现实社会的君臣父子等伦理纲常思想，皆源于"四心说"。其中，孟子特别以"四心"说为基础，系统阐释了"性善"的系列问题。如孟子认为"圣人之于天道也，命也，有性焉"，则"性"由天成；而"可欲谓善"，与生俱来，则"命"亦谓"善"。

王博先生认为孟子所言之"性就是天之所命于人者。自天言之谓之命，自

---

① 肖萐父、李锦全：《中国哲学史》（上册），北京：人民出版社1982年版，第146页。
② 任继愈主编：《中国哲学史》（第2册），北京：人民出版社1999年版，第153页。

人言之谓之性"①，意谓"命"等于"性"。"性""命"既然皆谓"善"，人皆有"命"，有"心"和"性"，则人性皆谓"善"和皆可为"善"。《孟子》由此提出"人皆可以为尧舜"（告子下）的理论，从而使其"性善"思想客观具有了基本的普世价值。但孟子"性善"论境界的升华，应体现对君子之性的道德化规范，其中以君子重"性"轻"命"的"性命之辨"说为代表。

《孟子》重视"善"的可行性价值。《孟子》认为既然"人无有不善"，则该"与人为善"。如以"善"自律："穷则独善其身"；以"善"处人："君子莫大乎与人为善"（公孙丑上）；以"善"为政："达则兼善天下"等。诸多论述，充分说明了孟子颇为重视"善"的可行性价值。

综合以上论述，《孟子》继承前典，主要以性善论等思想为基础，建立了"善恶"思想体系，开了先秦人性理论研究之先河。

2.《庄子》"赏善罚恶"的"善恶"思想

《庄子》的"善恶"思想与《孟子》相比，多呈分散且缺乏体系的状态，其可观之处主要表现在丰富的"善—恶"对应关系、"善恶"话语的发展和鲜明的"善恶"理念等。

（1）《庄子》有丰富的"善—恶"对应关系

词频统计显示："善—不善"对四见、"善—否"对三见、"美—恶"对十见、"善—恶"对两见等（两附录一），多用"美—恶"对应关系。

（2）"善恶"话语的运用

《庄子》的"善恶"话语在"善"话语、"恶"话语和"赏善""罚恶"等方面都发展了前典的传统，以"恶"话语最为典型。

在"善"话语方面，《庄子》新制人名"善卷"："舜以天下让善卷"（让王）；丰富了"善"话语，如"善言""善人""善始善终"等。此外，还有鲜明的"赏善罚恶"理念。《庄子》的"善"话语和其"三言"艺术一样，为后世常用。

在"恶"话语方面，主要表现为"恶"话语系统的扩展。其中除了继承使用人名"恶来"，还有"恶人""恶声"等新制词组。庄书"恶"话语最典型的新制代表是其"恶"的音义系统的生成，其语音方面主要是将二音制（e, wu）的 wu 音进行了俗世化普及发展；其语义则在原有的名词、动词、形容词、疑问词等基础上，增加了表示应答类的语气词，如"仲尼曰：'恶'（wu）"（三

---

① 汤一介：《中国儒学史》（第1卷），北京：北京大学出版社2011年版，第325页。

见）；增加了疑问词性"恶（wu）""恶乎"的使用量。词频统计庄书的"恶"总数一百四十七见，其中用于疑问词性的"恶（wu）乎"等六十二见（见表5.1，详见附录一），几乎半于总数，说明了自春秋末期至战国中期，"恶"话语在楚文化圈的受纳已达口语化、俗世化之境。

根据以上对孟庄等的"善恶"思想研究，先秦第三阶段的"善恶"思想发展特点主要有三个方面。

第一，人性论的思想研究取得实质性进展。《孟子》继承前典传统，首次将代表人的理念、行为等范畴的"善恶"思想，纳入人的本性研究视阈，推动了先秦人性论研究的实质性发展，开启了我国人性理论研究的传统。

第二，异域文化因子的发展。该阶段典籍中的异域文化因子继续发展。其中《国语》中丰富的"善恶"思想主要体现于两周和晋楚两国；晋国的"善恶"词频最高，"善"三十四见、"恶"二十四见、"善恶"对四见（见附录二）。考察中原戎族多聚居于晋国，则该时期晋国丰富的"善恶"思想的出现，至少应与祆教的传入有关。《国语》中"戎"的总数四十四见，确指二十三见；"狄"总数七十见，确指六十见；"胡"十见，确指二见（见附录五）。则《晋语》的"善恶"符号系统与《国语》的"戎"族符号系统同时集中出现的现象，客观说明了该阶段异质文化因子的继续发展。

《孟子》则发展了《墨子》等的"三善"思想，主要表现为"善言"五见、"善行"一见（见附录一）；并首次阐释了"善言"的含义，即"言近而指远者，善言也"，意谓"善言"已不是指一句简单的好话，而需要有一定的思想内涵、寓意以及可以传承的价值，类同儒家的"立言"思想类。《孟子》对"善言"的释义，部分地说明祆教的"三善"说已纳入先秦儒家思想体系的客观事实。

如同《左传》中"戎"族符号的递减客观上象征着戎族的华化，《庄子》中"恶"话语的口语化与俗世化，当部分地说明祆教"恶"话语已逐渐华化和本土化。

（四）战国后期"善恶"思想的成熟与深化

战国后期的"善恶"思想，集成前典的成就又有新发展，主要表现在语义、语法和思想等方面。其中，语义的发展主要以"善"为代表，将传统的理论化词性向应用化的语气词性方面扩展是主要特点。如：

临武君曰："善"。（《荀子·议兵篇》）；

君臣曰:"善"。(《韩非子·十通》);
荆王曰:"善"。(《韩非子·说林下》);
西周君曰:"善"。(《战国策·东周》);
魏王曰:"善"。(《战国策·魏策》);
樗里疾曰:"善"。(《战国策·宋卫》)。

文中"善"字,为应答式的口语语气词。该叙法虽已见于前典,如《孟子·梁惠王章句下》的"晏子对曰:'善哉'"、《国语·齐语》的"桓公曰:'善'"等,但多偶而用之。战国后期的"善"字使用,则多显示时代与普及性的口语化特征,其中以《战国策》最为典型。初步统计的《战国策》"善"字符共二百六十二见,确指的只有三十一见,而作为应答式口语的九十见,近总数的三分之一(如附录一);其中的言"善"者身份几近全备,自东西周之君、七雄之国王、太后、太子、战国君子至各国的侯、大夫和士等,皆使用"人名+曰+善"的应诺形式,这充分体现了"善"字作为口语的普及化特征。"善"字的高频使用、全面而繁复的应用以及时代性的普及化等特征,从语言学角度证明了"善"思想在当时已发展为普世价值。

"善"字在语法方面的发展,主要以《荀子》为代表。如"彼先王之道也,一人之本也,善善恶恶之应也"(强国篇)的"善善恶恶",杨倞释作"善善恶恶之报应也",据荀书行文的特点,其中的"善"字既多义,又兼动词化的形容词等复合运用的语法特征;"恶"则既多义多音(wu、e),也兼具动词与形容词性。《荀子》以多音多义的叠字法,发展出"善恶"字符在语法运用上的新形式。

"善"字在理论方面发展的代表,是《荀子》的性恶思想。考察《荀子》的性恶论,主要是对其前"善恶"思想和《孟子》的性善论进行综合发展,具有集成先秦人性论思想研究的特征。词频统计战国后期确指的"善"字一百八十一见,"恶"一百二十九见,"善—恶"三十六见(见附录一);不同于战国中期的重"善"研究,战国后期多侧重"恶"与"善—恶"思想研究,主要以《荀子》《韩非子》《战国策》为代表。《荀子》的专论见下文,此不赘述。

1. 《韩非子》纳"善恶"话语入法学思想体系的"善恶"思想

以"善恶"思想入法学的研究领域,较早始于《尚书·周书·吕刑》的"有邦有土,告尔祥刑""鉴于兹祥刑"等,孔安国释"祥刑"作"以善用刑""善刑",显示"善"与"法"思想关系的初步产生。此后,《左传》提出"刑善"(襄公传十三年)的观点,明确了"刑"与"善善"的关系;《墨子》进一

181

步发展为"顺天之意，谓之善刑政"（《天志中》），正式引"善"思想入刑法理论研究的范畴；《国语》直言"赏善罚奸，国之宪法也""罚善必赏恶，臣何望矣"（《晋语》）等，首次纳"善恶"思想入国家宪法研究的领域，且以明确的"赏罚"理念建立了"善恶"思想与"法"思想的理论关系。集前典"善恶"与"法"思想关系研究之所成，《韩非子》则以明确的"秉法为善""不以善言售法"等思想，正式将"善恶"思想纳入其法学思想理论体系中。主要表现为：

（1）"善—恶"对应关系叙法模式的应用

战国后期以前的典籍中，"善—恶"对应关系叙法通常表现为以"善—不善"为主、"善—恶"为辅的特点。初步统计《荀子》的"善—恶"对应关系二十二见、"善—不善"对应关系十五见（见附录一）。其中《性恶篇》后的"善—恶"对十五见、而"善—不善"对只有二见，说明是《荀子》首开"善—恶"对应关系叙法为主的传统；学界公认性恶论始于《荀子》，则荀书首次以明确的"善—恶"对应关系替代了传统的"善—不善"对应关系。

受师承影响，《韩非子》亦重视"善—恶"对应关系叙法的使用，初步统计韩书的两类叙法各五见，《战国策》的"善—恶"对应关系九见、"善—不善"仅三见（见附录一），则《韩非子》将"善—恶"对应关系叙法的模式化应用，客观推动了《战国策》等对该叙法模式的固化。

（2）纳"善恶"话语入"法"的话语体系

《韩非子》中有丰富的"善恶"话语。以人名为例，三见"恶来"一名，并特标"崇侯"（《难一》）爵位，客观体现其忠君责吏、"法不阿贵"（《有度》）等法学思想；以"善恶"思想为例，有"善恶必及"（《扬权》）"祸福随善恶"（《安危》）等明确的"赏善"（《二柄》）罚恶（《八经》）的思想，从而以"善恶"理论诠释法学思想，纳"善恶"话语入"法"的话语体系。

在韩书的"法"话语体系中有明确的"善恶"理念，例"赏善不遗匹夫"（《二柄》）"有重罚者必有恶名"等，（《八经》）"善"必赏、"恶"该罚，从法学角度进一步明确诠释了传统的"善恶不踰"（《外储说左上》）等"善恶"思想理念。

韩书的"法"话语体系中，既以"法"为主导，例"任善则民多言""不以善言售法"（《饬令》）等；又"善""法"相掺，如"秉法为善""善以止奸"（《制分》）等，从而体现其在继承传统法家思想基础上的创新法学思想特点。

2. 《战国策》纳"善恶"话语入史学话语体系的"善恶"思想

"善恶"思想贯穿先秦史籍的始终,自《尚书》的"彰善瘅恶"、《左传》的"惩恶而劝善"至《国语》的"从善而抑恶"等,(如附录一)"善恶"话语始终是先秦史学话语的基本组成部分。《战国策》则继承前典,自觉纳"善恶"话语入史学话语体系。

(1)"善—恶"对应关系叙法模式的活用

词频统计《战国策》的"善—恶"对九见、"善—不善"对三见(如附录三),则"善—恶"对应关系是主要叙法,如"不蔽人之善,不言人之恶"(楚策)"为政不善,政恶故也"(魏策)等,体现对"善—恶"对叙法模式使用的固定化。《战国策》除了继承荀韩"善—恶"对叙法模式以叙史外,还以其独到的"善"义系统和变"善"变"恶"的用法,体现对该叙法模式的灵活使用。

首先,《战国策》生成了"善"义系统。《战国策》集前典"善"义之成,以多样化的词性生成了相对完整的"善"义系统。主要有:

名词:如"天下称为善"(齐策);

动词:如"秦分齐、齐亡魏则有功而善秦"(赵策);

形容词:如"岂人主之子孙则敢不善哉?"(同上);

副词:如"秦王必喜而善见臣"(燕策);

语气词(表示应诺):如"平原君曰:'善'"(赵策)。

以上几乎涵盖了汉语法的主要词性,体现了"善"义运用的系统性。其中,表示应答的语气词"善"的使用量几近总数的三分之一,是《战国策》的亮点;其言"善"者的身份则几乎覆盖整个朝廷及各级官吏。如:

西周君曰:"善"(东周);

秦王曰:"善"(秦策);

太后曰:"善"(同上);

太子曰:"善"(齐策);

春申君曰:"善"(楚策);

文信侯曰:"善"(赵策);

陈轸曰:"善"(魏策);

苏子曰:"善"(秦策)。

其中"人名+曰+善"的叙法,成为自东西周君、七雄之国王、太后、太子、战国君子至各国的侯、大夫及士等普遍采用的应诺形式。"善"字全面而丰

183

富的应用性特征,从语言学角度充分证明了"善"思想在当时已生成的普世价值。

其次,新制出变"善"变"恶"的用法。"善恶"话语在《战国策》中还新制出音变、义变及音义变等用法。

音变:"善—恶(e)"对应关系变作"善—恶(wu)"对应关系的:"所事善平原君者,为恶于秦也"(韩策),句中"恶"音,由"e"变"wu";

义变:"买马善而若恶"(赵策),以"善恶"说人之义变作说马,意义发生质变;

音义变:"善平原君者,为恶于秦者"(韩策),句中"恶"音,由"e"变"wu";义则由"邪恶"变作"憎恶"(见附录三)。

以上关于《战国策》活用"善—恶"对应关系的叙法分析,客观证明先秦"善恶"思想发展的成熟状态,意味着至迟于战国末期,自理论至应用,其研究程度已臻化境。

(2)"善恶"话语正式纳入史政话语体系

《战国策》以熟稔的"善恶"话语叙法,表达丰富深刻的历史内容和史政思想。其中尤为侧重"善政"说与"善恶"策谋的外交理念。

"善政"一词,虽然较早见于《尚书》,但学界通常认为《虞书》部分是后人伪作,则较早的"善政"思想当为《左传》出现的两见"善政"论,如"军之善政也"(宣公传十二年)等。《墨子》于六见的"善政"观点基础上,正式提出了"为政不善"(非命上)的问题,批判了"上世暴王"的"善""命"不分,从而发展了"善政"思想。《战国策》则继承前典,进一步丰富了对"为政不善"等问题的研究。如《魏策一》曰:

> 昔者三苗之居,左彭蠡之波,右有洞庭之水,文山在其南,而衡山在其北。恃此险也,为政不善,而禹放逐之。夫夏桀之国,左天门之阴,而右天溪之阳,庐、睪在其北,伊、洛出其南。有此险也,然为政不善,而汤伐之。殷纣之国,左孟门而右漳、釜,前带河,后被山。有此险也,然为政不善,而武王伐之。

文中关于"为政不善"问题的研究有两个要点:第一,从为政方法的角度,分析"三苗"等国被禹、汤、武伐灭的根本原因是其"为政不善";第二,从人与现实生活环境关系的角度,将"为政不善"问题提升至史学的方法论研究层面,强调人在历史发展中的主导作用,在一定程度上体现出其人本论的进步史观。学界认为,《史记》采用了《战国策》约九十余条,① 则《史记》以人为本的纪传体体例的运用,应受到《战国策》"为政不善"思想的影响。

"为政"方法问题通常为先秦学界正视,他们继承《尚书》等重视政德思想研究的传统。孔子首先提出"为政以德"(《论语·为政篇》)的命题,强调道德在政治领域里的重要作用;《孟子》重视道德自治思想的研究,并从心学角度明确提出"仁政"说,认为"为政"的方法应以"仁"为主;《墨子》从"兼爱"思想角度首先提出"为政不善"的问题。《战国策》则继承《墨子》,通过史实分析和人与自然环境关系问题等的探讨,将原属于方法论范畴的问题引申到伦理学的人性论范畴,并予以阐释,从而确立了人在政治关系中的主体性作用。若说"为政以德"的方法,因孔子重视复古周礼而有局限性;为政以"仁"的方法,常受限于孟书主观唯心论的神秘色彩,失于限定;则以正言反说的说理方法阐释"为政不善"问题,当因其具有客观时代的可行性,被记载于《战国策》。

考察正言反说的说理法通常为先秦学界擅用,《战国策》则主要通过战国时期各诸侯国的外交事宜,诠释其外交思想,其中"交善……交恶"的"善恶"话语,应体现其外交方面的"善政",则"为政不善"的命题客观上涵蕴了为政以善的政治思想。产生于杀伐决断的战国时代的《战国策》,将如此深刻的时代政治问题,通过"为政不善"的正言反说形式提出,既可使受众相对清晰先秦"为政以德"、为政以仁和为政以善等政治思想一脉相承的发展理路,又充分体现作者对该问题所作的具有历史时代意义的反思,从而说明"善恶"话语已正式纳入《战国策》的史政话语体系。

以"善恶"思想策谋的外交理念,亦为《战国策》史政话语体系的一部分。以"善恶"话语论外交,较早见于《左传》,如"周郑交恶"(隐公传三年),杜预注"恶"作"两相疾恶",即周郑两国相互憎恶,外交关系恶化。《战国策》则将"善恶"话语普遍地用于记载外交生活,如"交善于秦,且公之成事也;交恶于秦,不善于公且诛也"(西周)"齐卫之交恶"(齐策)"魏秦交恶"(楚策)"齐楚之交善秦"(韩策)等。其中,"善"意谓友善,"恶"意指憎恶。作者通过"善恶"话语,既记载战国时期各国的外交往来历史,又阐释当时一系列错综复杂的外交政治思想。综合而论,"善恶"话语作为《战国策》的外交策谋理念,是其史政话语体系中不可或缺的组成部分。

(3)"戎"族符号系统递减,"胡"族符号系统递增,二者并行同释"善

---

① 参见袁行霈:《中国文学史》(第1卷),北京:高等教育出版社1999年版,第106页注⑳。

恶"思想

"戎"族符号是先秦典籍的一个客观存在，初见于甲骨文时代，《尚书》《诗经》《易经》偶有涉及，《春秋左传》以后则发展为一套独立的符号系统。考察春秋末年至战国中期的典籍，"戎"族符号系统的指称主要涵盖"戎""狄""胡"等华夏民族以外的少数民族，"戎"字符则具有统称的特点。战国后期发生变化，词频统计，《战国策》"戎"确指十五见、"狄"十一见，而"胡"则六十四见，另外新增了两见的"匈奴"（见附录五）。以数量论，其"胡"字符倍余"戎""狄"二字符的总数；以类别论，《战国策》新增了"匈奴"族类。综合而论，战国后期的"戎"族，已质变分化出"胡"族和新的"匈奴"族类。

关于匈奴的族源族属问题，迄今为止，海内外学者仍有异议。何光岳先生考证，"匈奴"一词最早见于周代的《逸周书·王会解》，《山海经》中也有记载，而《战国策》以后首先确切记载的是《史记·匈奴列传》。王国维先生的《鬼方昆夷猃狁考》较早给予详致的证论，当今则主要以林干先生的《匈奴通史》等为代表。① 司马迁认为：

> 匈奴，其先祖夏后氏之苗裔也，曰淳维。唐虞以上有山戎、猃狁、荤粥，居于北蛮，随畜牧而转移……于是秦有陇西、北地、上郡，筑长城以拒胡……赵武灵王亦变俗胡服，习骑射，北破林胡、楼烦。筑长城，自代并阴山下，至高阙为塞……燕亦筑长城，自造阳至襄平……当是之时，冠带战国七，而三国边于匈奴。
> …………
> （冒顿）破灭东胡王……西击走月氏，南并楼烦、白羊河南王。悉复收秦所使蒙恬所夺匈奴地者……自淳维以至头曼千有余岁，时大时小，别散分离，尚矣，其世传不可得而次云。然至冒顿而匈奴最强大，尽服从北夷，而南与中国为敌国。（《史记·匈奴列传》）

综合以上文献记载，匈奴的族源最初属于"戎"族；发展至战国后期，与当时的东胡、林胡、楼烦及月氏等同属于三国长城外的"胡"族；秦汉之际的冒顿时代，开始成为统一北方各少数民族且抗衡于中国的"匈奴"族。则"戎""胡""匈奴"实为一族。

何先生认为，"在族源方面，就国内来说，王国维的《鬼方昆夷猃狁考》是

---

① 参见何光岳：《匈奴族源漫议》，载《寻根》，2004年第6期，第4—8页。

一篇影响较大的文章。文中认为商、周间的鬼方、混夷、獯鬻,宗周时的猃狁,春秋时的戎、狄,战国后的胡,都是与匈奴同种,实为一族。梁启超的《史记匈奴传戎狄名义考》及《中国历史上民族之研究》,亦认为'古代所谓獯鬻、猃狁、鬼方、昆夷、犬戎,皆同族异名'。"何先生同时认为林干先生所言"(匈奴)族源应包括荤粥、鬼方、猃狁、'戎''狄''胡'在内的所有原本活动于大漠南北的各族。很难说匈奴的族源来自单一的氏族或部落。不过在匈奴形成的过程中,被称为'匈奴'那一部分遂以它本部的名称总括和代表整个部族"(林干《匈奴通史》,人民出版社1986年版)的观点"是很符合情理的论断"。① 综合而论,《战国策》的"匈奴"实属于"胡"族,"匈奴"字符当归"胡"族符号系统。

《战国策》记载赵"襄王兼戎取代,以攘诸胡"(赵策),则此时的"戎""胡"自当有别;此外,书中既有"戎狄""戎翟"(秦策)之称,又有"胡而狄""胡翟"(赵策)之谓等,说明史家已正视了其间"戎""胡"之间的变化;赵武灵王以"胡服骑射"拒"胡"的史实,充分证明"胡"族已独立于"戎"族之外。"戎""胡"关系的质变,体现在叙史话语上,则由"戎"族符号系统中客观分离出新的"胡"族符号系统,其中的"胡"族主要涵盖"狄""翟""匈奴"等源于北方和西北方的诸多少数民族。

综合以上论述,《战国策》的叙史话语还涵盖了"戎"族和"胡"族的话语系统。词频统计显示(见附录三,附录五),二者互动并行于《战国策》的"善恶"思想阐释中,恕不赘述。

概括战国后期的"善恶"思想研究,与中期比较又有新意。

第一,"善恶"思想的集成性研究。战国后期的"善恶"思想研究继续发展,主要体现在理论和应用性研究等方面。其中,理论性研究以荀韩为代表。荀子集前典"善恶"思想研究之大成,尤为重视孟子的性善论思想,由此建立了以人的性恶论研究为基础的"善恶"思想体系,并影响了其后学界的"善恶"思想研究,从而使战国后期"善恶"思想的集成性研究,在中国人性论研究发展史上,客观上具有承上启下的意义。

第二,"善恶"话语的应用化发展向度。战国后期"善恶"思想研究的成熟发展,主要体现在理论研究的应用化发展向度上。其中,应用化的研究主要以《战国策》为代表。词频统计显示(如附录三),《战国策》中"善恶"话语的应用化研究,主要以口语化和外交话语的发展向度为主;再则,作者通过在

---

① 何光岳:《匈奴族源漫议》,载《寻根》,2004年第6期,第4—8页。

外交话语中对"善恶"字符的音变、义变、音义变的灵活运用,强化了外交叙辞的作用,从而使先秦"善恶"话语的运用进入化境,客观推动了先秦"善恶"话语向应用化方面发展。

第三,异族文化的再度兴起。战国后期的典籍在继承前典的同时,亦含有丰富的异族文化内容,但受到时代生活的客观影响,《荀子》《战国策》等又频现新内容。词频统计显示(见附录五),该时期《战国策》的叙史话语中存在"戎"族及"胡"族符号系统和新出的"匈奴"字符,其中"胡"族符号系统地使用词频倍余"戎"族符号系统,二者互动并行于《战国策》的"善恶"及叙史话语中。该时期典籍记载的"胡"族生活,几乎覆盖了中国黄河以北的广大北方和西北方地区,其中的匈奴属于北方新起的部族。诸多异族频繁活动于中原,客观上带来了异族文化。则"胡"族符号系统的发达,客观上象征了异族文化在战国后期的再度兴起。

先秦"善恶"思想的发展具有鲜明的特点,主要体现在"善恶"话语系统的生成、"善恶"思想理论体系的形成以及异质文化话语空间的建构等方面。

先秦"善恶"话语系统的生成。"善恶"话语是先秦学界研究"善恶"思想的重要媒介,较早出现于西周以前的商周文献,其意义主要有"好的""善良""邪恶"等;其词性则有副词、形容词等,在句中通常起修饰人的语言、行为等作用。春秋以后,形成了"善恶"话语系统;战国中后期则由成熟发展至鼎盛,确立了我国"善恶"研究的传统。总括先秦"善恶"话语系统的生成,主要涉及组成与生成等问题。

首先,先秦"善恶"话语系统主要由"善—恶"对应关系、"善恶"话语和"善恶"思想等内容组成。其中,"善—恶"对应关系大致经历了"善—不善"对为主、"善—恶"对为辅和"善—恶"对应关系替代"善—不善"对应关系的发展阶段;前者主要以《老子》《论语》《左传》《墨子》《孟子》《庄子》等为代表,后者则以《荀子》《韩非子》《战国策》等为代表。"善—恶"对应关系的固定化运用,部分象征着先秦"善恶"话语系统已成熟。

其次,先秦"善恶"话语主要涵盖以"善""恶"字符命名的人物与地方、以"善""恶"字符组成阐释"善恶"思想的词组,以及基本的"善恶"理念等。其中,以"善""恶"字符所名地方主要有"恶""善道"等;所名人物于《左传》有七位以"恶"命名的、《墨子》《庄子》等则有"恶来""善卷"等。《左传》的七"恶"名于"昭公二十九年"以后已绝迹于本传记载,"恶来"一名则因其名副其实的特点而为《墨子》后的学界普遍引用。地名及人名的出现和流传特点,客观说明"善""恶"符号于春秋战国之际已固化其褒贬词性,并因之生成"善""恶"二系列的词组和"赏善罚恶"的"善恶"理念等代表的"善恶"话语系统。"善恶"话语系统的生成,充分证明了春秋战国之际已形成中华民族"崇善抑恶"的鲜明"善恶"观。同期境外的亚欧大陆,尚处于"善恶"等多神崇拜的宗教时代。

再则,先秦"善恶"话语体现了"赏善罚恶"的理念,象征先秦已形成以"善恶"理念为主导的价值评判系统,涉及人、史、事、物、理等的判断。其中"举善授能,官方定物"(《国语·晋语》)的"善恶"思想,首次作为评判标准,进入先秦中国特色的以道德判断为主的价值判断体系。

最后,先秦"善恶"话语系统的生成经历了漫长的发展过程。春秋战国时期,主要以《左传》《墨子》为主,代表先秦"善恶"思想的初成;战国中期,以孟子的性善论思想为代表,推动了先秦"善恶"思想的发展;战国后期,荀子集成了先秦"善恶"思想,其"性恶"论思想代表了先秦"善恶"思想已成熟,而《韩非子》《战国策》等的"善恶"思想,则将先秦"善恶"思想的研究进一步深化发展至法学与史学的领域。

先秦"善恶"思想理论体系的形成。先秦"善恶"思想理论,主要涵盖"善恶"话语系统、"善—恶"对应关系、善恶理念以及"善恶"思想为标准的价值评判系统。其中的"善恶"话语系统,主要以"善""恶"二话语系统组成;二系统又分别含有"善""恶"二系列组词、人名、地名及"善恶"二系理念等内容。"善—恶"对应关系,大致有"善—恶""善—不善""善—否""美—恶""善—暴"等叙法,以"善—不善""善—恶"二类为主,其中"善—恶"对应关系是固化的模式。鲜明的善恶理念,主要体现于《左传》的"惩恶而劝善"说、《易传》的积善积恶与"遏恶扬善"说和《庄子》《韩非子》的"赏善罚恶"思想等,而"赏善罚恶"则是当时各学派的共识。先秦传统的价值判断标准,一向独擅"德""仁""礼""义"等,《荀子》于《大略篇》首次提出"仁义礼善"的思想,认为"仁义礼善之于人也……大者不能,小者不为,是弃国捐身之道也",其中以"善"替"德"、纳"善"于传统的价值评判标准之列,并将"善"进一步升华至人生与国家命运的高度,从而使先秦"善恶"思想发展成为先秦价值思想体系的部分。此后,经《大学》"止于至善"的"三纲"化诠释后,"善"从此成为两千年封建时代必须尊奉的基本价值准则之一。

总括先秦时学,常以"善恶"思想强化其思想理论。其中,《论语》《孟子》《荀子》等为代表的儒家,形成了较为完备的"善恶"思想理论体系;《左传》《国语》《战国策》等代表的史家,较为彻底地引导先秦"善恶"思想理论体系进入史学应用领域；《老子》《庄子》为代表的道家，前者侧重"善"思想研究，后者则于"恶"话语的口语化普及应用方面独具特色。此外，以《墨子》为代表的墨家"赏善"；以《韩非子》为代表的法家，纳"善恶"标准入其"赏罚"的法治思想体系中；而《孙子》的兵家亦时常以"善"论战，形成较为系统的"善战"论思想，《荀子》的《议兵篇》关于"仁义之兵"的军事理论，当有《孙子》"善战"思想的影响。综合而言，先秦"善恶"思想理论体系已形成。

考察先秦"善恶"思想理论体系的研究，主要涉及理论与应用性研究等方面，其中将"善恶"思想理论应用于各自思想体系的诠释，是时学的主要应用研究意向。概括先秦"善恶"思想的应用性研究，主要表现在诠释学、语言学、史学与法学等方面。其中，《左传》《易经·乾·文言上》皆释《易经》"元亨利贞"之"元"作"善之长也"，开先秦以"善恶"思想诠释经典著作之先；《庄子》六十二见的口语化语气词"恶（wu）"、《战国策》九十见的口语化语气词"善"的使用，客观地从语言学角度推动了先秦"善恶"思想的应用性研究；《左传》《战国策》的"交善""交恶（wu）"等话语，是先秦表达外交思想的固定话语，代表了史学角度对"善恶"思想应用性的研究；《韩非子》的"秉法为善"等思想，则主要代表了先秦法家对"善恶"思想在法学领域的应用性研究等。先秦"善恶"思想理论体系的应用化研究，充分说明先秦思想家已正视"善恶"思想补救时弊的价值。

先秦异质文化话语空间的建构。异质文化通常指区别于本民族的文化，其中相对于本民族基本的且起决定作用的主流文化而言，其他与其本质不同的文化，则属于异质文化。先秦异质文化话语空间的建构，则表现为三个方面。

首先，"异质文化"概念的界定。"异质文化"概念，初步出现于先秦典籍。《尚书·周书》的《旅獒》曰"西旅献獒"，孔安国传曰："西戎远国贡大犬"；孔颖达疏："正义曰：西方之戎有国名旅者，遣献其大犬，其名曰獒。"周朝廷对该事的处理意见是"玩物丧志"，"不贵异物"，"犬马非其土性不畜，珍禽奇兽，不育于国，不宝。远物，则远人格。所宝惟贤"[1]，其中的"异"字，明确表示该旅国是周朝域外的一个独立国家，其所贡"獒"实属异域之物，其文化性质当异于周朝，相对于周朝疆域而言，应属异域文化，则"异"字已涵蕴"异质文化"概念的界定。"獒"事件后，对异域之物，先秦朝政大致形成

---

① ［西汉］孔安国：《尚书正义》，见［清］阮元：《十三经注疏》（上册），上海：上海古籍出版社199年版，第194页、第195页。

取与不取两类意见。异于成王朝的不取,《国语》言"(穆王)遂征之(犬戎),得四白狼四白鹿以归,自是荒服者不至",韦昭注曰:"白狼、白鹿,犬戎所贡"①。文中所言犬戎,虽是周朝的"荒服"国,但从地理位置的角度说,因处于域外之地,其物原是异物,其文化亦客观带有域外文化的成分,则周穆王以战所取之物,实属异物,犬戎文化亦客观含有域外文化的成分。

综合以上论述,先秦异质文化的界定,客观上存在诸多不确定因素,该处的异质文化,主要指相对于华夏文化而言的不同于华夏文化性质的域外文化。其中,以地理位置而言,可指中国疆域以外的异域文化;以文化性质而言,则主要指异于中国文化的异族文化,举凡居于中国但仍然保持其原居地的异域文化性质不变,则虽然没有地理因素之限,亦该视作异质文化。以琐罗亚斯德教为例,先秦的信奉该教者入住中国后,始终严格保持其原宗教信仰、仪式及风习不变,因此招致《荀子》的责詈,则先秦琐罗亚斯德教实属异质文化;介于两者之间的犬戎族文化,归化于中国的应属华夏文化,反之亦为异质文化。

其次,异质文化话语空间的建构及特征。根据以上对先秦异质文化的界定,其时典籍载有丰富的异质文化内容。其中,以民族论,主要有东夷、西戎、南蛮、北狄之别;以地理而言,先秦中国统一疆域以外的密须、义渠、楼烦、北胡、匈奴等国的域外文化应属于异质文化;以文化性质说,举凡域内域外其文化性质截然不同于华夏的琐罗亚斯德教、长狄、陆浑之戎等文化,该属于异质文化。先秦学界充分关注到诸多异质文化对华夏文化的影响,他们主要通过客观记载、阐释、讨论及评价等研究方式,尝试以华夏文化濡化之,进而在先秦典籍中客观构建了一个奇特的异质文化话语空间。

最后,总括先秦异质文化话语空间的特征,主要有:

第一,异质文化话语的构建。根据先秦"善恶"思想的发展过程的研究以及异质文化符号的词频统计,先秦异质文化话语主要体现于"戎""胡"两族符号系统的建立。其中,战国后期以前以"戎"族符号系统为主;随着戎族整体的华化,其文化已同质于华夏,战国后期的"胡"族文化符号系统则替代了"戎"族,成为主要的异质文化话语。

第二,"戎""胡"二族的符号系统常与"善恶"话语系统交叉并行,客观显示了"善恶"思想是先秦时学构建的异质文化话语空间的组成部分。则《荀子》等先秦典籍于传统话语的"德""仁""礼""义"思想之外,至迟于春秋末年以后又新增了"善"的内容,从而体现了先秦学界在"善恶"思想的主导

---

① [三国] 韦昭:《国语》,上海:上海书店1987年版,第3页。

下对异质思想文化话语空间部分的主动构建。

第三，先秦异质文化话语空间存在诸多异质文化被华化的话语，如晋悼公时期的"和戎"论，(《左传》《国语》)周襄王的与狄人联姻，(《国语·周语中》)以及"匈奴"仗义救燕太子丹之友樊将军(《战国策·燕策》)等人事。此外，还有以教育化戎、(《荀子》)以戎治戎等形式的可以促成华化。

先秦异质文化话语空间的建构，影响了其后的史籍编写体例，《史记》特辟《匈奴列传》《西南夷列传》等异族史，《二十三史》概莫能外。诸多文献所受影响，恕不赘言。

二、《荀子》"性恶论"的善恶观及其渊源

先秦"善恶"思想发展至战国后期已成熟，主要以《荀子》为代表，集前期"善恶"观研究之所成，建立了以"性恶"论思想为主导的善恶观。主要表现在"善恶"话语系统和"性恶论"思想体系的建立及其渊源。

(一)《荀子》的"善恶"话语系统

《荀子》的"善恶"话语系统内涵丰富而深刻，主要涉及"善—恶"对应关系的固化、"善恶"话语的巩固完备，以及"善恶"思想理论体系的确立等内容。

1.《荀子》以多音义叠字法的运用，固化了"善—恶"对应关系模式

通过"善—恶"对应关系表达鲜明的"善恶"理念等方法，为先秦学界擅用。《荀子》前多以"善—不善"对应关系为主、"善—恶"对为辅，《荀子》则基于"扬善抑恶"的基本理念，在继承前典研究的基础上，以"善—恶"对应关系彻底替代传统的"善—不善"叙法，从而固化并确立了"善—恶"对应关系模式运用的传统。

《荀子》对传统叙法的改变与发展，主要体现在改变传统的量变比数和活用语法等方面。词频统计《荀子》的"善—恶"对二十二见，是先秦使用频率最高的，"善—不善"对十五见，彻底改变了二者的传统量变比数；其中《性恶篇》后的"善—恶"对十五见，而"善—不善"对只有两见。(见表5.1，详见附录一) 则荀书对传统量变比数的彻底更变，充分体现荀书对传统叙法的根本性改变，从此确立了以"善—恶"对应关系叙法为主的新传统。自《韩非子》后，学界普遍采用该叙法。

《荀子》还通过活用语法，固化"善—恶"对应关系的应用。如：

>>> 第五章 《荀子》与琐罗亚斯德的善恶观

彼先王之道也,一人之本也,善善恶恶之应也。(《强国篇》)
凡刑人之本,禁暴恶恶。(《正论篇》)
惠暴而宽贼也,非恶恶也。(同上)

杨倞释文中的"善善恶恶"作"善善恶恶之报应也",① 则"善善"意谓善待善良者,前者是动词性,后者是形容词性;"恶恶"意谓憎恶邪恶,前者音"wu",动词性,后者音"e",形容词性。其中,"恶"(wu)的活用极致是"三恶"(wu)(《君道篇》)词组的新制。综合而言,作者通过"善恶"二字符的词性活用、音义多用以及叠字法的使用等活用语法形式,强化"善—恶"对应关系的使用意旨。"善—恶"对应关系叙法传统的确立,客观证明荀书该语法艺术运用的成功。

荀书的该表现手法,首见于《孟子》的"推恶恶之心,思与乡人立"(《公孙丑上》)、《国语》则有"吾闻君子好好恶恶"(《晋语一》)"(楚庄)王曰:'赖子之善善也'(《楚语上》)等,皆以活用语法,加强其"善恶"思想的说明。《荀子》则通过活用语法,成功地改变了"善—恶"对应关系的叙法传统。

2.《荀子》巩固完备了先秦的"善恶"话语系统

《荀子》的思想一向有"集大成"的特点,体现在"善恶"话语的构建方面。《荀子》在继承并巩固发展前典的基础上,逐步完善成主要以人名、"三善"说、"善恶"话语及理念等为主的"善恶"话语系统。

以"恶来""善卷"二人名为例,先秦史籍皆不见记载。《墨子·所染》《韩非子·难一》等篇只引用其一作例证。《庄子》的《让王》《盗跖》篇虽引用二人,但《让王》篇的"善卷",与庄书所称的"神禹"和"神人"舜同时代且辞官隐逸,其形象因源于传说时代而难以确认;《外物》篇只有"恶来死"一事,其形象则不可确指。《荀子》记载的"恶来",于墨韩所记"崇侯虎恶来"之外,于《儒效篇》又称"飞廉恶来"、《成相篇》进而指出"飞廉知政任恶来";考察"飞廉",在《离骚》中指神、《孟子·滕文公下》的"驱飞廉于海隅而戮之"则指历史人物。《荀子》通过设置二人的关系,既从"恶"有所源的唯物论角度,名副其实地完备了"恶来"形象的传统记载,又因其确切的史政化描写而易于被接受。

"三善"说,经考证最早见于《老子》的"善行无辙迹,善言无瑕谪";此

---

① 均出自杨倞的"荀子注"。[清]王先谦:《荀子集解》,见《诸子集成》(第2册),上海:上海书店1986年版。

193

后,《墨子》有"学乡长之善言""学乡长之善行"(《尚同上》)等名词性用法和"善言谈"(天志中)的动词性用法等,其"顺天之意,谓之善意行"(天志中)的"善意行"可作"善思行";《孟子》继承了墨书叙法,有"禹闻善言则拜""善言德行"(《公孙丑上》)与"(舜)见一善行,若决江河"(《尽心上》)等论述;《庄子》有"人不以善言为贤"(徐无鬼)"善言伐齐者,乱人也"(则阳)等,其"所行而善"(天地)当涵有"善行"之义;《国语》有"以其善行,以其恶戒"(《晋语七》)的形容词性用法;《韩非子》则有"不以善言售法"(《饬令》)等说。《荀子》集成前典及时学丰富的"三善"思想,进而发展为完备系统的"三善"说。如:

与人善言,煖于布帛。(《荣辱》)
善言古者,必有节于今;善言天者,必有征于人。(《性恶篇》)
善学者尽其理,善行者究其难。(《大略篇》)
观其善行,孔子弗过。(《尧问篇》)
臣谨修,君制变,公察善思论不乱。(《成相篇》)

以上显示,《荀子》已将"三善"叙法修订为系统而完备的"善思""善言""善行"的"三善"说,充分体现对先秦"善恶"思想的发展与完备。至于以"善""恶"字符组成的"善政""善教""元恶""恶言""三恶(wu)"等"善恶"词组,恕不赘言。

"善""恶"性质与关系的认识探讨,一直为先秦学界所关注。表现于史籍,《左传》通过去除以"恶"命名的人物记载,修订传统的"善恶"理念,确立了"惩恶劝善"、扬"善"抑"恶"的新理念,其后的先秦史籍皆沿袭发展;子籍则有《墨子》主张的赏"善"弃"恶"(《明鬼下》,《公孟》),《孟子》的"性善""恶恶"(《滕文公上》,《公孙丑上》)观,《庄子》的赏"善"罚"恶"等。

综合而言,诸子崇"善"抑"恶"的"善恶"理念,与史籍无二致。《荀子》集先秦"善恶"理念之大成,以"善善恶恶"等理论表达了鲜明的"善恶"理念,以"善—恶"对应关系的固化,体现了其对先秦"善恶"理念的巩固与完备。

(二)《荀子》"性恶论"的善恶观及其渊源

先秦学界多以"善恶"话语系统表述其"善恶"思想。《荀子》继承前典,主要通过对"性恶"论的阐释,形成系统的"善恶"思想理论体系。

1. 《荀子》对"善""恶""性善""性恶"几个概念的界定

通过概念研究思想的方法,始于《论语》前后的学界;《论语》最早提出"名不正则言不顺"的正名思想,并自觉运用丰富的概念进行说理;其后的学界,以《墨子》的《经〈上下〉》《经说〈上下〉》等为主要代表。《荀子》集成前典的研究,通过《正名篇》对概念等问题的研究,形成了"正名"的基本思想理论,以指导荀书的思想研究。其中,涉及"善恶"思想研究的概念,主要有"性""善""恶""性善""性恶"等。关于"性"的概念,有:

不事而自然谓之性。(《正名》)

性之好、恶、喜、怒、哀、乐谓之情。情者,性之质也。(同上)欲者,情之应也……欲不待可得,而求者从所可。欲不待可得,所受乎天也;求者从所可,受乎心也。所受乎天之一欲,制于所受乎心之多,固难类所受乎天也。

欲虽不可去,求可节也。(同上)性者,本始材朴也。(《礼论》)

人生而有欲。(同上)

欲不可去,性之具也。(《正名》)

人之所不可学不可事而在人者,谓之性。(《性恶》)

凡性者,天之就也。(同上)

综合以上关于"性"概念的诠释,主要涉及"性""情""欲"三方面,荀书明确指出三者的关系是"情"为"性之质","欲"为"性之具"。其中,"性"的释义最早见于《孟子·告子上》中的告子的"生之谓性"论,意谓与生命俱来的人体器官和器官之能皆为性;孟子则通过偷换概念法提出"生"之不谓"人性"说,从而导出人性论的研究问题。《荀子·非十二子》批判孟子"甚僻违而无类,幽隐而无说,闭约而无解,案饰其辞而祇敬之",王念孙解释"僻违无类"为"邪僻而无法也"[1],意谓孟子理论空有辞证,缺乏物据,应是对孟子主观唯心论的批评。荀子提出"求者从所可,受乎心也。所受乎天之一欲,制于所受乎心之多,固难类所受乎天也"论,既划分"欲"为"天欲""心欲"两类,又指出"心欲"制控"天欲",即"心"是关键所在;《天论篇》解释"心"是主宰五官的"天君",则该处物据应指"心"为代表的人体器官,从而将"性"的概念研究导入唯物论范畴。《性恶篇》对此予以充分论

---

[1] [清] 王先谦:《荀子集解》,见《诸子集成》(第2册),上海:上海书店1986年版,第59页。

述，如"今人之性，生而有好利焉……生而有耳目之欲焉"，其中"好利""疾恶"本由心生；又"今人之性……目明而耳聪，不可学明矣"等，明确指出人的耳目心等身体器官，亦归于天生的自然之性概念范畴。

综合《荀子》的"性"概念，概有二层含义：首层指人体器官，属于静态的天然之性；二层则为器官之能。器官之能的动态之性，客观决定含有的天然之"情"与"欲"二元，如：

> 今人之性，饥而欲饱，寒而欲煖，劳而欲休，此人之情性也。（性恶）

文中明确指出"饥""寒""劳"属于"情"，无所谓善恶；"饱""煖""休"是"欲"；二者皆为器官能动状态下的性范畴。其中，"欲"还应二分为"不待可得，所受乎天"之"天欲"和"求者从所可，受乎心"的主体之"心欲"，二者皆为"人欲"的主要部分；其中"心欲"，则由"心欲"自身和制控"心欲"的"知"与"能"之性组成。廖名春先生认为"知能之性"无所谓善恶，是"与'人伪'相对的'本始材朴'，指的是人生而具有的本能"①。则《荀子》通常所言之"性恶"，当指"欲"中的"天欲"和"心欲"二者的部分。

"善"概念的解释，最早见于《孟子》的"可欲之为善"；"恶"的释义，则首见于《荀子》。《荀子》在孟书的基础上对"善""恶"概念予以新释，曰：

> 以从俗为善。（儒效篇）

> 凡古今天下之所谓善者，正理平治也；所谓恶者，偏险悖乱也。是善恶之分也。（性恶篇）

焦循正义孟书概念为："可欲即可好。其人善则可好，犹其人不善则可恶。其人可恶，即为恶人；其人可好，自为善人也"②，则孟书概念出于主观唯心的评判。荀子则强调"从俗"，侧重客观社会的认可，属于唯物论范畴的概念；结合荀书将"善""恶"释义与社会政治联系的特点，则《荀子》对"善"概念的界定，主要指可以为社会普遍接受且有利于政治安定的"善良"方面，反之则为"恶"。

"性善""性恶"的释义，皆首见于《荀子》。表现为：

> 所谓性善者，不离其朴而美之，不离其资而利之也。（《性恶篇》）

---

① 廖名春：《〈荀子〉新探》，北京：中国人民大学出版社2013年版，第133页。
② [清]焦循：《孟子正义》，见《诸子集成》（第1册），上海：上海书店1986年版，第585页。

凡人之欲为善者，为性恶也。（同上）

杨倞注①"朴"作"质"，"资"作"材"，称"不离质朴资材，自得美利，不假饰而善此，则为天性"；释"性恶"曰："为其性恶，所以欲为善也"，②则"性善"是天性，"性恶"则指与"善"性相对的方面。基于《荀子》对"性"与"善恶"的释义，则《荀子》的"性善"含义当指人善良的天性，"性恶"则指人天性中的邪恶方面。二者应为"善恶二元"同体的性质。

综合以上论述，《荀子》基于其"性恶"的"善恶"思想论述，综合前典的概念研究，分别对"性""善""恶""性善""性恶"等概念，予以相对系统的界定，既有利于其善恶思想体系的缜密化，在对其后董仲舒、韩愈及张载等的人性论研究亦产生重要影响。

2. 《荀子》首次建立了"性恶论"的思想理论体系

《荀子》的"性恶"思想主要表现于《性恶篇》，此外，《修身》《非相》《儒效》《王制》《强国》《正论》《大略》等篇皆有论述，其内容主要涉及人"性恶"产生的原因、解决的方法与生成的价值等，还有对"性善""性恶"思想的定性化研究，以及解决人的"性恶"问题尚须正视的关键方面等。

（1）《荀子》全面且深刻地阐述了人"性恶"产生的原因、解决的方法与价值等问题

"善恶"思想的系统研究虽始于春秋时期，但对"性恶"产生原因的研究则迟至战国后期。其中《孟子》曰："父子相夷，则恶矣"，（《离娄上》）意谓父教子的效果是相互伤害，邪恶随之而生，应主要从教育方法的角度讨论"恶"的成因。考察发现系统的研究"性恶"原因，实则始于《荀子》。荀书对人"性恶"产生的原因，主要从本源论和现象论两个向度进行研究。如：

人生而有欲，欲而不得，则不能无求。求而无度量分界，则不能不争；争则乱，乱则穷。（礼论篇）

意谓欲望是人与社会的乱穷等邪恶产生的原因，且与生俱来，则邪恶亦是人性的客观组成部分。杨倞注解"人之性恶"之"性"作"本性""天性"；③《正名篇》认为"欲"有"受乎天"的"天欲"部分，则"天欲"亦为人的

---

① 均出自杨倞：《荀子注》。
② [清] 王先谦：《荀子集解》，见《诸子集成》（第2册），上海：上海书店1986年版，第290页、第292页。
③ [清] 王先谦：《荀子集解》，见《诸子集成》（第2册），上海：上海书店1986年版，第294页。

"天性""本性"的部分。《礼论篇》有"无天地,恶生"说,意谓"恶"与人的生命俱来,与天地无必然联系,首次从"天人之分"的思想角度,将"恶"的问题归于人类自身,意味着解决人的"性恶"问题亦是人的客观职分,从而将人的"性恶"问题,彻底从人类自身的角度予以根本解决,体现《荀子》侧重从本源论向度研究"性恶"问题的特点。《性恶篇》还言:

> 今人之性,生而有好利焉,顺是,故争夺生而辞让亡焉;生而有疾恶焉,顺是,故残贼生而忠信亡焉;生而有耳目之欲,有好声色焉,顺是,故淫乱生而礼义文理亡焉。然则从人之性,顺人之情,必出于争夺,合于犯分乱理,而归于暴。故必将有师法之化,礼义之道,然后出于辞让,合于文理,而归于治。用此观之,人之性恶明矣,其善者伪也。

文中明确指出"人之性恶"产生的原因,主要有两层:一层指人性的"好利""疾恶"及"好声色"的"耳目之欲"等;另一层则指"暴"等邪恶的产生,源于"从""顺"人的"性""情"。若说一层侧重内因分析,另一层则偏重外因。严格地说,二者皆为人的本性在现实生活中的具体表现,属于人"性恶"的外在表象,荀书以之说明"性恶"之因。推究荀书所说的"性恶"之治,当是由表象向本源的扩展。

针对人的"性恶",《荀子》同时提出了解决方法。概括为"化性起伪""辨合符验"以及"积伪"等。其中,对于"化性起伪",古今学界通常认为该"性"指"本性","伪"则通假为人为的"为"字,意谓通过人为之力化解人的"性恶"以达"性善"之境,这是《荀子》用于解决"性恶"问题的主要方法。

《荀子》认为,"性恶"问题有整体与个体之别,若说"化性起伪"具有针对个体的普遍性意义,则"辨合符验"应具有针对解决整体问题的特殊意义。如:

> 善言古者,必有节于今;善言天者,必有征于人。凡论者贵其有辨合,有符验。故坐而言之,起而可设,张而可施行。(《性恶篇》)

杨倞注"辨,别也",郑玄云"别之为两",王先谦曰"言论议如别之合如符之验,然可施行也"。[①]"辨合符验",则意谓任何理论观点都要经符合事实的检验后方可施行。又言:

---

① [清]王先谦:《荀子集解》,见《诸子集成》(第2册),上海:上海书店1986年版,第294页。

> 古者圣人以人之性恶,以为偏险而不正,悖乱而不治,故为之立君上之势以临之,明礼义以化之,起法正以治之,重刑罚以禁之,使天下皆出于治,合于善也。是圣王之治而礼义之化也……(故)立君上,明利义,为性恶也。(《性恶篇》)

文中指出,古代圣王的礼义之道,皆因人的"性恶"与社会的争乱恶象而设立,其理论经历史的检验而传承。则解决当世"性恶"问题,特别是整体性的社会问题,亦须用"辨合符验"的方法,即"今人之性恶,必将待圣王之治、礼义之化,然后皆出于治、合于善也",认为"治"的准则决定于其人性是否"合于善",其中"合"是关键。则"辨合符验"的方法,对于解决"性恶"问题,特别是社会整体性的"性恶"问题,客观上具有重要意义。

此外,《荀子》还强调"礼义积伪"方法的运用。"积"的观点为先秦学界所常用,《尚书·盘庚上》有"积德"说,《周易》的《系辞下》有"恶积"说、《坤·文言下》则有"积善之家有余庆"等,可见"积"主要指一种行事方法。《荀子》明确指出"积善成德",认为"礼义积伪"是解决"性恶"的有效方法。如:

> 天非私齐鲁之民而外秦人也,然而于父子之义夫妇之别,不如齐鲁之孝具敬父者,何也?以秦人之纵情性,安恣睢,慢于礼义故也,岂其性异矣哉!(《性恶篇》)

意谓"齐鲁之民"与"秦人"的本性无异,但齐鲁之民重视"积"礼义,而秦人则疏于礼义之道的积累,则使二者在"性恶"方面出现后天的差别。

《荀子》认为解决人的"性恶"问题,具有一系列重要价值。对个人来说:

> 今之人化师法,积文学,道礼义者为君子。(《性恶篇》)

"君子"是先秦价值体系里美好人格的化身,通常指当时士阶层普遍追求的理想人格,荀书有《君子篇》专论。荀子认为,虽然"人之性恶",但只要用一定的修行方法,特别是通过"贤师"授"礼义之道"、个人自觉地修"积"文献等,人人皆可成为"君子";于社会整体而言,可以"使天下皆出于治,合于善也",从而达成理想社会之境。则人"性恶"问题的解决,对个人与社会整体皆有重要价值。

(2)《荀子》开始从人性论角度对"性善""性恶"问题给予综合研究

《荀子》主张"性恶"论,但兼论"性善",从而将二者综合于人性论角度的研究。其特点主要体现对《孟子》"性善"思想的批判性解读,以《性恶篇》

为代表。

《性恶篇》约有五处解读时学理论，内有三处针对《孟子》的"性善"说。其中，首次针对"孟子曰'人之学者其性善'"的观点，指出孟子"不察乎人之性伪之分"，失于对人"性恶"问题的研究；后两处皆明确以"孟子曰'人性善'"为论题，既说明孟子的理论没有"善恶之分"，又批判孟子"性善"思想因缺乏"辨合符验"而不可实践的局限性。因此，《荀子》实则通过解读《孟子》的"性善"说，客观生成荀书"性善"的思想理论。

荀书于阐释"性善""性恶"问题和界定"性""伪""善""恶""性善""性恶"以及"化性起伪"等系列概念的同时，剖析了"性恶"问题产生的原因，提出"化性起伪""辨合符验"及"礼义积伪"等系列解决方法，并分别从个体的理想人格与整体的理想社会高度，诠释了解决人"性恶"问题的重要价值。论述缜密精当，其中的"化性起伪"等"善恶"论思想，通常为后世哲学方法论所采用。所以，《荀子》通过批判性地继承前典的"善恶""性善"等思想，对"性善""性恶"问题首次予以人性论角度的综合论述，形成以"性恶"论为主导的"善恶"思想体系。

(3)《荀子》明确指出解决人的"性恶"还存在的问题

《性恶篇》明确提出"塗之人可以为禹"的重要命题，古今学界解读不已，新意频现。其中，《荀子》集中阐述了"能"与"知"的思想。如：

> 塗之人可以为禹则然，塗之人能为禹未必然也。虽不能为禹，无害以为禹。足可以遍行天下，然而未尝有能遍行天下者也。夫工匠农贾，未尝不可以相为事也，然而未尝能相为事也。用此观之，然则可以为未必能也；虽不能，无害可以为。然则能不能之与可不可，其不同远矣，其不可以相为明矣。

文中就"塗之人可以为禹"的论题，提出"能不能与可不可"的观点。《荀子》认为，从人的本性无差别的角度说，"塗之人"和禹的人性同样是"恶"；但禹通过圣人之"积"与"知"，方能成就圣人的理想人格，则"积"与"知"是成圣的必然条件。"塗之人"则不然，以理论言之，"塗之人皆可以为禹"；以现实论之，"积"与"知"的必然条件，决定了"塗之人"可以为禹和不能为禹两类。荀书对此明确指出，若"塗之人"重视"礼义积伪"、具备"圣人"之知，则"塗之人"能成禹，反之则不能；其中，"能"与"不能"的关键，取决于"塗之人"自身的主观努力，及其"积""知"等条件是否具备。

《荀子》在此还明确提出了当时解决人的"性恶"所存在的问题，从而给出后世永久性的猜想。《荀子》先行给予的答案是"求贤师","择良友",以使"身日进于仁义而不自知",从而体现荀书重"知""劝学"的思想宗旨。其中,"求"与"择"属于人的主观努力,"贤师"与"良友"则为客观条件,二者缺一不可;有"求、择"无"师、友"固然"不能"为禹,有"师、友"不"求、择"亦"不能"。《荀子》后,以董仲舒《士不遇赋》为代表的反映古人"遇不遇"等问题,多为有"求、择"缺"师、友"类。总之,"能不能与可不可"的观点,旨归讨论改变人的"性恶"应具备的主客观条件等问题。

《荀子》从人的"性恶"角度,首次将《孟子》的主观"性善"论向客观的人性"善恶"论方向给予关键性发展,这是中国人性论研究的重要转折,从而确立了中国人性论发展史上始终关注人性"善恶"的整体性研究传统。

3.《荀子》"性恶"思想的渊源

《荀子》的"性恶论"是其"善恶观"思想的基点,学界关于其渊源的意见至今不一,其侧重点概可分为时间、理论和地域等方面。

以时间论,认为"善恶"思想最早出现于周代。

王充在《论衡·本性篇》中引用周人世硕"善恶在所养"的观点,说明周代已开始研究"恶"产生的原因,继而评价告子所言,并将"善恶"思想之源,上溯至《诗经》时代,如"夫告子之言,亦有缘也。《诗》曰:'彼姝之子,何以与之'",诗句出于《鄘风》,时间为周代。则《荀子》的"性恶"思想,以时间论可上溯至周代。

以理论言之,有"异论"说和"误改"说。

经考证,传灯《性善恶论》认为"性恶"说是荀子"异论",林先生认为是汉人的"误改"。

此外,还有从地域、学派等角度的论述。

傅斯年先生明确指出,"李翱所受时代影响,在中外之间应取较为接近的汉儒二元论,若包含外来部分,则宁可说是受祆教、景教、摩尼教而非佛教的影响。"这意味着李翱及韩愈的"善恶"思想既源自先秦汉代的儒家一脉,又受到祆教等"善恶二元论"的影响。先秦儒家思想之集大成者是荀子,则李翱"善恶"说当源于荀子等;若说李翱的"善恶"观受到唐代祆教"善恶二元论"的影响,由于祆教在荀子时代已传入中国,则《荀子》的"性恶"思想亦受先秦祆教"善恶二元论"的影响。学界通常认为祆教又名琐罗亚斯德教,该教产生于古波斯,则《荀子》的"性恶"论当受琐罗亚斯德教的影响,源于古波斯。

根据古今学界的阐述,《荀子》"性恶"思想的渊源有待商榷。哲学界公认

《荀子》思想集先秦哲学研究之大成,其从"人之性恶,其善者伪也"的人性论角度,研究天人与名实关系等的先秦哲学理论,① 应客观涵盖先秦"善恶"思想论的部分。则《荀子》的"性恶"论首先客观源于对传统的"善恶"思想继承;先秦的时学研究,客观涉及传至中国的异质文化内容,异质文化因此进入先秦的文献话语,则《荀子》的"性恶"论又客观受到异质文化的影响。综合而论,《荀子》"性恶论"思想的渊源,主要表现在三个方面。

(1)《荀子》的"性恶"论源于对先秦"善恶"思想传统的继承

经研究,《诗经》《易经》《尚书》时代,已产生丰富的"善恶"思想;《左传》初步发展为"善恶"话语系统。其中,主要有"善—不善""善—恶"等对应关系、"善""恶"话语构成的"善恶"话语系统和鲜明的"惩恶劝善"的"善恶"理念等。《左传》从"善之代不善,天命也"的本源论角度对"善"产生原因的研究,以及"恶不去善,义之经也"的"善恶"统一论等思想,对《荀子》的"善恶"唯物论本源论的研究和辩证地融合"性善""性恶"论于一体的"善恶"思想理论体系的建立,客观上具有启发意义。《荀子》思想既然集先秦哲学思想大成,"善恶"思想作为先秦伦理哲学思想的客观组成部分,应是《荀子》"善恶"思想之源。则《荀子》的"性恶"思想,首先源于对先秦"善恶"思想传统的继承。

(2)《荀子》的"性恶"论源于对诸多时学"善恶"思想的借鉴吸收

经研究,《左传》后先秦"善恶"思想的发展,多以《左传》的"善恶"话语系统为基础,形成了以儒、墨、道等为代表的尚"善"和以史家、法家等为代表的"善恶"兼备两个研究理路。其中,《墨子》以"三善"说为主的"善"话语,多为《荀子》借鉴发展;《庄子》基于"赏善罚恶"的理念,对"恶"有特殊的认识,即以口语化的普及使用"恶"话语,从反面强化大众对"恶"思想的认识,其方法上颇有以恶抑恶"的特点。《荀子》的"人之性恶,其善伪也"命题与证论法,颇类同于庄书;《性恶篇》则明确以孟子的"性善"观点立论,其对《孟子》思想的借鉴吸收自不待言。

《荀子》还借鉴了先秦史家的"善恶"思想,如《国语》中的"吾闻君子好好恶恶"(《晋语一》)"(楚庄)王曰:'赖子之善善也'"(《楚语上》),皆以叠字法的活用强化其"善恶"思想的说明。《荀子》则吸收并改造为"善善恶恶之应也"的连续叠字叙法,从而强化其"性恶"思想的阐述。综上所述,《荀子》的"性恶"论还源于对时学"善恶"思想的借鉴吸收。

---

① 参见肖萐父、李锦全:《中国哲学史》(上册),北京:人民出版社1982年版,第226页。

(3)《荀子》的"性恶"论还源于对异质文化批判的吸收和发展

根据对先秦异质文化的表现等方面的研究，先秦文献自《诗经》《尚书》时代，已出现诸多异质文化内容。其中，表现异人：有"戎狄"（《诗经》）等；异物：有"旅獒"（《尚书》）等；异域："密"，《诗经·大雅·皇矣》有"密人不恭，敢距大邦"，其中的"密"亦见于《公刘篇》记载，是当时周西北（现甘肃灵台）的一独立异域部落，灭于文王时。

异质文化内容丰富于战国后期，形成独立的"戎"与"胡"族符号系统，出现"戎索"（戎法）"夷之蒐"（夷之蒐法）"三善"（祆教箴言）等异质思想文化内容。荀子原为赵国人，生活于戎胡接壤之地，受赵武灵王"胡服骑射"历史的影响，原在情理；其人生后期主要为官于楚国，《左传》记载戎与楚是主要睦邻，则楚国当有戎族居住，荀子因此既客观熟悉戎族的生活与思想，又于总结先秦百家特别是子史籍等丰富的异质文化内容的同时，批判地吸收异质文化特别是其中的"善恶"思想，以诠释其思想理论。概括《荀子》对异质文化的批判发展，主要表现在异质文化的媒介、话语和文化思想等方面。

首先，《荀子》含有诸多异质文化媒介。"媒"字符较早出现于周代，《周礼·地官司徒·媒氏》曰"媒氏，掌万民之判"，郑玄注曰："主万民（夫妇）之判合"；①"介"则见于《诗经·大雅·生民》的"歆悠介悠止"，郑玄注其中的"介"字符为"左右"义，② 含左右两个方面。综合"媒介"之义，主要指决定双方结合的主持者。周芸教授认为媒介既可以指人或物的物质实体，也可指与之相关的信息内容。③ 异质文化在传播中，异质文化媒介应涵盖传播实体及其承载信息符号的通道，主要指地域等方面。由此可知，《荀子》涉及人或物的异质文化媒介主要有以下几个方面。

异人："僬侥"（《富国》），杨倞注"僬侥，短人，长三尺"，《国语·鲁语下》有"仲尼曰'僬侥氏长三尺，短之至矣'"，《山海经》《列子》皆言是"僬侥国"人，虽不可稽考，却说明是异于中国的异质异域之人。"巨人"（《正论篇》），以其体形的高长与庞大而言；《左传》"文公十一年"有"长狄"绿斯与侨如、焚如及简如三兄弟，分别被晋等国灭亡的记载；《国语·鲁语下》有"仲尼曰'（汪芒氏之君）于周为长狄，今为大人。长者不过十，数之极也'"。

---

① ［东汉］郑玄：《周礼注疏》，见［清］阮元：《十三经注疏》（上册），上海：上海古籍出版社1997年版，第732页。
② 参见［东汉］郑玄：《毛诗正义》，见阮元：《十三经注疏》（上册），上海：上海古籍出版社1997年版，第528页。
③ 参见周芸、崔梅主编：《语言传播概论》，北京：北京大学出版社2015年版，第62页。

可见虽然时代称谓不同,但体型特征相同,则"巨人"当为"长狄"等"长人"的新名,也是异质的异域人。

异域:"秦"国北有"胡貉"、西为"巴戎",可设明堂于"塞外"(《强国篇》)等,其中"胡貉"集中于北部的沙漠地带;"巴戎"在西部与西南部的沙漠、高原及山谷地带;"塞外"在此主要指秦西部边塞的域外之地。以上所指皆属异域。

异物:北海的"走马吠犬",西海的"皮革文旄"(《王制篇》)等,"然而中国得而畜使之",确言是异域之物。《尚书》的"旅獒"是"犬"的一种,荀书因时代命名之。

其次,《荀子》有丰富的异质文化话语。《荀子》有"戎"族符号的使用,也出现"氐羌之人"的字符,虽不多见,却象征对前典异质文化话语的继承。此外,新增加的"矞宇嵬琐"(《非十二子篇》)等。初步考证"矞"是相面人,《非相篇》说"相人,古之人无有也",则荀书所言之"矞"该是异域人;"嵬"是戴尖帽子的外国人;"琐"是在华的信奉琐罗亚斯德教的外国人。^① 则"矞""嵬""琐"是《荀子》新制的异质文化话语。

"三善"话语,经考证陆续出现于老、墨、孟、庄及韩等著作,《荀子》则继承前典,首次完整地形成"善思""善言""善行"的"三善"叙法。任继愈、龚方震等先生,皆指出"三善"说是祆教的道德箴言,其中的"善思",只见于《墨子·天志中》"善意行"的表述,此后至《荀子·成相篇》始确切叙作"善思",则"三善"形式亦最后完备于《荀子》。综合而言,《荀子》继承前典,自觉引用异质文化话语以阐释其思想。

最后,《荀子》还有对异质文化思想的批判发展。《荀子》对异质文化思想始终以批判吸收为原则,"祆辞不出"(《正名》)是其典型观点。其中的"祆"字符,首见于《天论篇》。如:

> 物之已至者,人祆则可畏也。楛耕伤稼,耕耨失岁,政险失民,田秽稼恶,籴贵民饥,道路有死人,夫是之谓人祆;政令不明,举措不时,本事不理,夫是之谓人祆;礼义不修,内外无别,男女淫乱,则父子相疑,上下乖离,寇难并至,夫是之谓人祆。祆是生于乱。三者错,无安国。其说甚尔,其灾甚惨。

文中连用五个"祆"字符和三个"人祆"排偶句,说明"人祆"的危害,

---

① 参见杨机红:《荀子浅绎》,北京:中国文联出版社2016年版,第37页、第35页。

则"其说甚尔"之"说"当指"祆"说,"祆辞"亦当因此生成。尽管学界对"祆"的音义解释多歧义,但任先生释义该句群说:"他指出像农业生产的破坏,政治的昏暗,伦常秩序的混乱,都是'人祆'。这'三祆'如果发生,就会危及国家安全。"① 其中"祆"由"礻"和"天"组成。任先生于《宗教词典》曰:"祆教即'琐罗亚斯德教'";"中国史称祆教……流行于古代波斯、中亚等地的宗教"②,则"祆辞"是异质思想文化。《荀子》认为"三祆"生乱,"其说甚尔,其灾甚惨",批评"祆"说,且以"祆辞不出"的观点明确否定"祆辞"。

"三善"说是琐罗亚斯德首创,龚方震等先生认为其是祆教的价值判断标准,信奉者通过"三善"评判,方可进入理想世界,这体现了对信奉者个人道德的规范。诸子对"三善"思想多改造以为己用,其中《墨子》有"去若不善言,学天子之善言;去若不善行,学天子之善行"(《尚同上》),将"善言""善行"思想与政治理论结合,则二者在此属于政治范畴;《孟子》有"禹闻善言则拜",则"善言"在此侧重的是史政思想。《荀子》则继承发展了前典的"三善"论,表现在"善思"的使用上,既完备了前典的"三善"叙法,又进而发展为"臣谨修,君制变,公察善思论不乱。以治天下,后世法之成律贯"的现实政治思想格言。综合而言,《荀子》的"三善"论应主要是对琐罗亚斯德"三善"说批判的吸收与发展。

以"善恶"思想探讨人性问题,将"善恶"话语与"人性"予以综合性研究,始自《孟子》。考察《孟子》前的典籍已形成丰富的"善"思想,也初涉及人"性"研究,则《孟子》的"性善"说成因虽不排除其他因素,但继承前典应为主要原因,王充已确切说明。《荀子》的"性恶"说则不然,先秦系统的"恶"思想颇为晚出,且多数指人的言行,罕见指称人性的;其时境内只有祆教因崇拜"善恶"二神,而从"性"的角度指称神与人。《荀子》在批判该教虚妄等方面的基础上,主要予以两点改造:第一,取其"恶"性论,首次从"性恶"角度专门研究人类世界的"善恶"问题;第二,变"善恶"敌对关系为双方可以相互转化的方面,并给予辩证唯物论等角度的透彻阐释。

考察祆教的"善恶"二神,实则源于琐罗亚斯德关于"善恶二元"相互对立斗争的善恶观。《荀子》则认为"人之性恶矣,其善者伪也",即与生俱来的人本性客观含有"善恶"两面;人作为主观能动性的主体,可经主观的"积

---

① 任继愈主编:《中国哲学史》(第1册),北京:人民出版社1996年版,第222页。
② 任继愈:《宗教词典》,上海:上海辞书出版社1981年版,第920页、第705页。

伪"努力而"化性",使人性的"恶"方面转化为"善",从而使二者最终统一于"善"性一体,达到"塗之人可以为禹"的理想境界。

综上所述,若说《荀子》的"性善"话语源自《孟子》等"善恶"思想传统,其"性恶"话语概有二源:第一,受《孟子》首次将"善"与"人性"结合的"性善"论思想启发;第二,应受到琐罗亚斯德关于神人"善恶二元"属性的辩证方法建构思想体系的影响。考察《荀子》并非机械地照搬,《性恶篇》等明确批评《孟子》"性善"说的片面性和因缺少"辨合符验"而不可实践的局限性。《天论篇》指出"三袄"是"三者错",禁言"袄辞";《君道篇》的"三恶"(wu)说,① 应该是对《伽萨》等卷"三恶"(e)思想的变革。由此体现《荀子》对琐罗亚斯德思想及其他异质文化批判的吸收与发展。

(三)《荀子》"善恶"话语系统的特点

《荀子》的"性恶"论主要通过"善恶"话语系统表现,其特点亦代表荀书"性恶"思想的特点。概括荀书的"善恶"话语系统特点,主要体现在完备性、综合性与创新性等方面。

1. 体系的相对完备性

《荀子》的"善恶"话语系统内容丰富,既诠释了"性""善""恶""性善""性恶""化性起伪"等概念,又对人"性恶"产生的原因、解决的方法与价值等问题给予相对完整的研究。

其中,在侧重研究"性恶"论的前提下,通过对人的"性善""性恶"问题比较研究,进一步以"塗之人可以为禹"的命题,对其"性恶"思想理论的应用性价值,从主客观条件等方面给予相对完备的阐述。因此,《荀子》的"善恶"话语系统,客观上具有理论与应用研究结合的相对完备性的体系化特点。

2. 整体上的综合性

《荀子》"善恶"话语系统的形成,既借鉴了其前史学的"善恶"话语系统,又继承了先秦子学的"善恶"话语系统理论,尤为侧重孟子的"性善"思想研究,并首创了"性恶"理论。则荀书以"性恶"思想为基础,集先秦"善恶"思想之所成而建立的"善恶"话语系统,整体上客观具有综合性特点。

3. 独特的创新性

春秋战国时期不仅是中国历史新旧体制转型发展的重要时期,也是世界历

---

① 参见[清]王先谦:《荀子集解》,见《诸子集成》(第 2 册),上海:上海书店 1986 年版,第 290 页、第 292 页。

史发生重大变化的时期,当时的"世界各国文化都进入创制基本民族精神"的时代,雅斯贝尔斯称之为"轴心时代",冯天瑜先生则名为"元典时代"。① 新时代的发展不断为先秦典籍注入新内容、新思想,荀子应历史发展的潮流而动,既继承前典的新思想内容,又广泛吸纳各类时学及琐罗亚斯德思想等异质文化的新理论内容,客观形成其"善恶"话语所具有的独特创新性特征。

《荀子》"善恶"话语系统的独特性主要表现在"善恶"思想、"善恶"话语及"善恶"理念等方面。古今学界公认"性恶"思想源于《荀子》,则荀书首创"性恶"思想是不争的事实;"化性起伪"的方法论,主要是对《荀子》"性恶"论的诠释,则该思想亦是荀书新制;《荀子》的"善恶"话语较于前代还增加了诸多新内容、新理念,如"三善"说的"善思"、"性恶"话语、"善善恶恶""三恶"等新制词语。此外,《荀子》对"霸者之善""仁义礼善"等思想的阐释,彰显荀书对传统"善恶"理念等的更新。

三、《荀子》善恶观的影响

先秦及《荀子》善恶观思想的研究,无可辩驳地证明了一个已为思想界、考古学界以及文化学界确认的客观史实,即琐罗亚斯德教至迟于公元前4世纪传入中国。经考证,其前多为祆教,其后则有琐罗亚斯德正教,荀子以后,则主要为粟特版的琐罗亚斯德教;该教经典的阿契美尼德版,特别是《伽萨》卷,大约于荀子时代影响了《荀子》及先秦子学思想。由于荀子后的秦朝禁传琐罗亚斯德正教,其经典亦多匿迹于中原;汉唐间再度来华的应是其萨珊版。由此可见,先秦和《荀子》善恶观思想的研究,客观上促使《荀子》与琐罗亚斯德的善恶观及其他思想研究,具有了一定的可比性;对时学及其后古代"善恶"思想研究等皆产生重要影响。其中,主要体现在其"善恶"话语系统、"性恶"理论及人性思想等方面。

(一)《荀子》的"善恶"话语系统成为古代伦理思想中基本的"善恶"话语

《荀子》的"善恶"话语系统,影响了先秦时学及后世"善恶"思想的研究。

1. 固化了先秦及后世的"善恶"话语模式

《荀子》前的先秦"善恶"话语系统,或重"善",或重"恶",多各执一

---

① 参见冯天瑜、任放、杨华主编:《中国文化史》,北京:高等教育出版社2005年版,第60页。

元。荀书以"性恶"论为基础，首次以"善—恶"对应关系替代传统的"善—不善"对，通过"性善""性恶"思想的辩证论述，自世界观角度，彻底固化"善—恶"对应关系叙法及"善恶"话语，完备了先秦的"善恶"思想理论。《荀子》"善恶"话语的固化，影响了先秦及其后辩证地研究"善恶"思想方法的运用，形成了固定的"善恶"话语模式，自董仲舒"善、恶、中"的性三等说、扬雄的"性善恶混论"至韩愈的"性三品说"等，形成一脉相承的"善恶"思想研究传统。

2. 直接影响了先秦的时学研究

《荀子》的"善恶"话语系统，首先影响了先秦时学研究。以《韩非子》为例："善—恶"对应关系成为主要叙法，应受《荀子》固化"善—恶"对应关系叙法的师法影响；自觉地纳"善恶"话语系统入其法学话语系统，应是《荀子》重视"善恶"理论应用性研究的影响；其"善"口语化的普遍性应用，充分体现其"扬善罚恶"的"善恶"理念，应受到《荀子》的因为"人之性恶，其善伪也"而以"善"化"恶"等重"善"思想的影响。

3. 成为其后人性理论研究的基本话语

学界普遍认为，中国的人性论研究始于先秦，集成先秦"善恶"思想研究的《荀子》，其界定的"善恶"概念系统、"善恶"话语叙法、"善恶"理念与思想及其"善恶"思想理论体系等，多为其后的人性论学界袭用，则《荀子》的"善恶"话语系统，客观上确立了其后中国人性理论研究的基本话语传统。

（二）《荀子》"性恶论"的善恶观确立了古代人性论研究的传统

《荀子》"性恶论"的善恶观，开中国古代人性论综合研究的传统。董仲舒以后，形成了调和孟荀善恶观的"性有善有恶"说与"性三品"说等"善恶"思想。其中，"性有善有恶"说主要以战国时的世硕以及汉代的董仲舒、扬雄和郑玄等为代表；"性三品"说则主要以董仲舒、王充、荀悦和唐代韩愈等为代表。宋以后，"善恶"思想研究逐渐形成"性两元论"与"性一元论"两个系列。其中，"性两元论"主要指"天地之性"抑或"义理之性"和"气质之性"两元；前者纯"善"，后者则有"善"有"恶"。"性两元论"始于周敦颐、张载，精炼于程颐，大成于朱熹。朱熹认为，"天地之性"为"理"，"气质之性"是"气"，"理"与"气"合，二者虽生来不同，却相互统一。持"性一元论"者，主要认为"性"不分天命与气质；气质之性，既属本然，亦是纯"善"。该论始于明代、盛于清世。宋代陆九渊开先河，明代王守仁则提出"性""气"

合一、性"至善"的"性一元论"思想,明末刘宗周、黄宗羲、王夫之与颜元等予以发展;清乾嘉时期的戴震集大成,明确提出"性"即血气心知且有待于扩充而后完成"善","善"可谓"性"之完成等思想,缜密论述了"性一元论"思想。

张岱年先生认为,"古代的性论纷纭无定,汉唐并无大进步,至宋张子程子提出性两元论,乃将以前的性论作一结束。至明清而起反响,到戴东原乃作一更进的结束。性两元论发生以前的性论,亦都可谓为性一元论。原始的性一元论可以说是正,性两元论可以说是反,明清的性一元论则可以说是合。"① 张先生明确指出了《荀子》以后,中国古代"善恶"思想的发展演变。徐复观先生则认为,"荀子的大贡献,是使儒家的伦理道德,得到了彻底客观化的意义;并相当地显发了人类认识之心;超克了战国时代的诡辩学派,开启了正常伦理学的端绪;并提供成就知识的伦类、统类的重要观念。这就中国整个文化史而论,是很可宝贵的。"② 徐复观从伦理学角度,指出《荀子》善恶观对确立古代人性论等伦理道德思想研究传统的意义。

(三)《荀子》"性恶论"善恶观的启示意义

《荀子》对人性"善恶"所作的系统而深刻的阐述,不仅影响了古代的善恶思想研究,迄今仍有值得思考的启示意义。从正价值的角度看,《荀子》以论"恶"而扬"善"、以讨论人性"恶"的本源而探索人类社会走向和谐统一之路、以"化性起伪"论研究教育在人类和谐统一发展中的作用等思想,对当今中国文化走向世界、世界各国各民族的和平共赢与共同发展等问题的研究,具有一定的启示作用。反之,《荀子》的"善恶"思想研究,因受到认知及时代条件等限制,客观上存在负面价值。以认知方面为例,荀子充分认识到知识的重要性,荀书以《劝学》开卷,充分体现其重视知识的思想;但综观荀书的学习内容,多以伦理道德性等社会经验现象的知识为主,罕见自然科学类知识的系统阐述,而自然科学通常是推动人类社会发展的重要生产力。因此,面对新世纪科学发展的时代要求,《荀子》的"善恶"思想,客观上启示了当代的荀学研究需要特别关注其负面影响。

徐复观先生认为,"他的目的并不在知识而在道德,因而处处落脚在伦理道德之上,这便使知识与道德,两受牵制,两面都不易得到发展",而推动科学发

---

① 张岱年:《中国哲学大纲》(上册),北京:中华书局2017年版,第312页。
② 徐复观:《中国人性论史》,上海:华东师范大学出版社2005年版,第158页。

展的常常是"知识的形而上学。"① 这不仅既明确指出荀书基于"性恶论"的善恶观形成的伦理道德思想的客观局限性,又客观说明其具有启发今天发展的意义。(此部分内容曾发表于《中外交流》2020年第8期)

第二节 琐罗亚斯德"选择善元"的善恶观

琐罗亚斯德基于"善恶"两大本原的世界观,创立了"善恶二元"之间相互对立斗争关系的思想,且就"善恶二元"的起源、表现特征、价值实现及方法等问题予以简要阐述。经其后琐罗亚斯德教的不断发展完善,形成了系统而深刻的善恶观,对其后中西方的"善恶"以及二元论思想研究,产生了具有世界性意义的影响。

一、"选择善元"的善恶观及其渊源

琐罗亚斯德的善恶观主要涵盖"选择善元"与"三善说"等思想。

(一)"选择善元"的善恶观

基于"善恶二元"对立斗争的世界观,琐罗亚斯德提出"选择善元"的善恶观。

1. "善恶二元"是世界两大本原

《伽萨》曰:

> 最初两大本原孪生并存,思想、言论和行动皆有善恶之分。(1·30·3)

诗中明确指出"善恶二元"是世界的两大本原,二者具有"孪生并存"的特点,意谓"恶"总是与"善"同生并存;此外,《伽萨》诗还言及二者"全部截然不同,实难难容"(2·45·2)等特点。元文琪先生认为,"从时间角度看,原始之初善界和恶界就相互并存,彼此对立,包含着矛盾和斗争,而且这种矛盾和斗争还要旷日持久地继续下去,直到善界取得最后的胜利——这并不意味着恶界的消亡,而只是善界的净化。"② 则指出"善恶二元"始终同生共处

---

① 徐复观:《中国人性论史》,上海:华东师范大学出版社2005年版,第159页。
② [伊朗]贾利尔·杜斯特哈赫选编:《阿维斯塔——琐罗亚斯德教圣书》,元文琪译,北京:商务印书馆2005年版,第416页。

的特点。《伽萨》明确指出"（马兹达）是斯潘德·迈纽纯洁的父亲"（3·47·3），确言"善元"是马兹达创造的，应涵盖"善恶"二元的思想皆由马兹达创造。总之，琐罗亚斯德基于一神信仰下的宗教思想认识，首先通过《伽萨》诗，简要说明世界本原于"善恶二元"的思想，且通过阿胡拉·马兹达创造的世界与宗教说，阐明其同时创造了"善恶"两大本原等思想。

综合以上论述，琐罗亚斯德认为，"善恶二元"是世界的两大本原，二者始终处于不停的对立斗争中。其社会观、人生观及文化观等思想，皆建立在该思想基点上。

2. "善恶二元"的特点

"善恶二元"在性质上有截然不同的特点，主要体现在该教经典对"善恶二元神"的比较：

> 斯潘德·迈纽光辉灿烂，高大无比，辽阔无垠的天空像是披在他身上的彩衣。
>
> （他同）皈依正教并以其优良品行取悦于马兹达·阿胡拉的人们一起，选择了真诚和善良；专事欺骗的阿赫里曼则选择了邪恶和虚伪。（《伽萨》·1·30·5）

将诗中显示的"善恶"神特点，结合该教经典其他的记载，知道"善恶二元"首先同源、其次二者属于性质上截然相反且相互对立斗争的两面，由此形成的世界，亦属于本质不同的"善""恶"界两部分。善界象征真诚、秩序、善良、光明及理性等人类所有的美好面，恶界则代表虚伪、混乱、邪恶、黑暗及疯狂等世界一切丑恶面。该教经典亦因此形成"善恶"两个话语系统，客观说明"善恶二元"的不同特点。

基于"善恶二元"的特点，琐罗亚斯德明确形成了恪守"三善"以抑制"三恶"现象等道德思想和经"择善神"与守教规以实现理想生活的人生思想等。

3. 倡"三善"反"三恶"以"选择善元"的思想

"三善""三恶"是琐罗亚斯德思想的重要内容，《伽萨》已规范其具体内容。如：

> （马兹达）时而信奉善思、善言和善行，时而顺从恶思、恶言和恶行；今朝皈依正教，明日改宗邪教（要把他们分开）。（3·48·4）

诗中确指"三善"为"善思、善言和善行"，"三恶"是"恶思、恶言和恶行";以人生最终归宿的截然不同,明确提出倡"三善"反"三恶"以"选择善元"的思想主张,则"三善"说是琐罗亚斯德善恶观的重要组成部分。据学界研究,"三善"是该教信众须恪守的最基本的道德原则,通常被严酷的教规所规范,其中"熔铁的考验"等酷刑峻法,常使欲入教者望而却步,中国学界也有学贤认为古代该教在华的传播特点应部分地与其酷法有关。

"三善"信条,通常为该教信众标记于圣带上,① 作为"选择善元"的道德信条,其作用颇类同于子张将孔子语录"书诸绅"(《论语·卫灵公》)的行为。根据先秦诸子著作多有系统的"三善"理论内容,经考证"三善"思想至迟于公元前4世纪随琐罗亚斯德正教传入中国,并先后影响了百家争鸣时代的思想家。

4. "来生说"

琐罗亚斯德重视"灵魂"生命及其有"善恶"二归宿等思想,客观形成了"来生说",认为"选择善元"才能实现"善"归宿,由此形成了该教善恶观不可或缺的"来生说"思想内容。

琐罗亚斯德还认为,到达理想的"来生"需经"终日审判"。作为"来生说"内容的客观部分,扎林库伯教授对此明确指出,源自雅利安人传统观念的"末日审判"信念,是确立正义的最终保障,② 说明"终日审判"也是该教善恶观不可或缺的思想内容。

综合以上论述,琐罗亚斯德主要从宗教的角度,对"善恶二元"的起源、特点、具体内容及其价值,特别是人生价值等角度,予以丰富而深刻的阐述,形成了系统的善恶观。

(二) 渊源

考察琐罗亚斯德的善恶观思想,其直接的理论渊源应追溯到古波斯传统的"善恶二元"思想。扎林库伯教授对此认为,"二元"论应该是迁徙以前年代的遗产,而古代伊朗人已存在"二元基础的多神信仰",琐罗亚斯德只是给予阿胡拉·马兹达一神崇拜的宗教创新,③ 明确指出其"善恶二元"思想与其传统思

---

① 参见施安昌:《火坛与祭司鸟神:中国古代祆教美术考古手记》,北京:紫禁城出版社2004年版,第18页。
② 参见[伊朗]阿卜杜勒·侯赛因·扎林库伯:《波斯帝国史》,张鸿年译,北京:昆仑出版社2013年版,第50页。
③ 参见[伊朗]阿卜杜勒·侯赛因·扎林库伯:《波斯帝国史》,张鸿年译,北京:昆仑出版社2013年版,第45页。

想文化的关系。斯温则认为"波斯人有一种独一无二的来生概念"①，则琐罗亚斯德的"来生说"等思想，多源于古波斯甚至是雅利安民族的传统思想。

二、"善恶二元"对立斗争的思想

琐罗亚斯德思想的"善恶二元"之间，始终处于对立斗争的状态。表现在神与神之间：

> 要清楚地识别两大宗教（马兹达教和阿赫里曼教）之间的对立，（将以马兹达）的胜利而告终。（《伽萨》1·30·2）

诗中明确指出善神与恶神之间的相互对立斗争，且善神终胜恶神。该类由神与神之间的对立斗争，波及世间的一切。首先表现在国家之间：

> （图斯祈求阿娜希塔）征服突朗人的国家，数十、数百、数千、数万、数十万地歼灭敌人。（《亚什特》5·14·54）

诗中确言阿娜希塔帮助图斯成功地征服了突朗。考察伊朗与突朗两国之间的矛盾斗争，于琐罗亚斯德生活的时期已尖锐，他本人亦殉身于两国战争；至《亚什特》时期，两国的战争更为酷烈。表现在社会集团之间：

> ［崇拜妖魔的众首领］以其凶残、卑劣的举动威胁、恫吓我们［马兹达］的信徒。（《伽萨》1·34·8）

诗中明确显示，以"善恶二元"思想为标志，琐罗亚斯德将社会势力分为相互敌对且无休止争斗的两大集团。表现在人与人之间：

> 长久以来，班德瓦就是我（琐罗亚斯德）最大的劲敌。（《伽萨》3·49·1）

诗中的"我"指琐罗亚斯德，意谓他与班德瓦之间是相互敌对的矛盾关系。"善恶二元"的对立斗争同样体现在人自身方面：

> 智者不该犯下任何罪过。须知（灵魂与美好奖赏的享有）取决于熔铁（的考验）。（《伽萨》1·32·7）

诗中的"熔铁"考验，作为该教的宗教法规，专门考验善良者个人的真诚

---

① ［美］J. E. 斯温：《世界文化史》（上卷），沈炼之译，上海：上海社会科学院出版社2016年版，第88页。

度。因为按照该教"善恶二元"一体的教义，人的本性原由善恶两面组成，善良人的本性中客观带有邪恶面，须以酷法教规抑制虚伪恶性面，则在人自身的方面亦体现了该教"善恶二元"对立斗争的思想。

元先生对此认为，"宇宙间光明与黑暗两大势力的矛盾和斗争，从天上到地下，从国家、村社、部落到个人，是无时不在、无所不在的。"简要说明了琐罗亚斯德教的"善恶二元"对立斗争思想。考察该思想，实则是对古伊朗人"善恶二元"斗争思想观念的发展。扎林库伯教授则认为，"新的信仰是把阿胡拉与迪弗对立起来"①，明确指出该教的"善恶二元"对立斗争思想，是对传统的继承与超越。

三、琐罗亚斯德善恶观的影响

琐罗亚斯德"善恶二元"对立斗争的思想，影响深远。

（一）影响了古波斯帝国的政治

琐罗亚斯德的"选择善元"思想，涵盖以"善元"为代表的正教统一伊朗境内外宗教和最终使世界宗教统一于正教的思想宗旨。其统一宗教的思想，客观适应了伊朗政治一统的需要。凯扬王朝时期，古什塔斯布王依靠该教建立了政教合一的凯扬政权；居鲁士时期，该教又成为其统一伊朗东部的基础；② 大流士一世的数处"自铭文"，确言其帝国建立的基础是以阿胡拉·马兹达善神的名义；其后古波斯数度奉琐罗亚斯德教为国教，独尊的还是"善元"。综合而言，古波斯帝国的善教崇拜，充分体现了琐罗亚斯德善恶观的影响。

李零先生认为，波斯帝国的国教是"宗教大一统与国家大一统匹配"的观点，③ 精当概括了琐罗亚斯德善恶观对古波斯政治的影响。

（二）影响了基督教等其他宗教

琐罗亚斯德以明确的"善恶二元神"对立斗争的思想为基础，形成了系统的教义。其中的部分内容不仅影响了摩尼、耆那教的思想，同时也融入了世界

---

① ［伊朗］费利尔·杜斯特哈赫选编：《阿维斯塔——琐罗亚斯德教圣书》，元文琪译，北京：商务印书馆2005年版，第415页；［伊朗］阿卜杜勒·侯赛因·扎林库伯：《波斯帝国史》，张鸿年译，北京：昆仑出版社2013年版，第11页。

② 参见［伊朗］阿卜杜勒·侯赛因·扎林库伯：《波斯帝国史》，张鸿年译，北京：昆仑出版社2013年版，第18页、第50页。

③ 参见李零：《波斯笔记》（上册），北京：生活·读书·新知三联书店2019年版，第260页。

其他宗教的教义中。阿德勒认为,"琐罗亚斯德关于恶神同肉体紧密关联、善神是无形的存在即精神的教义,后来世世代代存留在基督教,并且一次又一次地在各种宗教中出现。"① 明确指出基督教等世界其他宗教的"善恶"思想皆受到琐罗亚斯德"善恶观"的直接影响。

(三) 影响了《荀子》"性恶论"思想的形成

《荀子》明确提出人"性恶"的思想,古今中外学界对此给予了系统解释,通常以徐复观等先生的意见为代表。荀书有"性之和所生,精合感应,不事而自然,谓之性"(正名)等解释"性"的概念。徐先生依此将荀书的"性"分为"先天的性"与"经验中可以直接把握得到的性",认为前者属于"生理现象";后者则是"先天的性"经与生理相和合、与外物相合及接触后在"官能"方面所引起的"官能的反应",是"不经过人为的构想,而自然如此"的部分,亦是"荀子人性论的主体"。②

廖名春先生进而将后者亦分作"恶的情欲之性"和"无所谓善恶的知能之性"两部分,认为荀子所谓人的"性恶"主要指前者。③

综合学界意见,《荀子》所谓的人性之"恶",主要指人的先天情欲部分。荀子前的先秦学界关于人的情欲研究,主要归于生理与政治等范畴;《孟子》始将其纳入人性论的范畴,但主要用于讨论"性善"问题。《荀子》开始正式将"人的情欲"予以"恶"的专有命名,且以《性恶论》命篇,从人性论范畴系统讨论了人的情欲等问题,体现了荀子对人的"性恶"问题极其重视。若说孟子等言人的"善性"主要源于先秦传统的"善"思想,则荀子尤为关注且首次命名人的"性恶"等思想,当与此时传入的琐罗亚斯德的善恶观有关。比较二者对"恶"的认识,虽说琐罗亚斯德侧重从神学角度的归类解释人类世界普遍存在的"恶"象结果,《荀子》则专门关注人学视阈下的人性中普遍存在的"恶"性之因。将前者关于"恶神同肉体紧密关联"的思想与后者关于"恶"指人的肉体生命俱来的情欲理论比较,二者如同出一辙,从而证明前者对后者产生的影响。傅斯年先生明确指出,唐儒的"性恶"论思想源于祆教等的影响,客观说明了琐罗亚斯德的善恶观对《荀子》"性恶论"思想产生了重要影响。

---

① [美] 菲利普·J. 阿德勒、兰德尔·L. 波韦尔斯:《世界文明史》(上卷),林骧华、庄彩云等译,上海:上海社会科学院出版社2012年版,第64页。
② 参见徐复观:《中国人性论史》,上海:华东师范大学出版社2005年版,第142页。
③ 参见廖名春:《〈荀子〉新探》,北京:中国人民大学出版社2013年版,第86页。

第三节 《荀子》与琐罗亚斯德善恶观的意义

《荀子》基于"性恶论"形成了系统的善恶思想体系,琐罗亚斯德基于"善恶二元"对立斗争思想形成的善恶观,二者对中西方的"善恶"价值思想的形成与发展及异质文化交流等产生了重要影响。

一、形成了二者迥异的善恶观

《荀子》与琐罗亚斯德围绕人类世界出现的系列社会性问题,共同从人性"善恶"等角度研究解决的方法。其中,对"善恶"的形成、特点、价值及方法等给予了相对系统的阐释,形成了系统的"善恶"观。但基于不同的文化背景和目的,出现二者迥异的"善恶"思想观点,主要体现在"善恶"研究的宗旨、对象与方法等的不同。

(一)二者的"善恶"研究宗旨不同

琐罗亚斯德基于宗教的神学目的论,将世界分为"善恶"两元,旨在通过二者之间无止境的对立斗争,最终使"善元"战胜"恶元",从而建立一个善良的新世界;其中,人性的"善恶"研究,只是其善恶思想的客观部分。《荀子》则基于哲学的人生目的论,确定"恶"是人的本性中的情欲,旨在通过"化性起伪",使人性中的"恶"转化为"善",从而达成理想人生的宗旨;其中,人性的"善恶"研究,既是其人学思想的主要部分,也是迥然不同于前者的根本所在。

《荀子》侧重从人学角度研究"善恶"问题的特点,实则源于儒家重视人文的传统。冯天瑜先生明确指出,《论语》的思想特色是"敬鬼神而远之",且"寓大道于人伦,自成一种非神文的人文思想系统"[①]。《荀子》继而将该人文思想系统,在人性的"善恶"研究等方面予以纵深向度的发展。

(二)二者的"善恶"研究对象不同

琐罗亚斯德的研究对象是世界整体,概有自然、神灵及人类。

《荀子》的研究对象则主要是人类社会及人自身,重点是人性中的"恶"。

---

① 冯天瑜:《〈中华元典精神〉:体悟中华元典精义》,载《光明日报》,2021年1月23日,第14版。

比较而言，前者属于世界观角度的"善恶"论述，后者则侧重于社会观与人生观的范畴。

（三）二者解决"善恶"问题的方法不同

琐罗亚斯德的"善恶"观建立在"善恶二元"对立斗争的宗教思想基础上，则"斗争"是解决"恶"的基本方法。

《荀子》的"善恶"观则以人的"性恶"和"化性起伪"的哲学思想为基础，认为客观事物处于不断的发展变化中，对人性中的"恶"应通过"礼义之道"等教化的方法加以解决。

综上所述，《荀子》与琐罗亚斯德的善恶观，在"善恶"研究目的、对象以及解决"善恶"问题的方法等方面，体现出二者迥异的特征，对后来中西方思想产生了不同影响。

二、影响了古代中西方的善恶价值思想的形成与发展

《荀子》与琐罗亚斯德的"善恶"观，直接影响了中西方思想界的"善恶"价值思想研究。西方思想界首先以古希腊哲学家柏拉图等为代表，其在考察亚历山大征服波斯的过程中，希腊思想界对琐罗亚斯德"善恶"思想进行了希腊化改革，主要体现在两个方面：第一，全盘否定了该教的"善恶二元神"对立斗争的思想，明确规定了任何关于宣传神与神等社会的两类事物之间争斗的文艺作品，禁入希腊国境；第二，以"爱神"崇拜替代"善神"信仰，主张"善美"思想，尤为侧重心灵的"尽善尽美"，[①] 从而将"善恶"思想纳入道德研究的伦理学范畴。

柏拉图侧重人的"善美"价值研究理路，开西方思想界研究"善恶"价值思想的新视阈，经文艺复兴和启蒙运动后，正式将以神为中心转型为以人为中心的研究，迄今已形成系统性学科化的理论研究。其中的"善恶"研究，主要以荷兰斯宾诺莎的《伦理学》（1677年）、德国康德的《判断力批判》（1790年）和英国斯宾塞的《伦理学原理》（1892—1893年）等为代表；"美"的研究通常以德国黑格尔的《美学》（1835年）为代表。他们或持"善恶"两分论，或认为"二元"一体，直至马克思提出关于人的本质是"一切社会关系的总和"的思想，方使学界另辟"善恶"一体的辩证唯物论"善恶"观研究蹊径，

---

① 参见［希腊］柏拉图：《文艺对话集》，朱光潜译，北京：人民文学出版社1963年版，第61页、第24页。

从而使崇尚"善"价值的"善恶"思想研究超克抽象思辨的窠臼，形成了建立在个人、集体与社会三者之间利益关系基础上，而且将抽象的理论与具体的社会实践研究综合于现实一体的"善恶"观思想。

《荀子》"性恶论"的善恶观，开中国古代人性论研究的传统。董仲舒以后，形成了调和孟荀"善恶"观的"性有善有恶"说与"性三品"说等"善恶"思想。其中，"性有善有恶"说主要以董仲舒为代表；"性三品"说则以王充著称。宋以后，"善恶"思想研究，则形成性两元论与性一元论的两个系列。其中，性两元论，主要指"天地之性"抑或"义理之性"和"气质之性"两元；前者是纯善，后者则有善有恶，主要以朱熹为代表。性一元论，主要指对"性"不须分别"天命"与"气质"，认为"气质之性"既是本然的，亦是纯善的；以戴震的论述备受推重。其中，尚尊"善"价值是他们的共同特点。

张岱年先生认为，"原始的性一元论可以说是正，性两元论可以说是反，明清的性一元论则可以说是合。"① 既是对《荀子》以后中国古代"善恶"观的尚"善"价值思想发展演变的高度概括，又明确指出自汉唐至明清一脉相承的"善恶"理论传统，皆源自《荀子》《孟子》等始发的人性"善恶"思想的研究。

近现代以后，在马克思关于人的思想学说指导下，中国的"善恶"思想已发展为充分吸收世界各民族"善恶"观的学科化伦理学研究。迄今，自纯粹理论至生活实践各层面，已形成更加系统完善的崇尚"真善美"价值思想的研究传统。

综合以上论述，"善恶"观念虽然在不同的时代、地域及民族中有不同的阐述，而且因社会性质及发展的不同而认识各异，但是考察各学说的宗旨皆为促进人类的和谐。因此其中多认为人性在自然属性中本无"善恶"、在社会属性中方形成"善恶"的一体两面、"性善"乃人性的优点等。则在古今中外异彩纷呈的"善恶"价值思想中，尚尊"善"价值应是人类最终达成的共识。

三、明确了以尚善为宗旨的异质文化交流原则

《荀子》与琐罗亚斯德皆主张文化的对外传播，在其丰富的异质文化交流理论中，尚善是二者之间主要的相通性思想。其中，琐罗亚斯德明确主张"选择善元"，且广泛宣说该教维护世界各民族和平生活的目的，体现了其明确的尚善宗旨。

《荀子》基于"性恶论"，明确提出了"化性起伪"的理论，认为通过教

---

① 张岱年：《中国哲学大纲》（上册），北京：中华书局2017年版，第312页。

化,"涂之人可以为禹"(性恶),意味着每个社会成员皆可成为性同尧、舜、禹的圣善人,其教化的内容,以礼义等伦理道德修养的尚善思想为主。《荀子》因此明确提出"全道德,致隆高,綦文理,一天下,振毫末,使天下莫不顺比从服"(王制)的思想,意味着通过礼义等教化之道,可使天下最终成为和谐统一的整体,充分体现了自原则至方法,皆以尚善为宗旨的异质文化交流思想的特点。考察《荀子》的尚善宗旨,当是对孔子以来"远人不服,则修文德以来之"(《论语·季氏》)等善待异质文化的文化交流思想的继承与发展。

综合以上论述,《荀子》与琐罗亚斯德皆明确主张,在异质文化的交流中必须以尚善为宗旨。因此,从中西文化交流的角度来说,二者较早搭建了其后该教在华传播及华化的理论平台,体现了二者的"善恶"观对异质文化交流理论所产生的重要影响。

第六章

《荀子》与琐罗亚斯德的社会观

《荀子》与琐罗亚斯德基于善恶观的理论,将当时人类社会出现的无序状态等社会问题,归因于人的恶性予以否定;针对人类社会的存在、历史发展与国家政治制度等系列问题,则给予系统而深刻的诠释;同时围绕建立何样有序化社会,以及如何建立有序化社会的前景等问题,形成了系统的社会观。二者由此形成不同的社会观,对中西方社会政治以及琐罗亚斯德思想在华传播等,具有重要而深远的意义。

第一节 《荀子》"明分使群"的社会观

《荀子》将人类的社会与政治组织称为"群",并从人性论角度,通过阐释人与自然界其他生物的不同,详尽而系统地说明社会的起源以及社会关系、制度、管理等问题,形成丰富的"明分使群"的社会思想理论,对其后中国古代政治由理论至实践等具有重要意义。

一、"明分使群"的社会观及其渊源

《荀子》的社会观主要体现在对"明分使群"等思想的论述,其"群"论至今为学界所关注。

(一)《荀子》的"明分使群"思想

《荀子》于《富国》等篇,明确提出并阐释了"明分使群"的思想。如:

> 万物同宇而异体,无宜而有用,为人,数也;人伦并处,同求而异道,

同域而异知，生也。(《富国篇》)

杨倞注"同宇而异体"曰："同生宇内，形体有异"，主要从人与其他生物的差别角度言之；而"伦，类也；并处，群居也"，"同求异道，谓或求为善或求为恶，此人之性也"等释义，① 则确指人类之间的差别。文中"域"的含义，可指广义的世界，也可作狭义的"国家疆域"。则荀子认为人不仅与其他生物有差别，人类之间在"善恶"的选择、同一地域的人在拥有的智慧上也有差异。《富国篇》继而说明由此造成的人类困窘等问题，并提出了解决问题的办法：

知者未得治，则功名未成也；功名未成，则群众未县也；群众未县，则君臣未立也。无君以治臣，无上以制下，天下害生纵欲。欲恶同物欲多而物寡，寡则必争矣。故百技所成，所以养一人也，而能不能兼技，人不能兼官。离居不相待则穷，群而无分则争。穷者患也，争者祸也，就患除祸，则莫若明分使群矣。

文中确言，"知者""群众""君臣"既各有职任，相互间又是紧密联系的整体；他们"离居不相待""群而无分"的失于管控状态，是关系"天下"安危的直接原因；解决该失控等社会问题，只有"明分使群"的方法。杨倞注"明分使群"曰："明有分则能群，然后可以富国也"，意谓明确职"分"方能分别"群"属，方可富裕发展国家，强调"分""群"思想的重要政治意义。则杨注荀书的"分"字，有区分、职分等含义。《王制篇》曰：

(人)力不若牛，走不若马，而牛马为用，何也？曰：人能群，彼不能群也。

人何以能群？曰：分。分何以能行？曰：义。

肖萐父等先生释义文中的"'分'，即划分为不同的等级，具有不同的社会分工，从而形成相互联系、协同行动的统一整体"；任继愈先生认为"是指人的不同社会地位、职分"；廖名春先生认为是"人类社会的组织结构和组织原则"，并具体为"社会的分工分职""社会伦理关系""核心是封建等级关系"三个方

---

① 参见［清］王先谦：《荀子集解》，见《诸子集成》(第2册)，上海：上海书店1986年版，第113—114页。

面内容。① 据文中"分"与"群"的同出情况，结合学界意见，则文中的"分"意谓"职分"。文中"群"，肖先生释作"社会"，任先生作"人的社会组织"，廖先生认为"群"与"社会"是"同义词"。据文中"群"出现于人畜对比的语境，则荀书该处的"群"有特指"人的社会组织"意义。《非相篇》还阐释了"明"的含义：

> 人之所以为人也，非特以其二足而无毛也，以其有辨也。
> 人道莫不有辨。辨莫大于分，分莫大于礼，礼莫大于圣王。

杨倞释"辨，别也"②，即辨别。文中通过人畜比较，指出只有人类社会才有明辨是非的基本特征；其中，最重要的是明辨人的社会地位与职分；明辨依靠的原则是"礼"，所有的"礼"皆独尊"圣王"。总括"明分使群"的含义，意谓只有明辨人的不同社会地位、分工与职分等，才能形成人的社会组织；并按照"圣王"规范的礼义制度等社会道德原则，通过"礼表法里""礼法并治"等有序化的社会管理，以抵御自然界和人类社会的各种灾变。由此可见，《荀子》通过"明分使群"的论述，对社会的起源、存在、组织、制度以及社会价值等系列问题，给予了系统而深刻的诠释，形成了具有辩证唯物论特征的社会观。

（二）"明分使群"思想的渊源

荀子关于"群"的思想，当首先源于儒家的纲常伦理。孔子有"群居终日，言不及义"（《论语·卫灵公》）之叹，孟子则言"独乐乐"不如"众乐乐"（《孟子·梁惠王下》）。其中，"群""众"二字的含义应主要指人数方面。结合《富国篇》"群众"合用的语境，则"群"与"众"是同义词，意味着孔孟的"群"说，最早始自儒家的伦理道德与政治思想角度。《荀子》将孔孟等的"群"说，进一步发展为"明分使群"的社会政治思想理论。相较于孔孟的"群"说，盖孔子所曰"群"侧重于人的道德行为，孟子的言"众"偏重于行文的政论逻辑，荀子则集成二者之"群"说，将孔子的伦理道德说深化为圣王

---

① 参见肖萐父、李锦全：《中国哲学史》（第 1 册），北京：人民出版社 1963 年版，第 230 页；任继愈主编：《中国哲学史》（第 2 册），北京：人民出版社 1999 年版，第 238 页；廖名春：《〈荀子〉新探》，北京：中国人民大学出版社 2013 年版，第 94 页、第 97 页、第 98 页、第 99 页。

② ［清］王先谦：《荀子集解》，见《诸子集成》（第 2 册），上海：上海书店 1986 年版，第 50 页。

制定的礼义等社会道德制度,将孟子的政论逻辑细化为礼法兼治等社会政治制度,从而将"群"说发展为春秋战国时代拯救时弊、治理社会等体现其社会观的系统思想理论。

《荀子》的"群"论,不否认其受到琐罗亚斯德教等西方社会观的影响,因为《伽萨》已有相对系统的"家庭—村社—城市—国家"等有序化的社会思想意识。但荀书"群"论显示的阐述特点,整体上主要是先秦儒家的伦理道德思想,则"明分使群"思想当主要源于先秦儒家。

二、"法后王"的等级制度思想

先秦诸子将以史为鉴的历史传统进行了理论化的说明。孔子表赞尧舜禹(《泰伯》篇),有子提出"先王之道"(《学而》篇)说,七十子后学进而形成尧舜禹汤文武周公孔子的道统说(《尧曰》篇);墨子以"圣王""暴王"(天志上)的对比,倡导三代的"先王之道";孟子"言必称尧舜"(滕文公上),形成先秦一脉相承的"法先王"道统理论。《荀子》则继儒墨等的"先王"道统,明确提出"法后王"和封建等级制度的思想,对后世产生了重要影响。

(一)《荀子》的"法后王"思想

《荀子》继承前典,明确提出"法后王"的思想。《儒效篇》曰:

> (俗儒)逢衣浅带,解果其冠,略法先王而足乱世;术缪学杂,不知法后王而一制度,不知隆礼义而杀《诗》、《书》。

文中明确提出"法后王"说,既对应"法先王"的道统,又与"隆礼义"的治国原则相联系,体现其对传统的"法先王"政治思想理论的继承与发展。《王制篇》进而详析其原因及意义:

> 王者之制,道不过三代,法不贰后王。道过三代谓之荡,法贰后王谓之不雅。

杨倞释义曰:"论王道不过夏殷周之事,过则久远难信",则"三代"指夏商周三朝。文中"后王"所指,古今异议,其中有杨倞代表的"当世之王"[①]说,自司马迁至当今学界皆有持同该说者;刘台拱代表的"周文王、周武王"

---

① [清]王先谦:《荀子集解》,见《诸子集成》(第2册),上海:上海书店1986年版,第101页。

说，冯友兰、郭沫若先生至当今海峡两岸等多有持同者；章太炎先生的"有位或无位的圣人、王或素王"，则"后王"的含义颇多概念化的成分，意谓荀书是表达"法后王"思想理论的术语，梁启雄等持同之；廖名春先生则认为"应是周文王、周武王之后当今之王以前的周代贤王"，确指"周公、成王与康王"。①

综合古今学界论述，对"后王"的界定，一是确指的周朝文、武、成、康王与周公，二是不确指的具有圣性的当世王者或贤人。其界定原则，主要以时间的先后与道德的圣性标准为主。

《荀子》的"后王"思想，尚见《不苟》《非相》《正名》《成相》篇。《成相》篇曰：

> 凡成相，辨法方，至治之极复后王。慎、墨、季、惠，百家之说诚不详。

文中指出，达到"治之至"最高境界的"王者"亦可为"后王"。其中，"治"为事功，"后王"则是可变项，意味着评判圣王的标准由传统的时间、道德标准变为事功为主的事实标准。荀书确言，该论已为慎、墨等百家学界论及，只是论述不详细而已。荀子在此对事功标准的修正，既源于其辩证的唯物论思想，又客观体现了其社会历史是发展的进步史观。《强国篇》记载"孙卿子"回答"应侯"的问秦事，曰：

> （秦）四世有胜，非幸也，数也，是所见也。故曰：佚而治，约而详，不烦而功，治之至也，秦类之矣。

杨倞注文中"类"曰"古之至治有如此者，今秦似之"，荀子释《正名篇》的"同类"一词作"比方之疑似而通"②，则"类"亦可作类同义。该句群意谓秦国的强大来自数世秦王的悉心治理，从"治之至"的角度说，当今秦世同于古代的治世。结合其事功标准，则荀子"至治之极复后王"的逻辑推理，寓意深刻，意味着按传统的道德标准，秦王不得列位"后王"；但若以事实标准衡量，秦王已具备条件。因为在荀子看来，成、康王固然以善于守成的道德之功列位"后王"，但其后拥有盖世事功的当世之王亦可被"后王"之名，则"后王"的出现无止点。

---

① 廖名春：《〈荀子〉新探》，北京：中国人民大学出版社2013年版，第112—113页、第115页、第116页。
② [清]王先谦：《荀子集解》，见《诸子集成》（第2册），上海：上海书店1986年版，第202页、第276页。

《荀子》对传统价值评判标准的修正,应受到时代发展的影响。学界通常认为,秦孝公变法,代表当时先进生产力的发展水平,推动秦国向封建制社会的转型。则秦王依法治国的事功,当影响荀子"隆礼""重法"等思想的形成。虽然荀子指出秦有失于"无儒"之所短,① 但其认可秦王事功的思想不言而喻。毛泽东主席指出,秦始皇用李斯,李斯是法家,是荀子的学生,直言荀子思想与秦国法治实践的互动关系,则"法后王"的思想实则是荀子理想政治与传统价值观发展的充分体现。荀书虽然没有确指"后王"是否含指秦王,但其"法后王"的思想,实则寄予对当时秦王政治的认可、对秦国及其后世中国历史朝向"后王"的理想政治社会发展的厚望。

综合以上论述,《荀子》的"法后王"思想,是具有发展性的政治理论。从历史角度来看,其"后王",既可确指周公、成王等人,又意味二者不是"后王"出现的止点;从理论层面而言,这属于荀书概念性的理论术语,是《荀子》表达社会价值观话语体系的客观部分。

(二)《荀子》封建官僚制的等级制度思想

《荀子》以"法后王"思想为基础,构建了系统的等级制度思想理论。在《王制篇》中,首先指出社会是由"王公士大夫"与"庶人"等上下有序的封建等级构成的;其次说明各等级成员的地位是可变的:

> 虽王公士大夫之子孙,不能属于礼义,则归之庶人;虽庶人之子孙也,积文学,正身行,能属于礼义,则归之卿相士大夫。

文中指出,社会各等级成员的地位以及人富贵贫贱的等级差别是可以改变的,改变所需的主观条件是修习礼义、文学等道德修养。最后,明确指出社会各等级之间是相互联系的:

> 选贤良,举笃敬,兴孝弟,收孤寡,补贫穷,如是,则庶人安政矣。庶人安政,然后君子安位。传曰:君者舟也,庶人者水也,水则载舟,水则覆舟。此之谓也。故君人者,欲安,则莫若平政爱民矣;欲荣,则莫若隆礼敬士矣。

荀子认为,社会各等级虽然分工不同,但个体间不是孤立的存在,而是彼此联系的整体。相互间如同舟与水的关系,或"载"或"覆"的状态主要取决

---

① 参见[清]王先谦:《荀子集解》,见《诸子集成》(第2册),上海:上海书店1986年版,第203页。

于社会上层的主观政治作为，即"隆礼敬士""爱民"。荀书还特别提出"法后王而壹制度"（《儒效篇》）的思想，要求尊法后王，统一封建的社会等级制度，以强化其等级制度的思想理论。

《荀子》的等级制度理论，首先源于儒家的等级思想。孔子将"君君臣臣父父子子"的社会等级规范以"礼"的思想（《论语·颜渊》），孟子继而发展为"父子有亲，君臣有义，夫妇有别，长幼有序，朋友有信"（《滕文公上》）的等级理论。荀子进一步将孔孟划分的社会等级予以制度化、理论化，使之成为基本的社会政治制度。

考察《荀子》的等级制度理论，与孔孟的等级思想有着本质性的差别。孔孟的等级思想旨在维护奴隶制社会等级，而《荀子》则通过"明分使群""法后王"等思想的诠释，反对奴隶制的世卿世禄制度，主张封建社会的官僚制度。任继愈先生认为，荀子维护的是新兴封建等级制度。[①]《荀子》的等级制度思想，自理论至实践，影响了其后中国两千多年封建社会的发展。

三、《荀子》社会观的影响

《荀子》的社会观，对后世的中国政治及中西文化交流皆产生了重要影响。

（一）影响了两千年中国封建等级制社会制度的建立

《荀子》明确提出等级制度的合理性，并从天人关系角度给予系统说明。《王制篇》曰：

> 有天有地，而上下有差，明王始立，而处国有制。
> 势位齐而欲恶同，物不能澹，则必争，争则必乱，乱则穷矣。先王恶其乱也，故制礼义以分之，使有贫富贵贱之等，足以相兼临者，是养天下之本也。

杨倞注"制，亦谓差等也"，"澹读为赡，既无等级，则皆不知纪极"，结合句群所言，意谓明君根据天上地下、高低差别有序等自然现象，制定国家高低贵贱贫富各有差等的等级制度，是维系社会存在的根本。其中，社会的各等级，是由社会的最高组织成员分封而成的社会组织。各等级成员必须依"礼义"原则维护组织的整体存在，体现了荀子以分封制为基本特征的系统社会等级制度思想。

---

① 参见任继愈主编：《中国哲学史》（第1册），北京：人民出版社1996年版，第239页。

此外，荀子还通过《君道》《臣道》《致士》等篇，构建了完整的官僚等级制度思想理论体系，其中君主专制的大一统模式，是该制度的显著特点。《荀子》所言的等级制，就社会存在的有序性而言，是以等级形式进行的社会合理分工，原属社会存在的客观现象，应无可厚非；但建立在阶级差别之上的等级压迫性的不合理规则，并将系列规则予以制度化的理论规范，则无疑因其滞后于历史发展，而被学界所否定。

《荀子》的封建等级制度理论，首先在秦国产生了影响，促使秦始皇专制主义中央集权制下的汉族统一国家的建立，以集权制、郡县制、官僚制及统一制等为主要的政治特点，其后封建体制延续了两千年之久。[①] 学界通常认为，中国的封建制社会大致经历了秦朝的建立、汉代的巩固、唐代的完备，唐末宋初开始转型，至清代结束。虽然中间历经各朝的数度更迭，但君主专制中央集权的封建制度本质未变。

学界对此多有论述，谭嗣同认为"二千年之政，皆秦政也；二千年之学，皆荀学也"[②]（《仁学》）。梁启超则认为"自秦汉以后，政治学术皆出于荀子"[③]。综合而言，学界指出《荀子》的社会观，对两千年中国封建等级制社会制度的建立产生了重要影响。

（二）影响了其后两千年中国封建社会的政治思想理论建树

《荀子》计有32篇，其中直言政事的15篇，近半于荀书，则侧重政治思想理论研究是《荀子》社会观的主要特征。荀书系统地阐述了等级制社会的系列政治问题，明确提出了"隆礼""重法"等思想，直接影响了其后封建社会的政治思想理论的构建。其中，在思想界，《韩非子》将其"重法"的"人治"思想发展为维护封建等级统治的系统的法家思想体系，成为中国封建制社会"外儒""内法"的政治管理格局的重要部分；李斯的《谏逐客书》，开其后中国古代学界政论主题研究之先，并形成自汉初陆贾《新语》、贾谊《新书》等至晚清谭嗣同针砭时弊的《仁学》等一脉相承的政论传统。在史学界，《史记》于纪传体的历史记载中，明确体现了今胜于古的进步史观，当受到《荀子》"法后王"思想的影响，其史政一体的史学体制成为其后两千年史学的固定模式。

综合而言，《荀子》的社会观思想，对中国两千年封建社会的政治思想理论

[①] 参见范文澜：《中国通史》（第1册），北京：人民出版社1986年版，第3页、第4—6页。
[②] [清] 梁启超：《清代学术概论》，朱维铮校注，北京：中华书局2010年版，第137页。
[③] [清] 梁启超：《论支那宗教改革》，见 [清] 梁启超：《梁启超全集》（第1册），北京：北京出版社1999年版，第264页。

建树产生了重要影响。

（三）形成了开明的中国与异质文化交流的理论

《荀子》首先提出了中国与异质文化交流的理论。考察《荀子》的"明分使群"思想，其中的"群"字，将人与其他生物相区别，特指人类社会，含有中国境内的华夏族群和境内外的异族群属。则《荀子》的社会思想，客观涵盖了对中国与异质文化交流研究的理论内容。在《天论篇》中，荀子对琐罗亚斯德教的"人祆"现象给予了科学而中肯的分析与劝导；《非相篇》中对琐罗亚斯德教以人的面相定命运的迷信行为，予以历史唯物论的批判。《正名篇》虽然明确表示禁止传播"祆辞"，因祆教经典记载的部分思想与风俗直接抵牾于中国文化，但并不禁止该教在华传播；文中要求以"散名"原则命名异族文化等异质文化交流的思想，体现了荀子对异质文化在华的有序传播问题的理论性研究。概括其理论，主要涵盖对异质文化在华的科学性、有益性及有序性传播的要求等内容，进而为异质文化的在华传播，提供了充实的理论依据。

《荀子》还对中国与异质文化的交流予以合法化与制度化的阐述。从"明分使群"的"群"概念含有异族群属的角度说，"群"代表的是社会组织中客观存在的异族社会组织，《左传》等典籍对此有诸多关于境内西戎、长狄等异族社会生活的记载。荀子以前，对境内异族的认识多持歧视态度，"夷夏"之别的观念是主要表现。荀子则认为，异族社会成员作为在华等级社会的一分子，同样接受相互联系的社会整体的管理，并具有可改变的等级地位，前提是必须接受"隆礼""重法"的中国文化的规范。由此可见，《荀子》已将异质文化的在华交流，从理论上予以合法化方面的说明，象征着异质文化的在华交流，自此形成全新的传播格局，即由无组织的、散在的和不自觉地传播状态，转型为具体的传播理论指导下的有组织、有序且自觉的传播。汉武帝以后，在华的异教传播多为朝廷有组织管理的友谊性交流；北朝至宋代的朝廷，则设置萨宝类的异教官僚管理组织，以保证在华异教的有序传播。中国对在华异教管理的制度化，充分体现了《荀子》社会观思想的影响。

综合以上论述，《荀子》以"明分使群"的社会观为基础，通过对在华琐罗亚斯德教传播的状态、特点、影响及其发展向度的理论性研究，形成了开明的中国与异质文化交流的理论，对以后的中西文化交流自理论到实践皆产生了重要影响。

第二节　琐罗亚斯德的"村社"共有的社会观

随着雅利安人南迁至伊朗高原，其生活方式渐由游牧向半牧半农与农业转型，其社会形态、结构、组织及观念等也相应地发生变化。琐罗亚斯德根据当时伊朗的社会形势，针对社会存在与意识形态领域不统一的状态，首先从"善恶二元"的善恶观思想角度，给予系统的理论性解释，从而形成了独特的社会观思想。

一、"村社"共有的社会观及其渊源

琐罗亚斯德根据当时伊朗社会的转型状态，明确提出"村社"共有的社会思想，并影响了其后琐罗亚斯德教社会观的发展。

(一)"村社"共有的社会观

"村社"共有思想主要指琐罗亚斯德提出的社会成员共同拥有生活资料、生产关系和宗教信仰等方面的社会思想理念。这一思想首先体现在《伽萨》，两见琐罗亚斯德提出的"家庭—村社—国家"（1·31·16.18）的社会基本结构模式，其中"家庭"是社会的基本单位，数个"家庭"组成"村社"；"村社"是"国家"管埋"家庭"的媒介，众多"村社"统一由"国家"直接管理；"国家"既是"村社"的最高存在形式，又是保护"家庭"与"村社"的最高社会组织。则琐罗亚斯德通过"村社"，既联系了"家庭"与"国家"，又将当时伊朗众多散在的村落，从理论上整合为统一的伊朗国家，并制定相应的社会制度，从而形成系统的社会观理论。据《伽萨》的描述，"村社"共有制为基本内容，主要涉及生活资料、社会关系和宗教信仰共有等方面。其中，生活资料为"村社"共有。《伽萨》言：

我祈求巴赫曼教会我种田，让我勤恳地务农。（1·33·6）

（谎言崇拜者）竭力阻挠正教的首领在村社或国家饲养牲畜。（3·46·4）

[请让]世民百姓拥有房屋，过上美满的生活，并为牲畜提供茂盛的牧场和草地。（3·48·5）

诗中明确反映出农牧民所拥有的耕地、牧场及"房屋"等生活资料应为村

社共有的思想；针对其中的非正常占有部分，则主张以斗争的方式解决。

杜兰特说"袄教经典一味鼓励人从事农业"，"波斯土地部分属于自耕农，部分属于国家和封建贵族。自耕农常结几姓为一农庄，协力以耕共有之地"①，其中的"农庄"当指"村庄"，亦即《伽萨》的"村社"，杜兰特明确指出了当时土地共有的所有制形式。

其次，《伽萨》还显示了生产关系共同拥有的特征。如：

（信伪信者）肆意破坏家庭、村社和国家。
（世民百姓）作好战斗的准备，（拿起武器）将（伪信者）赶出自己的家园！（1·31·18）

诗中显示，当时的社会成员已形成一定的政治关系，结合其他记载，各社会成员相互间有同御灾变、"提供保护"（《伽萨》4·51·12）的责任与义务。扎林库伯明确指出，家族与村社等首领是社会阶层内部构成和他们之间协作方式变化发展的结果，"在个人集权形成前很长时期，伊朗各个部落的事务都是由家族元老、氏族首领和村长领导"，"当与其他部族发生争斗，或受到其他部族袭扰时，部族首领们便结成临时联盟"，② 意谓家族、村社与国家的关系为其社会成员全体共有。

最后，拥有共同的宗教信仰。《伽萨》言：

呵，自由的人们！呵，农夫们！呵，众首领！呵，众妖魔！（你们要聆听我的教诲，唯命是从）。（1·32·1）

诗中明确体现了不分社会等级、身份、道德等和全体社会成员统一信仰琐罗亚斯德正教的信仰共有的社会观念。

该思想首先源于游牧生活时期原始雅利安人的氏族制社会生活。由于城市出现得相对较晚，琐罗亚斯德主要针对定居伊朗高原后早期以家族制为主要纽带的聚落相对散乱的状态，提出村落化管理等问题，从而形成相对系统的"村社"共有思想。

考察"村社"共有理念，首见于琐罗亚斯德时期；随着城市的出现与繁荣，《伽萨》后的《亚斯纳》《亚什特》体现了该教的社会观，虽增加了城市内容，

---

① ［美］威尔·杜兰特：《世界文明史》（第1卷），台湾幼狮文化译，北京：华夏出版社2009年版，第258页。
② ［伊朗］阿卜杜勒·侯赛因·扎林库伯：《波斯帝国史》，张鸿年译，北京：昆仑出版社2013年版，第17页。

其原模式变为家庭—村社—城市—国家的形式，但"村社"等共有的社会性质不变。

（二）"村社"共有的社会观渊源

琐罗亚斯德"村社"共有的社会观的形成，应与伊朗雅利安人神话中的"亚玛时代"有关。据扎林库伯教授的研究，其时的贾姆希德创造了"没有贫穷和饥饿""没有阶级压迫的社会"①；元先生认为是"原始公社制社会"②，而"琐罗亚斯德生活在原始公社制社会逐渐解体和奴隶制国家初步形成的时代"。综合而言，中外学界皆指出琐罗亚斯德以前确实存在过原始共有的社会时期，而琐罗亚斯德的"村社"共有思想是对其前的共有制社会的改造。

马克思明确指出，琐罗亚斯德在波斯宣布了"财产共有制"原则；元先生则称琐罗亚斯德"不仅是个传统宗教的革新者，而且是当之无愧的社会改革家"③，意谓源于对古波斯传统的无序化社会生活的新变。

二、宗法善元的"公正"思想

通过选择宗法善元，建立一个公平正确的"公正"社会的思想，是琐罗亚斯德社会观的基本目的。《伽萨》中明确提出为"世民百姓"建立一个"真诚、善良和秩序"的社会（1·1·29·11），其中的"秩序"代表琐罗亚斯德的有序化社会思想。不同于《荀子》构建的"法后王"的私有制等级制度社会秩序，琐罗亚斯德则建立以"公正"为原则的共有制有序化社会，但前提是宗法善元，因此形成系统的宗法善元的"公正"思想。《伽萨》曰：

> 仲裁者将对正教徒和伪善者及其行为善恶参半者，做出最公正、严明的裁决和处置。（1·33·1）

诗中确指"公正"是马兹达"仲裁"世务的首要原则，旨在"赐福于行善积德的贫苦百姓"（5·53·9），诗中的"正教"含有"公正的宗教"之寓意。若说公平主要指奖惩分明，那么正确则指有《万迪达德》等律法可依。其中的

---

① ［伊朗］阿卜杜勒·侯赛因·扎林库伯：《波斯帝国史》，张鸿年译，北京：昆仑出版社2013年版，第9页。
② ［伊朗］贾利尔·杜斯特哈赫选编：《阿维斯塔——琐罗亚斯德教圣书》，元文琪译，北京：商务印书馆2005年版，第429页。
③ ［伊朗］贾利尔·杜斯特哈赫选编：《阿维斯塔——琐罗亚斯德教圣书》，元文琪译，北京：商务印书馆2005年版，第428页。

"公正"思想,具体表现在政治、经济以及个体生活等方面。

(一) 宗法善元以获得政治上的公正

《伽萨》曰:

> (塞潘达尔马兹)〔请让〕贤明的国君以善行和正教执掌政权。切勿让邪恶的暴君对我们实行专制。(3·48·5)

诗中通过"贤君""暴君"的强烈对比,让"善神"授权有"善行"的正教国君施行"贤明"政治,从而体现出其政治公正的思想,是源自所宗法的善元。政治的公正通常体现在依善神旨意进行的严格奖惩行为中,其中获得最高奖励的则是《伽萨》等记载的凯扬王朝的古什塔斯布王。

(二) 宗法善元以获得经济上的公正

根据琐罗亚斯德关于善神马兹达创造一切的宗教理论,则信众的经济生活亦为马兹达施予。信众只要真诚地选择宗法善元,善神即给予经济上公正的"报偿",使其拥有美好的生活。概括《伽萨》记载的经济"报偿",是双向施为,既有善神施予信众的,也有信众作为"供品"给予善神的报答。《伽萨》曰:

> 请(阿胡拉)回答:那许诺给我(琐罗亚斯德)的报偿——十匹牝马、十匹牡马和一峰骆驼,将怎样(施予我呢?)(2·44·18)

杜斯特哈赫认为诗中的"报偿","从字面看,似应为给琐罗亚斯德的报酬"[1],诗中确言,是阿胡拉所"施予"。则马和骆驼,应为阿胡拉对琐罗亚斯德尽心宗教事务而赋予的经济"报偿"。《亚什特》曰:

> (凯·古什塔斯布)向阿娜希塔奉献百匹马、千头牛和万只羊。(5·25·108)

诗中的古什塔斯布王以巨额"供品"祈求善神给予胜战,善神既使之如愿以偿,亦获丰厚报答。神人互报,但善神不受理恶神崇拜者的供品(5·27·116),应该是经济上的一种公正。

---

[1] [伊朗]贾利尔·杜斯特哈赫选编:《阿维斯塔——琐罗亚斯德教圣书》,元文琪译,北京:商务印书馆2005年版,第45页。

（三）宗法善元以获得个体生活上的公正

琐罗亚斯德创造性地改革了传统宗教中只有人"取悦"各类神的问题，明确指出人亦有"选择"善恶二元神的意志自由。考察琐罗亚斯德的"选择"思想，既是对人理性精神的认可，又是对人的主体地位的变更，从个体生活上看，整体表现出公正的特征。琐罗亚斯德还主张人们选择善神，从而使人们获得个体生活自生命、物质至精神等各方面的公正。例如，水手普尔瓦，因为选择了善神阿娜希塔，使生命得救（3·5·16·61-65）；古什塔斯布，因为选择善神并力助正教传播，凯扬王朝得以发展；琐罗亚斯德之女普鲁奇斯塔，因为选择善神并致力传播正教，因而拥有了幸福的家庭等（1·5·53·3-4）。阿胡拉亦明确宣示，善神不保护恶神崇拜者。

综合而言，琐罗亚斯德明确指出，选择善元可以保护每个崇拜者获得理想中的个体生活，从而体现了琐罗亚斯德宗法善元可获得个体生活公正的思想。虽然琐罗亚斯德的"公正"思想建立在宗法善元的基础上，本质上属于宗教的神学目的论，但其对人的理性精神的理论化诠释，代表了轴心时代古波斯思想家初涉人的自觉性方面问题的研究。

三、琐罗亚斯德社会观的影响

琐罗亚斯德的社会观以建立秩序化的社会为主要目的，对其后的政治与宗教等产生了重要影响。

（一）政治方面

在琐罗亚斯德时期，已协助凯扬王朝内肃朝政、外御强敌；大流士时期波斯统一帝国的建立，应首先受其重要影响。

考察大流士一世建立的空前统一的波斯帝国，其统一思想的理论来源应与琐罗亚斯德的秩序化社会观有关，因为大流士自铭文里几乎皆有颂赞阿胡拉神护佑其成功的内容。则琐罗亚斯德的社会观，首先影响了古波斯帝国的政治。

奥姆斯特德认为，大流士"自己的铭文充满了伟大导师语言的暗示。其陵墓上的铭文实际上可能是引自《加太》（即《伽萨》）"[①]，实则指出了琐罗亚斯德的社会观对古波斯政治的影响。

---

① ［美］A.T.奥姆斯特德：《波斯帝国史》，李铁匠、顾国梅译，上海：上海三联书店2017年版，第132页。

（二）宗教方面

琐罗亚斯德的秩序化社会观应涵盖宗教社会的秩序化思想，其宗旨是实现以琐罗亚斯德正教统一世界宗教的理想。通过琐罗亚斯德后的宗教组织不遗余力的经营，琐罗亚斯德教在辅佐大流士完成帝国政治统一的同时，亦完成了境内宗教的统一，并数度复兴该教，使其成为波斯国教。

李零先生认为，大流士以来的波斯国教其实是"宗教大一统与国家大一统匹配"，明确指出了琐罗亚斯德的社会观对宗教发展的影响。

第三节 《荀子》与琐罗亚斯德社会观的意义

《荀子》与琐罗亚斯德以其思想迥异的社会观理论，对各自国家的社会政治，自政治理论、国家模式及异质文化的有序传播等方面，产生了重要影响。

一、形成了二者迥异的社会观

荀子与琐罗亚斯德皆生活于轴心时代，其理论亦不约而同地以拯救各自所在国家的弊政为目的。通过以人为主体的自觉努力来建立有序化社会的主张是二者社会观思想的共同点。然而因生活环境、理论的出发点及文化原则等不同，二者的社会观理论又迥然不同。

（一）二者社会观思想的出发点不同

《荀子》的社会观思想，基于"天人之分"思想下的"明分使群"理论，明确指出人畜有别，其理论体系专为建立有序化的人类社会而构建。其中，认为社会中的人各有职任、不同的人可有不同的选择、个人通过主观努力可实现理想性选择的思想，是其理论的主要方面。

琐罗亚斯德基于天人合一思想下的"村社"共有理论，构建的是人畜无别的公有制社会观理论。其中，认为人类有选择"善恶二元"的意志自由、主张"选择善元"等思想，是其思想的主要方面。其宗教选择的单一性，迥异于《荀子》社会选择的多样性。

（二）二者建立的社会制度不同

《荀子》建立的是封建的王权等级制度社会，各等级成员可通过自身努力，改变其等级。

琐罗亚斯德的社会则属于奴隶制的神权等级制度社会。虽然是"村社"共有制、人有选择的意志自由，但神人之间的人，永远唯命是从于神的等级地位。从命运的角度说，其命运的不可变性，迥异于《荀子》的可变性。

(三) 二者解决社会问题的方法不同

《荀子》与琐罗亚斯德皆为解决各自面对的社会问题而建立其理论。其中，《荀子》虽然提出"隆礼""重法"的方法，但更侧重于礼义教化的作用，重视人自身的道德修养。

琐罗亚斯德主要通过赏罚分明的奖惩律法制度等方式，维护社会的稳定。从其依法治国的角度说，则迥异于《荀子》更为重视人的教化管理等方法。

二、影响了中西方社会政治及哲学等的发展

由于生活环境与国情的不同，《荀子》与琐罗亚斯德形成了不同的社会观思想，并对中西方国家的政治发展产生了重要影响，主要表现在中西方统一帝国的形成等方面。

(一) 琐罗亚斯德的社会观对西方社会政治及哲学产生的影响

在轴心时代的中西亚，大流士依靠琐罗亚斯德教的支持，首先建立了统一的波斯帝国；其后的亚历山大帝国也与琐罗亚斯德教有一定关系。因为亚历山大师从亚里士多德，在《理想国》中诠释的"善恶"思想理论，应与琐罗亚斯德的"善恶二元论"有关。此后，统一帝国的模式成为西方政治沿袭的主要传统。

赫尔曼认为，"只要琐罗亚斯德教能够得到帝国的支持，就极具影响力"；"大一统思想本身受益于辽阔帝国的建立，每个帝国都在其疆域范围内构建一个与大一统价值观相联系的社会。其影响持久地对世界文化而言，主要有波斯帝国、亚历山大帝国和罗马帝国"。其中，波斯帝国孕育了琐罗亚斯德教；[1] 亚历山大帝国开辟了文化领域，将亚洲和埃及的影响与希腊化文化和希腊的宗教及哲学思想结合一起，既为摩尼教、犹太教与基督教提供了土壤，也滋养了普遍性哲学、柏拉图哲学、新柏拉图派哲学、伊壁鸠鲁学说和斯多葛学说；罗马帝国自4世纪后采纳基督教为官方信仰，为其渗透到整个欧洲创造了条件。[2] 赫尔

---

[1] 指自大流士一世以后，波斯帝国采纳琐罗亚斯德教为官方信仰。
[2] 参见［德］J. 赫尔曼、［荷兰］许理和主编：《人类文明史》（第3卷），中文版编译委员会译，南京：译林出版社2014年版，第56页。

曼系统阐述了琐罗亚斯德教与当时亚欧大一统的政治世界及宗教学派的相互关系。

(二)《荀子》社会观对中国政治及哲学产生的影响

在中国,《荀子》以后的政治发展,首先由秦国建立了空前统一的秦朝帝国,其中秦政的理论来源主要是由荀子经韩非子、李斯发展的荀派法治思想。汉代以后的历代王朝,皆沿袭秦朝的封建帝制,以致力于营造"天朝型模"的统一帝国为主要的政治宗旨。学界关于两千年的秦政出于荀学的观点,当是对中华帝国模式理论渊源所作的高度概括。考察汉帝国时期,中国与古波斯两大帝国处于平行发展的阶段,中国西部疆域接壤于帕提亚王朝的东部边境。此时的中国《荀子》,以"关于'礼'的理论,对于伦理纲常的规定,对后来巩固封建社会有积极影响"①。

哲学方面,荀子的朴素唯物论,直接影响了自韩非、王充、刘禹锡到王夫之以及近代资产阶级的革命民主派。②

三、确立了琐罗亚斯德思想在华有序传播的传统

《荀子》与琐罗亚斯德的社会观,皆涵盖域外文化有序传播的思想。

(一) 琐罗亚斯德关于"扩大生存空间"的传播思想

《伽萨》明确提出为"扩大生存空间"而向"七个国家"传播正教的思想,此后"七个国家"成为该教基本的传播理念,从而推动该教的自觉化与世界性的传播。但琐罗亚斯德持古波斯善神的"一神"信仰,此外的崇拜皆视作"迪弗"派代表的"魔鬼",并予以反对。

扎林库伯教授释义其中的"魔鬼"概念,"在伊朗各部族的首领们看来,不论是与高原以外的原始部落作战,还是与高原内土著民族作战,都是与魔鬼作战。"③ 则伊朗境内的土著与境外的原始部落都是"魔鬼",其宽泛处亦客观含指华夏等民族的部分,客观限制其传播。

(二)《荀子》关于"塞外建明堂"的传播思想

"塞外建明堂",意谓在境外建造宣明政教的地方。

---

① 任继愈主编:《中国哲学史》(第1册),北京:人民出版社1996年版,第222页。
② 参见肖萐父、李锦全:《中国哲学史》(第1册),北京:人民出版社1963年版,第236页。
③ [伊朗] 阿卜杜勒·侯赛因·扎林库伯:《波斯帝国史》,张鸿年译,北京:昆仑出版社2013年版,第24页。

经考证，《荀子》的"明分使群"思想明确涵盖了允许异质文化在境内外有序传播等思想，具体表现为荀书中明确提出的"塞外建明堂"等思想。《荀子》的有序化传播并非无原则，而需要境内外的异质文化传播皆遵守礼义教化等道德规范。荀书对此给予了具体的限定，其中"祆辞不出"的观点，是对祆教不合时宜部分的明确禁止。若说《荀子》之前的异质文化在华传播多带有随意性，其后则为明确的传播理论规范的有序传播行为。

《史记》记载汉武帝时期的中西文化交流，多为使节的奉旨进行，充分体现了中央对域内外进行异质文化交流的严格管理。北齐、北周以后的史籍中，相继载有各朝设立的中央直辖的祆教等管理机构，象征琐罗亚斯德教在华的有序化传播；唐宋时期，逐渐转交地方管辖；宋以后，则入于华夏祀典而彻底有序化为境内普通的祭祀种类。

综合以上论述，琐罗亚斯德思想带有鲜明的民族主义特征的域外文化有序传播论，应该逊于《荀子》对异质文化实行全方位开放以及甄别基础上予以包容的有序传播思想。而《荀子》关于域外文化在华有序传播的思想，客观上确立了琐罗亚斯德思想在华的有序传播的传统。

第七章

《荀子》与琐罗亚斯德的人生观

公元前800年至前200年的轴心时代,中西方贤哲共同关注人类生存及人生命运等系列问题的研究。其中,《荀子》与琐罗亚斯德关于拯救时弊的社会观,认为人类个体的主动性是解决社会问题的关键。因此,他们围绕人的生命、人生命运及价值和人类生存等问题,进行了系统而深刻的说明,形成了轴心时代各自特有的人生观思想理论,对世界人类思想的发展,迄今仍产生重要影响。

第一节 《荀子》"用天命"的人生观

《荀子》基于"天人之分""善恶"思想和"明分使群"的社会观,认为人应该明确主体的职分,充分发挥个体的善性和社会群体的作用以解决人类社会的问题。为此,他提出"制天命而用之"的人生观思想,并就人生的目的、价值及实现方法等予以详细的阐释,形成了系统的人生观理论,对其后的中国古代思想及古代文学等领域产生了重要影响。

一、"用天命"的人生观及其渊源

《荀子》通过阐释"天人之分"思想,明确提出"制天命而用之"的理论,从而形成了系统的"用天命"的人生观思想。

(一)"用天命"的人生观

1. 《荀子》关于人生思想的阐释,首先体现在对天人关系的认识上如《天论篇》曰:

> 大天而思之，孰与物畜而制之；从天而颂之，孰与制天命而用之。望时而待之，孰与应时而使之。

文中明确指出，"天"是人类可裁制的对象，与其做无谓的思辨与颂赞之事，不如裁制物质之"天"，合理而适时地利用人的生命，从而体现出"用天命"的人生思想。古今学界对文中"天命"的解释多有异议，其中"命"是先秦思想界使用的重要概念。

（1）命令

《尚书》中较早出现"命"字，孔安国注《商书·说命》曰："命说为相使摄政"①，则"命"字的含义指命令。推论之"天命"亦指天的命令，如《诗经·商颂·玄鸟》的"天命玄鸟，降而生商"等。肖涤非等先生认为，"《商书》是殷商史官所记的誓、命、训、诰"②，《周书》沿袭成文。肖先生根据其中的《文侯之命》《顾命》等内容特点，认为"命"是《尚书》的一种"命体"散文。则该类散文应由"命令"含义发展而来。

（2）命运

随着春秋战国时期对"天"认识的加深，"命"的含义也愈加丰富。孔子曰："道之将行也与？命也；道之将废也与？命也。宫伯寮其如命何！"（《论语·宪问》）；庄子言："死生存亡，穷达富贵，贤与不肖，毁誉，饥渴寒暑，是事之变，命之行也。"（《德充符》）其中，人生及自然界事物的变化，庄子认为是"命"运行作用的结果，则"命"字含有命运之义。如孔子曰"不知命，无以为君子也"（《论语·为政》），意谓不知道命运的变化规律，便无法做君子，其中的"命"义指命运。

张岱年先生认为孔子时代，"命"的观念被"予以新的意义"，并释义当时的"命是环境对于人为的裁断"③，明确指出孔子后至荀子前的时代，对"命"的释义已发展为侧重外在环境的作用，通常指命运。

（3）生命

《墨子·非命》曰："执有命者之言曰：命富则富，命贫则贫；命众则众，命寡则寡；命治则治，命乱则乱；命寿则寿，命夭则夭。"则墨书之"命"义指作为自然界物质生命的"命"；庄书亦有"死生存亡"的物质之"命"的含义。

---

① 孔安国：《尚书正义》（尧典），见［清］阮元：《十三经注疏》（上册），上海：上海古籍出版社1997年版，第174页。
② 游国恩、肖涤非、费振刚：《中国文学史》（第1册），北京：人民文学出版社1963年版，第52页。
③ 张岱年：《中国哲学大纲》（上册），北京：中华书局2017年版，第510页。

综合而言，荀子前的"命"字还有"生命"的含义。

综合以上论述，荀子前的"命"字含义丰富，其确指含义应与"天"义相关。其中，在义理等抽象之"天"义的语境里，"命"通常指命运；而自然物质等具象之"天"义语境里的"命"字的含义则另当别论。考察荀书中的"命"字虽然也多义，但主要持自然的物质之"天"论，则此时"天命"之"命"的意义，当指物质属性的生命。荀子的物质生命观，首先为汉初贾谊言及："忽然为人兮，何足控抟；化为异物兮，又何足患！"（《鵩鸟赋》）从物物转化的角度讨论人的生命转化为异物的问题，亦即人的生死问题。王充则进一步从哲学的高度予以阐释："凡人遇偶及遭累害，皆由命也。有死生寿夭之命，亦有贵贱贫富之命。自王公逮庶人，圣贤及下愚，凡有首目之类，含血之属，莫不有命。"（《论衡·命禄》）明确指出任何抽象的生命现象，皆源于具象的物质生命。

2.《荀子》基于物质生命观的思想，自"天命"的有无、"天命"的利用及其使用方法等方面，建立了系统的"用天命"的人生观理论

（1）《荀子》认为有"天命"

荀子前的思想界存在有"天命"与无"天命"的观点。墨子的"非命"论代表无"天命"的学统，而《荀子》则将孔孟等唯心论的有"天命"思想，发展为唯物论的有"天命"理论。

（2）《荀子》明确提出"用天命"的思想

对于"命"的态度，荀子前主要有孔子的"畏天命"、孟子的"顺命"和庄子的"安命"论等，《荀子》则提出"制天命而用之"的"用天命"思想。《天论篇》认为"天行有常，不为尧存，不为桀亡"，意谓天的运行自有规律，不以人的意志为转移；人需要做的是在明确"天人之分"的前提下，恪守人的职分，充分发挥物质之天与物质生命的作用，使之有利于人类自身的生活。其中，如何充分利用人的主动性，实现人类自己的目的，是荀书致力诠释的"用天命"思想。

（3）对"用天命"的问题予以详细的方法论层面的诠释

考察《荀子》一书，分别从个人、社会、政治及学术等角度，阐释"用天命"的方法论问题，概括有重视贤人、重视礼和重视法等方面；其诠释理路则由集中讨论个人"用天命"的方法出发，推及他论。其中，个人方面主要体现于《劝学》《修身》《不苟》《荣辱》《君子》等篇。例《劝学篇》首先提出重视贤人的思想，认为：

> 学之经，莫速乎好其人，隆礼次之。上不能好其人，下不能隆礼，安特将学杂识志顺诗书而已耳。

王念孙曰"经"为"蹊径"，杨倞注曰"学之大经无速于好近贤人，若无其人，则隆礼次之"①。文中意谓学习的蹊径是先接近贤人，引申为做人要首先重视贤人，学习贤人的德行，学做贤人。荀书的贤人思想，当源于其重视人的职分思想。荀子认为，人的职分决定人的主体性发挥，而人的主体性则受制于人的本性；人的本性含有善恶等因素，影响人主体性发挥的主要是"恶"的方面；所以应用"化性起伪"（《性恶篇》）等方法，通过化解人性中"恶"的方面为"善"，达到调动人的主体性的目的。

学界通常认为，"伪"通假"为"，则"化性起伪"意谓通过人为的学习，将物质生命中的恶性化为有利于"用天命"的善良方面，则学习是"用天命"的首要方法。既然学习的蹊径是重视贤人，则"用天命"的首要方法当为重视贤人。

重视"礼"是荀子"用天命"的又一方法。荀子认为贤人善于"修身"，在于其"读礼"；因为"血气志意知虑，由礼则治通"（《修身》），则贤人是通过学"礼"，化解物质生命中"恶"的方面为"善"而成就贤人人格。则"礼"既是贤人"用天命"的方法，推而言之也是贤良社会、贤明政治以及贤正学术等方面"用天命"的方法。对此，荀书特以《礼论》一文，专门系统讨论"礼"的起源、内容、功用、价值及其达成方法等问题，其中对《周礼》的内容和孔子"克己复礼"等思想，首次给予"用天命"的人生观角度的重新诠释。若说《周礼》的言"礼"侧重治政，《论语》侧重治德，《荀子》的《礼论篇》则首次将之作为人类主宰自身命运的方法予以系统阐释，认为"在天者莫明于日月……在人者莫明于礼义"，"人之命在天，国之命在礼"（《天论篇》），将"礼"的地位与"日月"并举、将"礼"的功用与个人和国家命运相联系，从而使"礼"成为"用天命"的重要方法。

《荀子》还重视法。《天论篇》曰："君人者，隆礼尊贤而王，重法爱民而霸"，《劝学篇》曰："礼者法之大分，类之纲纪"，《修身篇》则称"非礼，是无法也"，诸论皆体现了荀子"隆礼"与"重法"思想的互为表里。荀书又言"好法而行，士也；笃志而体，君子也；齐明而不竭，圣人也"，"依乎法而又深其类，然后温温然"（《修身》），说明重视法既是贤人"用天命"的方法，又

---

① [清]王先谦：《荀子集解》，见《诸子集成》（第2册），上海：上海书店1986年版，第8页。

是《荀子》"用天命"的方法论思想的体现。诸多方法相互联系，以充分发挥"用天命"思想在个人、社会及人类生活中的重要性。

（二）渊源

《荀子》的"用天命"思想，首先源于对三代"天命"观的积淀。《尚书》《诗经》等典籍开端"天命"术语的使用。孔子首先赋予"命"字符的"命运"新义，经孟庄等儒道学派向抽象的唯心论"天命"论发展后，形成了孟庄以后中国古代思想史上充满神秘色彩的命运观理论传统，清廷御旨常以"奉天承运"为章首。"天命"思想至《荀子》则为一重要转折，荀子于前典基础上，首次从自然科学的角度发展出"生命"的含义，认为人的命运既可知，又可通过物质生命的可制性而为人类主宰利用，从而将传统的不可知论视阈下的"天命"思想，转变为可知、可制、可用的新的人生观理论。

张岱年先生认为，荀子"主张制裁天命而利用之。命是有的，但人不应止于俟命，而当设法利用之，这是荀子独有的思想"①，明确指出《荀子》的"用天命"思想是对传统"天命"观的改革与发展。

根据影响事物发展的内外因条件的基本原理，《荀子》关于物质"生命"的"天命"思想的创造，除了传统思想影响，还受到琐罗亚斯德教的影响。该教在世界思想史上首次两分人的生命作"躯壳"与"灵魂"部分，并就生命的起源等问题给予天神创造的解释。《荀子》批判该教天神论的同时，荀书关于物质生命的思想，应客观受到该教关于"躯壳"生命说的影响。

二、关于"君子"理想人格的思想

"君子"一语，是荀子以前对贵族身份地位和道德成功之人的人格称谓。《荀子》基于"用天命"的人生思想，将人的主体性问题引入道德生命研究领域，将"君子"一词由人格术语发展为理想人格的代表，从而形成系统的关于"君子"理想人格的思想。考察"君子"一语，是荀书重要的称谓术语。《荀子》开卷于"君子"语，又压卷于《君子》篇。初步统计荀书的"君子"一词共二百二十二见，倍余《论语》的一百零六见；② 其中最多是《不苟篇》，共二十九见，主要宣说"君子"独尊"礼义之道"的思想主题。由此可知，"君子"是《荀子》诠释其人的职分等人生思想的重要话语，是限定人的理想人格的首

---

① 张岱年：《中国哲学大纲》（上册），北京：中华书局2017年版，第512页。
② 参见汤一介：《中国儒学史》（第1卷），北京：北京大学出版社2011年版，第91页。

要条件。虽然"君子"一词常见于《诗经》，亦为《论语》等典籍叙事说理的重要概念，但对"君子"形象给予内外规范化描写和系统的理论性阐述，当始于《荀子》。概括荀书对"君子"理想人格的论述，主要有内修道德与外修仪容两方面，尤为侧重内修道德。

（一）外修仪表，端正容貌，是《荀子》对"君子"理想人格的基本要求

《非十二子》曰：

> 士君子之容，其冠进，其衣逢，其容良。

俞樾释"进"通假"峻，言其冠高也"①。文中确言"士君子"要"冠"高、"衣"大且"容"貌端正。荀书对士君子容貌的规范，既源自现实生活中"父兄之容""子弟之容"及"嵬容"的比较（《非十二子》），又因《仪礼》的"士冠礼"②与《礼记》的"冠义""祭统"等礼义制度③，开此后文学史上人物肖像描写的传统。

（二）内修道德，是《荀子》对"君子"理想人格给予的理论与方法等方面的具体规范

《荀子》对"君子"的理想人格，自理论至方法等皆有具体的规范。主要表现为尊崇"圣贤"、礼法并治与"顺命慎独"等方面的阐述。

1.《荀子》要求"君子"要尊贵圣贤之人

根据《劝学篇》的学习思想，"君子"一词不是对人的职分的确指，而是对人的道德身份的规范。如：

> （学）其数则始乎诵经，终乎读礼；其义则始乎为士，终乎为圣人。

其中，"君子"虽然不在文中所列的人等，但根据随后所言的"君子之学"，"一可以为法则"的理论，"君子"应属于中间的、可修行的道德之人，意谓全体社会成员，据《君子篇》所列涵盖"天子""士大夫""百吏官人"

---

① ［清］王先谦：《荀子集解》，见《诸子集成》（第2册），上海：上海书店1986年版，第65页。
② ［东汉］郑玄：《仪礼注疏》，见［清］阮元：《十三经注疏》（上册），上海：上海古籍出版社1997年版，第945页。
③ 参见［东汉］郑玄：《礼记正义》，见［清］阮元：《十三经注疏》（上册），上海：上海古籍出版社1997年版，第1603页、第1679页。

"众庶百姓"等,皆可通过修行成为"君子"而改变自身命运。据荀子的"明分使群"思想,其中的"众庶百姓"含有异族之人,意谓异族人也可以成为"君子"。《荀子》对此明确要求,成为"君子"的首要条件就是尊贵圣贤之人。

> 尊圣者王,贵贤者霸,敬贤者存,慢贤者亡,古今一也。故尚贤使能,等贵贱,分亲疏,序长幼,此先王之道也。(《君子篇》)

文中通过正反对比,明确阐述尊贵圣贤之人的原因及意义。据该文所列的周公、管仲与伍子胥等史贤,则文中"尚贤使能"意谓崇尚道德贤良之人、任用有能力办实事的人。

综合而言,荀子认为评判人的价值标准必须是道德评判标准与事实评判标准二者的统一,圣贤之人既有道德又有能力,符合人的价值评判标准,所以应该受到尊崇。荀书明确指出,该标准是对传统的"以族论罪""以世举贤"(《君子篇》)的世卿世禄制度的改革。《荀子》明确要求,达成"君子"理想人格的首要条件必须是尊贵圣贤之人。

2.《荀子》要求"君子"要知礼节、懂刑法

荀子认为,知礼节是"君子"理想人格修行的重要方法。根据荀书"学至乎礼而止"的理论,则《荀子》对"君子"的最高要求不在知礼的方面,而在于知道用礼行为的节制。表现在《君子篇》首先要求"天子"知礼节,曰:

> (天子)四海之内无客礼,告无适也。
> 圣王在上,分义行乎下,则士大夫无流淫之行。

杨倞注:"适,读为敌。《礼记》曰:天子无客礼,莫敢为主焉",意谓"天子"无敌于天下,所以典籍原亦无"天子"待客之礼的记载。因此,贵为"天子",知礼是基本的行为要求,而达到不行待客之礼且懂得节制用礼的境界,方可谓之"君子"。另外,文中还阐述了"上""下"有分的等级制度,通过明确"圣王"与"士大夫"间严格的等级差别,节制其相互间的礼仪,以指明社会成员达成"君子"理想人格的方法。荀子曰:"怒不过夺,喜不过予,是法胜私也","君子之能以公义胜私欲也"(《修身篇》),当为"君子"知道节制用礼行为方法的贴切阐释。若说《荀子》的"天人之分"思想侧重规范人的职分,其知礼节的思想,则确切地论述了达成"君子"理想人格的方法。

荀子明确指出,"君子"既要知礼节,还要懂刑法。基于传统的"以族论罪"法的严重弊端,荀子提出"刑罚不怒罪""爵赏不踰德""论法圣王"等思想,意谓成就"君子"的理想人格,还必须做到赏罚分明,精通刑法的合理运用,则懂刑法亦是"君子"理想人格修行的重要方法。在《荀子》关于"君子"理想人格修行方法的研究方面,知礼节与懂刑法合二为一,作为理想人格的修行方法原无可厚非,但其服务于等级制度的宗旨,无疑有局限性。

3. 《荀子》要求"君子"还须做到"顺命慎独"

《不苟篇》曰:

> 君子至德,嘿然而喻,未施而亲,不怒而威。夫此顺命以慎其独者也。

文中明确提出关于"君子"的"顺命慎独"思想。郝懿行注"顺命,谓顺天地四时之命","独者,人之所不见也;慎者诚也,诚者实也";陈硕甫认为"君子必慎其独","君子必诚其意"与《荀子》的"慎独"同义。① 综合而言,君子"慎独"意谓"君子"即使独处也要以尊贵圣贤、知礼节与懂刑法等的自觉修行充实内心,概意指诚心实意地修行"君子"的理想人格。若说"顺命"主要指顺应人的生命及其发展变化规律,侧重的是人的外在环境因素;"慎独"则是对"君子"内修道德的要求。

《荀子》的"慎独"思想,当源于儒家关于人的内在修养理论。曾子言"吾日三省吾身",又要求"慎终追远"(《论语·学而》);《孟子》曰"穷则独善其身,达则兼善天下"(《尽心上》)。综合而论,二者皆阐述了人的道德修养等人生观的方法论思想。其中,孟子将"独"的行为,作了人处于穷困时候的条件限定。荀子则将儒家的人生思想,特别是孟子关于"独"的思想,进一步发展为"慎独"论,主要体现在两个方面:第一,深化为"君子"理想人格的人格理论;第二,扩展为"君子"无条件的修养行为,意谓"君子"无论穷达,都要修行理想人格。

张岱年先生指出,胡五峰的"穷则独善其身,达则兼善天下者,大贤之分也;达则兼善天下,穷则兼善万世者,圣人之分也"(《知言》),"明白说出"了孔孟关于穷达皆无条件坚持道德修行的思想,② 实则与荀子的"慎独"思想无二致。

三、《荀子》人生观的影响

《荀子》的人生观思想,以其系统而深刻的理论阐释,对后世产生了重要

---

① 参见〔清〕王先谦:《荀子集解》,见《诸子集成》(第2册),上海:上海书店1986年版,第29页。
② 参见张岱年:《中国哲学大纲》(上册),北京:中华书局2017年版,第532页。

影响。

(一) 影响了古代思想界研究内容的发展导向

春秋战国以后,关注人类社会系列现实问题的解决,是思想界研究的主要内容,但纵观《荀子》前的研究,多侧重从人的意识生命角度,研究诸多问题的解决方法,而人的物质生命研究多限于医学界。

《荀子》则主要从人的物质生命角度分析人类社会存在的问题症结,并通过系统的辩证唯物方法予以解决。因此,从研究内容的角度看,表现出由抽象的命运论向具体的生命理论转变的特征。《荀子》以后,尽管意识生命的研究仍是思想界的主流,但对人的物质生命的研究内容亦逐渐丰富。表现在哲学界,虽然董仲舒以人体的具体骨数比附天象(《春秋繁露·人副天数》)的研究方法是唯心的,但将医学思想纳入哲学研究的内容,则表现出关注物质生命的研究向度,应受到《荀子》思想的影响;表现在史学界,《史记》不仅将传统的以史为中心的记史方法改革为以记人为中心,其对人的研究亦不再只是抽象化的概念式说明,每个人物的命运都通过物质生命具体细节的展开予以详细地阐述。其中认为导致项羽悲剧命运的关键是项羽的偏狭、吝啬及寡断的个性,属于物质生命层面的研究,体现出《荀子》等思想的影响。此外,还涉及政治思想与美术等研究领域的影响。

概而言之,《荀子》后的古代思想界整体表现出将人的物质与意识生命研究相结合的发展导向。

(二) 影响了古代文学的发展

学界通常认为文学是人学,其中表现的人生系列问题研究,在《荀子》前的中国文学里,多体现出文、史、哲、政的多元交融和文学多依附于史、哲、政而反映人生命运等意识生命研究的特点。对人物的表现则多言行,罕见具体的形象描写。

《荀子》后的古代文学界,以人物形象刻画的鲜明生动为评判文学成功的标准。特别是小说家们致力于人物的肖像描写,不仅为后世留下了"桃园三结义""取经三师徒""金陵十二钗"等一系列典型人物群象,更确立了文学旨在表现人的物质生命的宗旨,揭示其意识生命的内在蕴藉,反映现实政治,关注社会问题等优良传统。其中,对"典型人物"与"典型环境"相结合以表现重大社会现实生活问题的艺术尝试,迄今已发展为系统的文学思想理论。《荀子》后的古代文学发展特征,充分体现出《荀子》人生观思想的重要影响。

第二节　琐罗亚斯德"择"天命的人生观

琐罗亚斯德基于天人合一论、"善恶二元论"以及"村社"共有的社会论思想等，明确提出"选择善元"等"择"天命的理论，对人生目的、价值及实现人生理想的方法等，予以系统诠释，形成琐罗亚斯德独特的人生观，对琐罗亚斯德教及后世的人生观思想产生重要影响。

一、"择"天命的人生观及其渊源

琐罗亚斯德基于"善恶二元"的本原论与"善恶二元神"等宗教论，形成了人有"选择"善恶二元神的权利、主张"选择善元"的"择"天命理论。

（一）"择"天命的人生观

"择"天命，主要指人有选择"善恶二元"人生的意志自由的思想。首见于《伽萨》：

> （沙赫里瓦尔、巴赫曼、奥尔迪贝赫什特和塞潘达尔马兹支持和帮助）投靠真诚、善良本原者（发扬真诚和铲除虚伪），他（真诚、善良本原者）将经受住熔铁的考验。（1·30·7）

诗中涉及了选择善神、与"虚伪"代表的恶神斗争，以及通过内修"真诚"、外经"熔铁考验"等方法，最终实现理想人生的目的等内容。概括琐罗亚斯德"择"天命的人生观，主要涵盖以下三个方面的内容。

1. 明确提出人有"选择"善恶二元的意志自由思想

琐罗亚斯德认为，虽然人的生命及命运皆由天神主宰，但因为天神有"善恶"之分，人被许可只信奉其一，则人客观上拥有了"选择"善恶二元的意志自由。

2. 明确主张选择善元

按照琐罗亚斯德新制的神系，阿胡拉·马兹达是最高善神的代表，是集光、理性、正义、统治、虔诚、幸福及不朽七种特性于一体的人格化神,① 他带给人类永恒的光明、智慧和生命。《伽萨》对此予以详细的阐述:

> 你(马兹达)创造了我们的灵魂将生命置于我们的躯壳(马兹达向我们宣示)善行,让每个人自由地选择宗教信仰。(1·31·11)

诗中明确将人的生命分作"躯壳"与"灵魂"两部分,认为"灵魂"先于"躯壳"而存在;人的"躯壳"生命有限,但"灵魂"生命可否无限,其关键在于"选择"。按"来生"说,只有善的"灵魂"生命始可永生,因此明确主张选择善元。从"灵魂"生命达成的有条件角度说,琐罗亚斯德"择"天命之"命"的含义,多"命运"的成分。与古波斯元典追求"灵魂"不朽的抽象虚拟的人生论相比,《左传》的"立德、立功、立言"的"三不朽"思想,则以其特别关注现实和积极用世性,而成为中国古代士大夫流传千年的人生座右铭。

3. 指出选择善元的具体可行的方法

为了便于教众正确地选择善元,琐罗亚斯德还提出了系列的选择方法,其中敬神、真诚及严刑峻法等是主要的方面。

敬神,是选择善元的基本方法。琐罗亚斯德的选择善元,属于神与人之间双向互动的行为,要求人必须敬善神才得神佑。为此,琐罗亚斯德教特别制定了敬神的"祭行礼",其供品则因时更变。如《伽萨》时代的"祭行礼"只要"馨香祷祝""供奉马亚兹德"②(1·34·3)即可;到了《亚斯纳》时代,于祈祷外增加了"祖尔"(2·12·3);③ 而在《亚什特》时期,则发展为"液体供品祖尔、掺奶的胡姆和巴尔萨姆枝""智慧的语言和天启""真诚的言论和行动"(19·8·64),其供品已由单纯的物质层面发展为物质与精神兼备。该教的敬神,还含有对不敬神行为的制裁,如古什塔斯布王以其敬神战胜了"不敬神"的匈奴部落(19·13·87)。

"真诚",是选择善元的主要方法。具体表现为"真诚"待神,认真行"祭行礼","有东西献东西,没有东西,便用赞美及祷告"④,以示对善神的"真

---

① 参见[美]威尔·杜兰特:《世界文明史》(第1卷),台湾幼狮文化译,北京:华夏出版社2009年版,第267页。
② 杜斯特哈赫注作"敬奉神祇的非流质的固体供品"。
③ 参见[伊朗]贾利尔·杜斯特哈赫选编:《阿维斯塔——琐罗亚斯德教圣书》,元文琪译,北京:商务印书馆2005年版,第121—122页。注作"在拜火神庙供奉的液体供品,如牛奶和胡姆汁等"。
④ [美]威尔·杜兰特:《世界文明史》(第1卷),台湾幼狮文化译,北京:华夏出版社2009年版,第270页。

诚";"真诚"对待善神的教众,该教的教义明确规定,教众之间有相互提供保护的责任与义务,否则便是"伪信者"(2·46·5);"真诚"地按照教规办事,否则善神不予保佑。如在奉献同样数额的供品时,图斯祈求征服入侵伊朗的敌人,阿娜希塔神"使他获得成功";维塞诸子祈求征服伊朗人,阿娜希塔则"未使他们得逞"①,因为他们违背了该教"消灭战争"的和平宗旨,其"祭行礼"是虚伪的。在琐罗亚斯德"真诚、善良和秩序"的宗教目的里,"真诚"居首位;在其"五要""五不要"的宗教人生座右铭里,"真诚"与"三善""恭顺"(2·10·16)思想均列为该教人生修行的方法论。综合而言,"真诚"的确是该教选择善元的主要方法。

严刑峻法,是选择善元的重要方法。《伽萨》中明确提出了"熔铁的考验"的酷刑法;而《万迪达德》的卷名即意谓"法规",其内容更是充满系列的严刑峻法。所有法律的制定,皆为使教众顺利地选择善元。

综合以上论述,敬神、真诚和严刑峻法实为琐罗亚斯德"择"天命的人生修行方法。若说真诚侧重于内修,严刑峻法重在外修,敬神则属于内外兼修,三者相互联系,共同作用于对善元所作的命运性选择。

(二) 琐罗亚斯德人生观的渊源

琐罗亚斯德的"择天命"论,首先来自"善恶二元论"的世界观思想,而选择"善恶二元论"又源于古老的雅利安人共同体时期的"善恶二元"思想。追本溯源,虽然不排斥其他思想因素的影响,但"善恶二元论"思想当为其"择天命"人生观的主要来源。

二、关于"灵魂"生命的思想

琐罗亚斯德的人生思想得以充分体现的重要思想之一,是其"灵魂"生命说。

(一) 琐罗亚斯德的"灵魂"生命说

"灵魂"生命,指相对于物质生命而言的精神生命,源于琐罗亚斯德关于两分人生命的生命观思想。据该教的"三世"生命认识论,琐罗亚斯德认为人的"躯壳"生命终止后,开始的"灵魂"生命也有"善恶二元"归宿的选择性;

---

① [伊朗]贾利尔·杜斯特哈赫选编:《阿维斯塔——琐罗亚斯德教圣书》,元文琪译,北京:商务印书馆2005年版,第121—122页。

相信选择善元,其"灵魂"生命才具备存在的条件,即进入"善良的大家庭"(1·32·15);可否如愿,尚须个人在今生真诚的修行善性,通常与"三善"说系联。该教为此通过理想化的人格原型塑造,给予可行性的说明,其中理想人格原型的最高代表,应是"琐罗亚斯德的灵体""琐罗亚斯德的灵光"及"凯扬灵光"等。据《亚什特》所列的"伊朗""突朗"与"赛里马"三国"灵体"论(3·31·143),则"灵体"具有普适性,其理想人格较易实现,而"灵光"当为最高理想人格;"灵体""灵光"修行的基础皆为选择善元的"灵魂"生命。则琐罗亚斯德的"灵魂"生命说,意谓修其理想人格;其最终目的则是"灵魂"获得"来生",则"灵魂"生命通常又与其"来生说"系联。

琐罗亚斯德的"灵魂"生命思想,经笛卡尔"灵魂"存在说的发展,形成了西方的二元论思想,体现了西方研究注重探索人的理性精神特点。

(二)"三善"的方法

"三善"既是琐罗亚斯德善恶观思想的部分,也是其人生修行的主要方法。琐罗亚斯德认为"灵魂"生命的实现与否,关键取决于"三善"方法的运用,则"三善"方法是"灵魂"生命说的客观部分;明确提出了只有"三善"修行者方可获得"灵魂"生命的"来生","三恶"的命运则相反等理论。因此,"三善"方法是该教最基本的生活信条和修行方法。通常以圣带绕体三匝形式给予警示。

此外,"终日审判"是对每个生命"善恶二元"道德的判断,是通往"来生"的必经程序,亦是到达"来生"的重要修行方法。扎林库伯认为这是确立正义的保障,意味着与"三善"思想互为关系;若说"三善"侧重于内修,"终日审判"则多具有法律性的外在限制作用,二者是内外相互联系的整体。杜兰特认为,"波斯的最后审判,与埃及的《死者之书》同样具有惩恶劝善的效果。最后审判之说在波斯占领巴勒斯坦期间传入犹太,犹太神学中之《末世论》可说就是波斯最后审判的翻版"[1],明确指出"终日审判"的性质及对犹太教的影响。

综上所述,"灵魂"生命与"三善"说等,是琐罗亚斯德"择"天命的人生观思想的重要组成部分,学界至今关注其理论的独特性及其对后世的影响。斯温认为,"人类被想象为根本有两重人格,精神的要素是生命,它能行动和思

---

[1] [美]威尔·杜兰特:《世界文明史》(第1卷),台湾幼狮文化译,北京:华夏出版社2009年版,第271页。

想,而身体仅是精神的工具,当他离开了精神便归于毁灭"①,明确指出了当今世界思想中关于"灵魂"生命等思想的源头,并从人格研究的角度,指出琐罗亚斯德"灵魂"生命说所内涵的双重人格思想。其中,若说精神生命部分代表的是精神人格,则善元选择者的精神人格应代表该教追求的理想人格。

三、琐罗亚斯德人生观的影响

琐罗亚斯德丰富深刻的人生观思想理论,影响了世界文明、宗教及文学等领域的发展。

(一) 客观上推动了中西亚与世界文明向人类自觉地认识自我的方面发展

琐罗亚斯德主张人类拥有"选择"命运的意志自由;尽管该自由是假借天神及命运之神阿希②(3·50·3)之力获得的相对自由,雅斯贝尔斯对此从轴心时代的新特点角度给予了高度评价。他认为琐罗亚斯德等对人的生命及命运问题所作的反思及方法论上的探索,在人类"解放与拯救"自身之路上迈出了关键的一步;对"整体的存在、自身和自身的限度"等根本性问题的反思,至今"仍是我们思考范围的基本范畴","无论在何种意义上,人类都已迈出了走向普遍性的步伐",③ 明确指出琐罗亚斯德等对人生系列问题的自觉认识,推动了中西亚与世界文明向人类自觉地认识自我的方面发展。

(二) 直接影响了世界宗教向以人为中心的方向发展

琐罗亚斯德前的世界宗教,主要以神为中心,人多用崇拜和献祭以"取悦"依附于神的形式而存在。琐罗亚斯德首次提出了人可以选择善元的"择"天命的人生思想,关注研究人的生命、国家与社会等人类命运问题。阿德勒认为,人为自我的自由意志负责,以及人有进入理想"来生"的机遇等思想,既体现其宗教向以人为中心的发展方向倾斜,又因其思想先后进入犹太教与基督教的信仰,而直接引起了世界各宗教向以人为中心的向度发展;"琐罗亚斯德关于恶

---

① [美] J. E. 斯温:《世界文化史》(上卷),沈炼之译,上海:上海社会科学院出版社2016年版,第88页。
② [美] A. T. 奥姆斯特德:《波斯帝国史》,李铁匠、顾国梅译,上海:上海三联书店2017年版,第120页。
③ [美] 卡尔·雅斯贝尔斯:《历史的起源与目标》,魏楚雄、俞新天译,北京:华夏出版社1989年版,第8页、第9页。

神同肉体紧密关联、善神是无形的存在即精神的教义,后来世世代代存留在基督教,并且一次又一次地在各种宗教中出现。"① 这说明琐罗亚斯德研究的问题,实则属于以人为中心的生命范畴。

综合而言,琐罗亚斯德的人生观,影响了世界宗教向以人为中心的方向发展。

(三) 促动文学领域向多元化的方向发展

文学以反映人的问题为宗旨。琐罗亚斯德对人生系列问题,特别是人的命运问题所作的阐述,从思想内容至艺术表现,对古波斯乃至中国古代文学,皆产生了重要影响。

1. 丰富了古波斯文学思想多元化发展的内容

学界通常认为,古代著作中的文、史、哲不分。从先秦的"五经"与诸子书、印度的《奥义书》到犹太的《圣经》、柏拉图的《理想国》等,皆通过本民族丰富的神话及历史传说的文学描写,来表达其深刻的哲学及宗教思想。琐罗亚斯德教的经典著作,亦概莫除外。考察其文学的思想内容,大致经历了由《伽萨》经《亚斯纳》至《亚什特》的发展过程,其中的人生观和思想内容亦不断丰富。

以"灵魂"生命的表现为例。《伽萨》仅以抽象的"灵魂"概念泛言其人生思想。从文学表现的思想内容角度来说,"灵魂"只是作者借以表达思想的空洞的文学意象而已。(1·31·11)

《亚斯纳》则出现了"琐罗亚斯德的灵体"(2·10·21)代表的理想人格形象,虽然稀见人物的具体描写,但"琐罗亚斯德"人物的确指,客观体现了作者通过人物形象表达其善良人生思想的文学描写特点。"灵体"在此,既客观给读者提供了具体、生动、形象及无限的可想象空间,又象征文学思想内容开始发生变化,因为"灵体"已成为可涵纳丰富深刻思想的理想化文学形象。《亚什特》在对众"灵体"形象的大量描写基础上,进一步出现了"琐罗亚斯德的灵光"(3·19·8·57)"凯扬灵光"(3·19·1·9)等"灵光"形象的描写,并对争夺"灵光"的行动展开全面的文学化铺写,中间则运用了丰富的比喻、夸张、排比及渲染等修辞手法。在此,"灵光"显然既非抽象的概念,亦非简单的文学形象,而是作者为表达其神话、历史、哲学、教育以及宗教等综合性思想内容,创造出的多元化文学表现的艺术形象。古波斯其他典籍的文学化思想

---

① [美] 菲利普·J. 阿德勒、兰德尔·L. 波韦尔斯:《世界文明史》(上卷),林骥华、庄彩云等译,上海:上海社会科学院出版社2012年版,第63页、第64页。

内容，亦深受其影响，元先生概之以"宗教文学"并予以详致地论述。①

综合而言，琐罗亚斯德的人生观思想，首先直接影响了古波斯文学思想内容的多元化发展。

2. 对中国古代小说表现艺术的发展亦产生重要影响

考察先秦"小说"概念的出现，迟至《庄子·外物》篇。不同于其前诸子书的罕语"怪力乱神"，《庄子》则予以"三言"式的全面铺写，既首开了中国文学变幻多姿、汪洋恣肆的抒写文风，又开后世小说艺术之先河。考量《庄子》艺术的成因，应该关乎庄子的楚国人身份。经前证，林梅村等先生根据考古发现认为，战国初年古波斯的斯基泰商人已履及楚国，适值琐罗亚斯德教成为古波斯国教时期。斯基泰商人应该在一定程度上客观促成了该教与楚国文化的关联，庄子等时人也因此可能较为便利地受到琐罗亚斯德教的影响。其中，琐罗亚斯德关于命运多变性的人生观思想，客观影响了《庄子》等作品风格的形成，亦无可厚非。汉以后，随着琐罗亚斯德教在华传播的逐渐展开，其影响盖由道家、史家而至文学家。其中《史记》里人物命运的多变性，首次出现一波三折式的展开性描写，开后世历史小说艺术之先河，考察其所受影响，既有《庄子》《战国策》等文学史自身发展的内部因素，也应该还有琐罗亚斯德的外因成分。

唐传奇的"压卷之作"②《霍小玉传》，载有主人公对"死之后"报复事宜的安排，充分体现了该作品表现"来生"的思想内容。虽然此时佛教等已相继传入中国，但根据学界关于"来生说"是琐罗亚斯德独创的观点，佛教的"来生说"应亦源自琐罗亚斯德。《霍小玉传》等中国小说思想内容中出现的"来生"观念，应该受到琐罗亚斯德的人生观思想的影响，琐罗亚斯德思想亦直接影响了中国古代传奇类小说艺术。

第三节　《荀子》与琐罗亚斯德人生观的意义

一、形成了二者迥异的人生观

《荀子》与琐罗亚斯德，对人的生命起源、人生的目的、价值及实现方法等

---

① 参见［伊朗］贾利尔·杜斯特哈赫选编：《阿维斯塔——琐罗亚斯德教圣书》，元文琪译，北京：商务印书馆 2005 年版，第 384 页、第 388 页。

② 袁行霈：《中国文学史》（第 1 卷），北京：高等教育出版社 1999 年版，第 392—393 页。

系列人生问题,各自给予了系统化的阐述。由于二者对天人关系的认识不同,形成了迥异的人生观思想,并对后来的哲学及文学等领域产生了不同的影响。概括二者间的差异,主要表现在对人生命运、理想人格及达成方法等问题的研究方面。

(一) 对人生命运的认识不同

《荀子》与琐罗亚斯德,皆认识到了人生命运等问题,并就其形成、特点及价值等方面,予以方法论角度的解释。但基于天人关系认识的不同,形成二者迥异的解释理论。《荀子》基于"天人之分""天行有常"等认识思想,明确提出"制天命而用之"的"用天命"理论,认为人的生命属于自然界物质的客观部分,有自身运行规律,人应充分裁制和利用生命规律,以实现人生理想。琐罗亚斯德则基于天人合一的思想,提出人可以选择"善恶二元"的"择"天命论,认为虽然人的生命由天神创造,但"善恶二元"的本原性,使人有选择"善恶二元"的意志自由,主张"选择善元"以使"灵魂"生命长存。

综合二者的人生命运认识,《荀子》的"用天命",充分体现了对人的主动性的肯定;琐罗亚斯德的"择"天命,则体现出对人的意志自由的认可。二者虽然皆关注人的理性作用,但前者是绝对的、无条件的利用;后者则仅限于人的意识层面的"灵魂"生命,是相对的、有条件的选择,从而体现其唯一性的局限。

(二) 对理想人格规范的不同

《荀子》与琐罗亚斯德的学说皆含有理想人格的思想,但基于二者不同的世界观,形成了对理想人格的不同规范。《荀子》对"君子"的理想人格,明确提出外修仪表、端正容貌,内修道德、礼法并重,以期理想人生的实现。琐罗亚斯德则提倡修行"灵体"的理想人格,明确要求内修"三善"、外修"终日审判"的规范等。

综合而言,二者虽然皆重视内外兼修,但前者基于现实人生,具有可行性;后者则属于"灵魂"生命的虚幻人生,其可行性自然逊于前者。

(三) 人生理想实现的方法不同

《荀子》与琐罗亚斯德皆重视人生观的方法论研究。《荀子》明确提出通过尊圣贤、知礼法和顺命慎独等方法,修成"君子"的理想人格,以实现人生理想。琐罗亚斯德则要求通过敬神、真诚和严刑峻法等方法,修成"灵体",以实现人生理想。二者皆关注人类的"整体存在"与人"自身的限度",①但前者以人为中心,属于哲学范畴;后者则在以神为中心的前提下,始对人生系列问题予以关注,原则上没有超出宗教学的域限。

综合以上论述,《荀子》与琐罗亚斯德基于天人关系等认识思想的不同,形成了自人生命运至方法等迥然不同的人生观,对后世哲学与文学等领域产生了重要影响。

二、促动了中西方人生哲学等思想的发展

《荀子》与琐罗亚斯德的人生观理论,影响了中西方哲学领域的发展,形成了各自独特而丰富的人生哲学思想。

(一) 琐罗亚斯德的人生观对西方人生哲学的影响

琐罗亚斯德作为人类"先知"之一,首创"善恶二元"对立斗争的世界观思想,则柏拉图思想中对"善恶"相对应关系调整的理论,应与琐罗亚斯德思想的影响有关。现代研究表明,苏格拉底以后诸多的希腊和罗马学界相继讨论了琐罗亚斯德的思想,并使之兼有宗教家及占星、预言家等两类形象;又根据西方有些研究者的意见,如泰勒斯、阿那克西美尼、毕达哥拉斯、赫拉克利特、恩培多克勒、阿那克西曼德等人的思想都有该教影响的痕迹,其中赫拉克利特主张的葬仪因异于希腊当地却与该教相同,明显受到该教的影响;②笛卡尔的"二元"论与"灵魂"生命观,应来自琐罗亚斯德的思想。

陈奇佳先生则认为,西方近代琐罗亚斯德教研究,始于1764年迪佩农出版的《真德—阿维斯塔》(Zend-Avesta,一说1771年③)经,伏尔泰的《风俗论》多有引论,康德、歌德、叔本华等人也相继关注其中的"善恶二元"等问题,缪勒则借当时学界的研究,提出了含有雅利安系等宗教的三大族系说,其中尼采受琐罗亚斯德思想的影响最深。④

尼采通过四部《查拉图斯特拉如是说》(琐罗亚斯德)的著述,以启蒙运

---

① [美]卡尔·雅斯贝尔斯:《历史的起源与目标》,魏楚雄、俞新天译,北京:华夏出版社1989年版,第8页。
② 参见中国人民大学基督教文化研究所:《诗学与神学》,北京:宗教文化出版社2007年版,第107页。
③ 参见[美]威尔·杜兰特:《世界文明史》(第1卷),台湾幼狮文化译,北京:华夏出版社2009年版,第267页。
④ 参见中国人民大学基督教文化研究所:《诗学与神学》,北京:宗教文化出版社2007年版,第108页。

动强调人的价值为研究背景,否定了旧的以神为中心的宗教价值体系,建立了以人的生命和意志为准则的新价值体系。尼采还基于其"凡是存在的同时是合宜的和不合宜的而两者都对"的哲学观,① 明确提出了"人的天性是邪恶的"②,"按照你至善或至恶的欲望行事","在这两种情况下你都能成为对人类有益和有促进的人"③ 等专注人的原始意志研究的人生思想,从唯意志论的角度建立了新的人生哲学理论。从启蒙运动积极定位的人生价值研究等角度论,尼采的人生哲学值得借鉴,但他对理性的批判和对传统的片面否定无疑是无价值的。

尼采以琐罗亚斯德的名字题名其著作,按照文学表现艺术的原理,是通过题名艺术表达其深刻的思想。尽管学界有的认为是无寓意的,但陈奇佳先生通过尼采自称是"借用查拉图斯特拉之预言家原型",认为是"出于一种深沉的寄托,而不是为追求修辞快感的随手借用",④ 明确认可该题名的思想性寓意。由此推论,尼采关于人可以自由选择"善恶"意志的思想,当受到琐罗亚斯德"择"天命的人生观思想的影响。尼采的人生观思想对弗洛伊德、茨威格、海德格尔、鲁迅等的思想和创作都产生了重要影响。

(二)《荀子》的人生观对汉以后人生哲学的影响

《荀子》以朴素的辩证唯物论思想,建立了"天人之分"理论基础上的"用天命"的人生观。其关于命运的可利用思想,影响了古代思想家先后从史学、哲学等角度关注人生命运等问题的研究。以《史记·项羽本纪》为代表,司马迁明确指出项羽人生悲剧的原因不在天,而在其不善于把握自身的人生命运。司马迁还通过一系列历史人物的人生命运特别是悲剧命运的展开,强化说明人生命运有自身的发展规律,人只要善于把握利用则可成就理想,从史学角度诠释了深刻的人生哲学思想。以哲学角度的系统诠释人生命运问题,首见王充的《论衡》,书中以《命禄》篇专门讨论命运问题。王充以《荀子》的自然之天论,否定董仲舒"天人感应"的主宰之天论,从唯物论角度明确提出了"人之行,求有为也。人道有为,故行求"(《说日》)的思想,意谓人类社会

---

① 参见 [德] 弗里德里希·尼采:《悲剧的诞生》,刘崎译,北京:作家出版社1986年版,第57页。
② [德] 弗里德里希·尼采:《权力意志》,见弗里德里希·尼采:《看哪这人》,张念东、凌素心译,北京:商务印书馆1991年版,第100—101页。
③ [德] 弗里德里希·尼采:《快乐的科学》,黄明嘉译,桂林:漓江出版社2000年版,第41页。
④ 中国人民大学基督教文化研究所:《诗学与神学》,北京:宗教文化出版社2007年版,第108页。

的发展有一定规律,人可以充分利用其规律,把握自身机遇,成就有作为的人生命运。虽然王充的"命不可勉,时不可力"(《命禄》)说失于自然定命论,[①]但他以丰富而深刻的人生哲学理论,首开以哲学角度诠释人生命运等人生问题的研究,功不可疏视。

张岱年先生概括古代的命论为儒家的重命、墨家的非命与道家的顺命,认为儒家讲知命而不废人事。各家关于人生问题的学说中,王船山、颜习斋、戴东元的学说比较切合实际,[②]而从荀子开始经王充发展,到戴震等,形成了较完备的一脉相承的人生哲学体系。

综合以上论述,《荀子》与琐罗亚斯德的人生观思想,皆对中西方哲学产生了重要影响。

三、影响了中西方文学的发展

《荀子》与琐罗亚斯德的人生观思想,对中西方文学产生了重要影响。

(一) 琐罗亚斯德的人生观首先影响了古希腊的文学

柏拉图在《会饮篇》中提出"不能硬说凡是不美的就必然是丑的,凡是不善的就必然是恶"的观点[③],体现其从人性论角度对"善恶"之间既对立又统一关系的新诠释。若说"善恶"统一的思想是柏拉图的创造,则二者对立的观点当来自琐罗亚斯德思想。柏拉图哲学里的"善"的形象,其代言是爱神,他集"善""美"二品德于一身,具有理想人格最高化身的特点。

柏拉图认为爱神的本质是"最美最善"[④]。若说"美"德思想源自希腊传统,则柏拉图的"至善"理论,除苏格拉底外还应受到琐罗亚斯德的思想影响。爱神的品德在柏拉图理论中通常以"好人"指称,则"好人"既是符合理想人格标准的人,也是柏拉图要求文学表现的形象。《理想国》明确提出,所居城邦里"只要一种诗人和故事作者:他们的作品须对于我们有益,须只摹仿好人的言语"的文艺标准,并要求语言、乐调及节奏等文艺的"美,都表现好性情。所谓'好性情'并不是我们通常拿来恭维愚笨人的那个意思,而是心灵真正尽

---

① 参见肖萐父、李锦全:《中国哲学史》(第1册),北京:人民出版社1963年版,第355页、第359页。
② 参见张岱年:《中国哲学大纲》(上册),北京:中华书局2017年版,第618页。
③ [希腊] 柏拉图:《文艺对话集》,朱光潜译,北京:人民文学出版社1963年版,第258页。
④ [希腊] 柏拉图:《文艺对话集》,朱光潜译,北京:人民文学出版社1963年版,第249页。

善尽美",① 其文艺标准中明确以"尽善"作为"好人"代表的理想人格形象评判的最高条件。

柏拉图崇尚"善德"的文艺思想,追本溯源,应该是受到琐罗亚斯德的"择善"人生观思想的影响。尼采将琐罗亚斯德的形象,直接引入其散文诗体的《查拉图斯特拉如是说》,象征对人生的美善命运的思考;歌德在《浮士德》中塑造的魔鬼形象,作为"择善"人生抒写不可或缺的反衬,应该与琐罗亚斯德关于"善恶"对立斗争的人生思想有关。

总之,琐罗亚斯德的人生观,从文艺理论至文学创作,对西方文学皆产生了重要影响。

(二)《荀子》的人生观思想影响了其后中国古代文学的发展

《荀子》的人生观影响表现在文学理论方面,以《文心雕龙》为代表,其《诸子》篇明确提出"三年问丧,写乎荀子之书;此纯粹之类也"说。② 考察"三年问丧"出于荀子的《礼论篇》,表现了荀子的"隆礼"思想,则知礼是《荀子》实现理想人生的主要方法。刘勰在此赞其为"纯粹之类",无疑体现了其文学理论受到《荀子》人生观思想的影响。在文学创作方面,以命运主题的表现为例,《荀子》以后的古代文学,出现了以"遇"与"不遇"为主题的人生命运抒写传统。董仲舒有《士不遇赋》,司马迁则有《悲士不遇赋》,直接以"用天命"的问题题名;扬雄的《逐贫赋》极尽贫穷命运之笔,王勃的《滕王阁序》则力铺富贵命运之文,二者将"遇"题扩展自如;明清以后的作者,更借小说体,深化"遇"题至家运、国运、民族运与人类命运等领域,其中,最具代表性的当首推《红楼梦》,学界通常认为作者对贾家一门荣衰之运的描写,象征着对清朝国运盛衰的思考。综合而言,古代文学出现的借"遇"题,探讨人生、国家、社会、民族乃至人类命运的创作现象,当非偶然之举,应该有《荀子》的"用天命"人生观思想的影响,是"二千年之学,荀学"在文学领域的充分体现。

中国文学体现出的关怀人类命运的精神,在琐罗亚斯德经典中通常以"七个国家"命运的关怀为代表。虽然二者没有明确提出"人类命运共同体"的理念,但东西方两位贤哲,却共同体现出轴心时代世界文化领域里关怀人类命运的时代精神。

---

① [希腊]柏拉图:《文艺对话集》,朱光潜译,北京:人民文学出版社1963年版,第61页。
② 参见郭晋稀:《文心雕龙》,兰州:甘肃人民出版社1982年版,第200页。

第七章 《荀子》与琐罗亚斯德的人生观

考察《荀子》与琐罗亚斯德的人生观思想，相互影响于东西方文学领域。琐罗亚斯德的"来生说"，成为唐传奇以后小说描写多用的情节；《荀子》有"化性起伪"以改变人生命运的方法理论，《亚什特》中亦颇多体现"变化"思想的内容，主要表现在诗中通过十见战神巴赫拉姆的变化形体，以说法于琐罗亚斯德等情节，二者之间应不无关系（14·1-27）；该类变化情节虽然初见于《亚斯纳》的"那有上千（种）形体变化、异常强大而虚伪的妖魔"（9·8）等描写，但诗中只用于反面描写，盖"变化"思想客观含有的"虚伪"成分，有违于琐罗亚斯德恪守"真诚"的思想宗旨。《亚什特》时期，处于中国的汉唐之间，中国古波斯已友好往来，《荀子》等汉典关于"化"的思想，为古波斯作家所借鉴，应顺理成章。

综合以上论述，《荀子》与琐罗亚斯德的人生观，直接影响了中西方文学的发展。

第八章

《荀子》与琐罗亚斯德的文化观

文化学意义上的"文化"概念,界定于20世纪文化学的奠基者泰勒(Tylor E. B.),美国人类学协会前主席克莱德·克鲁克洪(Kluckhohn C)《文化的概念》一书,统计了1871年至1951年间出现的文化定义至少164种,① 迄今盖二百有余。② 其广义通常指人类创造的物质与精神成果的总和,狭义特指精神,具体侧重的方面则各有不同。殷海光先生将之概括为记述、历史及心理解析学等七组定义。③《荀子》与琐罗亚斯德时代,虽然尚未形成系统的文化学理论,但二者对天人关系、"善恶"观、社会观及人生观等思想的诠释中,已出现相对系统的文化思想理论。《荀子》主要以"化"一语表现其文化思想,琐罗亚斯德则提出"改变"的理论。二者皆就"化"与"改"的对象、方法及价值等问题,给予相对系统的阐述,形成丰富而深刻的文化观。

第一节 《荀子》主张"教化"的文化观

春秋战国时期,既有春秋五霸、战国七雄等的内争,又有异族参与的外斗。至荀子生活的时代,出现多国争霸、异族纷起的局面。面对复杂的现实生活,《荀子》基于"法先王,一制度"等社会思想,明确提出了以"化性起伪"的方法论为主,以及以中国文化为中心等"教化"理论,形成了系统的文化观。

---

① 参见[美]克莱德·克鲁克洪,W. H. 凯利:《文化的概念》,见拉夫·林顿:《世界危机中人的科学》,纽约:哥伦比亚大学出版社1994年,第1945页;李宗桂:《中国文化概论》,广州:中山大学出版社1988年版,绪论第6页;殷海光:《中国文化的展望》,北京:中国和平出版社1988年版,第29页。
② 参见李宗桂:《中国文化概论》,广州:中山大学出版社1988年版,序第5页。
③ 参见殷海光:《中国文化的展望》,北京:中国和平出版社1988年版,第29—41页。

一、主张"教化"的文化观及其渊源

《荀子》于《王制篇》的"序官"部分,特别强调了"冢宰""辟公"和"天王"三类职官,其中"冢宰"主管事关国家命运的政事,"辟公"主宰风俗,"天王"则主管天下的一统。"广教化,美风俗"的吏官位居其一,充分体现了荀子对"教化"的重视,从而形成了系统的以"化"为主的文化观。

(一)主张"教化"的文化观

《不苟篇》曰:"天地为大矣,不诚则不能化万物;圣人为知矣,不诚则不能化万民",若说前一"化"字指变化,后当指"教化"。概括荀书之"化"字,盖有自然界、变化、风化与教化等含义,荀书强调的是后者,即风化与教化。则荀书的文化观,主要侧重风化与教化的含义。《天论篇》言:"因物而多之,孰与骋能而化之";杨倞注曰:"因物之自多,不如骋其智能而化之使多也,若后稷之播种然也",意谓与其依靠客观事物的自在性增加影响,不如充分发挥人主观的自觉能动性,通过移风易俗,使事物在得到广泛传播的基础上扩大其影响。其中的"化",主要指风化与教化;概有内化与外化之分。内化主要指境内的教化;外化之"外",含指地域与民族等角度,地域角度上指境外的教化,民族角度则主要指华夏族以外的异族。荀书分别给予"化"的对象、方法至价值等的系统说明。

1. 表现在"化"的对象与标准

《天论篇》曰,"宋子有见于少,无见于多","有少而无多,则群众不化"。句中"宋子"指宋钘,"少"与"多"皆指人的情欲,"化"指教化。荀子从辩证唯物的角度批评宋钘的少欲论,认为欲少何须教化,则句中"群众"所代表的社会是"化"的对象。

荀书概括"化"的对象主要为能化、可化与不化等三类。荀书的能化者,主要是指依靠自身的主动性能化己化人的人。《不苟篇》曰:

> 君子养心莫善于诚,致诚则无它事矣。唯仁之为守,唯义之为行。诚心守仁则形,形则神,神则能化矣。

文中确言"君子"因诚心守仁义于言行而至神境,因而能教化社会。荀书解释"尽善挟治之谓神",王念孙曰"全体皆善故曰尽善,全体皆治故曰挟治"(《儒效》)。综合而言,具有"君子"理想人格的人,因诚心守仁义于言行,而带动社会全体成员皆尽善,社会因此得以全部治理。则"君子"化己的同时亦能化人,是能化者。

荀书的可化者,指在一定条件下可以被教化的人。《儒效篇》曰:

> 居于阙党,阙党之子弟罔不分,有亲者取多,孝弟以化之。

文中意谓孔子对阙党里不懂分配原则的子弟,以孝悌的道理教化他。则"阙党之子弟"属于可教化的一类人。此外,《儒效篇》曰"四海之内若一家,通达之属莫不从服,夫是之谓人师",意谓"通达之属"皆服从儒师的礼法忠信等道德思想的教化,则"通达之属"亦为可化者。《荀子》曰,"塗之人百姓,积善而全尽,谓之圣人"(《儒效》)"塗之人可以为禹"(《性恶篇》),句中的"塗之人"是历史上晚开化的人,但最终接受了禹的教化而举族成为"圣人",则"塗之人"应是荀书可化者的典型。

荀书还有不化者,涵盖被限定的不化者与固不接受教化的人,荀子侧重阐述固不接受教化者的问题。

荀子指出,限于群体情欲少的条件,则会出现不需教化的不化"群众"的情况(《天论篇》),该情况原则上无关教化。《荀子》特别就固不接受教化者予以系统说明,认为不化者具有历史的普遍性与人类的特殊性。《正论篇》曰:

> 世俗之为说者曰:"尧舜不能教化,是何也?"曰:"朱象不化。"是不然也。尧舜,至天下之善教化者也,南面而听,天下生民之属,莫不振动从服以化顺之,然而朱象独不化,是非尧舜之过,朱象之罪也。尧舜者,天下之英也;朱象者,天下之嵬,一时之琐也……尧舜者,天下之善教化者也,不能使嵬琐化。何时而无嵬,何时而无琐,自太皞燧人莫不有也。

文中的"朱象",杨倞注作"罪人之当诛戮者",是不化者。荀子就文中世议的尧舜教化问题,分别从历史与现实的角度给予充分的辩证说明,以正世议。具体表现为:第一,尧舜,善于教化天下;第二,朱象,因罪当诛则不在教化列;第三,嵬琐,是顽固不化者,其不化之责在其自身;第四,朱象是现实中的嵬琐,嵬琐则是历史上的朱象,他们的顽固不化,是历史与现实存在中的客观而必然的现象。若说朱象属于历史,不在荀书讨论内,则《荀子》对于不化的嵬琐则予以坚决否定:"今世俗之为说者,不怪朱象而非尧舜,岂不过甚矣哉。夫是之谓嵬说。"(《正论篇》)意谓"嵬琐"的不化,责在自身。考察荀书所议的当时在华的异族,只信奉琐罗亚斯德教的"嵬琐",固不接受中国文化的教化。

第八章 《荀子》与琐罗亚斯德的文化观

《荀子》对当时境内的琐罗亚斯德教并非一概否定，而是详细地甄别为祆教与琐罗亚斯德正教两类。针对祆教，明确提出"祆辞不出"论（《正名篇》），意谓不准传播祆教的经典理论，并对其迷信的祆教行为予以劝说（《天论篇》），但并不禁止祆教信众在华生活；对琐罗亚斯德正教，荀书则称之"嵬容"（《非十二子篇》），"嵬说"（《正论篇》）斥之以"邪说""奸言"等，对其予以根本性的否定。考察"嵬琐"不化的原因，主要是不接受尧舜的"教化"，即礼义人伦之道，诸如不敬王权、不知礼义且有违中原的风俗教化。至于固不接受教化的"嵬琐"的最终去向，据荀书言，"（大儒仲尼、子弓）其通也，英杰化之，嵬琐逃之"。荀书虽然没有给出确切的所逃地，但说明琐罗亚斯德正教徒未曾立足于中原传教。

巫新华先生于新疆地区的考古文物中发现有承铜骆驼祭盘，经考证应该是代表琐罗亚斯德家族派或弟子派的祭仪，它们仅出现在新疆，迄今内地尚未发现；林悟殊先生认为传入中原的琐罗亚斯德教是粟特版的；林梅村先生考证的蜻蜓眼玻璃珠，虽然由信奉琐罗亚斯德教的斯基泰人传入，盖已非正宗。诸家的考证，既可以部分佐证荀书关于"嵬琐"不化的观点，又可推测至少新疆地区是离开中原的琐罗亚斯德正教徒的聚落。综合而言，荀书所言的"嵬琐逃之"，一则客观记载了当时琐罗亚斯德正教未能在中原传播的具体情况；二则形象地说明了中西方两大思想体系在华初步发生的抗衡与交融情况；三亦充分证明了当时的儒家思想相对于琐罗亚斯德正教具有的文化优势。荀书所言的"嵬琐不化"情况，盖既表现其只敬神权而不能按照中国的礼仪制度敬中国的王权等方面，又表现其不葬制等风俗。荀书的《天论篇》《正论篇》等对该教的不葬风俗多有说明，恕不赘言。

《荀子》明确规定以内德外貌为"化"的标准。《荀子》将"化"的标准主要分为内在的道德与外在的品貌两类。其内在的道德标准，《不苟篇》涉及三个方面：

> 夫诚者，君子之所守也，而政事之本也。唯所居以其类至，操之则得之，舍之则失之。操而得之则轻，轻则独行，独行而不舍，则济矣。济而材尽，长迁而不反其初，则化矣。

杨倞注文中的"类至"曰"圣人诚则能化万民"，"独行"作"慎独之事自行矣"；"济而"句作"既济则材性自尽，长迁不反其初谓中道不废也"。总体意谓君子只有以诚待万民，方可使万民永远随君子俱行礼义之道，直至其彻底改变且永不回返其原初的本性，方可谓真正达到教化的标准。其中，关于"化"

的标准有三个基本条件：心诚、社会成员的全体尽善以及教化的彻底性，属于内在的道德标准。

其外在品貌的标准，主要见于《正名篇》等，文中特别阐释了甄别异族之"化"的标准：

> 状同而为异所者，虽可合，谓之二实；状变而实无别而为异者，谓之化。有化而无别，谓之一实。

文中"状"指形状。杨倞注曰："谓两马之类，名虽可合，同谓之马，其实二也"；"状虽变而实不别为异所，则谓之化。化者，改旧形之名，若田鼠化为鴽之类，虽有化而无别异，故谓之一实，言其实一也。"意谓从异族角度说，同一位异族人，只要改服色、易习俗，即属于接受了教化之人，则外在的品貌是衡量异族之"化"的基本标准。此规范成为后来中国数千年封建制时期甄别"化"事的固定模式，尽管明显带有民族主义倾向，但直至1793年乾隆致英王的书中，依旧沿袭此制：

> （尔国之人）既来之后，即遵用天朝服色，安置堂内，永远不准复回本国。①

文中明确规定：易服色，不异所。综合而言，甄别异质文化之"化"的标准，涵指人内在的道德与外在品貌两方面。

2. 表现在"化"的方法与目的

《荀子》首先提出系列内外"化"的方法，而"化性起伪"是主要方面。《性恶篇》曰：

> 夫感而不能然，必且待事而后然者，谓之生于伪。是性伪之所生，其不同之征也。故圣人化性而起伪，伪起而生礼义，礼义生而制法度。

杨倞注"化性起伪"作"圣人能变化本性而兴起矫伪也"，确言"性"指本性。荀子解释曰：

> 凡性者，天之就也，不可学，不可事；礼义者，圣人之所生也，人之所学而能，所事而成者也。不可学不可事而在人者，谓之性；可学而能可事而成之在人者，谓之伪。是性伪之分也。

---

① 京华续录：第47卷，见殷海光：《中国文化的展望》，北京：中国和平出版社1988年版，第127页、第159页。

>>> 第八章 《荀子》与琐罗亚斯德的文化观

文中确言"伪"主要指"礼义",通过后天的学习及实践得到;"性"是与生俱来且不可通过学习及行事得到的。"化性起伪"则意谓通过学习礼义之道,使人的本性发生彻底性的改变,从而达到化己化人的目的。由此可见,"化性起伪"是荀子教化民生的基本方法,该方法通用于内外教化的一切事宜。

针对境内外不同的具体情况,《荀子》还提出内化与外化的方法。其中,内化侧重以学习、重视礼法及相互交流等方法教化民生。《劝学篇》以君子所言"学不可以已"开篇,体现了荀子对学习的重视。荀子认为,由风俗各异的"群"体组成的社会,只有统一教育,化异俗为"美俗",方可得以安定,则学习堪称是唯一的方法。其中涵盖学习理论,概《诗》《书》《礼》《易》《乐》《春秋》等经典;学习实践,指具体生活中的实践行为;学习目的,明确"化道"是最高的学习境界,即以先王的礼义之道教化社会民生。可见学习是内化的基本方法。重视礼法是内化的主要方法,荀书通常以"法先王""法后王"等思想体现其"隆礼""重法"的内化法。再则,群体间的相互交流,亦为内化的重要方法。《儒效篇》曰:

> 君子言有坛宇,行有防表,道有一隆……言道德之求,不二后王。

杨倞注:"道德,教化也,人以教化来求。则言当时之切所宜施行之事。不二后王,师古而不以远古也。"该文意谓君子因所言所行皆有道德,随之使众民生得以教化,则有远近来求"化"法之人,此时应侧重以后王的"隆礼""重法"思想传授"化"法。意谓不同群体之间的友好交流,亦为内化的可用之法。

外化方法,主要针对境内外的异族。《荀子》认为,对境内异族,主要实行教育法,即通过加强对异族的礼义法则等教育,达到教化异族的目的;对境外异族,则侧重传播及教育等方法。如《儒效篇》言周初:

> 四海之内,莫不变心易虑以化顺之。故外阖不闭,跨天下而无蕲。当是时也,夫又谁为戒矣。

杨倞注"阖,门扇也",周朝的"外阖"确指通往境外的国门,"外阖不闭"则意谓勿用闭关。综合而言,文中既确言海内已通过教化使百姓顺从,而国门无需关闭,则是时确已天下太平。意谓周朝已将礼义教化传播于世界,其中客观涵盖传播与教育等外化法。

《荀子》内外化方法的施用,有明确的目的。《王制篇》指出,"论礼乐,正身行,广教化,美风俗,兼覆而调一之",意谓通过"礼乐""教化"等方法,达到世界和谐统一的目的。对此,《劝学篇》的篇前即言"神莫大于化道",其中"道"为"先王之遗言",亦即先王传承的礼义之道;《儒效篇》又言"尽善挟治之谓神"。则荀子认为全体皆善与全体皆治,皆莫抵礼义之道的教化作用,只有通过内外皆化的方法,方可实现世界性的和谐与统一。

3. 表现在"化"的意义

《荀子》对"化"的意义,分别从人生、社会、国家及世界等角度给予了价值论高度的阐述。荀子指出"化"有利于理想人生的追求,认为"君子"可以化己以化人,是理想人格的化身。每个人可经由"君子"的理想人格,实现自己的理想人生;"化"亦有利于国家社会的统一与安定,认为"圣人能化万民","圣人"是国家礼义"王道"的代表,万民统一于礼义之道,则国家社会自然因统一于"圣人"之治而和谐安定;再则"化"还有利于天下和平局面的维护,荀子以"危巢无完卵"比喻世界的相互联系,认为周初海内"化顺"而"外阖不闭"时,"夫又谁为戒",杨倞注"太平如此,复谁备戒"①,意谓当时境内外皆已濡化为相互联系的整体,国门勿用而天下太平,则"化"无疑有利于维护世界的和平。

(二) 渊源

《荀子》的文化思想,上可溯源于《周易》。学界通常认为,其"贲"卦《象传》的"观乎人文,以化成天下"中的"文""化"是"文化"术语的原始提法,涵盖了除自然现象以外所有人类创造的总和之义。② 考察先秦关于"文"的含义,主要由"纹理"的本义衍生,概有自然界的"纹理"、人造的"纹理"、政治"纹理"、道德"纹理"、文化"纹理"及文学"纹理"等。其中,文学的"纹理",杨伯峻先生释作"文饰人的行为"。③ 荀书中的"文",通常指文饰。如《荀子·天论篇》对当时的"雩""卜筮"有"非以为得求也,以文之也",且言"君子以为文","以为文则吉"。杨倞释曰:"得求得所求也,言为此以示急于灾害,顺人之意以文饰政事而已。"则《天论篇》之"文",当为祭礼、占卜之礼等与自然现象相对的人文现象的总称。《荀子》明确提出"化性起伪",其中"伪"指学习诗书礼义等;在荀书,诗书礼义通常指与"武"相对的"文";"化"指教化。

---

① [清] 王先谦:《荀子集解》,见《诸子集成》(第2册),上海:上海书店1986年版,第87页。
② 参见李宗桂:《中国文化概论》,广州:中山大学 出版社1988年版,第5页。
③ 参见杨机红:《荀子浅绎》,北京:中国文联出版社2016年版,第114页。

综合而言，《荀子》的"文化"含义，意谓以诗书礼义之"文"，教化天下民生等，特指精神文化及相关行为。则荀书的"文""化"释义，应是对《周易》"文化"思想观念的继承与发展。

《荀子》的文化观，影响了其后学界对文化的认识。汉以后通常从荀子的文化思想角度讨论文化。西汉刘向说"凡武之兴，为不服也；文化不改，然后加诛"（《说苑·指武》），晋束晳说"文化内辑，武功外悠"（《补亡诗·由仪》），综合各家的"文化"释义，既明确将"文化"与"武功"相对，又侧重"教化"。该思想于孔颖达的《周易正义》中得到进一步发展，"圣人观察人文，则诗书礼乐之谓，当法此教而化成天下也"，确言"诗书礼乐"为"文"，意谓以"文"教化天下。孔颖达的文化观，既显示出对《荀子》思想的继承，又从观念形态的角度论述了文化的发展特征。此后的中国文化观，多侧重观念形态的研究，其对文化所作的侧重精神方面的定义，不可否认亦属于现当代学科意义上的文化概念界定的一部分。

二、中国文化中心论

《荀子》文化观的重要特点之一，是关于中国文化中心论思想的阐述，大致涵盖中国文化中心论、天下文化的和谐统一与抵制固不接受教化的不化者等方面。

（一）中国文化中心论

《荀子》关于中国文化中心论的理论，首先基于其中国中心论的思想。《王制篇》曰：

> 北海则有走马吠犬焉，然而中国得而畜使之；南海则有羽翮齿革曾青丹干焉，然而中国得而财之；东海则有紫紶鱼盐焉，然而中国得而衣食之；西海则有皮革文旄焉，然而中国得而用之。

文中的"中国"，居四海之内，杨倞注曰："海，谓荒晦绝远之地，不必至海水也"①，认为"四海说"是一种象征，强调"中国"位于世界中心国位置的思想。当今学界意见不一，近者说在今天的中国境内，远者则西至地中海、东达南美洲。其中，杨倞的观点较合文意，因为《荀子》明确指出，当时的世界

---

① ［清］王先谦：《荀子集解》，见《诸子集成》（第2册），上海：上海书店1986年版，第102页。

位于四海之内，中国居于世界中心，海外的诸多蛮夷之国主要向中国贡物。基于中国中心论，《荀子》形成了系统的中国文化中心理论，主要涵盖尧舜文化中心论、王道论和儒家文化中心论等内容。

1. 荀书主张尧舜文化中心论

《正论篇》明确指出：

> 尧舜，至天下之善教化者也，南面而听，天下生民之属，莫不振动从服以化顺之。

战国后的先秦诸子话语里，"天下"通常指代世界。"尧舜"既然是当时世界的"善教化"者，中国又是世界的中心，则尧舜文化代表的中国文化是世界文化的中心。

2. 王道论

荀书多言"法先王""法后王"等问题，虽然古今学界对"先""后"有不同的界定意见，但"先王""后王"对"王道"问题的认识应是一致的。据荀书对王道思想的阐述，王道通常指的是以礼义教化治国平天下的方法。① 荀子时代的儒家，认为礼义之道源于尧舜等先王创造，则王道思想既是尧舜文化，也是中国文化的中心思想。荀子思想通常有"王道""霸道"之别，其《王霸篇》明确阐述王、霸与亡国三世道，认为：

> 与积礼义之君子为之，则王；与端诚信全之士为之，则霸；与权谋倾覆之人为之，则亡。

文中对"王"与"霸"的评判，皆认可其有道德者，则荀子的王道理论实则涵盖了霸道的内容，体现了其王霸合一的思想。

3. 儒家文化中心论

《儒效篇》曰：

> （大儒）其穷也，俗儒笑之；其通也，英杰化之，嵬琐逃之，邪说畏之，众人愧之，通则一天下。桀跖之世不能汙，非大儒莫之能立。仲尼子弓是也。

文中形象化地描述了孔子等代表的儒家学说通行时，英杰之人、琐罗亚斯

---

① 参见［清］王先谦：《荀子集解》，见《诸子集成》（第 2 册），上海：上海书店 1986 年版，第 134 页。

德教徒及异端邪说等皆难以与儒家抗衡的局面。确言儒家思想具有一定的整合异质文化的特性,充分体现荀子儒家文化中心论的思想。

《荀子》的中国文化中心论思想,影响了其后中国文化中"天朝型模"思想的出现,虽然唐宋以后有所转变,但乾隆致英王书中的"天朝自有天朝礼法,与尔国各不相同"①的"天朝"等叙辞,依旧闪现出中国文化中心论的影子。随着当今考古发现的证明,世界文化多源论已是不刊之论,《荀子》时代产生的中国文化中心论,则已成为历史。

(二) 世界文化和谐统一于中国文化

《荀子》时代,适值中国的"尊王攘夷"运动时期,抑制异族向中国的渗透是普遍的时代问题,以赵武灵王的"胡服骑射"为典型代表。中国与异族以及天下各文化间的关系问题,一时间成为时学焦点。孔子明确提出的"君子居之(九夷),何陋之有"问题,较早表达了儒家关于夷夏可以和谐共处的思想。荀子进而将其发展为天下文化和谐统一的理论。《王制篇》明确规范"辟公"一官的职责为:

> 论礼乐,正身行,广教化,美风俗,兼覆而调一之,辟公之事也。

朱熹注《论语》"相维辟公,天子穆穆"(《八佾篇》)的"辟公"为"诸侯也"。②则文中"辟公"应指当时主管国家风俗的诸侯级官员,篇中与"冢宰""天土"并列,则其官职属于国家级别,客观上涉及国家之间的事务。引文意谓用礼乐、德行等道德思想教化民生,以达到移风易俗的目的。文中的"兼",本义指两个方面以上的事物,根据"辟公"官职的性质,在此则应指两国以上,引申为天下;"调",指协调、调和,从各国间关系的角度来说,当指通过调和而使双方关系达到和谐的意义。

综合而言,辟公用礼乐道德教化民众,美化风俗,同时将礼乐教化推行至世界各国,并通过调整与各国文化的关系,达到与各国文化的和谐统一,从而形成《荀子》特有的世界各文化间和谐关系的理论。由于推行的是中国的礼乐文化,则世界文化和谐统一于中国文化。

---

① 《京华续录》:第47卷,见殷海光:《中国文化的展望》,北京:中国和平出版社1988年版,第128页。
② [南宋]朱熹:《四书章句集注》,北京:中华书局1983年版,第61页。

(三) 坚决抵制拒不接受中国化的异质文化

荀子根据当时境内外各族及各国文化的关系，总结出以琐罗亚斯德教为代表的诸文化与中国文化相抗衡的情况，明确提出坚决抵制拒不接受中国礼义道德等教化的异质文化的思想。

当时的不化情况主要有以下几种情形。

《非相篇》记载的"相人"：荀子认为，中国"古之人未有也，学者不道也"。学界或认为相面术始于阿拉伯人，或言源于巴比伦人以及中西亚等地的"先知"，① 则"相人"出于异族。荀书指出"凡言不合先王，不顺礼义，谓之奸言"，"相人"之言因属"奸言"而被荀子视作"奸人之雄"，是"不得变"者。杨倞注"变，谓教之使自新也"②，则"相人"是不接受中国化的人。

《非十二子篇》列出的"嚣宇魏牟"：荀子认为他们是"饰邪说，文奸言"之人。经考证，其中的"嚣宇"是"相人"，"魏牟"是琐罗亚斯德教众，③ 皆属不化人等。

《正论篇》有"不怪朱象而非尧舜"之"魏说"。

《正名篇》则有"祅辞不出"，盖荀子以祅教经典不合礼义之道，所以禁言不禁其生活。

综合以上论述，《荀子》针对当时境内存在的拒不接受中国化的人等，皆从中国文化中心论的角度，明确予以思想及言行等方面的抵制，并给予系统的理论说明。

三、《荀子》文化观的影响

《荀子》的文化观，对其后中国文化的发展产生了重要影响，主要体现于儒家在中国古代社会地位的确立、中国古代教育的发展以及异质文化在华传播等方面。

---

① 参见［古代阿拉伯］马苏第：《黄金草原》（下册），耿昇译，北京：人民出版社2013年版，第620页、第621页；［美］威尔·杜兰特：《世界文明史》（第1卷），台湾幼狮文化译，北京：华夏出版社2009年版，第231页、第179页。
② ［清］王先谦：《荀子集解》，见《诸子集成》（第2册），上海：上海书店1986年版，第57页。
③ 参见杨机红：《荀子浅绎》，北京：中国文联出版社2016年版，第36页。

(一) 确立了儒家在中国古代社会的政治地位

儒家虽然源于孔子,孔、孟、荀等儒家代表人物亦皆为官于当时,但秦以前的儒家,多为百家争鸣时期的学术流派之一。其著作虽然颇多涉及政治内容,但社会地位多与政权无缘。《荀子》的文化观,既继承了孔、孟的政治等思想,又根据其丰富的人生阅历及为官体验,针对当时存在的复杂现实及历史等问题,运用辩证唯物等方法,从政治的理论与实践高度,给予了系统且具有可行性的方法论说明,从而形成了以"隆礼""重法"、王霸兼治、君主专制的等级制度以及域内外关系双修等为主要内容的严密政治思想理论体系,直接影响了其后历代封建制社会的政治。汉武帝"罢黜百家,独尊儒术"的政策,首先确立了儒家在汉代的社会政治地位。此后,境内除了异族与隋朝的短期更迭,儒家思想始终与法家互为表里,共同作用于中国历代王朝的政权运作。因此,受《荀子》文化观的影响,儒家确立了其在中国古代社会的政治地位。

(二) 推动了中国古代教育的发展

学界公认,中国是一个重视教育的国家。先秦时期"六经"等教学内容的规范,庠、序、泮宫及辟雍等教育机构的设立,以及"儒"业阶层的兴起等,皆说明先秦教育的发达。但考察《荀子》前的教育,其受教者多限于贵族阶层,即使有孔门等开办的平民教育,或凤毛麟角,或其生徒罕见择业政事。《荀子》的文化观,明确提出通过圣王"化万民"和"化性起伪"等重视教化的方法,解决关乎国家社会命运等的教育问题,从而使广大的平民及异族阶层亦可接受教育。荀子还提倡以尚贤使能的任人制度代替传统的世卿世禄制,选拔平民中的"君子"进入政治社会等。

综合而言,荀子首开中国古代平民化教育之先河,并从根本上解决了社会的教育问题。《荀子》系统而深刻地提出趋向平民化的教育理论,直接影响了其后千年的封建社会教育。汉以后,自学习内容、方法、目的至学习价值的认识等,无不体现《荀子》教育思想的影响;隋唐以后历代的科举考试,更加广开平民的受教之路。直至张之洞的《劝学篇》,虽然宣传的是晚清洋务派的思想,但其题名同于《荀子·劝学篇》,客观上体现了其受到荀子教育思想的影响。因此,《荀子》的文化观,推动了中国古代教育的发展。

(三) 影响了琐罗亚斯德教等异质文化的在华传播

虽然异质文化进入中国的确切时间无从得知,但春秋战国时期的典籍载有丰富的异质文化内容，证明异质文化至迟于该时期已传播至中国境内。考察当时的传播，多呈现散乱、不自觉的且矛盾迭起于中国文化的状态。《荀子》的文化观，明确提出以中国文化为中心、以尧舜文化与王道思想等教化天下的文化传播理论，其中涵盖异质文化的教化问题。荀子明确指出，对异质文化中的可化者化之，不可化者则予以抵制。

《荀子》关于异质文化的传播理论，对后世产生了重要影响。汉朝两派使者主动出使异国，与异质文化建立了友好关系，开中国历史上异质文化在华的有序传播之先河。汉以后，历代王朝多以有序传播的形式与异国交流，隋唐以后更是设置了萨宝、祆正等祆教组织。因此，《荀子》的文化观，还影响了琐罗亚斯德教等异质文化的在华传播。

第二节 琐罗亚斯德主张"斗争"的文化观

伊朗雅利安人南迁定居伊朗高原时，也是自游牧向半农半牧社会的转型时期。当时的伊朗境内社会，既有因社会转型而形成的各部落间的矛盾，又有各部落与被征服的原始居民间的矛盾；境外则与以突朗国为代表的游牧民族等矛盾激化。伊朗内外矛盾的交并出现，使琐罗亚斯德家族、伊朗民族以至于人类的生存问题，成为琐罗亚斯德面对的主要问题。琐罗亚斯德基于人性论角度，从"善恶二元"的世界观思想出发，提出了通过改变人的本性、化恶为善等方法，解决社会矛盾问题，形成了系统的以伊朗文化为中心的文化观，对后世产生了重要影响。

一、主张"斗争"的文化观及其渊源

《伽萨》记载琐罗亚斯德说："我多么希望能以真诚使误入歧途者改邪归正"（3·49·1），"但愿（所有的误入歧途者）弃恶从善"（同上3）。诗中的"改"，意谓改变、改造；"邪""正"都是从人的本性角度说，指邪恶与正直、善良的本性。综合诗意，琐罗亚斯德希望通过他的说教，使误入歧途者改变其本性，即化除其邪恶本性，再造正直、善良之性，体现他对教化的重视，并形成了系统的以"改"为主导思想的文化观。

（一）主张"斗争"的文化观

《伽萨》言："此人（盖古什塔斯布国王）以阿希的力量，在伪信者的邻国

(传播正教),使其面貌(焕然一新)。"(3·50·3)意谓正教已传播于异国,且真正起到移风易俗的教化众生等作用。《亚斯纳》进一步指出,"凡在这个家庭、这个村社、这座城市和这片国土为非作歹之人,(要)改变他的习性"(9·28),诗中"改变他的习性",明确指出改变的是人的习惯与个性,亦即改变其风俗习惯,其基本方法就是说教。则至迟在阿契美尼德王朝时期,正教具有教化作用已成为琐罗亚斯德教的共识。考察该教经典还有表达形体变化的"化"一语,如《亚什特》的巴赫拉姆,十次"化作"不同形体示意琐罗亚斯德(14·1·2-14·10·27),则该"化"的形体变化含义,不同于代表教化意义的"改变"之变化,其中的"改"主要涉及风俗的变化。琐罗亚斯德关于"改"思想的诠释,概有内改与外改之别。内改主要指境内的教化,外改则主要指对境外国家以及人类的风俗习惯等的改造,琐罗亚斯德分别给予方法及价值等的系统说明。

1. 表现在"改"的对象与标准

琐罗亚斯德根据改革伊朗传统宗教的现实,指出"我将引导人们皈依正教,为此而竭尽全力"(《伽萨》1·28·4),明确提出改造对象的问题,并规范了改造标准。

"改"的对象。概括该教经典,"改"的对象可分为能改者、可改者与不可改者三类。其中的能改者,主要指具有理想人格特征的社会成员,其代表有古什塔斯布、琐罗亚斯德之父与子、妻与女、婿与表弟以及突朗国的弗里扬家族等,他们皆于自改的同时改造他人与社会,而古什塔斯布王更因凯扬王朝信奉琐罗亚斯德教而一新了其王国的面貌。

可改者,主要指通过说教,使其彻底改变恶的本性,成为性善之人。《伽萨》言:

(我)将把破坏分子和魔鬼崇拜者引上正途,皈依正教。

诗中的"破坏分子和魔鬼崇拜者",则是可改者。此外,还有"误入歧途者"等。

不可改者,则指不接受善良宗教的说教者。《伽萨》言:

班德瓦就是我前进路上的绊脚石。(虚伪的教唆者)违背真诚,无心靠近塞潘达尔马兹,压根儿不想向巴赫曼讨教。(3·49·2)

诗中明确指出班德瓦"无心靠近""不想讨教",意谓其主观上不接受正教,所以是不可改者;杜斯特哈赫则注释"班德瓦"是信奉迪弗教的国君,是琐罗亚斯德及其宗教的宿敌之一。该教经典将不可教者分为境内外两类，境内主要有班德瓦、"嗜血成性的伪信者"（《伽萨》3·48·11）以及仇视正教的"亡命之徒"（《伽萨》2·43·14）；境外则是突朗人与凯雷萨尼等，后者明确规定"从此以后，严禁宗教首领在我的国土上传教"（《亚斯纳》9·24）。

"改"的标准。《伽萨》言：

> （我正引导善思的人们）皈依正教，走向真诚。（2·44·9）（终审日之际）与真诚相融合的灵魂将享有最高的奖赏。（2·49·9）

诗中指出要通过传教使人们变成"真诚"的人；只有"真诚"者才能获得理想人生，是能改和可改之人。则"真诚"是衡量"改"的标准，否则便是"伪信"。于琐罗亚斯德而言，"真诚"作为阿胡拉神的代表，既是其宗旨，也是衡量是否真正信仰正教亦即是否"改"的基本标准。

2. 表现在"改"的方法与目的

为了传播正教，琐罗亚斯德还提出了系列"改"的方法，涵盖内改与外改两类。其内改的方法主要指改变境内风习的方法，概有说教、规范和斗争等三类。主要表现在：

> 世上最宝贵的东西，是虔诚者的说教。（《伽萨》1·32·16）
> （马兹达奖赏赐予）学习他的善良宗教的教规并身体力行的人们。（同上，5·53·1）
> 我将（与所有我的追随者一起）迎战仇视你宗教的亡命之徒，为击败他们而努力奋斗。（2·43·14）

《伽萨》显示，琐罗亚斯德明确提出通过"说教""教规"以及与恶势力斗争等系列方法，力促正教的传播；其后的篇章对此复沓不已，对"教规"则特设专卷阐释，以规范教化众民。

其外改法，则主要指对境内外的异质文化的改变，有传播、保护和战争等。如《伽萨》记载的保护突朗国并传播该教的弗里扬家族（2·46·12）、号召"世民百姓"参加驱逐"伪信者"的战斗等。（1·31·18）其中：

> （阿娜希塔）使我一马当先，驰骋疆场，冲锋陷阵；当邪恶的敌军纵马杀来时，我（和我的战友）不致受困。（《伽萨》5·13·50）

诗中形象地阐述了战争式外改法的施行，通常用于异质文化传播的过程中。琐罗亚斯德还明确阐述了"改"的目的。他向马兹达明确提出了"正直而虔诚,并拥有广袤良田和美好家庭的国家将何时出现"(《伽萨》3·48·11)的质疑,意谓所有对人、社会、国家以至于人类的风习改革,其目的只为实现理想的现实生活。

3. 表现在"改"的意义

琐罗亚斯德教经典,还系统阐述了"改"的意义。其中,于个人,通过接受善教、"改变习性",以利于最终实现个人的理想人生;于国家社会的整体,则通过传播正教与移风易俗,以利于实现拥有美好生活的现实化理想社会。

(二)渊源

琐罗亚斯德正教对伊朗传统宗教的改革,与伊朗雅利安人文化有着客观传承关系。其中,通过人的善性教育,改变其恶的习性,以拥有美好生活的文化观念,可溯源至印伊雅利安人共同体时期的"善恶二元"理念。

琐罗亚斯德文化观涵盖了神人关系论、社会组织论、人生选择论以及文化风习等丰富而深刻的思想,还明显受到外来文化的影响。考察伊朗前的中西亚文化圈,曾经是美索不达米亚与巴比伦文明的先后入主时期,琐罗亚斯德客观被其影响。赫尔曼教授对此给予系统阐述,认为"即使在公元前539年波斯人征服巴比伦之前,美索不达米亚文明已经对米底人和波斯人都产生了极大的影响,这种影响部分是通过伊朗文化圈的边缘族群产生的,如生活在波斯人中的埃兰人",并指出了对艺术、天文和数学等科学以及宗教、君主地位观、行政管理、经济乃至社会组织等方面的具体影响,①从伊朗文化圈的历史发展角度,明确指出了伊朗文化所受的外来文化影响。

综合而言,琐罗亚斯德文化观的形成,还源于美索不达米亚与巴比伦等文明的外来文化影响。

二、伊朗文化中心论

伊朗文化中心论是琐罗亚斯德文化观的重要内容之一,大致涵盖伊朗中心论、独尊阿胡拉·马兹达一神和以斗争形式解决不化问题等方面。

(一)伊朗中心论

伊朗中心论是琐罗亚斯德教经典始终演绎的基本思想。虽然经典中有世界

---

① 参见[德]J.赫尔曼、[荷兰]许理和主编:《人类文明史》(第3卷),中文版编译委员会译,南京:译林出版社2014年版,第109页。

是由 16 个抑或 17 个国家组成说,但"七个国家"说已成为固定话语,表达了以伊朗为中心的理念。初步统计杜斯特哈赫的选编本,前后至少十四见。该话语最早见于《伽萨》的"第七个国家"说(1·32·3),主要用于《亚什特》卷,其模式化的叙词,象征着伊朗文化中心的理念已被成熟运用。如:

> (梅赫尔)为传播正教,他四海为家(足迹遍布)地面上的七个国家。(10·16·64)

诗中确言世界由"七个国家"组成,而琐罗亚斯德教已传至整个世界。杜斯特哈赫注释:"以古人之见,世界被划分为七个国家或地区。据阿布·曼苏尔的《王书》序言和其他文献记载,伊朗是第七个国家",赫瓦尼拉萨(Khva-niratha)位于中央,是伊朗人的居住地。① 则伊朗中心论,充分体现了琐罗亚斯德伊朗文化中心的观念。

(二) 独尊一神论

琐罗亚斯德认为阿胡拉创造了世界的一切,包括其他善神;主张独尊阿胡拉·马兹达一神,余善神为其助手。《伽萨》明确指出马兹达"是斯潘德·迈纽纯洁的父亲",象征马兹达具有独尊的地位。扎林库伯据此认为,善元斯潘德·迈纽与恶元安格拉·迈纽(阿赫曼)都是阿胡拉·马兹达创造的,② 意谓阿胡拉一神独尊。

阿胡拉神的一神独尊,象征琐罗亚斯德教的独尊;琐罗亚斯德教作为伊朗文化的代表,其独尊的文化观念客观上蕴涵了琐罗亚斯德关于伊朗文化在世界文化中处于中心地位的文化思想。

(三) 以斗争形式解决不改者的问题

琐罗亚斯德基于"善恶二元"的本原论,将当时的现实社会划分为真诚善良与虚伪邪恶相互对立斗争的两大势力和派别,明确指出"班德瓦"与"伪信者"是拒不改变其虚伪邪恶本性的人,必须用斗争的形式予以解决。《伽萨》言:

> (长久以来)班德瓦就是我前进路上的绊脚石。(3·49·2)

---

① 参见 [伊朗] 贾利尔·杜斯特哈赫选编:《阿维斯塔——琐罗亚斯德教圣书》,元文琪译,北京:商务印书馆 2005 年版,第 21 页、第 169 页。
② 参见 [伊朗] 阿卜杜勒·侯赛因·扎林库伯:《波斯帝国史》,张鸿年译,北京:昆仑出版社 2013 年版,第 50 页。

让(班德瓦)死无葬身之地。(同上,1)

我将阻止(人们)与伪信者同流合污。(3·49·3)

诗中显示的琐罗亚斯德对"班德瓦"与"伪信者"的坚决斗争,是其斗争思想的充分体现。

三、琐罗亚斯德文化观的影响

琐罗亚斯德的文化观对境内外文化产生了重要影响。

(一)对伊朗的宗教礼仪文化产生重要影响

琐罗亚斯德的文化观首先影响了伊朗的宗教礼仪生活。表现在《伽萨》中,明确反对喝豪麻酒,禁止血祭等;《亚斯纳》则出现了对胡姆的颂赞。比较之下,说明琐罗亚斯德生活时期,他关于礼仪文化的思想确实在当时起到了移风易俗的作用,学界对此普遍有系统的说明,恕不赘言。

另外,密特拉虽然又进入《亚斯纳》以后的诗卷,但已经不像《伽萨》时期,是承受血祭的神,① 从而体现了琐罗亚斯德正教,在琐罗亚斯德以后,不同程度地对伊朗民族风习产生了重要影响。

(二)影响了犹太与基督教文化

琐罗亚斯德关于"终日审判"等信念,影响了犹太和基督教文化。扎林库伯教授认为该信念首先在古什塔斯布的治地巴尔赫地区传播,从惩恶劝善的角度说,对凯扬王朝有一定改变社会风习的作用;杜兰特指出,在波斯占领巴勒斯坦期间该信念传入犹太,并影响了犹太神学中的《末世论》;阿德勒认为,该信念经犹太信仰,进入基督教信仰。②

综合而言,琐罗亚斯德的文化观,已影响到犹太民族居住地与基督教流行区域等区域的文化。

---

① 参见〔伊朗〕阿卜杜勒·侯赛因·扎林库伯:《波斯帝国史》,张鸿年译,北京:昆仑出版社2013年版,第51页。

② 参见〔伊朗〕阿卜杜勒·侯赛因·扎林库伯:《波斯帝国史》,张鸿年译,北京:昆仑出版社2013年版,第18页;〔美〕威尔·杜兰特:《世界文明史》(第1卷),台湾幼狮文化译,北京:华夏出版社2009年版,第271页;〔美〕菲利普·J.阿德勒、兰德尔·L.波韦尔斯:《世界文明史》(上卷),林骧华、庄彩云等译,上海:上海社会科学院出版社2012年版,第63页、第64页。

第三节　《荀子》与琐罗亚斯德文化观的影响

《荀子》与琐罗亚斯德的文化观，在中西方产生了重要影响，形成了东西方迥然不同的文化体系，推动了琐罗亚斯德教在华传播的发展。

一、形成了二者迥异的文化观

《荀子》与琐罗亚斯德基于不同的人性理论，通过阐述"善恶二元"的文化作用，形成了二者迥异的文化观，主要体现在文化内容、目的、方法与宗旨等方面。

（一）二者的文化内容不同

《荀子》与琐罗亚斯德，虽然皆将各自所在国家的社会文化状态，给予类别化的分析，但具体内容却各有不同。《荀子》基于"化性起伪"的理论，建立了以"化"为中心的相对系统的文化体系，主要涵盖"化"的对象、方法和意义等方面；其中"化"的含义，主要指教化，即通过礼义道德教育等主体自身的修养，使个人、社会、国家及天下普遍达到教化的至境。

琐罗亚斯德基于"改变人的习性"理论，建立了以"改"为中心的文化内容，主要涵盖"改"的对象、方法与意义等方面；其中"改"的含义，主要借斗争法的改变，即通过祭司等代表的客体宣善与严格的教规，彻底改变个人、社会与国家的面貌，以达到理想状态。

综合而论，二者皆涉及关于"变化"的理论。苏格拉底说："如果一件事物改变它的原来形态，这改变只有两种可能，不是由自变，就是由他变。"① 这意味着任何事物的变化，皆由内外因素的作用。据此前者之"化"论，重在受体的自觉，属"自变"；后者之"改"论，侧重受体的外在规范，是"他变"。二者的文化内容，有自变与他变的本质性差别。

（二）二者的文化目的不同

《荀子》与琐罗亚斯德，虽已形成相对系统的文化思想，但其文化目的不同。前者以建立中国文化为中心的文化体系为目的，兼收并蓄异质文化；后者

---

① ［希腊］柏拉图：《文艺对话集》，朱光潜译，北京：人民文学出版社1963年版，第28页。

则是伊朗文化中心的建立者,以消灭异质文化为前提。

综合而论,二者的文化目的有中国文化中心论与伊朗文化中心论的差别。他们各以本民族文化为中心的现象,通常为学界称作"我族中心主义"者,意谓一般民族或文化单位对自己的风俗、习惯、制度、文物、传统、生活方式、价值观念和文化理想,当其继续发挥功能时,总是有意无意持爱护的态度。① 综合而论,虽然二者的文化目的属于文化发展的自然现象,原无可厚非,但伊朗的消灭说应该逊于中国的"和谐"论。

(三) 二者的文化方法不同

《荀子》与琐罗亚斯德,基于文化内容与目的的不同,其文化方法亦不同。前者提出"化性起伪"法,侧重"自变",明确提出"羞与之斗"的王道思想(《仲尼篇》);其检验的标准是"君子"人格。后者则倡导"改变人的习性"法,重视"他变",明确主张以斗争形式征服世界;其检验的标准是获得选择"善元"条件下的"来生"。

综合而论,虽然二者皆强调真诚在个人修行中的作用,但在自律与他律等方法上存在差别。

(四) 二者的文化宗旨不同

《荀子》与琐罗亚斯德,皆欲建立思想大一统的世界,但其根本宗旨不同。前者旨在建立一个以中国文化为中心、各异质文化并存的和谐统一世界,其中的异质文化主要靠自变法。后者则意在建立一个唯伊朗文化独尊的和平一同的世界,其方法侧重他变。其中的"和""同"差别,《国语·郑语》已给予辩证唯物角度的阐释:

> 夫和实生物,同则不继。以他平他谓之和,故能丰长而物归之;若以同裨同,尽乃弃矣。故先王以土与金木水火杂,以成百物……声一无听,物一无文,味一无果,物一不讲。

文中通过形象的比喻,明确提出"和"则生物、"同"则灭万物的科学思想。在文化宗旨问题上,这意味着和谐统一的社会可长存,而独尊一同的世界终将衰微。琐罗亚斯德教的发展历史与目前的存在状态,亦侧面说明了独尊论失于科学。

---

① 参见殷海光:《中国文化的展望》,北京:中国和平出版社1988年版,第120—121页。

二、构建了东西方迥异的文化体系

《荀子》与琐罗亚斯德的文化观,对后世产生了重要影响,进而形成了东西方迥异的文化体系。其中,琐罗亚斯德的文化观,主要源于伊朗雅利安人传统的宗教思想,重视对阿胡拉·马兹达一神的崇拜,主张通过传播正教,改变社会风习,建立和平统一的世界。受地缘文化及军事征服等影响,琐罗亚斯德的文化思想影响了当时亚、欧、非三大洲文化,在西亚一时出现了以伊朗为中心的"伊朗文化圈",形成了以阿胡拉·马兹达一神崇拜为中心的伊朗文化体系。

《荀子》的文化观主要源自儒家,重视礼义道德修养,主张通过教化建立和谐统一的世界。基于地缘、种族及文化等原因,《荀子》等儒家文化思想,影响了东亚的国家、民族及地区,形成了以中国为中心的"汉字文化圈",构建了以儒家礼文化为中心的中国文化体系。

《荀子》与琐罗亚斯德关于文化中心论的思想,开世界文化史上文化起源问题研究之先河,此后形成了"世界文化一源论"与"世界文化多源论"之争。发展至今,学界已形成系统的"世界文化多源论"思想。学界对此通常以世界上最早的几大原生文化为代表,冯天瑜先生概括有"三大文明"(近东、东亚与中南美文明)、"四大文明"(埃及、巴比伦、印度与中国)、"六大文化区"(西亚、埃及、印度、中国、墨西哥与秘鲁)、"七大母文化"(埃及、苏美尔、米诺斯、玛雅、安第斯、哈拉巴与中国)以及斯宾格勒的"八个文明中心"和汤因比的"二十六个文明中心"等多种说法。① 文化学界根据诸多原生文化发展轨迹的特征,将其分为"突破性文化"与"连续性文化"两类,而中国是唯一没有中断其发展轨迹的"连续性文化"类型。考察中国历史,无论是汉族人执政,还是异族入主,中华民族皆以自身固有的文化体系,通过教化等方法,维持了一以贯之的中华文化传统。从《史记》到《清史稿》所体现完整的"史的统序",成为世界文化发展史上一道亮丽的风景,充分彰显了中国文化体系特有的绵延悠久的生命力。

三、推动了琐罗亚斯德教的华化发展

《荀子》与琐罗亚斯德的文化观,皆涵盖了关于琐罗亚斯德教对外传播的思想。其中,琐罗亚斯德积极主张境外传播,并提出用"斗争"甚至武力的方法,

---

① 参见冯天瑜、任放、杨华主编:《中国文化史》,北京:高等教育出版社2005年版,第23页。

"扩大生存空间"等思想颇多扩张的意味；《荀子》则主张允许琐罗亚斯德教在华传播，但需要学习中国的礼义道德等，接受中国文化的"教化"。二者对于该教在华传播的规范，客观上推动了其在华传播的发展。若说《荀子》前琐罗亚斯德教的在华传播，尚且处于混乱无序的状态；《荀子》以后则为有系统的组织与明确规范下的有序进行。主要表现在琐罗亚斯德教在华传播教派的分流和在华传播的组织化管理等方面。

（一）琐罗亚斯德教在华传播的教派发生分流

《左传》"僖公传十九年"有人祭和"淫昏之鬼"的记载，杜预注曰"非周社故"①，说明"淫昏之鬼"指的是祭祀。其中"淫"通常指淫祀，即不在周朝祀典；"昏"指黄昏，"鬼"指鬼族，是异族。综合而言，指鬼族于黄昏时进行的不在周朝祀典里的祭祀。奥姆斯特德指出，前琐罗亚斯德教有"夜间祭祀密特拉和献祭家畜"的宗教习惯。②假设"淫昏之鬼"主要指前琐罗亚斯德教亦即祆教时期的夜祀密特拉神，则琐罗亚斯德教于春秋时已传入中国；假若不是，学界关于人祭制度源于祆教的观点，也已证明该教的传入。

荀书显示，在荀子时代，琐罗亚斯德正教已传入。根据荀书教化祆教、严格反对不化的琐罗亚斯德的情况，则琐罗亚斯德教的不化，应至少代表了琐罗亚斯德教的"斗争"思想与《荀子》的"教化"思想于该教在华传播时发生的强烈碰撞和产生的尖锐矛盾。其中"鬼琐逃之"的观点，则意谓其时在华的琐罗亚斯德教派，已发生分流。考古发现表明，新疆地区的琐罗亚斯德家族或弟子派应属于该教的正宗，其中有的属于离开中原的部分；留居中原的则多属于祆教派，学界通常认为是粟特版的。

（二）琐罗亚斯德教在华传播的组织化管理

《荀子》以后，琐罗亚斯德教在华的传播，多以有序传播为主要特征。汉武帝以后，该教在华的传播，除了商贸群体的部分，多直接由朝廷负责管理往来事宜；隋唐时期，是该教在华传播的鼎盛时期，朝廷为此设立专门的中央管理机构；宋以后，管理逐渐由朝廷转向地方，直至其最终华化为普通的祭祀门类时，皆运行于组织化管理的有序状态。

---

① ［西晋］杜预：《春秋左传正义》，见［清］阮元：《十三经注疏》（下册），上海：上海古籍出版社1997年版，第1810页。
② 参见［美］A.T.奥姆斯特德：《波斯帝国史》，李铁匠、顾国梅译，上海：上海三联书店2017年版，第132页。

综合以上论述,《荀子》与琐罗亚斯德的文化观直接推动了琐罗亚斯德教在华由自在状态的传播,向有序化方向发展的特点,从而体现了《荀子》关于异质文化和谐统一的文化思想所具有的理论价值与实践意义。

第九章

《荀子》与琐罗亚斯德思想的意义

《荀子》与琐罗亚斯德,通过对天人关系、善恶观、社会观、人生观以及文化观等方面的诠释,形成各自丰富而系统的思想体系,对中西方思想的发展产生了重要影响。其中,二者关于人类"整体的存在、自身和自身的限度"等涉及人生、社会、国家及人类命运等根本性问题的思想,具有深刻而长远的现实性与普世性意义,既代表轴心时代思想家对自身命运等问题的思考,又开启了世界思想史上关注人类终极命运问题研究的传统。古代欧洲,通常以文艺复兴时期莎士比亚的剧作《哈姆雷特》为代表,主人公提出的"生存还是毁灭"等人生命运问题,既代表当时思想界对人类命运的关怀,亦成为后世学界致力于探讨的共同论题。目前,英国人工智能方向博士乔治·扎卡达基斯的《人类的终极命运》(2017年)一书,再度对第四次工业革命浪潮中的人类命运等问题给予深刻反思。古代中国,应以欧阳修的"先天下之忧而忧"等思想为代表,其忧患人类命运的情怀演绎出当今中国对人类命运问题的高度关注。新世纪已迈入人工智能(AI)等先进科技时代的中国,则明确以"人类命运共同体"的思想理论,深刻影响着世界性的建设与发展,从而体现出《荀子》与琐罗亚斯德思想所具有的尊重"知识"与贤才、异质文化的有序交流和关心人类终极命运等元典精神的深远意义。

第一节 形成了尊重"知识"与贤才的新理念

在人类历史发生重要转型时的社会现实生活中,通常客观地产生丰富的新事物与新现象,相伴而生的是不断出现需要认识和接受的新知识与受众。《荀子》与琐罗亚斯德处于世界性转型的轴心时代,中西方社会发生了根本性的变化。面对频出的新知识和出现的新人物，二者多从拯救时弊的角度给予解释，从而形成了尊重"知识"与贤才的新理念。

一、《荀子》的"劝学"思想论

《荀子》基于"天人之分"论，认为人的职分应以实现自身的理想人生为目的，而通过学习知识、提高道德修养以成为"君子"类型的人，是主要方法。荀书因此提出了重视学习知识与敬重贤才等特有的"劝学"理论。

（一）重视学习知识

关于"知"的理论性认识，虽然较早见于《论语》的"知之为知之"论，但《荀子》首先给予了概念化的系统阐释。《正名篇》曰：

> 知之在人者，谓之知；知有所合，谓之智。智所以能之在人者，谓之能。

杨倞释"知之在人者谓在人之心有所知者"，意指"心有征知"的知道义，肖萐父先生认为这是人们形成认识的"第二阶段"，[①] 则文中首"知"为动词性的"知道"，次"知"为名词性的"知识"。杨倞释"知有所合谓所知能合于物"，最后的"能"指"才能"，则第三个"知"亦"知识"义，综合意谓能将知识用于指导客观实践；王先谦则称"遇物而形下"即为"智慧"之"智"。则荀书于首次三分"知"义的基础上，形成了系统的知识理论；又以《劝学篇》开卷，客观体现对学习知识的重视。《劝学篇》指出学习"始乎诵经，终乎读礼"。其中"经"指《诗》《书》《礼》《乐》《春秋》，而旨归于"礼"，荀书特以《礼论篇》系统讨论"礼"的系列问题，侧重说明"君子"理想人格的修成方法，首先体现了荀子对"经""礼"知识的重视。

概括荀书的知识范畴，主要涵盖道德修养类的社会知识和生活技能类的自然科学知识，荀书通常归类为士农工商等类。虽然《荀子》强调道德修养知识的学习，但亦重视自然科学知识。如《王制篇》的"序官"部分，集中介绍了当时的十五类官职的具体职任，其中：

> 宰爵知宾客祭祀飨食牺牲之牢数，司徒知百宗城廓立器之数，司马知师旅甲兵乘白之数……（论百工）工师之事也……使天下莫不顺比从服，

[①] 参见肖萐父、李锦全：《中国哲学史》（上册），北京：人民出版社1982年版，第215页。

天王之事也。

文中显示,上自治国平天下、下及琐屑的日常生活所需,各门类的职官皆须恪尽职守,所涉社会及自然科学知识,须无所不备,从而体现《荀子》对各类知识及学习知识的极其重视。在荀书,名词性知识之"知"通常与动词性的知道之"知"及"智慧"之"智"合三为一。

(二) 敬重贤才

《荀子》重视知识,亦敬重有知识的人,其主要代表是荀子系统的"尚贤使能"思想中的"贤"所指称的贤人。荀书重视有才学的贤人,体现了敬重贤才的思想。贤才在荀书中又可称作"材人"。如《君道篇》明确提出"材人"的概念,卢文弨释"王者因人之材而器使之之道也",意谓是为官之材。荀书将"材人"分为"官人使吏""士大夫官师"及"卿相辅佐"的"三材",认为做到八"知"且"尚贤使能"之材方为"卿相辅佐之材"。① 则荀书的能"材"未必能"贤",唯有"材""贤"兼备方为利国利民的堪用贤才。

荀书自《儒效篇》的"贤者"论、《富国篇》的"圣君贤相"论、《王霸篇》的"让贤"论、《正论篇》的"至贤畴四海"论至《君子篇》的"以世举贤"论,其"尚贤使能"思想体现在荀书各个方面,而"尚贤使能"一语,广泛见于《王制篇》《君道篇》《富国篇》及《君子篇》等,成为贯通荀书思想的关键话语之一,充分体现了敬重贤才的特征。荀书的贤才,上自周公、孔子等卿相大夫,下及王良、造夫等御者,不以身份地位,唯以知识与能力定尊卑,从而形成了尊重知识与贤才的新理念。

先秦重贤思想由来已久,《墨子》形成系统的《尚贤》思想,《荀子》进而发展为"材""贤"结合的"尚贤使能"理论。若说墨家的"尚贤"是为"世卿世禄"制度服务,荀子则以鲜明的"以世举贤"新理念反对"世卿世禄"制,从而体现出其对传统理念的革新。

二、琐罗亚斯德的"识别"思想论

琐罗亚斯德基于天人合一的"善恶二元神"宗教思想,明确主张"选择"善神。由于该"选择"与人的最终归宿相关,所以规定信众首先要"识别"善

---

① [清]王先谦:《荀子集解》,见《诸子集成》(第2册),上海:上海书店1986年版,第162—163页。

恶二神,由此形成了该教的"识别"思想论。其中涵盖识别"善恶"事物与崇拜"贤哲"等思想。

(一) 主张"识别"善恶

客观事物的复杂性决定了人们须具备主客观条件以得到理想性"选择"。对此,琐罗亚斯德明确提出了"识别"善恶的理论,涵盖"识别"善恶二元神,以及与之相关的现实生活中一切涉及"善恶"的事物。其中的主观条件则应侧重于渊博的知识与全备的道德等。《伽萨》曰:

> 要清楚地识别两大宗教之间的对立。(1·30·2)
> 因为你们(世民百姓)自己不能识别和选择正途。(1·31·2)

诗中的"识",应建立在认识的基础上,而认识的前提通常在于掌握的知识,则重视知识是"识别"善恶事务的基本前提。为此,琐罗亚斯德教特别重视知识,举凡宗教教义及法规、天文地理及历法、数学、医学、哲学和自然社会及风习等知识,皆为该教经典载录以供信众学习。琐罗亚斯德个人则以身作则,例《伽萨》曰:

> 我祈求巴赫曼教会我种田,让我勤恳地务农。(亚斯纳·33·3)

诗中显示琐罗亚斯德对农业定居生活的渴望、躬耕农业的真诚及其对农业知识的执着追求。重视知识的思想,贯穿该教经典终始,其中《亚什特》的伊朗智者尤伊什塔回答了突朗对手的九十九道"难题",其中应包含社会及自然知识等,象征该教对知识的特别关注。

(二) 敬重"贤哲"

《亚斯纳》称琐罗亚斯德是"伊朗维杰的著名贤哲",体现了琐罗亚斯德教敬重贤人的思想。考察经典记载的贤人,主要有贤哲、英雄及文化类等。

贤哲,相较于贤人,更侧重"正教"类知识方面的掌握。经典记载通常除了琐罗亚斯德,还有尤伊什塔等智者、苏什扬特等"正教"的三位隐通先知、法拉舒什塔尔和贾马斯布等"贤哲"类人物。

英雄,表现在经典既记载了凯扬王朝的诸位国王,又重点表现了古什塔斯布国王、图斯及法里东等代表的于国有功之人。不同于《荀子》侧重社会历史的名望人物记载,琐罗亚斯德则体现了鲜明的英雄观念。

因此,突朗的弗里扬家族、琐罗亚斯德家族、斯皮塔曼家族以及琐罗亚斯图姆家族等，他们或有功于伊朗国家及民族，或有功于琐罗亚斯德教的发展，皆成为被颂赞的英雄。其中，古什塔斯布王则是身兼"英雄"与"贤哲"誉称的德艺双馨人物。

三、形成了二者尊重知识与敬重贤才的新理念

《荀子》与琐罗亚斯德基于天人关系理论的新诠释，对人在社会历史发展中的作用给予了新的认识，从而形成了尊重知识与敬重贤才的思想。其中，《论语》早出"知"论，墨书明确"尚贤"，孟书发展为"知性""知天"的认识论思想。《荀子》继承前典传统，将孟子唯心论范畴的"性""天"概念，转化为唯物论的"心欲""天体"等涉及社会与自然科学的知识理论，从而形成了尊重知识与敬重贤才的新理念。《史记》以后历代沿袭发展，如司马迁的《货殖列传》变传统的重农抑商观念而为商人立传，其纪史理念的新变，应受到荀书重知尚贤新理念的影响。迄今，已发展为"科学技术是第一生产力"思想指导下的新世纪创新化为主的新知识理念。

琐罗亚斯德的重知尚贤，应源于古老"亚玛"时代的盛衰史鉴，此后直至《亚什特》时代颂赞的"智者"及英雄，形成了该教一脉相承的重知尚贤传统。希腊世界对该教哲学、天文、医学及数学等社会与自然科学知识的全面介绍，客观体现该教尊重知识与贤才的新理念影响。培根的"知识权力"说，则体现了琐罗亚斯德尊重知识思想的影响。如：

> 除了知识同学问以外，尘世上再没有别的权力，可以在人的心灵同灵魂内，在他们的认识内、想象内、信仰内，建立起王位来。

文中明确将"知识"与"权力"等同，意谓二者具有在"精神王国"里的互换性，从而体现其系统的知识论中蕴含的意志自由等启蒙精神，与该教"选择"的意志自由思想如出一辙。

第二节 成为异质文化在华有序交流理论研究的新的里程碑

《荀子》与琐罗亚斯德明确提出异质文化的有序传播等问题，但琐罗亚斯德基于一神信仰及其斗争法则，对异质文化的不变者主要采取消灭的方法等，经历史实践证明逊于《荀子》的异质文化和谐交流论。《荀子》基于"明分使

群"与"性恶"等思想,提出"化性起伪"的理论,对在华异质文化的"不化"者,主张通过协调以和谐解决的方法,客观推动异质文化在华的有序传播,从而成为异质文化在华有序交流理论研究的一座新的里程碑。

一、异质文化在华有序交流理论的研究及其渊源

《荀子》基于鲜明的文化观等思想,通过与琐罗亚斯德教等异质文化及其思想的交流,对在华的异质文化有序交流等问题予以系统研究,形成了明确的异质文化在华有序交流理论。

(一) 异质文化在华有序交流理论的研究

异质文化之间,客观存在着差异或相互矛盾的方面,《荀子》与琐罗亚斯德对此给予不同的解决方法。《伽萨》明确指出,境内对异教的改变采用"战斗"的形式,"将(伪信者)赶出自己的家园";境外的善神传播有出于"扩大生存空间"(2·46·12)的目的,则其对突朗等异国的宗教传播客观上带有宗教扩张性质,其改变方法通常是"战争"。综合而言,以"斗争"的方法解决异质文化矛盾,是琐罗亚斯德思想的一大特点。

《荀子》则倡导"化性起伪"的方法,主张对境内异族进行教化,主要通过学习礼义道德等教育方法,其使"嵬琐逃之"而勿灭之的方法,相较于琐罗亚斯德的"战斗"驱逐法,无疑达到了"教化"的至高境界;对于境外异质文化间的矛盾,则主张"节威反文""益地不如益信"(《强国篇》)等文化方法。言中的"威"对偶于"文",意谓节制威武而倡导文化,扩张空间不如传播诚信文化,则其方法侧重于"端诚信"等礼义道德思想的内容传播。综合而言,通过礼义道德的"教化"方法解决异质文化矛盾,是荀书的一大特点。

《荀子》还提出了异质文化在华的有序交流思想。荀子认为,节制威武不意味异质文化可任意在华进行无序传播,而必须遵守中国的礼仪法则。以对异族的命名为例,《荀子》要求须按照中国的命名法。《正名篇》曰:

> 散名之加于万物者,则从诸夏之成俗曲期,远方异俗之乡,则因之而为通。

王先谦明确指出,"所谓名从中国是也";杨倞曰:"远方异俗名之乖异者,则因其所名,遂以为通而不改作也。"意谓对异族的命名,或按中国规范给予意译,或按中国语言予以音译,二者皆须遵守中国的制名原则,从而体现了《荀子》关于异质文化在华的有序交流思想。唐宋间的学界,仍沿袭旧制最早音译

琐罗亚斯德一名为"苏鲁支"。

综合二者的异质文化交流思想,《荀子》不以武力的有序交流思想的先进性,不言而喻。

(二) 异质文化在华有序交流理论的渊源

《荀子》的异质文化有序交流思想,应源于异质文化在华的经久传播。甲骨文有"鬼方易"的记载,① 其"鬼方"主要指中国西北境的少数民族,则异质文化至迟于商代末年已进入中原。周以后,已形成了异质文化交流的理论性研究,如《尚书·周书·旅獒》曰:

> 不贵异物,犬马非其土性不畜,珍禽异兽不育于国。不宝远物,则远人格;所宝惟贤,则迩人安。

孔安国传曰"(獒)西戎远国贡大犬",认为该文为召公作;孔颖达正义曰"西方之戎有国名旅"。《旅獒》记载了召公明确提出的周朝与异国的交流原则,特别是对当时旅国所献异物之事,给予了国家政治高度的规范,即贵贤人贱异物以使异国顺服,国人安定。则至迟于周朝初年,已形成相对系统的异质文化交流理论。

春秋战国时期,这一思想进而发展为不以武力而专修"文德"的交流思想。《论语》曰:

> 故远人不服,则修文德以来之。既来之,则安之。

朱熹注曰:"内治修,然后远人服。有不服,则修德以来之,亦不当勤兵于远";杨伯峻先生说:"远方的人还不归服,便再修仁义礼乐的政教来招致他们。他们来了,就得使他们安心。"② 古今学界皆指出在华的异质文化交流中,不以武力的思想。该思想在《国语·周语》中被发展到极致,书中有"荒服者王"的"终王"礼仪,指远方蕃国只行终世一见即位之王的礼节。按先王祖训,"有不王则修德",发其文书"告不王";但是:

> 有文告之辞,布令陈辞,而又不至,则增修于德,而无勤民于远。是以近无不听,远无不服。③

---

① 参见郭沫若主编:《甲骨文合集》,第4册第1期.北京:中华书局1979年版,第1263页。
② [南宋]朱熹:《四书章句集注》,北京:中华书局1983年版,第170页;杨伯峻:《论语译注》,北京:中华书局1980年版,第87页。
③ [三国]韦昭:《国语》,上海:上海书店1987年版,第2—3页。

文中确言为了使异质文化顺服,宁可多次修治自身"文德"而不动用武力。义通《论语》。

《荀子》继承了传统的"修文德"思想,并明确提出了"前行素修"的"仁义之兵"说(《议兵篇》),认为通过修善德可达到"兵不血刃,远迩来服"等交流目的,使异质文化等"所存者神,所过者化"。《荀子》的有序化交流理论,明确阐释了虽然不以武力但不意味着不遵守中国的礼义规范等异质文化交流思想,从而推动了先秦异质文化交流理论研究的根本性发展。

二、"和"与"同"思想的演绎

"和"与"同"的思想,通常指处理人与自然、人与社会、人与人以及人与自身等关系的方法,这里则指异质文化关系的处理方面。虽然该思想较早见于春秋以前的文献,但《论语》较早地阐述了二者的关系:

> 有子曰:"礼之用,和为贵。"(《学而篇》)
> 子曰:"君子和而不同,小人同而不和。"(《子路篇》)

文中的前"和",《礼记·中庸》释义作"(喜怒哀乐)发而皆中节谓之和",杨遇夫先生释作"恰当"。杨伯峻先生释后二"和"作"如五味的调和,八音的和谐",则"和"主要指"调和""和谐"义;"同"则作"附和"义。① 概括而言,《论语》崇尚"和",并从伦理学角度演绎了"和"与"同"的相对应关系理论。

《国语·郑语》将《论语》"和""同"关系的研究,扩展为客观事物的基本原理。曰:

> 和实生物,同则不继。以他平他谓之和,故能丰长,而物归之;若以同裨同,尽乃弃矣。

文中明确尚"和",亦指出"和"与"同"是相互对立的关系;然而对于二者关系,在前人基础上,则给予了逻辑学角度的界定。该文随后出现的"先王聘后于异姓",应是从"同则不继"的人类学角度,阐释"和"与"同"的思想,客观表达了对人类整体命运的关怀。荀子则将演绎的前代"和""同"理论,用于异质文化的交流理论研究。

《劝学篇》首见荀子"和"的思想,文中指出"乐之中和也",意谓"乐

---

① 参见杨伯峻:《论语译注》,北京:中华书局1980年版,第8页、第142页。

经"有"使人得中和悦"的作用。① 此后,"和"作为《荀子》的重要思想,反复出现于不同的诠释内容中。《富国篇》曰:"上失天时,下失地利,中失人和",则"人和"是"天人之分"关系中指导人的职分的基本思想,其中的"和"义当指和谐;在"明分使群"思想中,则具有和合社会群体的意义,如《王制篇》对"人何以能群"的问题,明确提出"义以分则和,和则一"等"和群"思想。"和"的思想,亦体现于异质文化的交流中。《富国篇》曰:

> 万物同宇而异体,无宜而有用。为人,数也,人伦并处,同求而异道,同欲而异知。

文中的"万物",自然涵盖异质文化的分子;其中的"有用",当涵盖对异质文化存在的认可,包括"善"与"恶"的部分;杨倞注即曰:"伦,类也;并处,群居也","同求异道,谓或求为善,或求为恶"。② 总体意谓"同宇""同求""同欲"等的人类,可以共处。其中的共处原则,《荣辱篇》主要通过释义"人伦"给予规范,曰:

> 斩而齐,枉而顺,不同而一,夫是之谓人伦。

文中明确指出,当不同形体及习俗之人共处时,需要遵守"群居和一之道"(《荣辱篇》),即礼义之道。意谓"不同"的异质文化,只要"同求""同欲"并严守礼义之道,则可化"不同"而为统一和谐的共处。其中,"和"与"同"的关系已不再是对立的,而是在"和一之道"的前提下,以"和"为根本,演绎出既可"和而不同""和而同",又可"不同而和""不同而同"等诸多关系。由此可见,《荀子》在继承传统的"和同"关系论的同时,也已全方位地演绎出新的"和""同"思想,形成迥异于琐罗亚斯德"斗争"论的异质文化交流理论。

《富国篇》明确主张交流的有序性。如"先王明礼义以壹之","百姓之群,待之而后和……而化善者劝勉矣",荀子释义"壹"作"不以夫一害此一"(《解蔽篇》),王先谦释"夫犹彼也"③,则"壹"含有"彼"与"此"两面的有序存在。从异质文化角度论,"壹"涵指中国与异质文化两群;该句意味着异

---

① 参见[清]王先谦:《荀子集解》,见《诸子集成》(第2册),上海:上海书店1986年版,第7页。
② [清]王先谦:《荀子集解》,见《诸子集成》(第2册),上海:上海书店1986年版,第113页。
③ [清]王先谦:《荀子集解》,见《诸子集成》(第2册),上海:上海书店1986年版,第264页。

质文化通过先王的礼义之道，有序地"化而为善"（《富国篇》），从而使二者和谐统一于中国的礼义文化群。

《荀子》还强调"和"群的主动性。荀书认为"和"群并非自在的行为，还需群体的自觉作为。如《王制篇》明确提出"兼覆而调一之"的思想，按《荣辱篇》的释义，"血气刚强，则柔之以调和；知虑渐深，则一之以易良"，意谓教化过程需要先"调和"其本性，而后使其思想统一于礼义之道的修为。则"调一"之"调"，当指"调和"；该句意味着通过协调"不同"的异质文化，使其有序地"和一"于中国文化。其中侧重的是主体协调的主动性。

综合以上论述，荀子通过对"和"与"同"思想的系统阐述，明确侧重"调和"的思想，强调异质文化在华有序交流中，作为主体地位的人的主动性所起的重要作用。该思想既是《荀子》"天人之分"思想的体现，又表现出对儒家传统的"和""同"思想的演绎与超越。

三、成为异质文化在华有序交流理论研究的新的里程碑

《荀子》关于异质文化在华有序交流理论的研究，对后世关于异质文化在华有序交流及其理论研究的发展，皆产生了重要影响。

（一）对其后异质文化在华有序交流有一定的指导作用

汉武帝以后，历朝历代与异质文化的交流，多为自觉而友好的境外往来，汉有张骞与班超，南朝有法显，其中以唐代的玄奘最具代表性，充分体现了在王权制度下异质文化的有序交流。

境内则以异质文化管理组织的出现与发展为代表。唐宋朝祆教的"祆祝""祆正"等管理组织的兴起，客观上代表了当时琐罗亚斯德教在华有序交流的政治理论研究成果。晚清的洋务运动，则相对集中地体现了异质文化在华有序交流的理论方面研究。

（二）对该研究领域自觉而全面的发展有一定推动作用

《荀子》的异质文化在华的有序交流理论，推动了该研究领域自觉而全面的发展。在社会管理的理论研究方面，其易服色等在华的异质文化所必须遵守的礼制等，持续至清代末年。在史学方面，《史记》的《匈奴列传》首次将异质文化同列于中国文化，开此后异质文化在华交流的系统性理论研究之传统；《金史》《元史》等位列"二十四史"，更客观体现出该领域的研究，注重中国文化

与在华异质文化和谐交流的思想理论方面研究的特点。在文化风习等方面，则有北魏孝文帝改易汉俗等汉化政策、宋代以后琐罗亚斯德教的华化等。

综合而言，《荀子》成为异质文化在华有序交流理论研究的一座新的里程碑。

第三节　有利于人类对终极命运关怀的研究

当今异质文化有序交流理论的研究，主要体现在"人类命运共同体"思想的形成上。其中的"人类命运共同体"概念，作为阐释新型国际关系而被提出的政治概念，首见于2012年11月的中国共产党十八大报告，报告指出"要倡导人类命运共同体意识。在追求本国利益时兼顾他国合理关切，在谋求本国发展中促进各国共同发展"，意谓人类世界的全体成员于地球共有、各国同处时，必须建立命运与共的意识，坚持相互依存的国际权力观、共同利益观、可持续发展观和全球治理观等"人类命运共同体"的全球价值观，方可共度发展难关，互利共赢。作为一种思想意识，该理论至迟形成于轴心时代的思想家中。其中，《荀子》与琐罗亚斯德对人的生命以及人生、社会、国家与人类的命运、归宿等问题给予系统阐述，首开人类对终极命运关怀相对系统的研究传统，对中西方思想产生了重要影响，迄今已形成全球化的"人类命运共同体"思想共识。

一、人类终极命运关怀的研究及渊源

轴心时代的思想家，共同关注人类终极命运关怀的问题。《荀子》与琐罗亚斯德的思想分别涉及该问题的研究。

（一）琐罗亚斯德关于人类终极命运关怀的研究及发展渊源

琐罗亚斯德认为，虽然人的生命由天神创造，但决定人的终身命运的是人对"善恶"二元的"选择"，选择的正确与否是命运顺逆的关键。为了民众有正确选择，琐罗亚斯德特设命运之神阿希，专管人类命运；为保障正义性的命运，特别提出"末日审判"理论，形成了独一无二的"来生说"思想，从而体现出琐罗亚斯德对人类终极命运的关怀。

琐罗亚斯德后的西方思想界，形成了一脉相承的人类终极命运研究传统。柏拉图较早指出，为了培养儿童的"品德"，必须"严格禁止神和神战争，神和

神搏斗,神谋害神之类的故事",并对文艺作品的思想内容予以严格规范:"必须把随便就相争相斗看成最大的耻辱。巨人们的搏斗,以及神和英雄们与他们的亲友们争吵之类的故事都不准讲,也不准绘绣。"① 明确从影响儿童一生命运发展以及由此可能带来的对"城邦"及人类的影响角度,建立其"理想国"的思想理论,客观表达了对人类命运问题的关注。欧洲文艺复兴时期,莎士比亚通过《哈姆莱特》主人公命运的演绎,体现了对人生命运等问题的关注;米开朗琪罗则通过《末日审判》的雕塑,表达了对人类终极命运的关怀。此后,尼采的《查拉图斯特拉如是说》,借琐罗亚斯德预言家的身份,阐释了未来人类命运等问题;雨果则通过《悲惨世界》中的人物冉·阿让,成功塑造了一位从精神上拯救人类命运的主人公形象。直至21世纪,英国的乔治·扎卡达基斯博士在《人类的终极命运——从旧石器时代到人工智能的未来》一书中,系统阐述了第四次工业浪潮中日益发达的人工智能对人类生活带来的重大影响,从而穿越时空隧道,直接对接了轴心时代关于人类终极命运这一古老问题的研究。

(二)《荀子》关于人类终极命运关怀的研究及其发展渊源

中国对人类命运的关怀始于先秦,通常以"天下"的概念表达。"天下"一语较早见于《诗经·大雅·皇矣》。诗的第五章写文王伐密与阮国等史实,尾句"以笃于周祜,以对于天下",表达了福及天下的政治思想。其中,《朱传》释义"密"为宁州的密须氏,姞姓之国;"阮",泾州县的阮国。邵建君先生指出,密、阮二古国,皆位于今甘肃省境内,② 则西周初年的"天下"概念,空间上已涵盖东西方两大区域。冯天瑜先生认为,中国古代的"天下"观念,"指时人视野所及的全部空间。但在文化中心主义的意识下,古人的'天下'观尚不能视作全球意识",明确指出了今古"天下"意义之别;德国的罗哲海先生则认为,"天下"是周人融合"天"与商代的"上帝"概念而"衍生出一种扩及一切国度的普世概念","伦理学普遍性的种子即由此埋下,后来便在轴心时期注重平等的人类学说中萌芽滋长",③ 明确指出"天下"概念,已涵有现代意义上的"世界"义。

综合而言,学界明确指出了先秦的"天下"概念,包含东西方空间区域的

---

① [希腊]柏拉图:《文艺对话集》,朱光潜译,北京:华夏出版社2012年版,第24—25页。
② 参见任自斌:《诗经鉴赏辞典》,北京:河海大学出版社1989年版,第489页。
③ 参见冯天瑜、任放、杨华主编:《中国文化史》,北京:高等教育出版社2005年版,第22页;[德]罗哲海:《轴心时期的儒家伦理》,陈咏明、瞿德瑜译,郑州:大象出版社2009年版,第53页。

基本意义,其时儒家将之引入伦理学范畴。

《荀子》基于"天人之分"的思想,认为天下人作为同一类属,应统属一个整体,由此明确提出"一天下"(《王霸篇》)的政治思想,以及"明分使群""化性起伪"等修行方法,主张以尧舜的礼义之道,使天下通过教化而达到和平治理,从而体现其对人类命运问题的系统性关注。《君子篇》还通过《诗经·小雅·十月之交》的震后川谷山陵之自然灾变描写,提出"哀今之人,故惨莫惩"的问题,意谓人类应该通过惨重的自然灾难之变,反思自身的生存问题,初步涉及对人类终极命运的关怀。

《荀子》关于人类命运的思想,当源于先秦儒家传统。孔子有"天下有道,丘不与易"(《论语·微子》)的"天下"统一论;《孟子》有"老吾老,以及人之老;幼吾幼,以及人之幼;天下可运于掌"和"达则兼济天下"等"天下"共命运的思想等。《荀子》以后,形成了中国思想史上关注人类命运的传统,集结成欧阳修"先天下之忧而忧,后天下之乐而乐"(《岳阳楼记》)的忧乐观。清以后的中西文化激变,再度引发以康有为、章太炎、傅斯年、鲁迅、郭沫若以及严复等先生对人类命运的关注。章太炎先生继承荀子的"明分使群"思想,明确通过《菌说》等系列文章探讨人类社会存在的进化等问题,强调人类群体对环境的能动作用,以证明人们可依靠主体的努力与团结,获得国家与民族的御侮图存等,在客观上蕴涵着丰富而深刻的人类共同命运的理论思想。近现代,特别是二战后,学界对人类命运的思考,已转型为真正的全球性视阈。

(三) 新世纪人类命运共同体理论的正式运用

新世纪,马克思关于全世界无产者命运与共的思想,经中国共产党的发展,正式形成系统的"人类命运共同体"理论。十八大报告首次以"人类命运共同体"的概念阐释新型国际关系;十九大报告明确指出,"坚持和平发展道路,推动构建人类命运共同体",该理论已付诸实施,充分体现了党对"人类命运共同体"理论的自觉性发展。2018年3月11日,第十三届全国人民代表大会首次会议通过的宪法修正案,将宪法序言的相关内容修改为"发展同各国的外交关系和经济、文化交流,推动构建人类命运共同体",该理论正式写入《宪法》,成为国人共同遵守的推动国家发展的基本理念;2021年1月,《求是》杂志发表《共同构建人类命运共同体》一文,象征着该思想研究的理论、体系与学科化已进入普世性价值观研究序列。

国际社会对中国的"人类命运共同体"思想普遍给予关注与好评,2018年7月26日,南非总统拉马福萨在金砖会晤上明确提出"共同走向人类命运共同体更加光明的未来",象征该理念已走向世界;目前,"构建人类命运共同体"已被写入联合国决议,而《中国国家形象全球调查报告2019》,显示六成以上的海外受访者认可"人类命运共同体"理念对个人、国家与全球治理的积极意义,说明"人类命运共同体"的思想,已逐渐发展为世界化的新理念。

人类命运共同体的思想理论,深刻启示当今世界,必须充分认识到人类共有唯一的生存环境;"生存还是毁灭",已不是区域性、孤立的偶然循环的现象,而是全球性、相互联系的必然性问题;人类命运共同体的构建,是解决人类终极命运问题的可行性方法。

二、"一带一路"倡议

人类命运共同体理论的实践标志之一,是世界性的"一带一路"伟大工程建设。

(一)"一带一路"的含义

"一带一路",是"丝绸之路经济带"和"21世纪海上丝绸之路"的简称。其基本含义主要指依托中国与有关国家既有的双边、多边机制,借助既有的、行之有效的区域合作平台,借用古代丝绸之路的历史符号,以和平发展为宗旨,积极发展与沿线国家的经济合作伙伴关系,共同打造政治互信、经济融合、文化包容的利益共同体、命运共同体和责任共同体。其中,"丝绸之路经济带"战略,涵盖东南亚与东北亚经济整合,二者最终融合在一起,通向欧洲,形成欧亚大陆经济整合的大趋势;"21世纪海上丝绸之路经济带"战略,则从海上联通欧亚非三大陆,从而和"丝绸之路经济带"战略形成一个海上、陆地的闭环。

"一带一路"作为政治概念,首见于2013年11月的十八届三中全会,2017年10月写入《中国共产党章程》,2017年3月正式写入联合国决议。联合国秘书长古特雷斯表示,"一带一路"倡议与联合国《2030年可持续发展议程》都以可持续发展为目标,则前者还有助于后者的顺利实现。2017年5月14日至15日,第一届"一带一路"国际合作高峰论坛在北京成功举行。论坛以"加强国际合作,共建'一带一路',实现共赢发展"为主题,开启了"一带一路"世界性发展的新时代。

(二)思想渊源

"一带一路"的渊源由来已久。余太山先生认为最早始于希罗多德的《历史》记载的"草原丝绸之路",时间至迟于公元前5世纪左右。沈福伟先生记载了公元1世纪,希腊航海家在《厄立特里海环航记》一书描述的由马来半岛到达中国海的"海上丝绸之路"。① 作为专门术语的"丝绸之路",经考证,则首见于1877年德国地理学家李希霍芬(Richthofen F V)《中国》一书的"Seidenstrassen",汉译"丝绸之路";1910年,赫尔曼的《中国和叙利亚之间的丝绸古道》一书,从文献角度重新修正了李希霍芬的定义。二者皆侧重陆路的"丝绸之路"研究。当代研究"丝绸之路"的代表,当推学界广为关注的英国学者彼得·弗兰科潘的《丝绸之路:一部全新的世界史》一书,认为,"数千年来,连接着欧洲和太平洋、坐落在东西方之间的那块区域,才是地球运转的轴心","东西方之间的桥梁正是文明的交叉点","人类文明就是从这里诞生",② 而"这个蔓延四处的网络"就是"丝绸之路"。其定义,客观涵盖了陆路与海路两个方面。若说弗兰科潘之前的"丝绸之路"定义侧重于其贸易价值,弗兰科潘则将研究视阈转至其文明价值的学术性方面。

林梅村先生进一步定义"丝绸之路"为"古代和中世纪从黄河流域和长江流域,经印度、中亚、西亚连接北非和欧洲,以丝绸贸易为主要媒介的文化交流之路"③,对"丝绸之路"给予了切合其建设性发展的文化交流价值的界定。

新世纪,"一带一路"的工程建设,已在金融、交通及教育等方面陆续顺利竣工。目前,中国积极开展亚洲公路网、泛亚铁路网的规划和建设,并与中亚、南亚及东南亚国家开通主要公路、铁路与港口等通道。此外,油气管道、跨界桥梁、输电线路及光缆传输系统等基础设施建设已取得积极成果,从而为"一带一路"打下坚实的物质基础。总之,新世纪侧重以"一带一路"地带的贸易经济发展,带动其周边文化的交流和发展,加速推动中国经济和文化等的全面发展。在实现中华民族复兴之梦的同时,推动世界性经济和文化的发展交流,体现人类命运共同体的理想由理论到实践的圆满实现,从而客观将新世纪始于《荀子》与琐罗亚斯德时代的人类终极命运关怀的研究落到了实处。

三、人类终极命运关怀研究的影响

《荀子》与琐罗亚斯德等的轴心时代人类终极命运关怀的研究,对后世有重

---

① 参见余太山:《早期丝绸之路文献研究》,北京:商务印书馆2013年版,第6—7页;沈福伟:《中西文化交流史》,上海:上海人民出版社1985年版,第28页。
② [英]彼得·弗兰科潘:《丝绸之路:一部全新的世界史》,邵旭东、孙芳译,杭州:浙江大学出版社2016年版,前言第9页。
③ 林梅村:《丝绸之路考古十五讲》,北京:北京大学出版社2006年版,第2页、第4页。

要影响。

（一）形成了中西方泾渭分明的人类终极命运研究传统

人类解决存亡问题的方法，在西方出现了三类基本模式：第一，哈姆莱特式的自我毁灭方式；第二，托尔斯泰式的，通过个体道德的自我完善方式，形成自觉净化式的和平世界；第三，马克思提出的"全世界无产者"命运与共的斗争方式；第四，琐罗亚斯德宗教式的斗争方式。中国亦产生了四类基本模式：第一，孟子式的"穷则独善其身，达则兼济天下"（《白居易〈与元九书〉》）的方式；第二，杜甫式的"穷年忧黎元"的方式，意谓穷达皆兼济天下，表达了"诗圣"的理想情怀，形成了中国有志之士自觉探求人类命运的古今研究传统，体现了对孟子等儒家思想传统的发展；第三，荀子式的"制天命而用之"的方法；第四，中国共产党提出的人类命运共同体的方式。若说杜甫、荀子式的多侧重古代中国文化中心观念，立足于孤立的区域性地解决问题，而"人类命运共同体"的方式，则立足于世界文化中心视阈下的中国和世界各异质文化的发展论，谋求世界各国的相互联系与共同发展，从而彰显中国化的马克思主义思想特征，及其对世界各异质优秀文化的合理吸收等。

汤一介先生根据冯契先生的马克思主义中国化的问题理论，总结出中国文化前景有两个不同提法："一是新的中国文化（哲学）将沿着中国化的马克思主义发展；二是新的中国文化将会是吸收马克思主义和其他各民族优秀文化（哲学）的中国自身的文化（中国哲学）"，主张后者才是需要我们长期研究的、由中国传统文化源头发展而来的中国文化之"根"，明确指出人类命运共同体思想对人类终极命运关怀研究所具有的重要意义。[①]

（二）影响了世界历史的发展

人类终极命运关怀的思想，主要体现在对人的主体性、主动性与自觉性等方面的侧重及充分利用上。考察早期人类社会发展的重要转型时期，主要表现为以"人学"替代"神学"，从而变世界转型时期引发的无序危乱状态为有序的和平存在。如以人的主体性理论为指导，轴心时代的西方世界，顺利地将兼并后的各不同种族，统一为帝国模式下的生存方式，避免了因种族之争带来的西方世界毁灭性的命运；同期的中国则顺利地将兼并后的六国及异族统一为封建帝制模式，使中原避免了生灵涂炭的命运。近代以后的世界发展，主要表现

[①] 汤一介：《中国儒学史》（第1卷），北京：北京大学出版社2011年版，第64—65页。

为人类对自身认识的不断发展，其中以人的主动性理论为指导，文艺复兴以后的西方世界，将数次工业革命浪潮引发的人类异化等生存危机，化险为夷；唐以后的中国，则将数度异质文化冲击下的民族生存危机，依靠民族的主动性化解无虞。以人的自觉性理论为指导，二战及其后的世界，随着东西学不断自觉交融，也已形成鲜明的全球化意识，使人类的整体命运得以转危为安，顺利发展。

新世纪，已达成的人类命运共同体共识，目前也促成了世界性化解各种人类生存危机能力的发展，使人类化险为夷，从而彰显其不可估量的思想价值，充分体现了始于《荀子》和琐罗亚斯德时代的关于人类终极命运关怀的研究所产生的重要影响。

结　语

　　四大文明古国中，中国虽然是唯一一个绵延不断其发展文明的国家，但中国与其他文明间是否发生过交流、如何交流及其产生的影响等问题，至今稀有问津。学界通常根据《阿维斯塔》（又译《阿维斯陀》）经与印度《吠陀经》内容的诸多相似，认为二者同出于印伊雅利安人共同体时期；考察古印度佛教亦受到琐罗亚斯德教的影响，则《荀子》与琐罗亚斯德教发生的文化交流，间接说明《荀子》已与古印度文明发生了交流。虽然杜兰特考证，公元前532年居鲁士一世征服了巴比伦，公元前525年大流士一世征服了埃及，① 但古波斯与古巴比伦、古埃及的文化融合时间，当早于二者被征服的时间。因为古巴比伦文明主要源自西亚史前时期已出现的苏美尔文明，且与最早出现的史前古埃及文明共同孕育了其后西亚与非洲等文明的发展，② 则南迁至伊朗高原的伊朗雅利安人自始至终处于两大文明的影响中，琐罗亚斯德教亦应受其影响。由此可知，琐罗亚斯德思想客观上具有整合三大文明思想文化的特点，则《荀子》与琐罗亚斯德思想的交流，客观上代表着与古印度、古埃及、古巴比伦三大文明也已发生交流。

　　因此，《荀子》思想不仅是先秦思想的集大成，同时亦当首次整合了轴心时代象征世界人类文明的四大文明古国的思想。谭嗣同等明确指出，"二千年之学，荀学也"（《仁学篇》），则不仅中华文明是世界文明的仅存，而以《荀子》为代表的中国元典思想，亦应成为迄今为止世界上最早系统整合的人类思想结晶。概而论之，中国文明与其他三大文明之间，主要通过《荀子》与琐罗亚斯德思想之间的关系而发生了交流，其影响经亚洲而波及整个人类世界，其思想

---

① 参见［美］威尔·杜兰特：《世界文明史》（第1卷），台湾幼狮文化译，北京：华夏出版社2009年版，第285页。
② 参见［美］威尔·杜兰特：《世界文明史》（第1卷），台湾幼狮文化译，北京：华夏出版社2009年版，第238页。

结晶则是以《荀子》等为代表的中国元典思想。

经考证，琐罗亚斯德思想至迟于公元前4世纪传入中国，与中国文化发生交流的同时，在天人关系论、善恶观、社会观、人生观与文化观等思想方面，既迥异于同处轴心时代的《荀子》思想，又与《荀子》等诸子思想客观发生交流，并对《荀子》思想产生重要影响。

在天人关系的理论方面，《荀子》主张"天人之分"，认为"天"与人各有职分，其中的"天"是自然之天，天与人都是自然界的组成部分。人在自然界中不仅有独立存在的条件与价值，对自然界亦有主观能动的裁制作用。《荀子》的天人关系论在中国思想史上，既首次确立了人在天人关系中所具有的真正独立地位，又针对人的位置、发展向度、面对的生存问题及其解决办法等具体问题，给予目的论与价值观等层面的系统诠释。《荀子》充分肯定人的主动性，主张人类应该充分利用自然规律，维护人类的生存，因此建立了以人为中心的人学思想体系。琐罗亚斯德则主张天人合一，其中的"天"指"天神"，认为人的一切皆由天神创造主宰。尽管琐罗亚斯德提出人有"选择"善恶二神而无需一味"取悦"天神的意志自由，但其最终"取悦"善神的宗旨不变。因此，琐罗亚斯德建立的是以神为中心的神学思想体系。《荀子》和琐罗亚斯德的思想分别影响了其后中西方两个文化区域的思想，各自朝人学与神学的不同向度发展，至今学界仍在关注。

《荀子》与琐罗亚斯德基于天人关系的认识，将当时人类自身出现的系列问题，归因于人的"善恶"二本性，并给予具体的解决方案，形成了人性论视阈下的系统善恶观。其中，《荀子》基于"明分使群"的思想，针对人性中"恶"的方面，明确提出"化性起伪"的解决方法，即通过利用善性与推行教育等方法，以化解人的恶性为善性；琐罗亚斯德则基于"善恶二元"无止境的对立斗争思想，主张独尊阿胡拉·马兹达至上善神，并依靠善神的力量与人类的善性，最终消灭恶神以维护善性的世界。因此形成了二者内容迥异的善恶观思想体系，影响了其后中国与波斯的古代人性理论发展，至今学界犹关注其学术价值，本书亦侧重二者的善恶观思想研究。

基于善恶观的理论，《荀子》和琐罗亚斯德多将当时人类社会的无序状态归因于人的"恶"性，且予以否定，并围绕建立何样有序化的社会、如何建立以及有序化社会的前景等问题，形成系统的社会观。对此，《荀子》主张通过"化性起伪""隆礼""重法"等治方，建立一个上下有分、贵贱有等和富裕强大的封建等级制的私有化有序社会；其中的各社会成员的等级是可以变化的，社会成员可以通过主观努力改变已有的等级，以获得理想的社会地位；天下大治是

《荀子》对有序化社会的最理想愿景。琐罗亚斯德则以追求"秩序"为基本宗旨，但基于"善恶二元"对立斗争的思想，认为人类社会是由"善恶"两种相互对立的社会势力组成，善良的社会成员要依靠"善"神，通过社会与社会之间、社会内部善良势力与邪恶势力的不停斗争，建立一个田丰屋美等满足社会成员生存条件的共有制有序化宗教社会；其基本的社会构成是家庭—村社—城市—国家，"村社"共有是基本特征；通过琐罗亚斯德教的一统世界而获得世界的大一统，是琐罗亚斯德有序社会的理想愿景。二者截然不同的社会观，对中西方古代社会产生了不同影响。中国于秦朝建立的君主专制下的封建等级私有制度的统一社会，沿袭至清朝；西方世界则以数度的聚则帝国、散则各自独立的聚散不一的社会机制，绵延数千年。两类形态迥异的社会奇观，迄今令学贤探讨不已。

人类理想社会建立的关键在于社会成员的主观努力，《荀子》和琐罗亚斯德皆主张积极有为的人生，并就人生命运、价值、存在的问题及其解决方法等予以详细阐述，形成了系统的人生观。其中，《荀子》明确提出积极人生的最高代表是充分利用命运，从而实现以"天下大治"为己任的"君子"理想人格；并主张通过学习、修身等道德修养获得理想人生。荀书因此形成了代表先秦儒家积极进取精神的人生观思想。琐罗亚斯德则明确主张积极人生的最高标准是选择善元，以努力争取"灵魂"生命顺利到达"来生"；并为此特别强调"知识""智慧"的重要性，学界通常认为该教经典 Avesta 的题名即该寓意的深刻体现。琐罗亚斯德最终形成了波斯人独一无二的"来生说"的人生思想。二者迥异的人生方法理论，对中西方社会的人生思想产生不同影响。中国封建社会的士大夫始终坚持以《荀子》为代表的儒家以天下为己任、以整体利益为重的人生思想，自觉地坚守穷达皆兼济天下的人生理念。四大文明古国的中国是唯一没有中断的人类文明，究其本因，当与《荀子》的儒家所代表的中华民族自古以来命运与共、重视整体利益的人生信念息息相关。琐罗亚斯德关于"末日审判"、人要为选择的意志自由负责以及"来生"说等教义，则先后经犹太教信仰，进入基督教的信仰中；西方思想界形成的普遍关注人类个体生命存在价值研究的人生哲学思想，当受到琐罗亚斯德人生观理论的影响。海内外学界对二者的人生观思想，迄今已给予全方位的多元化研究。

雅斯贝尔斯认为轴心时代的思想家，多有人类命运与共的思想。其中的《荀子》和琐罗亚斯德，皆认识到文化具有使人类由文化统一而命运与共的媒介作用，他们共同关注文化的起源、特点、作用及运用方法等问题的系统研究，形成了各具民族特征的文化观。《荀子》认为，中国的礼义之道源于尧舜等"先王"时代,既可在三代发展中起到统一与教化作用,亦可用于"教化"天下,最终使天下和谐统一于中国的礼义文化系统。琐罗亚斯德则主张崇拜善神的琐罗亚斯德正教源于至上天神的创造,认为正教曾依靠善神支持的不懈斗争,最终战胜邪恶,维护了伊朗国家的统一。则正教亦可通过不懈的扩张与战斗,将琐罗亚斯德教传播于世界,使世界一统于伊朗的善元文化系统。二者的文化观思想,对中西方文化的发展皆有不同程度的影响。自汉武帝以来,中国一直奉行友好往来的异质文化交流原则,并通过教化的方法,使境内各少数民族在华化的基础上,和谐共处于中国一个整体;中国向来以礼仪之邦称著世界,中国文化至今已走向世界。波斯帝国则历经数度劫难,琐罗亚斯德教几经毁禁,迄今仅存于伊朗与印度的偏乡僻壤;希腊的柏拉图等思想家,亦曾先行反对琐罗亚斯德教等主张神与神、社会与社会以及人与人之间争斗的理论,而提倡"善美"的儿童早教思想,开西方文化的宣善传统。则造成波斯与琐罗亚斯德教悲剧性命运的主因虽不是其文化观,但不可忽视其固执的民族性斗争理论所带来的负面影响。学界对该问题多有精当论述。

关于《荀子》与琐罗亚斯德的思想,古今中外学界已给予系统而深刻的评价。伊朗的杜斯特哈赫教授明确指出,该教经典还有宗教价值以外的古文献及科学价值等;学界对《荀子》思想,在传统研究的基础上,至今已进行全面的开发性研究。综观二者所代表的中国与古波斯两个文化系统相互碰撞而出现的思想亮点,应有其悠久且超越时空的特殊魅力。雅斯贝尔斯指出,轴心时代的思想家具有关注人类命运等研究的共同特点。《荀子》与琐罗亚斯德教经典的确存在丰富的关怀人类终极命运等思想内容,则两位轴心时代的重要思想家,对人类命运所作的共同关注,既是其魅力的特殊所在,对人类的异质文化有序交流理论的研究、对人类的共同命运研究以及世界的共同化建设等涉及当今全球化共谋发展等问题,亦当具有深刻的指导和反思价值。冯天瑜先生明确指出,中国的元典与元典精神,对其后东亚文明的发展起了决定性作用;雅斯贝尔斯则指出,人类于轴心时代创制的"精神基础","直到今天人类仍然附着在这种基础上",人类其后的几千年文明发展历程,只不过是向轴心时代核心精神的不断"复兴"。则从人类终极命运关怀的角度而言,新世纪中国关于"人类命运共同体"思想的提出,既极具预见性,又充分证明《荀子》和琐罗亚斯德关于人类终极命运关怀的思想,客观上具有超克时空极限的永恒魅力。

综合以上论述,经考古发现与古文献考证等证明,琐罗亚斯德的思想至迟于公元前4世纪传入中国,与荀子思想发生交流后,《荀子》的天人关系论、善恶观、社会观、人生观与文化观等思想,或多或少地显示出受其影响;二者蕴涵的丰富深刻的元典思想，客观上具有促进新世纪关注人类共同命运问题研究的启示意义。

本书关于《荀子》和琐罗亚斯德思想的研究，无意于二者间的优劣比较，只从中西元典精神研究等角度，尝试说明中西方古代思想文化的发展特点及其影响的反思意义。概括而言，首先，通过二者自世界观至文化观等思想的比较可以看出，琐罗亚斯德关注人类理性精神的唯心论研究方法，影响了西方古代学界主要重视理性研究理路的形成；而《荀子》关心的人类现实命运的唯物论研究方法，则影响了中国古学界主要侧重实学研究传统的发展。其次，结合考古等学界的研究成果，则二者间思想的比较，相对清晰地显示出至迟自《荀子》时代之后，中西方的思想文化不再各自孤立片面地发展，而是呈现一条由分到合、由合到分，并随着历史变迁而时分时合、各自井然有序地发展的运行轨迹。季羡林先生对此明确以"天下大势，分久必合，合久必分"的道理，概括了"上下五千年，纵横十万里"的东西方文化关系变迁的特征，① 其中客观阐述了中西方思想文化始终相互联系的发展特征；联合国教科文组织前总干事费德里科·马约尔先生，则根据荷兰历史学家扬·赫伊津哈关于"我们的文明是第一个以全世界的过去为自己的过去的文明"等史学思想，提出了我们"发现自身已成为新兴全球文明的一部分，它构成了我们集体命运的母体"②，实则客观阐释了古今中西方思想文化相互联系的发展特征所具有的反思意义。最后，《荀子》思想既历经荀子与琐罗亚斯德思想交流的过程，琐罗亚斯德思想又是对古埃及、古巴比伦与古印度三大文明古国思想文化的整合，意味着荀子不仅是中国先秦思想的集大成者，同时当首次系统整合了中西方的思想文化。

根据以上论述，进而言之，《荀子》以中国思想文化为中心，当首次理论化地系统整合了世界四大文明古国的思想文化。由此盖可发现，以《荀子》为代表的中国元典思想，应该是迄今为止人类最早系统整合的中西方世界性思想的文化结晶。谨以拙见，诚待时贤诠释。

---

① 参见［伊朗］阿卜杜勒·侯赛因·扎林库伯：《波斯帝国史》，张鸿年译，北京：昆仑出版社2013年版，第7页。
② ［德］J. 赫尔曼、［荷兰］许理和主编：《人类文明史》（第3卷），中文版编译委员会译，南京：译林出版社2014年版，第1页。

附　录

附录一　先秦文献的"善""恶"词频统计列表

著作	善		恶		善·恶	示例
	总数	善良	总数	丑恶		
	0	0	1	1	0	【恶】悔亡，丧马勿逐自复，见恶人，无咎（睽·初九）
易经·易传	18	15	8	5	3	【善】1. 君子以见善则迁，有过则改（象上） 2. 君子以居贤德，善俗（象上） 3. 元者，善之长也（文言上） 4. 善世不伐（文言上） 5. 积善之家必有余庆，积不善之家必有余殃（文言下） 6. 一阴一阳之谓道，继之者善也（系辞上） 7. 君子居其室，出其言善，则千里之外应之……出其言不善，则千里之外违之（系辞上） 8. 有不善未尝不知，知之未尝复行也（系辞下） 【恶】1. 君子以远小人，不恶而严（象上） 2. 恶积而不可掩，罪大而不可解（系辞下） 【善恶】1. 君子以遏恶扬善，顺天休命（象上） 2. 善不积不足以成名，恶不积不足以灭身。小人以小善为无益而弗为也，以小恶为无伤而弗去也（系辞下）
尚书	18	15	11	10	2	【善】1. 德惟善政，政在养民（虞书·大禹谟） 2. 天道福善祸淫（商书·汤诰） 3. 惟上帝不常，作善降之百祥，作不善降之百殃（商书·伊训） 4. 德无常师，主善为师；善无常主，协于克一（商书·咸有一德） 5. 世选尔劳，予不掩尔善（商书·盘庚上） 6. 用罪伐厥死，用德彰厥善（盘庚上） 7. 虑善以动，动惟厥时。有其善，丧厥善；矜其能，丧厥功（商书·说命中）

续表

著作	善 总数	善良	恶 总数	丑恶	善·恶	示例
						【恶】1. 乃既先恶于民，乃奉其恫（商书·盘庚上） 2. 爵罔及恶，德惟其贤（商书·说命） 3. 树德务滋，除恶务本（周书·泰誓下） 4. 天有作恶，遵王之路（周书·洪范） 5. 六极……五曰"恶"（周书·洪范） 6. 元恶大憝，矧惟不孝不友（周书·康诰） 【善恶】1. 为善不同，同归于治；为恶不同，同归于乱（周书·蔡仲之命） 2. 彰善瘅恶，树之风声（周书·毕命）
诗经	8	4	5	3	0	【善】1. 母氏圣善（邶风·凯风） 2. 禾易长亩，终善且有（小雅·甫田） 3. 民之罔极，职凉善背（大雅·桑柔） 4. 善人载尸（大雅·板） 【恶】1. 君子如夷，恶怒是违（小雅·节南山） 2. 方茂尔恶，相尔矛矣（小雅·节南山） 3. 庶曰式臧，覆出为恶（小雅·雨无正）
春秋·春秋左传	1	1	5	5	0	【善】1. 经五年，夏，仲孙蔑、卫孙林父，会吴于善道（襄公五年） 【恶】1. 经十有一年，春正月，齐人、卫人、郑人盟于恶曹（桓公十一年） 2. 经二十有七年，夏，叔孙豹会晋赵武、楚屈建、蔡公孙归生、卫石恶、陈孔奂、郑良霄、许人、曹人于宋（襄公二十七年） 3. 经二十有八年，夏，卫石恶出奔晋（襄公二十八年） 4. 经元年，春，王正月，叔孙豹会晋赵武、楚公子围、齐国弱、宋向戌、卫齐恶、陈公子招、蔡公孙归生、郑罕虎、许人、曹人于虢（昭公元年） 5. 经七年，秋八月，戊辰，卫侯恶卒（昭公七年）

续表

著作	善		恶		善·恶	示例
	总数	善良	总数	丑恶		
	133	77	178	70	6	【善】1. 禹称善人，不善人远（宣公十六年） 2. 信者言之瑞也，善之主也（襄公九年） 3. 元，善之长也……供养三德为善（昭公十二年） 4. 从善如流，下善齐肃，求善不厌（昭公十三年） 5. 择善而从之（昭公二十八年） 【恶】1. 恶不可长（隐公六年） 2. 毁信废忠，崇饰恶言（文公十八年） 3. 俭，德之共也；侈，恶之大也（庄公二十五年） 4. 是乱国而恶君王也（昭公二十六年） 【善恶】1. 善不可失，恶不可长（隐公六年） 2. 惩恶而劝善，非圣人谁能修之（成公十四年） 3. 其所善者，吾则行之；其所恶者，吾则改（襄公三十一年） 4. 远恶而后弃，善亦如之（昭公四年） 5. 天之假助不善，非祚之也；厚其凶恶，而降之罚也（昭公十一年） 6. 恶不去善，义之经也（哀公五年）
老子	51	40	7	2	1	【善】1. ［天下］皆知善之为善，斯不善已（道经第2章） 2. 心善渊，与善仁（道经第7章） 3. 言善信，政善治（道经第7章） 4. 上善若水（道经第8章） 5. 不善人，善人之资（道经第23章） 6. 善行无辙迹，善言无瑕谪（道经第23章） 7. 善人，不善人之师（道经第23章） 8. 善果而已，不敢以取强（道经第26章） 9. 善者吾善之，不善者吾亦善之，德善矣（德经第42章） 10. ［道者］善人之宝，不善人之所保（德经第54章） 11. 天道无亲，常与善人（德经第66章） 12. 和大怨，有余怨，安可以为善（德经第66章） 13. 善者不辩，辩者不善（德经第68章） 【恶】1. 天下皆知美之为美，斯恶已（道经第2章） 【善恶】1. 相去几何，善之与恶（道经第15章）

续表

著作	善 总数	善良	恶 总数	丑恶	善·恶	示例
孙子兵法	31	5	4	0	0	【善】1. 卒善而养之（作战篇） 2. 百战百胜，非善之善也（谋攻篇） 3. 不战而屈人之兵，善之善者也（谋攻篇） 4. 见胜不过众人之所知，非善之善者也（形篇） 5. 战胜而天下曰善，非善之善者也（形篇）
论语	42	28	38	14	0	【善】1. 举善而教不能，则劝（为政第二） 2. 子谓《韶》：尽美矣，未尽善也（八佾第三） 3. 愿无伐善，勿施劳（公冶长第五） 4. 择其善而从之，其不善者而改之（述而七） 5. 闻义不能徙，不善不能改，是吾忧也（述而第七） 6. 善人，吾不得而见之矣（述而第七） 7. 子张问善人之道（先进第十一） 8. 如其善而莫之违也，不亦善乎；如不善而莫之违也，不几乎一言而丧邦乎（子路第十三） 9. 不如乡人之善者好之，其不善者恶之（子路第十三） 10. 见善如不及，见不善如探汤（季氏第十六） 【恶】1. 苟志于仁矣，无恶也（里仁第四） 2. 君子成人之美，不成人之恶（颜渊第十二） 3. 攻其恶，无攻人之恶（颜渊第十二） 4. （君子）恶称人之恶者（阳货第十七） 5. 尊五美，屏四恶（尧曰第二十）
国语	114	70	82	39	11	【善】1. 善有章，虽贱赏也（鲁语） 2. 择其善者而业用之（齐语） 3. 举善授能，官方定物（晋语四） 4. 成人在始与善。始与善，善进善，不善蔑由至矣；始与不善，不善进不善，善亦蔑由至矣（晋语六） 5. 夫善，在太子。太子欲善，善人将至；若不欲善，善则不用（楚语） 6. 闻一善若惊……有不善必惧（楚语）

续表

著作	善		恶		善·恶	示例
	总数	善良	总数	丑恶		
						【恶】1. 臣闻圣王公之先封者，遗后之人法，使无陷于恶（鲁语） 2. 吾闻君子好好而恶恶（晋语一） 3. 从善而抑恶焉（楚语） 【善恶】1. 谚曰：从善如登，从恶是崩（周语上） 2. 善有章，虽贱；赏也；恶有衅，虽贵，罚也（鲁语） 3. 诸侯之为，日在君侧，以其善行，以其恶戒，可谓德义矣（晋语六） 4. 罚善必赏恶，臣何望矣（晋语九） 5. 教之春秋，而为之从善而抑恶焉（楚语） 6. 施民所欲，去民所恶，称其善，掩其恶（吴语）
墨子	184	134	128	52	2	【善】1. 去若不善言，学天子之善言（尚同上） 2. 去若不善行，学天子之善行（尚同中） 3. 有为善者……有为不善者（尚同中） 4. 见善不敢不赏（明鬼下） 5. 尊贤良而劝之为善（非命中） 6. 见善必迁（非儒下） 7. 古之善者不遂，已有善则作之，欲善之自己出也（耕柱） 8. 义者善政也（天志中） 9. 为善者富之，为暴者祸之（公孟） 【恶】1. 不欲人之相恶相贼也（法仪） 2. 恶得不禁恶而劝爱（兼爱上） 3. 交相恶则乱（兼爱上） 4. 言义而行其恶，请弃之（公孟） 【善恶】1. 有谏人，有利人；有恶人，有善人（杂守） 2. 聚敛天下之善名而加之，是其故何也，则顺天之意也……聚敛天下之恶名而加之，是其故何也，则反天之意也（天志下）

续表

著作	善		恶		善·恶	示例
	总数	善良	总数	丑恶		
孟子	107	77	75	21	0	【善】1. 君子莫大乎与人为善（离娄上） 2. 孟子道性善（滕文公上） 3. 公都子曰：告子曰，性无善无不善也；或曰，性可以为善，可以为不善……或曰，有性善，有性不善（告子上） 4. 考其善不善者，岂有他哉？于己取之而已矣（告子上） 5. 教人以善为之忠（滕文公上） 6. 徒善不足以为政（离娄上） 7. 仁义忠信，乐善不倦（告子上） 8. 夫苟好善，则四海之内，皆将轻千里而来告之以善（告子下） 9. 善教，民爱之（尽心上） 10. 闻一善言，见一善行，若决江河，沛然莫之能御（尽心上） 11. 民日迁善而不知为之者（尽心上） 12. 言近而指远者，善言也（尽心上） 【恶】1. 眸子不能掩其恶（离娄上） 2. 推恶恶之心，思与乡人立（公孙丑上） 3. 虽有恶人，斋戒沐浴，则可以祀上帝（离娄下）
庄子	83	47	147	21	2	【善】1. 善人不得圣人之道不立（胠箧） 2. 离道以善（刻意） 3. 夫天下之所尊者，富贵寿善也（至乐） 4. 吾未知善之诚善邪？诚不善邪（至乐） 5.（鲍叔牙）为人洁廉善士也（徐无鬼） 6. 人不以善言为贤，而况为大乎（徐无鬼） 7. 去小知而大知明，去善而自善矣（外物） 8. 虽善不善，谓之矜（渔父） 【恶】1. 悦贤而恶不肖，恶用而求有以异（人间世） 2.（天下）所下者，贫贱夭恶也（至乐） 3. 老子曰：汝自洒濯，熟哉郁郁乎！然而其中津津乎犹有恶也（庚桑楚） 4. 凡成美，恶器也（徐无鬼） 5. 称誉诈伪以败恶人，谓之愿（渔夫） 【善恶】1. 为善无近名，为恶无近刑（养生主） 2. 举天下以赏其善者不足，举天下以罚其恶者不给，故天下之大不足以赏罚（在宥）

续表

著作	善		恶		善·恶	示例
	总数	善良	总数	丑恶		
荀子	195	98	179	72	22	【善】1. 与人善言,煖于布帛（荣辱篇） 2. 臣谨修,君制变,公察善思论不乱（成相篇） 3. 善学者尽其理,善行者究其难（大略篇） 4. 尽善挟治之谓神（儒效篇） 5. 涂之人百姓,积善而全尽,谓之圣人（儒效篇） 6. 为善者劝,为不善者沮（强国篇） 7. 积善而不息,则通于神明（性恶篇） 8. 备而不矜,一自善也,谓之圣（君子篇） 【恶】1. 元恶不待教而诛（王制篇） 2. （君子）口不出恶言（乐论篇） 3. 恶言死焉（大略篇） 4. 说豫娩泽,忧戚萃恶（礼论篇） 5. 禁暴恶恶（正论篇） 6. 无有作恶,遵王之路（天论篇） 7. 后世之言恶者必稽焉（正论篇） 【善恶】1. 端悫顺弟,则可谓善少者矣……[偷儒惮事]则可谓恶少者矣（修身篇） 2. 形相虽恶而心术善,无害为君子也（非相篇） 3. （尚贤使能）善善恶恶之应也（强国篇） 4. 善恶相象,故君子慎其所去就也（乐论篇） 5. 扬其善,违其恶（臣道篇） 6. 唱和有应,善恶相象,故君子慎其所去就也（乐论篇） 7. 偏险悖乱也,是善恶之分也（性恶篇） 8. 形相虽善而心术恶,无害为小人也（非相篇） 9. 人之欲为善者,为性恶也（性恶篇） 10. 人之性恶明矣,其善者伪也（性恶篇）
韩非子	160	52	121	38	5	【善】1. 不以善言售法（饬令） 2. 君子尊贤以崇德,举善以观民（难三） 3. 赏善不遗匹夫（有度） 4. 善之生如春（守道） 5. 秉法为善（制分） 【恶】1. 毋或作恶,从王之路（有度） 2. 说者为之举其过而见其恶（说难） 3. 不蔽人之美,不言人之恶（内储说上七术） 4. 高伯其为戮乎,报恶已甚矣（难四） 5. 有重罚者必有恶名（八经）

续表

著作	善		恶		善·恶	示例
	总数	善良	总数	丑恶		
					【善恶】	1. 善恶必及,孰敢不信(扬权) 2. 阴相善而阳相恶,以示无私(备内) 3. 安术有七……二曰祸福随善恶(安危) 4. 信名则……善恶不踰(外储说左上) 5. 名赏在乎私恶当罪之民,而毁害在乎公善宜赏之士(六反)
战国策	262	31	114	19	9·5	【善】1. 出妇嫁于乡里者,善妇也(秦策一) 2. 王以为然,遂善待之(秦策一) 3. 吉祥善事(秦策三) 4. 婴子不善,而用申缚(齐策一) 5. 孟尝君可语善为事矣,转祸为功(齐策三) 6. 人有好扬人之善者(楚策一) 7. 仁人之于民也,爱之以心,事之以善言(楚策三) 8. 天下称为善(齐策五) 9.(王)因以为己善,王嘉单之善(齐策六) 10. 善(田)单之善,亦王之善已(齐策六) 11.(安平君)其志欲为不善(齐策六) 12. 为政不善,而禹放逐之(魏策一) 13. 明主者务闻其过,不欲闻其善(燕策一) 14. 善苏秦则取,不善亦取之,以疑燕(燕策一) 15. 善作者必善成,善始者不必善终(燕策二) 【恶】1. 劫天子,恶名也(秦策一) 2. 王好闻人之美,恶闻人之恶(楚策一) 3. 成君之高,虽任恶名,不难受也(燕策二) 4. 其言恶矣(燕策二) 5. 不顾先王以明而恶(燕策三) 【善恶】1. 人有好扬人之善者……有人好扬人之恶者(楚策一) 2. 不蔽人之善,不言人之恶(楚策一) 3. 为政不善,政恶故也(魏策一) 4. 交善,周君必以为公功;交恶,劝周君入秦者必有罪矣(西周) 5. 交善于秦,且公之成事也;交恶于秦,不善于公且诛矣(西周)

【参考书目】

[1]（三国魏）王弼等注：《周易正义》，《十三经注疏》，上海古籍出版社1997年版。

[2]（汉）孔安国传：《尚书正义》，同上。

[3]（汉）郑玄笺：《毛诗正义》，同上。

[4]（晋）杜预注：《春秋左传正义》，同上。

[5]（清）魏源撰：《老子本义》，《诸子集成》，上海书店1986年版。

[6]（春秋）孙武著：《孙子兵法》，同上。

[7]（清）孙诒让著：《墨子间诂》，同上。

[8]（清）焦循著：《孟子正义》，同上。

[9]（清）王先谦著：《荀子集解》，同上。

[10]（清）王先慎著：《韩非子集解》，同上。

[11]（清）郭庆藩辑：《庄子集释》，中华书局1961年版。

[12]杨伯峻著：《论语译注》，中华书局1980年版。

[13]（三国吴）韦昭注：《国语》，上海书店1987年版。

[14]（汉）刘向集录：《战国策》，上海古籍出版社2015年版。

附录二 《国语》的"善""恶"词频统计表

篇题	善 总数	善 善良	恶 总数	恶 丑恶	善·恶	示例
周语	10	3	13	2	1	【善】1. 天道赏善而罚淫 2. 是不赏善也 【恶】1. 以恶实心，弃其精也 2. 从恶是崩 【善恶】谚曰：从善如登，从恶是崩
鲁语	9	3	10	5	2	【善】1. 用善不肯专，则不能使 2. 思则善心生 【恶】（圣王公）遗后之人法，使无陷于恶 【善恶】1. 善有章，虽贱，赏也；恶有衅，虽贵，罚也 2. 淫则忘善，忘善则恶心生
齐语	15	13	1	0	0	【善】1. 夫是故，民皆勉为善。与其为善于乡也，不如为善于里；与其为善于里也，不如为善于家 2. 教不善则政不治
晋语	49	34	37	24	4	【善】1. 善，德之建也 2. （文公）好善不厌 3. 谏过而赏善 4. 能志善也 【恶】1. 彼将恶始而美终 2. 任大恶者三，行将安人 3. 处以念恶，出则罪我众 4. 吾闻君子好好而恶恶 【善恶】1. 甚哉，恶之难也，君改葬共君，以为荣也，而恶滋章 2. 以其善行，以其恶戒，可谓德义矣 3. 善人在位患弗救，不详；恶人在位不去，亦不详 4. 罚善必赏恶，臣何望矣

续表

篇题	善		恶		善·恶	示例
	总数	善良	总数	丑恶		
郑语	0	0	1	0	0	
楚语	17	14	12	5	1	【善】1. 赖子之善善之也 2. 太子欲善，善人将至 【恶】1. 其为恶也甚矣 2. 忆惧而鉴前恶 【善恶】教之《春秋》，而为之从善而抑恶焉
吴语	12	5	4	1	1	【善】1. 善则善矣，未可以战矣 2. 称其善 【恶】掩其恶 【善恶】称其善，掩其恶
越语	2	0	4	1	0	【恶】不掩子之恶，扬子之美
总计	114	72	82	38	9	

参考书目

（三国吴）韦昭注：《国语》，上海书店1987年版。

附录三 《战国策》的"善""恶"词频统计表

篇题	善		恶		善·恶	示例
	总数	善良	总数	丑恶		
东周	11	1	6	0	[1]	【善】1. 交善，周君必以为公功 【善恶】（[1] 音义变） [1] 交善，周君必以为公功；交恶，劝周君入秦者必有罪矣
西周	3	2	6	0	[1]	【善】交善于秦 【善恶】（[1] 音义变） [1] 交善于秦，且公之成事也；交恶于秦，不善于公且诛矣
秦策	33	4	12	1	0	【善】吉祥善事（秦策三） 【恶】恶在不战者乎（秦策一）
齐策	36	8	14	0	0	【善】1. 婴子不善（齐策一） 2. 王嘉单之善（齐策六） 3. 志欲为不善（齐策六）
楚策	38	3	22	2	2	【善】1. 扬人之善（楚策一） 2. 不蔽人之善（楚策一） 3. 事之以善言（楚策三） 【恶】恶闻人之恶（楚策一） 【善恶】不蔽人之善，不言人之恶（楚策一）
赵策	26	1	16	2	[2]	【善】赵俗之善者也（赵策三） 【恶】怨毒积恶（赵策一） 【善恶】（[2]，音义变·义变） [1] 音义变：无功而恶秦……有功而善秦（赵策四） [2] 义变：买马善而若恶（赵策一）
魏策	42	4	16	3	1	【善】为政不善，而武王伐之（魏策一） 【善恶】为政不善，政恶故也（魏策一）

续表

篇题	善		恶		善·恶	示例
	总数	善良	总数	丑恶		
韩策	35	1	10	0	[2]	【善】此善事也（韩策一） 【善恶】（[2]，音义变） 　　[1] 音义变：善平原君者，为恶于秦者（韩策三） 　　[2] 音义变：善平原君乃所以恶于秦也（韩策三）
燕策	28	7	10	5	0	【善】1. 不欲闻善（燕策一） 　　2. 善作者不必善成（燕策二） 　　3. 万世之善计（燕策二） 【恶】其言恶矣（燕策二）
宋卫	9	0	2	0	0	
中山	1	0	0	0	0	
总计	262	31	114	13	9 [4]	

【注释】

＊带［ ］号者，为语音和语义的发生变化

【参考书目】

（汉）刘向集录：《战国策》，上海古籍出版社2015年版。

附录四 《左传》的"戎""狄""胡"词频统计表

历史时段	戎		狄		胡		示例
	总数	确指	总数	确指	总数	确指	
隐公元年·文公三年	65	57	62	62	3	0	【戎】1. 经二年，春，公会戎于潜（隐公二年） 2. 传九年，冬，北戎侵郑……十一月，甲寅，郑人大败戎师（隐公九年） 3. 传二十八年，春，（晋献公）娶二女于戎，大戎狐姬生重耳，小戎子生夷吾。晋伐骊戎……以骊姬归（庄公二八年） 4. 传二十二年，秋，秦晋迁陆浑之戎于伊川（僖公二二年） 5. 经三十有三年，夏，四月，辛巳，晋人及姜戎败秦师于殽（僖公三三年） 【狄】1. 经三十有二年，冬，十月，己未，狄伐邢（庄公三二年） 2. 传十六年，秋，狄侵晋，取狐厨，受铎，涉汾，及昆都，因晋败也（僖公十六） 3. 经十有八年，夏，五月，戊寅，狄救齐（僖公一八年） 4. 传二十三年，冬，十一月，（晋公子重耳）处狄十二年而行（僖公二三年） 5. 传二十四年，夏，狄伐郑，取栎，王德狄人，将以其女为后。富辰谏（不听）（僖公二四年）
文公三年·昭公一七年	63	51	50	50	14	9	【戎】1. 传三年，夏，四月，乙亥，秦伯伐晋……遂霸西戎（文公三年） 2. 经元年，秋，王师败绩于茅戎（成公元年） 3. 传四年，冬，魏庄子纳虎豹之皮，以请和诸戎……公说，使魏绛盟诸戎（襄公四年） 4. 传九年，春，二月，（詹桓伯曰）"戎有中国，谁之咎也？后稷封殖天下，今戎制之，不亦难乎"（昭公九年） 5. 经十有七年，秋，八月，晋荀吴帅师灭陆浑之戎（昭公一七年）

续表

历史时段	戎 总数	戎 确指	狄 总数	狄 确指	胡 总数	胡 确指	示例
							【狄】1. 传十一年，冬，十月，甲午，败狄于咸，获长狄侨如（文公十一年） 2. 传元年，晋中行穆子败无终及群狄于太原（昭公元年） 3. 传十一年，春，晋郤成子求成于众狄，众狄疾赤狄之役，遂服于晋。秋，会于欑函，众狄服也（宣公一一年） 4. 周幽为大室之盟，戎狄叛之（昭公四年） 5. 传十三年，晋人执季孙意如，以幕蒙之，使狄人守之（昭公十三年） 【胡】1. 传二十五年，秋，七月，己巳，庸以元女大姬，配胡公（襄公二五年） 2. 传二十八年，夏，齐侯、陈侯、蔡侯、北燕伯、杞伯、胡子、沈子、白狄，朝于晋（襄公二八年） 3. 传三十一年，夏，六月辛巳，立胡女敬归之子子野，次于季氏（襄公三一年） 4. 传三年，春，其相胡公大姬，已在齐矣（昭公三年） 5. 经四年，夏，楚子、蔡侯、陈侯、郑伯、许男、徐子、滕子、顿子、胡子、沈子、小邾子、宋世子佐、淮夷，会于申（昭公四年）
昭公十七年·哀公二七年	2	1	4	4	23	19	【戎】1. 传十七年，秋，十月，初，公登城以望见戎州（哀公一七年） 【狄】1. 传二十六年，王室乱，单旗、刘狄，剥乱天下（昭公二六年） 2. 传元年，春，王正月，辛巳，晋魏舒合诸侯之大夫于狄泉（定公元年） 3. 传十四年，夏，析成鲋、小王桃甲，率狄师以袭晋（定公十四年） 4. 传四年，夏，司马起丰析与狄戎（哀公四年）

续表

历史时段	戎 总数	戎 确指	狄 总数	狄 确指	胡 总数	胡 确指	示例
							【胡】1. 经二十有三年，秋，七月戊辰，胡子髡、沈子逞，灭（昭公二十三年） 2. 胡沈之君幼而狂（昭公二三年） 3. 传六年，冬，十月，乃受盟，使胡姬以安，孺子如赖（哀公六年） 4. 传十一年，秋，仲尼曰："胡簋之事，则尝学之矣（哀公一一年） 5. 经十有五年，春，二月，辛丑，楚子灭胡，以胡子豹归（哀公一五年）
总计	130	109	116	116	40	29	

【参考书目】

（晋）杜预注：《春秋左传正义》，《十三经注疏》，上海古籍出版社1997年版。

附录五　先秦史籍的"戎、狄、胡、匈奴"词频统计表

著作		戎 总数	戎 确指	狄 总数	狄 确指	胡 总数	胡 确指	匈奴 总数	匈奴 确指	示例
尚书		10	3	2	2	4	2	0	0	【戎】1. 织皮昆仑、析支渠搜、西戎即叙（夏书·禹贡） 2. 徂兹淮夷，徐戎并兴（周书·费誓） 3. 甲戌，我惟征徐戎（同上） 【狄】1. 东征西夷怨，南征北狄怨（商书·仲虺之诰） 2. 狄设黼扆缀衣（周书·顾命） 【胡】1. 王若曰："小子胡，惟尔率德改行"（周书·蔡仲之命） 2. 王曰："呜呼，小子胡，汝往哉，无荒弃朕命"（同上）
左传		127	106	119	119	40	28	0	0	见附录四
国语	总数	44	23	70	60	10	2	0	0	【戎】1. 犬戎氏、姜氏之戎（周语上） 2. 山戎（齐语） 3. 骊戎、西戎、草中之戎（晋语<1.4>） 【狄】1. 王黜狄后（周语中） 2. 白狄（齐语） 3. 皋落狄、丽土之狄（晋语） 【胡】1. 胡公（鲁语）
	晋语	29	15	40	36	5	0	0	0	

续表

著作		戎		狄		胡		匈奴		示例
		总数	确指	总数	确指	总数	确指	总数	确指	
战国策	总数	17	15	12	11	68	64	2	2	【戎】1. 西戎（秦策） 2. 辛戎（人名，楚策） 3. 齐人戎郭、宋突谓仇郝曰"……"（赵策） 4. 芈戎（人名，韩策） 【狄】1. 计胡、狄之利（赵策） 2. 申徒狄（秦策） 3. 仪狄作酒（魏策）
	赵策	2	2	2	2	59	59	0	0	【胡】1. 北胡、胡陵（秦策） 2. 胡翟之乡（赵策） 3. 胡服骑射（同上） 4. 秦大怒，令卫胡易伐赵（同上） 5. 胡衍之出几瑟于楚也（韩策）
	燕策	0	0	0	0	3	2	2	2	【匈奴】1. 愿太子急遣樊将军入匈奴以灭口（燕策） 2.（樊将军）置之匈奴，是丹命固卒之时也（同上）

【参考书目】

[1]（汉）孔安国传：《尚书正义》，《十三经注疏》，上海古籍出版社1997年版。

[2]（晋）杜预注：《春秋左传正义》，同上。

[3]（三国吴）韦昭注：《国语》，上海书店1987年版。

[4]（汉）刘向集录：《战国策》，上海古籍出版社2015年版。

后　记

课余，我陆续关注了一系列在论课题的相关考古发现。

1976年—1978年，新疆乌鲁木齐南山矿区阿拉沟塞人古墓，发现一件距今2345年左右的"青铜双兽铜盘"；同类文物亦发现于中亚和天山中部等地区。学界认为是公元前5至公元前3世纪，祆教使用的宗教祭祀台。李进新等先生认为，至迟于公元前4世纪，祆教已传入新疆。1983年新疆伊犁河支流巩乃斯河畔出土一件"承兽青铜祭盘"，与阿拉沟发现的完全相同，林梅村先生认为该"祭盘"再次证明是塞人将琐罗亚斯德教传入中国。

1978年，发现于湖北随县擂鼓墩曾侯乙墓的一串西方生产的蜻蜓眼玻璃珠，林梅村先生认为，至迟于战国初年由波斯帝国时期的斯基泰商人传入。适值琐罗亚斯德教被立为波斯国教时期，则琐罗亚斯德教至迟于战国初年由斯基泰商人传入中国内地。

2011年，秦始皇帝陵陵园外城西侧1号墓发现了一尊金骆驼，学界指出它为汉代丝绸之路开通以前中西文化交流提供了重要依据。由于金骆驼在琐罗亚斯德教中具有的特殊寓意，所以似乎也不应该排斥该教在此一时期传入我国的中原地区。

2013年—2014年，新疆塔什库尔干县帕米尔高原吉尔赞喀勒墓群发现一些文化遗存，考古鉴定其年代距今2600年—2400年。墓群文化内涵为广义的塞人文化，但墓群的地表遗迹和出土文物，则使墓群呈现出已成熟的早期琐罗亚斯德教的文化内存。巫新华先生据该墓群出土火坛和天山区域发现的"承兽青铜器祭盘"均是琐罗亚斯德教祭祀仪式中使用的重要礼器，认为公元前6世纪至公元前1世纪，早期琐罗亚斯德教文化已经覆盖东帕米尔高原和天山全域。

金骆驼的现世与巫先生的考古论证，不仅充分印证了林梅村、李进新等先生关于琐罗亚斯德教于春秋末年战国时期传入中国内地的意见，同时客观上说明代表早期琐罗亚斯德教的琐罗亚斯德正教，至迟于公元前6至公元前1世纪，已传入中国西北的秦境,且经秦文化的媒介与中国文化发生交流。

　　琐罗亚斯德正教文化遗存的被发现于新疆,既使北宋赞宁、南宋姚宽的关于苏鲁支弟子玄真来华传教的记载,增加一定的可考性,又证明《荀子》的"嵬琐逃之"论非臆测,进而客观为《荀子》与琐罗亚斯德思想的比较研究再获重要依据。雅斯贝尔斯虽然赞可《荀子》与琐罗亚斯德等推动轴心时代人类思想的发展之功,但对二者间是否发生直接交流、何时发生、怎样发生以及发生的结果与影响等问题,鲜有说明。巫先生关于吉尔赞喀勒墓群是琐罗亚斯德正教文化遗存的论证,无可辩驳地证明,至迟于公元前4世纪左右,琐罗亚斯德的思想已经伴随琐罗亚斯德正教在华传播而传入中国,应直接与当时的诸子思想发生交流。其中与荀子思想发生交流的结果,主要表现在《荀子》的天人关系、善恶观、社会观、人生观及文化观等方面的思想论述中,相较于传统思想,皆不同程度地发生质性变异。宋人已发现《荀子》思想的变异现象,明僧传灯认为是荀子自为。虽然傅斯年先生已提出《荀子》的性恶论缘起于祆教思想,但限于考证资源的不足,至今稀有问津。新世纪考古证明琐罗亚斯德正教在华传播的史实,使《荀子》与琐罗亚斯德思想的比较研究,客观上再增加其可行性。

　　荀子与琐罗亚斯德分属中西方两个截然不同的世界,其元典思想亦产生于文化背景迥异的汉字文化圈与伊朗文化圈两个文化区域,二者的研究不可疏视其文化学层面的问题,因此,该课题研究客观上需要一定的文化支撑。20世纪80年代改革开放,中国兴起"文化热",我参加了1990年9月至1991年7月复旦大学中文系举办的中国文化系列课程学习,有幸专修章培恒先生的《中国文学与哲学》、陈允吉先生的《佛教文化》、叶保民先生的《文化人类学》、余世谦先生的《中国文化》、朱维铮先生的《经学与中国文化》、顾易生先生的《先秦诸子》、骆玉明先生的《魏晋士人与文化》等课程。此后,虽然曾有十余年间,主要以李宗桂先生的《中国文化概论》和冯天瑜先生的《中国文化史》为教材,先后开设《中国文化》类课程,然而至今仍难窥文化臻境。汗颜之余,庆幸此前曾亲受山东大学中文系先秦两汉文学研究的前辈董志安、王洲明和郑训佐等先生的倾囊传授,方初习文化。

　　2015年后,陆续发表该领域的部分研究心得。2016年拙著《荀子浅绎》出版,其中的"考证"部分,对荀书中关于祆教与琐罗亚斯德思想的诸多现象等问题,初作考论。2017年7月至2018年7月,主持山东省社会科学规划研究项目"齐鲁文化走出去"专项研究工作,主要从《论语》《荀子》等齐鲁文化元典精神传播场域的研究角度,说明《荀子》等元典在当今齐鲁与中华文化的世界性传播中的意义。目前，在广泛吸取学界对该论题丰厚的研究成果基础上，主要通过二者元典之间体现的异同方面研究，简要论述《荀子》与琐罗亚斯德思想的交流情况，以祈前辈时贤指正的同时，丰富学界关于该论题的研究，更加受益于新世纪该领域研究的新发展。

虽然本书出版时，章培恒、顾易生和董志安等先生已归道山，但恩师的耳提面命，常忆常新；犹记各位授业先生给予的不倦教诲，特在此致以诚挚的敬意和深深的谢意。

本书第五章的部分内容，深得中国教育管理学会朋友的精校细审，中国教育管理学会评委会专家指出，书中涉猎的《荀子》"琐"字证明，"主题鲜明，论证充分有力，提出和论述的问题对素质教育教学具有指导作用"。文章曾先行发布于学界。在本书顺利出版之际，特致以真诚的谢意。

本书论题涉猎中西方古文化烦琐的考证数据，时需网络查找。书中所需内容与网络资源等一应事务，为子李秉喆一一臻备。本书出版之际，我衷心致谢秉喆默默无闻的支持与鼓励，本书实则凝聚了我们共同的心血。

山东大学威海科研处的吴玉阁处长、邹晓光科长，文化传播学院的张红军院长、各位院学术委员和刘琼老师等，倾力支持本书的出版；山东大学威海文化传播学院，给予本书顺利出版以鼎力的资助。在此致以深深的谢意。

此外，刘泽刚先生、王佳梅女士，精校句章，细审引文；刘先生认为"该书稿文化研究深度，中西跨时空研究的广度以及比较研究的信度方面，均具有较高的学术探索价值"。对拙著给予中肯的评价。

挚友亲朋的一应倾诚，请恕不在此一一致谢。

相信拙著之砖，会引得更多学贤关注该课题的纵深扩展，荀子与琐罗亚斯德思想的系列疑窦，亦会越来越被厘清诠释。

杨机红
2023 年 5 月于山东大学威海园